日本哲学与思想研究

2017

郭连友　主编

社会科学文献出版社
SOCIAL SCIENCES ACADEMIC PRESS (CHINA)

本刊编委会名单

（按姓氏笔画顺序）

序

　　中华日本哲学会是全国性研究日本哲学、思想与文化的学术团体，自1981年成立以来，近四十年间积极开展日本哲学、思想与文化的研究，不仅每年召开学术年会，组织会员之间切磋交流学术成果，还隔年举办中日哲学论坛，加强中国、日本两国哲学思想研究领域的学术交流，为我国日本哲学与思想、文化的研究做出了重要贡献。

　　中华日本哲学会利用以书代刊形式出版会刊《日本哲学与思想研究》，集中展示会员的最新研究成果，本刊为第三期。令人欣喜的是本期会刊收录的全部是原创论文，而且涌现出了一批优秀的青年学者，这说明中华日本哲学会欣欣向荣，后继有人。

　　本期首先要感谢新竹清华大学哲学研究所黄文宏教授把他翻译的西田几多郎代表作之一《我与汝》（第一、二章）在本刊首发，这将给中国的西田哲学研究提供新的文本，推动西田哲学研究的深入和发展。

　　关于日本近现代哲学研究，邓习议的《广松涉与"关系主义"的潜流》分析和揭示了广松涉哲学的特点和性质，欧阳钰芳《西谷启治的"空"与海德格尔的"无"》致力于对东西方哲学的比较研究，李立业《井上圆了的中文译著及其对近代中国思想启蒙的影响》在文献调查方面所下的功夫令人称道，这些主题都是以往国内学界的空白或薄弱之处，三位青年学者的研究分别取得了重大突破。

　　在日本近代思想研究方面，朱坤容《人道与仁道：和辻哲郎伦理学中的儒学思想》在多年深耕的和辻哲郎研究领域又有了新的见解，常潇琳《德富苏峰早期的平民主义及其"转向"》分析的视角非常独到，仲玉花《朱执信对早期日本社会主义思潮的译介》和刘玥扬《论唐纳德·基恩的明治天皇印象》选题新颖，资料翔实，都是很有价值的探讨。

关于日本近世思想的研究一向是我会研究成果比较集中的领域，本期也有陈化北《富永仲基的"诚之道"》、张淘《江户时代的文章观与"近世精神"》、刘莹《"归儒"何必"排佛"——藤原惺窝之"排佛"辨》、党蓓蓓《对横井小楠海防观的考察》、陈毅立《自我与他者：亲鸾的他力信仰》、贺雷《简论幕藩体制在日本近代化转型中的作用》、关雅泉《林罗山的朝鲜观——以〈寄朝鲜国三官使〉为中心》、王茂林《宽政异学之禁新论——以松平定信为视角》多篇力作，分别对近世儒学、近世佛教、近代化转型等热点问题进行了深入的分析和阐述。

在日本文化研究方面，王鑫《日本"妖征型"妖怪与中国古代思想》和叶晶晶《试析中日对曜变天目的不同评价》以扎实的文献学方法对日本的民俗学和茶道美学进行了梳理和研究。

本期特邀日本学者的研究范围非常广泛，涉及西田哲学和京都学派研究（田口茂《如其所是的实在：西田和田边论现象与中介》）、近世思想研究（滨野靖一郎《日本德川时代的"礼"》）、政治思想研究（织田健志《长谷川如是闲的政治思想——"社会"与"日本"的探求》）到近代中日关系史研究（早川诚《石桥湛山的"对华和平构想"》）和日本国内民族政策研究（辻康夫《日本阿伊努民族政策的发展历史》），视角独特，很有创见，对我们是非常有益的启发和借鉴。

本期会刊承蒙中华日本哲学会副会长郭连友教授大力支持，解决了出版资金问题，在此表示诚挚的感谢！

中华日本哲学会会长　中国社会科学院哲学研究所研究员　王青

2018 年 12 月 30 日

目　录

特邀日本学者论坛

经典翻译

人道与仁道：和辻哲郎伦理学中的儒学思想

朱坤容[*]

一　引言

1912 年，在东京大学哲学学部的本科毕业论文答辩会上，当主任教授井上哲次郎提问什么是孔子之教的宗旨时，和辻哲郎（1889～1960）回答道："人道吧！""说得对，就是仁道。"井上接过话去。[①] 这在日后被传为笑谈，却未料和辻构建伦理学时所设定的宗旨正是与此直接相关联。作为近代日本伦理学的创立者，和辻在体系建构上也相当多地保留了儒学的思想。三十多年前的这一回答也深深地影响了之后体系建构中的特质。这里可以看到的是他对孔子思想的理解，即孔子之教是人道之教。需要指出的是，这里的"人道"与"人道主义"中的"人道"一词在含义上有所不同。人道主义，又称"人文主义"（humanism），源于 humanus（属于人的）或humanitas（人类性），主要是西方文艺复兴时期兴起的一种与宗教神学抗衡

---

[*]　朱坤容，哲学博士，任教于中山大学人文高等研究院，研究方向为日本近代思想。
[①]　河野與一「和辻さんの思い出」和辻照編『和辻哲郎の思い出』、岩波書店、1963、66 頁。在日语中，"人道"的发音可以是じんどう（jinndoh），也可以是にんどう（ninndoh），前者意指人伦，且与"仁道"的日语发音相同。

的人本精神。① 但是日语中的"人道"指的是人所应行之道，也就是人伦。② "'人伦'和'伦理'是儒教不可或缺的基本概念"③，而人道、人伦在儒学这一学域存在内在逻辑联系。所以，某种程度上，和辻所说的人道的核心也可简言为人伦。和辻伦理学体系中的"伦理"概念与儒家的人伦（人道）有相当多的相通之处，这当然与他对孔子之教的理解有很大的关系。虽然后世学者包括其弟子金子武藏等人提及了这方面对他思想的影响，但专门的论述并不多。下面以《孔子》（1938）一书以及和辻伦理学中的实践内容（国民道德）为中心，从一个侧面来论述儒家思想对其思想体系的意义。

二 《孔子》中的世间性与社会性

《孔子》是和辻唯一的儒学研究专著，虽然他自谦尚无研究孔子的素养，写作的目的只是在于"促使尚未接触孔子的人们去尝试熟悉和品味《论语》"，④ 但他以"人道"或"人伦"来解读孔子之教的本质与其整个理路相合，并且以西方文献学方法对《论语》做文本分析，体现出与现代学术范式的结合。在书中，和辻比较了孔子、耶稣、佛陀和苏格拉底"四圣"的思想个性以及各自文化传承的特点，认为他们之所以被称为"圣人"，正是因为他们的影响力对所有人有效，即他们是"人类的导师"。和辻认为"人类导师所宣教的主要是人伦的道和法，而不是人伦社会之外的情况"。⑤ 也就是说，作为人类导师，其教法是在人伦之中践行，作为"原创思想家"⑥ 的孔子当然也不例外。这里举两个例子来说明。

---

① 参考李鹏程主编《文化研究新词典》，"人文主义"条，吉林人民出版社，2003。
② 参见『広辞苑 第5版』、岩波書店、998 頁。日语中"人道"一词的另一个意思，指的是马路上的人行道。
③ 参见廣松渉［ほか］編『岩波哲学・思想事典』、岩波書店、1998、人倫条。该词条的理论来源之一是和辻哲郎的伦理学。
④ 『和辻哲郎全集 第6卷』、岩波書店、1977、序。
⑤ 『和辻哲郎全集 第6卷』、264 頁。
⑥ 『和辻哲郎全集 第6卷』、348 頁。

第一，和辻认为人类导师的普遍性是从人伦中体现出来的。这一普遍性也可以理解为教化的普适性。和辻对"人类导师"的理解没有局限于佛教、基督教等宗教范畴，显然其基本立场在于不是"神"而是"人"。虽然这四人的教化范围在他们的活动时代里很有限，但无论在哪一个社会，人们都能从他们那里得到教导。所以他们教化的范围是开放的，并不受限，一切人都能够得到教化。这里的人类"既不意味着所有住在地面上的人们，也不是指作为生物类别的人类，更不是指与'封闭社会'这一人伦社会相对的'开放社会'"，也就是说这里人类的内涵不是从事实的角度去论述，它指的是地理上和历史上可能存在的所有人。① "所以人类不是事实，而是'理念'。"② 这些导师能在整个人类中得到认同，即获得普遍性。和辻认为，这与导师的弟子们"努力宣传其师之道与真理"直接相关，更重要的是产生这些伟大导师的文化成为之后整个文化的典范。和辻指出，这既是一种文化的成熟，同时也意味着"这些古老的文化随着其伟大导师的产生，也到达了其发展的顶端，从而暂告终结了"。③ 但是，教化并没有终结，孔子的学说在时代的转换中继续进行，同时吸收了新的内容以新的形式传承下去。④ "孔子是作为先秦文化的结晶而出现的，同时又在异质的汉文化中发展并展开教化，进而又在与之异质的唐宋文化中发展并展开教化。当然，汉代人所理解的孔子和宋代人所理解的孔子是不同的。另外，汉代儒学通过其对孔子的理解创造了汉代文化，宋学也通过其对孔子的独特理解创造了宋代文化。于是，通过这些历史发展，作为鲁国夫子的孔子获得了人类导师的普遍

---

① 『和辻哲郎全集 第6卷』、265 页。
② 『和辻哲郎全集 第6卷』、265 页。
③ 『和辻哲郎全集 第6卷』、267 页。
④ 关于孔子死后其学说的发展，和辻认为并非如一般人所认识的孔子教导在汉、唐宋和明清得到繁荣。他认为，"产生孔子的先秦文化在战国时代一度拉上了帷幕"。在他看来，中华大地上的民族融合和国家兴起与欧洲的希腊罗马的更替、民族融合和近代国家的兴起，两者基本上没有差别。所以经历了战国时代的"夷狄"融合，到汉建立，"黄河流域的民族已经是焕然一新了"。"正如罗马文化不能视为希腊文化的一个发展阶段一样，秦汉文化也不是先秦文化的一个发展阶段。"秦汉文化受到先秦文化的教化影响，但其形成有其自身的特色。参见『和辻哲郎全集 第6卷』、270～273 页。

性。"① 人伦的展现超越了时代和地区的限制，显然这里和辻是从人伦的普遍意义来理解孔子之教的普适性。

第二，和辻强调了孔子不谈鬼魂，只重人伦。和辻的分析主要集中在以下两个方面。（1）死亡。和辻选取了四位人类导师的"独特的死"进行比较说明。在和辻看来，耶稣在十字架上的死意味着对人类原罪的救赎；释迦的涅槃解脱是永生觉者的一种自身决定，其怀着彻底的觉悟；而苏格拉底拒绝逃亡甘心接受不公正判决饮鸩而死则是为了实践伦理的觉醒。他们的死、"牧歌式的平和"或"悲剧式的阴惨"，或与国家相关，或各自具有重大意义。只有孔子与此不同。和辻指出，在《论语·乡党》这一最早的"孔子传"中丝毫没有谈论孔子的死。"孔子传"不是一部以伟大的死或阴惨的死为中心的祖师传，而是"日常生活的祖师传，寻常普通的祖师传"。因为孔子的死是最普通最平凡的，所以"普通的死"就成了孔子之死的特征，和辻认为这是"孔子传"不同于其他祖师传的显著特点。②（2）鬼神。为何孔子完全没有提及死的问题，和辻以"未能事人，焉能事鬼""未知生，焉知死"（《论语·先进》）的回答作为孔子对"魂"和"死"的态度。对于其中的"人"，和辻的理解即为人伦之道。③ 也就是说，人伦之道尚未知晓，岂可谈论魂与死的问题。正是从这一点上，和辻认为孔子的训导是完全没有神秘主义色彩的。在涉及"天"这一概念上，和辻认为孔子并没有将"天"规定为宇宙的主宰神，《论语·八佾》中孔子的态度主要在于捍卫礼，而不是鼓吹信仰。"孔子是从以人为中心的角度去倡导敬天的。孔子的道是人之道，是道德。"孔子的敬天"不是敬天就得福，而是遵从道法则蒙天嘉佑"。④ 总之，宗教神不是孔子之教所要宣讲的。"从宗教意义上去触及绝对者或者悟入绝对之境，这些并非他所关心的问题。"⑤

综上，世间性和社会性是和辻理解孔子的一个关键点。孔子是一个泰然

---

① 『和辻哲郎全集 第6卷』、275～276頁。
② 『和辻哲郎全集 第6卷』、339頁。
③ 『和辻哲郎全集 第6卷』、340頁。
④ 『和辻哲郎全集 第6卷』、345頁。
⑤ 『和辻哲郎全集 第6卷』、343頁。

安住且热衷于道的人。"朝闻道，夕死可矣"（《论语·里仁》），这里的道，就是"人伦之道，而非神之道，也非觉悟之道。如果能实践人伦之道，即实现仁，行忠恕，那么对孔子来说就没有什么恐惧和不安的了"。总之，孔子与其他导师的不同之处就是对人伦的极度关注，"认同人伦之道的绝对性意义，这是孔子之教最为显著的特征"。①

三 "国民道德"论中的"忠"与"孝"

"国民道德"是和辻伦理学体系的重要组成部分。

如表1所示，其结构除了理论上的哲学原理（人的时空二元性存在结构，具体体现为历史和社会性两个方面），其实践性内容中较为重要的是具体的风土，即各个地区的国民道德。在这一方面，他对日本的国民道德有相当细致的分析（参见《"国民道德论"构想札记》），② 不过，和辻认为，要了解日本的伦理思想，"必须回顾儒家思想的伦理学，回到中国儒学的历史，乃至孔子以及诸子百家"。③ 从历史上来看，儒家思想直接或间接地发挥了影响。"我们日本的儒教的道德，虽然与欧洲的基督教的道德有种种不同，但绝不逊色。所以，我们必须保护日本固有的特殊道德。"④ 显然，和辻肯定了儒家道德对日本伦理道德的积极性意义。"忠孝道德是我国国民在历史中所形成的道德，所以当然可以称为'我国的国民道德'。"⑤ 其中，被和辻视为国民道德内容的"忠孝"也是儒家道德的核心德目之一。

---

① 『和辻哲郎全集 第 6 卷』、344 頁。
② 根据时代大体可分为五个阶段，即自然（传说时代）、律令（大化改新）、慈悲（武士阶级勃兴时代）、高贵（战国时代）、尊皇（明治维新时代）。和辻分别以不同的时代特征来说明这五种国民道德。从最初的祭祀实现国家统一到最后天皇尊强合一的明治维新，国民道德正是这些变革的"动力"。国民道德的类别以及时代顺序在和辻的著述中略有不同，如《日本伦理思想史》设定为六个时代分期；而在最初的《"国民道德论"构想札记》与《国民道德论》中都设定为五个时代分期，但类别基本是相同的。
③ 『和辻哲郎全集 第 12 卷』、绪论。
④ 『和辻哲郎全集 第 23 卷』、154 頁。
⑤ 『和辻哲郎全集 第 23 卷』、391 頁。

表 1　和辻哲郎国民道德论结构分析

国民道德的三种类别		实质	学科分类上的归属
特殊道德	a 日本国民的特殊道德	历史事实（历史角度）	道德史、伦理思想史（形态）
	b 一般国民的特殊道德		
c 普遍道德		应然的道德或国民的应践之道（理论角度）	伦理学（原理）

　　和辻基本是将"忠"与"孝"分开阐述的。结合人伦的设定，① 孝是家的道德，忠是国民道德。②

　　首先，关于"孝"，和辻认为，要考察日本的伦理道德，则必须从"家"这一最基础的人伦组织开始，这样就不能不提到"家"这一"人伦共同体"的德目——"孝"。"因为我国国民是在古代中国的文化教育下进入历史的，所以从历史初期就十分重视孝，最初设立大学时就将《孝经》作为和《论语》地位并列的经典，规定为所有学生的必修科目。"③ 下面从三个方面来说明和辻在理解"孝"上的独特性。

　　一是"孝"的本质及其演变。和辻是从人伦的角度来理解"孝"的，即孝是一种"爱的行为"。"父在，观其志；父没，观其行；三年无改于父之道，可谓孝矣。"（《论语·学而》）这是以父子之间的人情为基础的，但孝在后世随着儒学定于一尊逐渐成为僵化的礼教，对人性形成了诸多系缚。和辻在《日本伦理思想史》中提到，虽然上古的日本国民尚未明确有"忠孝"概念，但已经包含了忠孝的内容，只不过它是以人的自然感情来体现的，即"对人之自然性的无条件肯定"，他以君臣父子之间的感情为例说明

---

① 据张崑将研究，直接谈论"忠孝"的研究著作在日本学界较少，基本是将之分别阐述的，且"忠""孝"两者在优先问题上孰先孰后也无定论。同时，他认为日本思想家常常将具体现象经验的"忠"或"孝"提升到乃至超越宗教的思维。参见氏著《德川日本"忠""孝"概念的形成与发展——以兵学与阳明学为中心》，台湾大学出版中心，2008，"绪论"。
② 『和辻哲郎全集 第 11 卷』、389 頁。
③ 『和辻哲郎全集 第 11 卷』、349 頁。

这一"自然感情与忠孝的意义相同"。① 这表明，和辻对孝的理解基本是以人性为基础的。"孝"与其说是子对父的义务性奉仕，不如说是一种亲子之间的爱，即它不是家长制权力，而是一种"爱的行为"。② 从"亲子爱"这一规定出发，和辻反对将注重孝德视为封建旧习，他认为"孝"体现的是子爱父、父爱子的亲情，这是具有积极意义的功绩，不应否认，因为不管是文明未开的社会还是文明发达的社会，家庭的"亲子爱"都是一样的。

"孝"一旦掺入家长制权力的因素，就开始强调子对父的奉仕义务，则会发生质变。和辻认为这一情况发生于江户时代，江户幕府始将儒家道德确立为统治思想。在这一时代，也不乏一些儒学家以孝为中心提出了自己的哲学，如中江藤树将"孝"提升为"宇宙的原理"；到了幕末时期，水户学的代表人物会泽正志斋将忠孝之道升格为"国体"，乃至将皇国之道等同于忠孝之道，使"忠孝"观念与天皇建立起了唯一且直接的联系。明治时期颁布的《教育敕语》（1890）可以说是明确地界定了忠、孝的内涵。明治新政府试图重建以儒学为基础的新国民道德，其中一个重要表现就是这一"敕语"。"敕语"中宣布"克忠克孝"为"国体之精华""教育之渊源"，显然忠孝成为天皇制的基础，这一敕语对之后的皇国主义倾向有着关键性的影响。和辻在《答麦克阿瑟疑问》一文中比较了儒家经典和敕语教育在道德性格形成上的不同影响，批判了《教育敕语》对人性的禁锢。显然他是反对将忠孝脱离人伦，僵化为空疏的教条的。总之，他认为江户之后的"孝"已不再只是父子之间的那种人性情感，而是具有了对家长（君主）的奉仕性质。

二是"孝"在人伦组织中的地位和界限。在和辻的人伦组织序列（家庭、地缘共同体、经济组织、文化共同体、国家）中，以亲子关系为基础的家庭只是其中的一个阶段，亲子关系"占据一定的位置，被赋予一定的任务，所以不能要求其超越本身的界限"。③ 故而，和辻认为日本的"孝"始终属于"家"的问题，而不是天地大道等公共层面的问题。这里，他提出"忠"作为对比。"忠"在中国古典中原指对他人托付的尊重和践行，

---

① 『和辻哲郎全集 第 21 卷』、294 頁。
② 『和辻哲郎全集 第 11 卷』、350 頁。
③ 『和辻哲郎全集 第 11 卷』、351 頁。

"尽己"或"诚敬不苟"（劳思光），如"为人谋而不忠乎"（《论语·学而》），但后来逐渐演变为只是面向君主的行为道德，但不管怎样，"忠"归根结底都属于"家"外的问题。所以，"忠"成为公共性问题。

"孝"既然属于家庭内的德目，所以也具有其自身的界限。和辻认为古代中国之所以能将"孝"作为道德的主要德目，是因为家庭（共同体）在中国社会的结构中占据了重要地位，具有比国家更为切实的公共性存在意义。而在地缘共同体和文化共同体发达的地区，公共性存在显然要优先于家庭。和辻认为日本是以村落共同体为社会结构基础的，所以想用家庭的孝德取代社会的公共性，这当然是行不通的。反过来，我们也可以这么理解，干涉公共性人伦组织的"孝"已经不是"爱的行为"，而是带有父权的家长制。和辻认为这已经失去了"孝"德的真义。在和辻的人伦组织序列中，每组人伦都是独立的共同体，亲子关系也不可妨碍其他人伦关系，所以家庭内部的德目——"孝"不宜被使用于公共性的人伦组织。这也就不难理解他为何认为"孝"德不应该被当作日本国民道德中最主要的德目。

三是"孝"的基础。"孝"既然作为国民道德中的一个德目，那么也是形成于日本自身的历史性与风土性中的。国民道德作为人之存在的特殊表现，基于风土这一载体，同时又"在历史中充分得到实现"。日本很快接受了中国的"孝"观念，和辻认为这一接受的顺畅，就是因为"日本的古代社会不像中国那样以家族共同体为唯一的基础"，而是以村落共同体为社会基础。"受水稻耕作制约的村落共同体在感情融合上尤为显著"，[1] 这与"孝"这一家庭式德目紧密契合，所以中国式思维方法没有遭到什么反抗就被民众接受了。

其次，关于"忠"，如前所述，"忠"本身虽然原本具有公共性意义，但通常被指称为面对君主的道德行为，尤其是在日本近代，因为皇国主义的影响，"忠"与天皇紧密地结合在了一起。所以，和辻在谈论"忠"时也不可避免地与天皇制结合起来。具体来看，有以下几点值得提出来做一探讨。

一是忠孝一本的基础。自明治时代的《教育敕语》起，忠孝并论就成

---

[1] 『和辻哲郎全集 第 11 卷』、349 頁。

为新政府国民道德中的基础德目，即君臣之义和父子之义是最重要的人伦。日本儒学家在确立国家统治思想时选取"父子有亲、君臣有义"二伦，将其中的忠孝作为"元德"来强调，提出"忠孝一本"的思想，和辻认为这并非没有根据，其根据就在于自身的历史风土特性。具体来说，就是武士阶级的幕藩统治。在地方上的大小藩国里，藩主与家臣之间保持着"无间的情谊"。和辻认为这是因为"家"中的关系原封不动地被挪到了主从关系中。① 所以家臣能因为"家事"勇于为主君献身。当然，主君出于家臣的奉献而给予适当的恩赐。这样，原本具有公共意义，只是表示"家"之外道德的"忠"转而表现"家"内的道德。如此，既体现了家臣对主君的忠，也体现了"家"内的孝。②

二是尊皇与忠孝的关系。众所周知，天皇的权力随着尊皇倒幕、明治维新逐渐集中，而忠孝一本的新国民道德也推动了集权的倾向。于是学界产生了皇室是第一宗家、家族道德与国民道德一致的批判声音。对此，和辻是彻底反对的。他不但在《尊皇思想及其传统》中对天皇及天皇制的历史和本质予以说明，而且在战后的天皇制存废论争中积极加入维护天皇制的阵营。这里强调的是他对家族道德与国民道德一致，即"尊皇是忠孝的表现"这一观点的驳斥。他着重以全体性为立足点指出了"忠孝"与尊皇的区别，实际上主要是对"忠"做出了界定。因为日本封建时期处于朝廷和幕府并立的二元统治机制，所以"忠"的对象也相应地分为天皇和将军。和辻认为，因为天皇是国民全体性的表现者，所以虽然将军掌握了实际的权力，但对其效忠也只是体现了家臣与主君（藩主）之间的个人关系，至于"孝"，其本身就只是表示子对亲的奉养关系，体现的是个体性。所以，这两者都与国家的全体性无关。但是我们知道，到了明治时期，天皇已经将权力和权威

---

① 『和辻哲郎全集 第 11 卷』、389 頁。

② 在忠孝问题上，和辻格外注意区分封建主君与日本天皇之间的差别。简言之，前者是封建大名，统治的是藩国，其最高代表是将军，是国家实际权力的拥有者，大名是地方权力拥有者；后者是国民全体性的唯一体现者，统治的是整个国家，可能并不总是拥有权力，但始终拥有最高的权威。同时，他也指出随着西学的进入，日本以西方宪政体制为模板组建国家，以忠孝作为国体，这就将封建小国（藩国）的直接君臣关系与近代国家中的立宪君主与国民之间的复杂关系相混淆。参见『和辻哲郎全集 第 11 卷』、390 頁。

集中于一身，根据"敕语"，这时的"忠"就是指对天皇的忠。明确了这一点，也就不难理解和辻为何在提出江户的"忠"无关乎全体性后又提出"忠"是国民道德、"孝"是家庭道德这一论断，原因就在于在废藩置县之后的日本，效忠的对象只剩下能够代表国民总意（全体性）的天皇。不过，在和辻的叙事逻辑中，显然还是将"尊"与"强"分开来看待的，更强调天皇的权威性（代表国民总意）一面。"忠"于国民的总意，自然体现为对全体性的归依。而天皇不管是否大权旁落，都始终是国家的权威，代表着全体性，所以与"尊皇"的实质并无根本差别，都是个体对全体性的归依。

三是"忠"优先于"孝"的实质。虽然忠孝通常被并列为近代国民道德的基础，但和辻除了谈到"孝"始终和"忠"结合在一起，并且位于"忠"之下之外，在两者之间内在联系上便没有阐述更具体的内容了。不过，根据和辻的人伦组织序列，国家在人伦之道上是最高的共同体，家庭则是最初的共同体。既然忠是国民道德，孝是家庭道德，那么"忠"指向的是全体性，"孝"指向的是个体性。根据和辻对人之存在结构的规定（其对社会性的强调），我们认为在其国民道德谱系中，"忠"要优先于"孝"，也并不言过其实。加上战时严厉的思想统制，忠君本身就意味着对全体性的归依。从这一逻辑来看，也就不难理解和辻的思想为何会被批判有否定个人主义的保守倾向了。

四　儒家思想在"国民道德"论中的继承与转化

上面讨论了和辻对孔子之教以及国民道德论的两大德目，结合中国的忠孝观念（简称"孝观""忠观"）可见和辻在对两者理解上对后者的继承与转化。

一方面，就"孝观"而言，首先，和辻的"孝观"（人道之孝）是对孔子之教的继承。这里的"人道"如前所述，是指人伦之道，也是和辻对孔子之教的理解。和辻从人的自然性出发规定孝的定义，提出这是一种爱的行为，是亲子爱，即家庭这一最初人伦共同体中的道德，这与他自己将孔子之学的要旨定为人道的理念是一致的。他以人的立场为基础，讨论了孔子的人及其学说，强调了孔子的人格及人伦学说。钱穆晚年也提出："孔子之学，非哲学，非教育，非政治，亦非其他一切，实只是学孝弟忠信做人之道。""人生重要在情感。"这里的"做人之道""情感"与和辻的"人道""爱的行为"有异曲同工之处，即都反映了孔子之学的世间性和社会性（"人间性"）。此外，对和辻将"孝"限制于家内并指向个体性的规定也体现了对孔子之学的继承，① 因为在中国儒学中，对孝弟的规定从孟子开始就超出了"家"的范围，成为普遍化的道德标准。"尧舜之道，孝弟而已矣"（《孟子·告子下》）显然将"孝"提升到了国家统治的层面。所以，和辻对孝弟的规定可以说仍然属于孔子对孝的定义范畴。

其次，和辻的"孝观"是对儒家道德教条化的反向（anti-action）。儒家思想在宋学之后逐渐流于空疏，而此时朱子学传入日本成为朝野儒士争相研读的学问，直到江户儒学家将武士道理论化，成为幕府的统治思想。中日两国的儒学在被定于一尊成为统治者的治国思想时，在历代统治者的修剪中越发与原来的孔子之教脱节，如"父为子纲"之类的单轨向三纲五常。确切地说，其原有的人性情感一面逐渐消亡，而政治教化的一面在增强。和辻从人伦性、思想的包容性等角度强调了固化后的儒家学说在江户时期成为统治思想后对日本历史进程所产生的消极影响。

最后，和辻的"孝观"更多地停留在理论层面，对具体的人伦内容并没有从实践上展开。具体而言，其对孝的理解只是强调了人的自然感情，在批判上也只是提出了父权制对孝的消极影响，但没有具体展开其内容。但我们从和辻的论述中可以看出，孝在糅入父权制思想之后，其中的关系虽然仍然发生在父子之间，但已经不是原来的自然亲爱关系，而是对父权的义务性遵从。这一种强制性的道德规范最后演变为礼教的悲剧，在这一点上和辻简单地举例做了说明。相比较而言，《论语》中显示孔子多次提到了"孝"，将之视为"仁之本"，"君子务本，本立而道生"。孔子也在弟子的问话中详

---

① 在《孝经》中已经有将孝悌与忠君结合起来的思想，如"君子之事亲孝，故忠可移于君；事兄悌，故顺可移于长；居家理，故治可移于官"（"广扬名章"）。

细解答了具体如何行孝，如"父在，观其志；父没，观其行；三年无改于父之道"；"无违"；在"能养"之前应先"敬"；注意和气、愉色、婉容；等等。因为仁是"爱人"（《论语·颜渊》），"孝"即为爱人的根本，如果将孔子之教理解为"仁学"的话，那么可以说孝是道的前提，其体现在如上的日用之中。

另一方面，就"忠观"而言，虽然和辻的"忠"的概念来自孔子的"忠"，但两者仍然有一定的区别，主要因为两者所针对的对象不同。和辻的"忠"主要是和君主相结合的范畴，只不过"忠君"的"君"从幕府时期的将军大名后来转为明治维新后的日本天皇，前者是权力的代表者，后者为权威的代表者（明治维新后权威和权力集于一身）。通过天皇所具有的全体性本质，和辻将"忠"规定为全体性志向，表现出个体性朝向全体性的运动。而孔子的"忠"在后世也经历了从对他人的普遍态度缩窄为朝向君主的变化——从个体修养的行为典范，逐渐演变为忠君的政治道德。《论语》中虽然也有"臣事君以忠"（《论语·八佾》）等记载，但表述的主要是"积极为人之义"（冯友兰）。"与人忠""十室之邑，必有忠信"等提出的是人面向自我的要求；忠的"人己之别"（钱穆）展开的是自我与他者之间的关系。概言之，和辻的"忠"体现的是个体与全体之间的关系，而孔子的"忠"表现的是自我与他者之间的关系。总体来看，尽管两者有较大不同，但在对封建君主的态度上表现出一致性。中国社会以儒家的士大夫之道、君子之道作为表现对君主的忠诚；日本则集中体现为忠于主君的武士道（君臣以恩义作为道德约束）。这除了当时儒学被立为幕府的官学等原因外，也与民间的儒学家纷纷热心于士道有关。

综上所述，和辻的"忠孝"观念与孔子之学有着内在的逻辑性，一方面他根据日本自身的历史风土特点对忠孝观念赋予了特定的理解，另一方面在某些方面仍然保留了中国儒学最初的基本元素。其人伦的思考维度是其重要特征，而这也是孔子之学的重要理念。应该说，和辻的国民道德论是在对中国儒学的继承和转化基础上，结合日本自身的情况确立起来的。

五　结语：和辻的儒学理解与其伦理学体系的建构

以上选取了《孔子》一书以及忠孝观考察了和辻将"人道"与"人伦"继承与转化的内在逻辑性。进一步而言，这一逻辑以和辻的语言来说，主要是通过"间"这一结构连接起来的，或者说"人—间"关系。和辻伦理学的集大成著作是《伦理学》（分为上中下三卷，分别出版于1937年、1942年和1949年），不过1934年出版的《作为人间学的伦理学》（『人間の學としての倫理學』）可以说是其体系的一部奠基性著作。虽然他表明此书"只不过是伦理学的序论而已"①，但已经阐明了研究的意义和方法，更提示了其体系的重要特征。从中我们可以看到其儒学理解与体系建构之间的契合之处，上述的"间"正是其本质体现。正如有学者指出，和辻伦理学是研究"人与人之间"的"人—间"存在之学，其主体是"间"。② 概要来说，这里涉及两点。

一是所谓"间"的结构。如上所示，《作为人间学的伦理学》一书的书名就已经说明了核心特征，不过因为早期引介和辻思想时出现的翻译问题而出现理解上的偏差，这里略做补充说明。因为日文"人间"一词有多重含义，其中也有单指"人"的意思，所以一直以来学界也将"人间学"译为"人学"（近年来已经有学者从这一角度提出应将其恢复为"人间学"来作为定译）③。虽一字之差，但内涵殊为不同。除了语言本身的多义性外，结合和辻的体系，不难发现，"间"是体现其问题关切的一个关键词。也就是说，和辻的"人间"有强调人的属性中社会性的一面，且"全体"或者说"社会性"在其体系中占据着优先地位。此外，日语中的"人间学"，指的是人类学（anthropology），包括哲学和生物学这两种研究方向。和辻提到，人类学考察的是"人"的灵与肉的两个方面，所以其课题的内容是身体论和精神论。自然科学的勃兴促使身体论发展，最后定名为人类学，成为动物

① 『和辻哲郎全集 第9卷』、序。
② 和辻哲郎著、米谷匡史編「人間存在の倫理学」『京都哲学撰書 第8卷』、燈影舍、2000。
③ 参见林美茂《对和辻伦理学"人间的学"概念的辨析》，《哲学研究》2014年第3期。

学的一个分支；而精神论发展至哲学的认识论（心理学），是从哲学的立场提出"人"的问题，来探讨身心关系和一般性的"什么是人"等问题。和辻将之称为"哲学式的人类学"。① 但其所关注的显然并不在于人类学。简言之，人类学考察的是从共同体中抽象出来的人，而和辻重在探讨存在于共同体中的人，所以"'人间'之学绝非人类学"。② 在《作为人间学的伦理学》旧稿中，他也曾特意指出，"伦理学不是自然之学而是人间学"。③ 既然"伦理"学是关于"人之存在"的学问，④ 而人之存在结构是时空二元性，那么"人间学"的结构也就在这一二元性中。

二是"间"这一结构所体现出人伦性与社会性。如上，时间性和空间性是人之存在结构的两个维度，在具体时空下相对应的则是历史性和风土性这一二重性。人存在于有序的人伦组织，作为个体的人需承担社会性责任。这意味着必须遵守各种人伦组织的规则和规范，即人在家庭、家族、地缘共同体、经济组织、文化共同体以及国家等各类人伦组织中行应有之道，"素位而行"，"敦伦尽分"，这也正是其所谓的"人道"（"人伦之道"）。

众所周知，"仁"是孔子之教的一个核心指向，但文章开首所述的"误解"可谓开辟了新的路径。所谓的"道"本有多种含义，其中一个是应有的合理行为之意，"人道"一词在中国不同的学派里有各自不同的内涵。在道家哲学里，人道常与天道、地道相对；在道家哲学之外，人道也意味着顺应自然，"启蛰不杀，则顺人道"（《孔子家语》）。惊蛰后的自然界是春的生长之气，与杀伐的肃杀之气相悖。"人道，人伦日用身之所行者皆是也。"（《孟子字义疏证·道》）儒学中的"人道"显示的是"人伦日常"。"伦"体现的是人际关系得以成立的秩序，最重要的有五种，即五伦。"亲亲、尊尊、长长、男女之有别，人道之大者也"（《礼记·丧服小记》）；天地人三道和君臣父子夫妻相对应，这些人世的人伦大纲中最为人熟知的就是"父子有亲，君臣有义，夫妇有别，长幼有序，朋友有信"（《孟子·滕文公

① 『和辻哲郎全集 第9巻』、21頁。
② 『和辻哲郎全集 第9巻』、21頁。
③ 参见 『和辻哲郎全集 第9巻』、旧稿目録、483頁。
④ 『和辻哲郎全集 第9巻』、36頁。

上》）。这一人伦中的人际（间）性呈现的正是人存在结构中的社会性。随着儒学的东传，日本自古代起就接受了人伦这一概念。不过，现代日本不怎么使用"人伦"一词，而是用西方 ethics 的译词"伦理"来取代。和辻的伦理学则体现了两者的结合。后世学者认为和辻将"儒教的人伦转换为伦理，具有重要的意义"。① "伦已经通过'理'强调了所具有的道的意义。所以可以说'伦理'与完全意义上的'人伦'是同义的，即'伦理'也意味着作为人之共同体存在理据的道。"②

　　总之，"间"的关系性/社会性是和辻伦理学体系中的核心要旨，其意图表达的是"间"，即人伦共同体（组织）的理法。通过这一抽象的哲学原理和具象的历史呈现，"人道"、"人伦"和"伦理"达成了一致的内在逻辑，使其伦理学的内涵显示出东方性的特征。

---

① 参见廣松渉［ほか］編『岩波哲学・思想事典』、人倫条。
② 『和辻哲郎全集 第9卷』、12頁。

广松涉与"关系主义"的潜流

邓习议[*]

———————————————————————

保罗·利科在其主编的《哲学主要趋向》一书中设有"现代印度和日本思想中的逻辑和本体论"一节,专门介绍了印度和日本学界对排中律和矛盾律的研究。关于前者,印度哲学家卡利达斯发现,"非排它性的'或者'仅是16个可能的二项逻辑算子中出现的逻辑连词之一,这些逻辑算子可存在于二值真值函项逻辑中……如果选替项之一被断定为真,那么其它选替项既可真亦可假"。[①] 日本哲学家大江精三质疑"把排中律用于不能截然二分化的领域","不仅在亚原子层次上,就是在知觉层次上我们也未能发现这种截然分明的二分现象。但是如果情况是这样,那么运用具有这类二分性的逻辑思想去了解并非二分性的经验,就会导致混乱"。[②] 关于后者,今道友信指出:"如果我们接受矛盾律的话,就不可能思考全体或整体,因为理解整体的企图总要导致悖论……而且如果要研究任何真正的形而上学,就必须思考它——那么,我们就不得不放弃矛盾律,并把悖论看作是不自相矛盾的。"[③] 此外,克里施纳引入类似"一切以条件、地点和时间为转移"[④]的观点,主张"将矛盾律应用于经验现实……要以对那类被施用矛盾律的

———————————————————————

* 邓习议,哲学博士,湖州师范学院马克思主义学院副教授,研究方向为日本哲学、国外马克思主义哲学。

① 〔法〕保罗·利科主编《哲学主要趋向》,李幼蒸、徐奕春译,商务印书馆,1988,第39页。

② 〔法〕保罗·利科主编《哲学主要趋向》,第40~41页。

③ 〔法〕保罗·利科主编《哲学主要趋向》,第40~41页。

④ 《斯大林文集(1934~1952)》,人民出版社,1985,第206页;《列宁全集》第31卷,人民出版社,1985,第54、172页。

对象进行'点－时－刻'分析为前提……因为每一时刻都可以当作是一个新的时刻,这样就使矛盾律与人们打算将矛盾律运用于其上的任何对象没有关系了"。① 我们知道,排中律被表述为"A 是 B 或不是 B",矛盾律被表述为"A 不能既是 B 又不是 B"。可是,这类古老的逻辑定律却无法解释现代物理学中光的波粒二象性,以及量子力学和广义相对论的不相容现象。凡此种种,如保罗·利科那本书的书名所显示的,当代哲学呈现出由 19 世纪的克尔凯格尔的作品《非此即彼》所表征的隘路到由 20 世纪物理学的"亦此亦彼"所表征的通路的趋势,日本广松哲学即是这一趋势中具有代表性的一种。

在《黑格尔与"关系主义"的潜流》一文中,广松涉(1933～1994)从"哲学的闭塞状况与反思"、"超越二元对立性的基本态势"和"从生态主义存在观到关系主义"等方面,② 阐发了黑格尔哲学中关系主义的萌芽。广松哲学的根本意趣之一是在哲学上推进从"实体主义"到"关系主义"的转换。他在展望未来何种世界观将成为基调时,更是明确提出"除了欧洲的,不,大乘佛教的一部分极少的例外,'关系主义'将取代过去占主流的'实体主义'成为基调"。③ 作为最终的理论尝试,已反映于其代表作《存在与意义》两卷本中。但由于本身艰涩难懂,一般读者难以登堂入奥。笔者以为,哲学是追本溯源的学问,研究哲学思想当如是,研究哲学家的思想亦当如是。本着"取法乎上(得乎中)"的古训,本文拟从作为宗教、哲学之源头的印度教的"梵我一如"论和佛教的"缘起性空"论,以及作为广松所处的日本现当代哲学语境中的西田几多郎的"场所逻辑"和大森庄藏的"当下显现的一元论"入手,阐发广松涉与"关系主义"的宏阔潜流,以期更多的读者"窥一斑而知全豹",深入领略广松哲学的魅力。

一 "梵我一如"论

当恩格斯在《路德维希·费尔巴哈和德国古典哲学的终结》中提出

---

① 〔法〕保罗·利科主编《哲学主要趋向》,第 44～45 页。
② 〔日〕广松涉:《唯物史观的原像》,邓习议译,南京大学出版社,2009,第 242～279 页。
③ 『廣松涉著作集』14 卷、岩波書店、1997、498 頁。

"全部哲学，特别是近代哲学的重大的基本问题，是思维和存在的关系问题"①，他确实抓住了哲学思维中一个谁都永远无法绕开的问题，即"心与物"的关系。前面，广松提到"新的世界观和价值观……将产生于亚洲"。那么，相对于西方哲学，处于亚洲的东方哲学具有什么特点呢？它是否具有广松所主张的关系主义的基调呢？为了说明这一点，我们不妨从作为"哲学与宗教最相一致"②的印度宗教哲学谈起。

在哲学教科书中，人们常说西方哲学的源头在古希腊，第一位哲学家泰勒斯称"万物的本原是水"。可是，实际上，在比泰勒斯早 1000 多年前，在东方印度的婆罗门教经典《梨俱吠陀》中，就已提出"地、水、火、风、空"③为构成世界万物的五大元素，并试着以"自我"为世界太初（开端）的创造者。④ 此后，自印度教经典《薄伽梵歌》的梵书时代以降，"自我"被视为与"梵天"是同一的，此即所谓"梵我一如"说，作为创造主的人格神色彩逐渐淡化，"梵天"始得作为世界之原理而存在。在今天的印度教信仰中，梵天、毗湿奴和湿婆被看作分别主管"创造"、"维护"和"毁灭"的神灵。

关于"梵天"一说，我想眼下有三点值得我们引以重视。第一，梵文中的"音"与"义"所体现的基始性关系。婆罗门教以"吠陀天启""祭祀万能""婆罗门至上"为根本信仰。据史料记载，"梵文"系"梵天"所创，"详其文字，梵天所制，原始垂则，四十七言（字母）"。⑤ 在今天的印度，人们相信梵文的每个字母都代表了一种力量源泉，因此人们在修炼"瑜伽"的时候总会冥想着梵文字母。由此亦不难理解后世佛教徒在诵读佛教"真言"的时候，之所以要求发音正确，是因为梵文单词拼写与读音之间有着绝对的规则，用梵文字母拼写的真言，既能保持真言的纯正梵音，又能做到所说即所写。作为例证，诸位随便翻开一部今天的佛教经典，就可以

---

① 《马克思恩格斯选集》第 21 卷，人民出版社，1965，第 315 页。
② 〔日〕西田几多郎：《善的研究》，何倩译，商务印书馆，1965，第 35 页。
③ 《五十奥义书》，徐澄梵译，中国社会科学出版社，1995，第 29 页。
④ 参见《五十奥义书》，第 20 页。
⑤ 《大唐西域记》卷 2。

发现里面的音译词比比皆是。比如著名的《心经》，其全称为《摩诃般若波罗蜜多心经》，其中"般若"（Prajñā）意译是智慧，"波罗蜜"（Pāramitā）意译是"到彼岸"。玄奘为何不意译为"智慧到彼岸"呢？根据前述"所说"即"所写"的原理，显然若是间接意译的话，或许担心智慧无法直接到达彼岸吧。譬如梵文的三个根本咒音，"唵（ōng）"意为"永恒常住，不生不灭，不垢不净，不增不减，遍满法界"，"阿（ā）"意为"无量无边，无际无尽，生生不息，开发光明"，"吽（hòng）"①意为"无边威德，无漏果圆，无上成就，迅速成就"，"说与写""音与义"都是直接对应的，所谓"歪嘴和尚——没正经"，其本义就在于此。② 而此处的"所说"和"所写"，读者当中或许有人会想到结构主义语言学家索绪尔的"所指"和"能指"的概念。第二，梵天造人过程中所体现的质能转换关系。据说，"梵天"从他的精神而非肉体中创造了被称为"心灵之子"的七位圣哲，以协助自己创造宇宙。在古代，究竟能否从意识中创造物质，或许并非一个容易证明的问题。进入现代之后，随着爱因斯坦质能方程的提出，至少已从科学原理上对这一问题做了肯定的回答。第三，在"梵天"思想的基础上，后人如何具象地呈现"心与物"的统一？在较《梨俱吠陀》晚 500 多年的印度教经典《薄伽梵歌》中，阿周那称赞克里希那"是最初的创造者，甚至比梵天更伟大"。③ 而克里希那也不吝对其承认"阿周那啊，要知道，我是一切创造物的创造主"。④ 可是，何以见得呢？在第 11 章"宇宙形象的显现"中，"阿周那看见了主的宇宙形象，它有无数的嘴巴和眼睛，无数奇异的相貌，佩有无数神圣的饰物，持有无数神圣的武器，穿着神圣的衣服，戴着神圣的花环，抹有天上香料和油膏，充满了一切奇观——无数的神面向各

---

① 镇守寺院大门两侧的石狮子，其中一只狮子口发"阿"音，另一只狮子则口发"吽"音。狮子的脚下有一圈符咒，原本是针对盗贼的符咒，后来人们为了寻找失物，也使用这一符咒。

② 这三个咒音，后被扩展为佛家六字真言"唵（ōng）嘛（mā）呢（nī）叭（bēi）咪（mēi）吽（hōng）"。道教可能受其影响，亦有"临兵斗者，皆阵列前行"的"九字咒"（《抱朴子·内篇卷十七·登涉》）。

③ 〔印度〕毗耶娑：《薄伽梵歌》，王志成、灵海译，四川人民出版社，2015，第 227 页。

④ 〔印度〕毗耶娑：《薄伽梵歌》，第 251 页。

方"。① 依笔者浅见，这段文字为我所见过的古代经典中最为形象地描绘了"物质与意识""思维与存在"相统一的语句。

上述第三点，其泛神论的通感式描述，对后世佛教的影响则尤为突出。佛教将眼睛分成肉眼、天眼、慧眼、法眼和佛眼五种眼界。在前四种眼界中，总有一个主体和一个客体。譬如，就肉眼而言，人是主体，世间现象是客体；就慧眼而言，阿罗汉是主体，"空"是客体；就法眼而言，菩萨是主体，宇宙万象是客体。然而，当谈到佛眼时，若说佛是主体，宇宙是客体，那就大错特错了。因为在佛眼看来，佛与宇宙之间已了无区别，佛即一切，一切即佛。总之，对于佛眼而言，那是绝对待（没有相对概念）、绝空间（没有空间概念）、绝时间（没有时间概念）。用龙树《中论》中的"八不"思想来说，就是"不生亦不灭，不常亦不断，不一亦不异，不来亦不出"。作为例子，我们还可以举出大家耳熟能详的"千手观音"及《西游记》中关于"孙悟空逃不出如来佛的手掌心"的描述，这都有助于说明什么是佛，限于篇幅，这里就不做展开了。

以上三点，大体上是就事物的空间性而言。今天，我们知道空间与时间密不可分。关于时间，古印度人也有非常深入的思考。在印度北部的一座名为贝拿勒斯的神庙里，在一块黄铜板上插着三根宝石针，传说梵天在创造世界的时候，在其中一根针上自下而上穿有由大到小的 64 块金片②，此即所谓的汉诺塔。该庙总是派有一名僧侣不分昼夜地按照"一次只移动一片，不管在哪根针上，小片必须在大片上面由大到小"的规则，移动这些金片。僧侣们预言，当将梵天穿好的那根针上的所有金片移到另一根针上时，世界、梵塔、庙宇和众生都将在一声霹雳中毁灭。乍一看，这也许有点夸张，其实一点也不。根据计算，按规则移完这 64 块金片，需要移动 18446744073709551615 次，按每秒移动一次计算，一年为 31536926 秒，等到移完这些金片，共需 5800 多亿年。不得不说，古印度关于"时间与空间"的关系的理解，确实让人拍手叫绝。

---

① 〔印度〕毗耶娑：《薄伽梵歌》，第 217 页。
② 据《易传·系辞上传》记载，伏羲发明了八卦，提出"易有太极，是生两仪，两仪生四象，四象生八卦"，并将八卦推演为六十四卦。

二 "缘起性空"论

龙树（150～250）是印度的一位著名宗教哲学家，大乘中观①学派的奠基者，素有"第二释尊"、"千部论主"和"八宗共祖"等美誉。他的著作汉译本，现有《大智度论》《中观》等二十多种。龙树在继承印度传统佛学（如《般若经》）及其他学派（如《奥义书》）的观点的基础上，创建了自己的宗教哲学体系，其哲学思想集中体现在《中观》一书中。在这部重要著作中，龙树阐述了自己对空的直接观照、不信任任何世俗的名言概念及透过否定和辩证的论证形式以显示真理的思想。印度学者拉灸认为，龙树是一名辩证法专家，其中观学可以与布拉德雷的关系论相媲美。穆谛则由龙树的中观学进而明确提出"中观辩证法"的概念。

"空"（sunyata）是龙树哲学的核心概念。所谓"空"，是一种无自性、相对、暂时的存在状态，就是对自性（svabhava）的否定。在龙树看来，法无自性，当体即空，这个世界没有固定不变的独立实体，婆罗门教中的所谓"梵"（灵魂）其实是不实在的，流于因"空"而执"空"，把"空"实体化，是一种臆造的假名（即"邪见"）或言说意义上的"戏论"，实际上没有任何东西与"梵"或"灵魂"相对应。

龙树试图通过"空"的意蕴，克服并超越"生灭、断常、一异、来去"这类相对性概念。在《中观》开头，龙树以"不生亦不灭，不常亦不断，不一亦不异，不来亦不出"②为引偈，破邪显正、开宗明义地阐明了大乘佛教"依因待缘""缘起性空"的中道义理。具体而言，《中观》是通过

---

① 就思想源头而言，类似"中观"理论的最早表述，可以追溯到孔子关于中庸的理解。"中庸"的"中"，具有"中正平和"的含义，"庸"即"用"的通假字。"中庸"是儒家伦理思想及方法论的原则，它强调为人处世上的无过无不及（过犹不及）、变不失常、执常应变、不偏不倚、执两用中。在孔子看来，所谓"极高明而道中庸"，意为中庸乃最高的美德，"中庸之为德也，其至矣乎"。与孔子将"中庸"作为一个伦理学用语类似，亚里士多德也认为"美德乃一种中庸之道"，只有中庸的行为才是道德的，过度和不及乃是恶行的特征。在亚里士多德那里，"中庸"意味着不偏不倚，处于"过度""不及"这两个极端的中间。例如，勇敢是鲁莽和怯懦的中庸，节制是放纵与冷漠的中庸。

② 〔印度〕龙树：《龙树六论》，民族出版社，2000，第5页。

"不"字而远离、否定与超越上述相对性的两端，由此凸显两端的中道实相即空性，这就是所谓的中观。在"空性即中道"① 这种对空的离言绝虑的直觉的观照中，相对性的两端是相即不离的，任何相对性或绝对性（的实体）都不符合中道。因此，不能将超越于一切相对性或绝对性的"空"实体化。

在龙树看来，诸法"性空幻有"。"诸法从缘生，诸法从缘灭"，② "未曾有一法，不从因缘生，是故一切法，无不是空者"，③ 世界万物处于一种相互关联、相互依存、互为因果的关系中，一切物质现象和精神现象的生、住、异、灭，都是因缘和合的产物，并不存在独立、恒常的实体。凡是基于各种条件聚合而成的事物，都不具有固定不变的"自性"。这种缘生缘灭的"无自性"的非实体状态，即是"空"。但是，"空"不等于虚无。虽说"空"是"自性空"，是事物或现象本身无自性（实体），但是在构成现象的因缘尚未完全被破坏之前，这种现象却仍不失为仿佛存在的"幻象"或"幻有"。龙树之所以呵斥小乘佛教中方广部④所谓的"一切法不生不灭，空无所有，譬如兔角龟毛常无"⑤ 的"空观"是一种"恶趣空"，是因为方广部恰恰把"空"等同于无或虚无。就此而言，黑格尔及一些欧洲哲学家认为"空"等于无或虚无，显然是错误的。与此不同，日本学者一般既视空为否定，又视空为妙有，而不是把空看作消极的虚无主义。

印度自古有注重辩证思维的传统，可是印度当时并没有西方的"逻辑"一词，与此对应的是所谓的"正理"，后来在佛教的推衍发展下又被称为"因明"。在印度传统的否定性思维模式中，否定的即意味着肯定，否定是为了肯定。对事物的真实本质的把握，是通过对事物的实在性的否定实现的。在《奥义书》中的一些婆罗门教思想家看来，对于作为最高实在的"梵"，只能通过否定的思维方式（不是什么）来体悟，而不能用世俗的认知方式（是什么）来把握。这种思维方式，对由龙树所创立的大乘佛教产

---

① 〔印度〕龙树：《龙树六论》，第 36 页。
② 〔印度〕龙树：《大智度论》卷 18，第 192 页。
③ 〔印度〕龙树：《龙树六论》，第 36 页。
④ 方广部，佛教史上著名的虚无主义者。在他看来，空即虚无，一切事物皆空无所有。
⑤ 〔印度〕龙树：《大智度论》卷 1。

生了很大影响，上述引偈中的"八不"，同样意在"以破为立""破邪显正"，即通过否定而达到肯定。在方法论上，龙树的"正理"虽有破有立，但重点在破，以破为立。"由否定达到肯定的论证手法，是印度自奥义书以来的传统论证方法。"① 《中观》通常运用"双遣双非"式的四句论证模式。例如，在"一切实非实，亦实亦非实，非实非非实，是名诸佛法"② 这一偈颂中，第一句"实（有）"和第二句"非实（无）"在逻辑上是矛盾的，而第三句"亦实（亦有）亦非实（亦无）"是对第一句、第二句的相对统一，第四句"非实（非有）非非实（非无）"则是对第三句的绝对统一。就黑格尔辩证法的"正、反、合"论证模式而言，如果说第一句"实（有）"相当于黑格尔辩证法的"正"命题，那么第二句"非实"就相当于黑格尔辩证法的"反"命题，第三句"亦实亦非实"则相当于黑格尔辩证法的"合"命题。亮点在于第四句，龙树为实现对常识与真理的超越而设立了"非实非非实"的命题，这种"相即相入，浑然一体"的绝对不二的实相，即是"空"。

三 "场所逻辑"论

说起日本哲学，正如前些年在中国也有过"中国哲学的合法性"的讨论，众所周知，中江兆民说过一句很有名的话，那就是"日本没有哲学"。③ 我想这除了与"哲学"一词的语源及理解有关，主要原因还在于中江未曾接触过亲鸾、道元等人的本土思想，同时也与他所处的年代略早于京都学派的创始人西田几多郎（1870~1945）有关。要深入理解西田哲学，读者必须具备解释学中特别强调的一种"前见"，那就是对德国古典哲学的基本了解，尤其是费希特关于"自我"的"三部曲"，即"自我设定自身""自我设定非我""自我设定自我和非我"。

西田哲学的归宿是后期著作《从动者到见者》中的"场所逻辑"，而其开端则是早期著作《善的研究》中的"纯粹经验"。正是围绕如下"纯粹经

① 成建华：《龙树与中国佛教哲学》，博士学位论文，中国社会科学院研究生院，2003。
② 〔印度〕龙树：《龙树六论》，第27页。
③ 参见〔日〕中江兆民《一年有半 续一年有半》，吴藻溪译，商务印书馆，1979，第15页。

验"、"实在"和"场所"这三大问题，西田展开了他持续二十多年的哲学运思，分别阐明应如何理解"自然"、"精神"和"神"，以及三者之间的关系。

1. 纯粹经验

西田认为："所谓经验，就是照事实原样而感知的意思。也就是完全去掉自己的加工，按照事实来感知。一般所说的经验，实际上总夹杂着某种思想，因此所谓纯粹的，实指丝毫未加思虑辨别的、真正经验的本来状态而言。……纯粹经验与直接经验是同一的。当人们直接地经验到自己的意识状态时，还没有主客之分，知识和它的对象是完全合一的。这是最纯的经验。"① 我们知道，明治启蒙家在引进西学过程中，尤为重视实证主义哲学。西田此处关于"纯粹经验"的看法，系源自实用主义者詹姆士。后者在其《心理学原理》中强调："我把直接的生活之流叫做'纯粹经验'，这种直接的生活之流供给我们后来的反思与其概念性的范畴以物质材料。"② 主客关系，其实一直也是西方哲学思考的一大问题，这里我们只需列举黑格尔关于"实体即主体"、胡塞尔所谓"面向事情本身"（其学生海德格尔则提出"面向思的事情"），即可见一斑。事实上，主客两者的关系，我通常喜欢将其比喻为蛇的"头尾相缠"。因为在黑格尔那里，"实体即主体"只有借助"面向事情本身"才能获得实现；而在胡塞尔这里，"面向事情本身"也只有从"实体即主体"出发才能自圆其说。我想，不管在西方还是在东方，都存在这一问题，在西田哲学中亦概莫能外。西田说："所谓主客合一，既是在主词方面所见之自己同一，更应是在宾词方面所见之自己同一。前者是单纯的同一，真正的同一反而在于后者。所谓直观，是一个场所方面同其所处之另一场所方面的合一，这二个方面的合一，不单纯是主词方面的合一，而且是主词方面深深地落入宾词方面底层的过程。"③ 从这段说明来看，西田独特的地方，在于他引入了"主词"和"宾词"的概念。若不妨预先说出谜底，这个"宾词"就是西田后期哲学中提出的"绝对的无"。

---

① 〔日〕西田几多郎：《善的研究》，第 7 页。
② 刘放桐：《新编现代西方哲学》，人民出版社，2000，第 200 页。
③ 〔日〕中村雄二郎：《西田几多郎》，卞崇道、刘文柱译，三联书店，1993，第 66～67 页。

2．实在

说起来，"实在"一词可谓源远流长。在古希腊，亚里士多德起初强调只有"个体事物"才是真实的实体，而类似柏拉图的所谓"理念"是虚假的，充其量为实体的属性。后来，亚氏又把个体事物之所以存在的根据称为"是其所是"，即个体事物的本质或形式。在中世纪，邓斯·司各脱认为"实在"与"存在"（being）同义，它们与"实存"（existence）并无明确的区别。在德国古典哲学中，康德将"实在"视为"（先天）形式"与"经验材料"相符合；费希特认为"实在"即是由"自我"所确立的"非我"；黑格尔则坚持"实在"是"本质"与"实存"的统一。后面我们将会看到，西田关于"实在"的理解，其实与上述论点既有联系，更有区别。不管怎样，眼下就"实在"的定义而言，西田强调"不分主客的、知情意合一的意识状态就是真正的实在"。① 这一观点，似乎又回到了前面关于"纯粹经验"的定义，好像仍是一个"头尾相缠"的逻辑循环或死结。但是，当要在恩格斯关于哲学基本问题的高度对"纯粹经验"与"实在"做出抉择时，西田则坚持"对于我们最直接的原始事实乃是意识现象，而不是物体现象。我们的身体也只是自己的意识的一部分。不是意识存在于身体之中，反而是身体存在于自己的意识之中"。② 在《逻辑的理解和数理的理解》一文中，西田勾勒了这一"真正的实在"的"逻辑结构"："动的一般者的发展过程，首先是整体含蓄地（implicit）出现，接着其内容由此分化发展，然后在这个分化发展终结时，实在的整体便实现和完成了。一句话，就是一个东西它独自进行发展和完成。就像黑格尔所说的，从自在（an sich）过渡到自为（für sich），接着化成自在自为（an und für sich）。"③ 由此，西田将"自在－自为－自在自为"的逻辑结构，衍化为"直观－反省－自觉"；正如自在自为是自在和自为的统一，自觉乃是直观和反省的统一。④ 在"实在"的环节中，事物实现了"一般者的自我限定"。

---

① 〔日〕西田几多郎：《善的研究》，第 47 页。
② 〔日〕西田几多郎：《善的研究》，第 40 页。
③ 『日本の名著 47 西田幾多郎』、中央公論社、1965、260 頁。
④ 『日本の名著 47 西田幾多郎』、60 頁。

3. 场所

西田场所逻辑的核心思想是："有必须内存于某处，否则有将无法与无区别。"按照这一思路，西田将场所区分为三个层次："有的场所"、"相对无的场所"和"绝对无的场所"。在形式逻辑中，特殊主词（S）与一般谓词（P）有着被包含与包含的关系（见图1）。比如，在"这匹马（S）是动物（P）"涵摄关系中，若对照中国哲学中"至大无外，至小无内"① 的说法，这匹马（S）必由个体事物如细胞（S′）构成，而动物（P）也必为更大的结构如理念（P′）所涵盖。这种思维，显然已是不同于形式逻辑的辩证逻辑，二者有着科学之于哲学、知识之于智慧的明显差异，体现了辩证思维对线性思维的克服、辩证逻辑对形式逻辑的超越。这样，西田就由主词（S）推出"个体事物（S′）"，即"主词的基体"；由谓词（P）推出"无的场所（P′）"，即"超验的谓词"。②

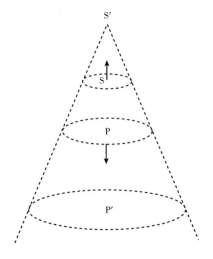

图1　场所逻辑的基本结构

换句话说，西田很可能读过《庄子》，而把庄子话语中的"内"和"外"统称为"无"，并将之与柏拉图《蒂迈欧》篇中的"场所"一词联结

① 《庄子·杂篇·天下第三十三》。
② 『日本の名著47 西田幾多郎』、75 頁。

起来，衍变为"无的场所"。通俗地讲，这种"无的场所"，有似格式塔心理学中的"背景"，若推而广之，实则万事万物都有其"背景"。西田认为，他提出的"场所逻辑"，既克服了前述亚里士多德与柏拉图之间关于"个体事物"（通过"直观"）和"理念"（通过"反省"）孰是孰非的争论，也避免了费希特的极端"唯我论"，还为黑格尔那封闭的"绝对精神"提供了一个真切而寥廓的"神"的"背景"。在"场所"的环节中，事物实现了"绝对矛盾的自我同一"。

4. 广松哲学与西田哲学的联系性

可以从两个方面来看。第一，就各自的哲学体系而言，二者具有某种对应关系。如前所述，西田的整个哲学体系都是围绕"纯粹经验"、"实在"和"无的场所"而展开。广松独创的哲学体系则集中表现在他后期的《存在与意义》两卷本。从探讨的内容来看，《存在与意义》第 1 卷"认识世界的存在结构"，大致对应于"纯粹经验"（自然）的讨论。《存在与意义》第 2 卷"实践世界的存在结构"，大致对应于"实在"（精神）的讨论。广松原本打算写作《存在与意义》第 3 卷"文化世界的存在结构"，但非常遗憾的是，他生前没来得及实现这一愿望，因此也就无从知道他所要讨论的内容，我想第 3 卷也不会与"无的场所"（神）毫不相关吧。[①] 第二，就各自的某些核心概念来说，二者具有一定的相似性。比如，"事的世界观"与"纯粹经验"的相似性，[②]"事（こと）"与"无"的相似性，等等。

四　"当下显现的一元论"

大森庄藏（1921～1997）年长广松涉 12 岁，二者为东京大学的同事，同为名誉教授。大森哲学可分为三个时期：前期"非还原主义的现象主

---

① 从话语体系来看，西田关于自然（纯粹经验）、精神（实在）和神（场所）的划分，其遵循的是德国古典哲学（尤其是费希特、黑格尔）的传统；广松关于认识世界、实践世界和文化世界的区分，所遵循的是马克思主义哲学的传统。考察二者的联系性，主要应该注重内在内容，而不是外在形式。

② 桧垣立哉『日本哲学原論序説——拡散する京都学派』、人文書院、2015、152 頁。

义"、中期"当下显现的一元论"和后期"时间非实在论"。据说，大森先生说过"哲学就是额头流汗深入思考"，若用汉语来说，即"哲学就是体力活"。我想，这句话本身就表现了大森思维"直接性"的特点，同时我们还可以从他的"重叠描述说""当下显现的一元论"中看出这一点。

1. 当下显现的一元论

要理解大森先生的"当下显现的一元论（立ち現れ一元論）"，必须先了解他的"重叠描述（重ね描き）说"。通常，当桌子上有一只杯子的时候，若问"杯子在哪里？"，通常会指着桌上说在"那里"。但是，在二元论者看来，杯子是一种知觉，而非产生这种知觉的物质，即"物自体"。大森反驳说，就像当电视播放的画面中出现山野的时候，有人问"山在哪里？"我指着电视说在"那里"。大森解释说，追问自己的内在和外在的位置关系是毫无意义的，他理解的空间位置，是内在的位置。至于产生内在的原因源于外在的何处，这种外在与我的内在具有怎样的位置关系，虽说并不是不可知的，但却毫无意义。针对哲学史上的"唯实论"和"唯名论"之争，大森指出，现实中固然只存在"个别的猫"，不存在"一般（普遍）的猫"。但是"个别的猫"是如何与其他动物相区别，这种区别基于什么，是通过什么纳入"猫"的概念结构？大森认为，为了这类问题的解决，可以运用经验主义的"无限集合"的概念。例如，所谓"猫"，就是猫的"样子"的"无限集合"。换句话说，在这个世界在逻辑上可能存在所有猫之集合"猫"的意义。回到前面杯子的例子，我们说"桌子上有一只杯子"，实际上这是一种"物理语言"，当我看到桌上的杯子而产生一种映像的知觉时，则是一种"知觉语言"。我们可以把"物理语言"看作无数"知觉语言"的集合而形成的语言。但是，这种无限集合不是我们所能完成的，我们所能做的充其量只是某个特定的视点。

"当下显现"与"无限集合"的关系，就像我在房间里说"富士山"一词时，我头脑中立马浮现富士山的形象。富士山一词，就是基于"知觉的当下显现"而生成的"思维的当下显现"的无限集合。这样，"知觉描写"加上"物理描写"，构成大森所主张的"重叠描述说"，其与广松"四肢结构论"中的"二肢二重结构"颇为契合。就其在本体论意义上超越了

"唯实论"和"唯名论"的争论而言,"重叠描述说"亦即大森哲学的"当下显现①的一元论"。总之,作为东京大学教养学部的同事,大森与广松的思想有着相互影响的关系。如果说"四肢结构论"(关系本体论)乃是广松哲学的理论基石,那么"重叠描述说"(当下显现的一元论)则为大森哲学的理论基石。

在我看来,"重叠描述说"并非无源之木,而是有其自然科学的基础。量子力学表明,物质具有粒子和波的二象性。通常,物质以波的叠加态的形式而存在,可是一旦人的意识参与到观测行为中,它们就立刻呈现为粒子。因此,微观物理真正的实在性是量子态,其真实状态分解为隐态和显态(经典物理学所谓的实在)。量子力学不允许把世界看作由彼此独立的部分组成,而是把研究对象及其所处的环境看作一个整体。两个处于纠缠态的粒子无论分开多远,如果对其中一个粒子施加作用,那么另一个粒子就会瞬间发生变化。正如"薛定谔的猫"所揭示的,处于纠缠态的两个粒子所构成的整个系统犹如处于毒药瓶是否破了和猫的生死的叠加态,即"毒药瓶破了⊗猫死了 + 毒药瓶没破⊗猫活着"。这正应了哈姆雷特那句话:"生存还是死亡,这是一个问题。"

2.时间观

大森先生曾说,"过去通过回忆的方式被经验"。读者也许可以看出,其将"当下显现的一元论"运用于时间观。在二元论者眼里,当想起去年的山的时候,那已是山的"表象",并非去年的山本身,而现在已是过去的存在。而在大森所主张的"当下显现的一元论"的构图中,去年的山本身现在直接在思维中当下显现,而未来是预期的事情在现在的思维中当下显现。无论是过去还是未来都存在于"现在"。因为从根本上说,触闻、回忆、期待、思考、想象等,凡此种种,都不过是事物当下显现的形式之一。我们将以某种方式存在的事物称作"在",将以别的某种方式存在的事物称

---

① 熊野純彦『日本哲学小史——近代 100 年の20 篇』、中央公論新社、2009、155 頁。与"当下显现"(立ち現れ)的类似表述,汉语中有"妍蚩立现"(陆机《文赋》:"混妍蚩而成体,累良质而为瑕。")一说,意为"美的和丑的立刻就分辨出来",以及佛门关于"放下屠刀,立地成佛"(释普济:《五灯会元》卷 53)的成语。

作"不在"，仅此而已。在大森看来，"过去是语言的产物"，所谓"过去"，就是在"现在"中通过过去形而言说的语言命题；"未来"亦然。总之，"时间"是人为的产物，是自然科学的工具，其形式是以"过去"、"现在"和"未来"这一直线表现的线性时间。

由此，大森区分了两种时间观：一种是以古希腊芝诺为代表的有着"过去"和"未来"之边界的"境界现在"，另一种是与过去和未来没有任何异质性差别的"现在经验"（见图 2）。①

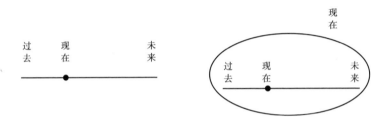

图 2　境界现在和现在经验

这与奥古斯丁所说"说时间分过去、现在和将来三类是不确当的。或许说，时间分过去的现在、现在的现在和将来的现在三类，比较确当……过去事物的现在便是记忆，现在事物的现在便是直接感觉，将来事物的现在便是期望"②，在思考路径上是一致的，是对死亡与"无"的终极超越。"现在经验"，体现着"日本人倾向于将未来和过去归摄入主观之当下"③ 的时间观，也解释了日语中的"今"（いま）何以能够涵盖汉语中的"方才、现在、马上"三重含义。

最后，值得说明的是，关于广松涉形成关系主义的观点之经过，广松希望读者不要一将关系主义与实体主义相对置，就联想起所谓西方"有的哲学"与东方"无的哲学"之间的对比，无的哲学确实是反实体主义的，无的哲学中的某种东西，就像大乘佛教哲学那样建立在一种关系主义的本体论

---

① 大森荘蔵『時は流れず』、青土社、1996、100～101 頁。
② 〔古罗马〕奥古斯丁：《忏悔录》，周士良译，商务印书馆，1963，第 247 页。
③ 参见〔日〕加藤周一《日本文化中的时间与空间》，彭曦译，南京大学出版社，2010，第22～23 页。

之上。他解释说，自己至少不是从"东方哲学"的视角来构想关系主义，虽然自己身处东方文化圈（并且也许隐藏着东方文化的倾向），对佛教哲学稍有关心，但这已是内心确立关系主义世界观之后的事，自己却始终不曾致力于东方哲学的研究。自己之所以确立关系主义的观点，是因为早期曾受过科学唯物论的洗礼，而顺应现代各门科学的发展，在每每为实体主义所修改阐释的现代物理学中觉察了关系主义的趋向，"一是基于现代物理学的趋势的触发，二是基于黑格尔、马克思哲学，尤其是马克思哲学的导向。显然，在黑格尔特有的实体主义中发现了一种关系主义的机制"。① 不过话说回来，广松表示自己并不抱调和东方哲理与西方学理的奢望。对于这一"奢望"，笔者曾试着预言，"如果存在一条对西方哲学的终极超越之路，那么这条道路或许应将'实体'本身作为'关系'的一个'结节'"。② 如若其然，何尝不是哲学界的幸事！

---

① 参见〔日〕广松涉《唯物史观的原像》，第 277 页。

② 鄧習議『「廣松涉と日本哲学」の研究』東京大学哲学研究室『論集』34 号、2015、93 頁。

井上圆了的中文译著及其
对近代中国思想启蒙的影响

李立业*

1840 年鸦片战争打开了中国国门，成为中国知识分子思想转变的契机，当时的有识之士开始意识到学习西方之必要。到 19 世纪 60 年代，两次鸦片战争的失败促使清朝部分官僚的觉醒，他们通过创办军工企业、设立新式学校、创办译书机构，学习西方先进器物，开始了救亡图存的洋务运动。但是 1895 年甲午战争的失败宣告了洋务运动的破产，当时的先进知识分子认识到只学习西方器物并不能改变中国命运，还必须从根本上变革社会制度。他们将目光转向明治维新后的日本，借鉴日本学习西方的成功经验，确立了从日本转贩西学的新模式。甲午战争以后，中国开始大量翻译日文著作，据统计，1896～1911 年中国译日文书 958 种①，大大超过同期翻译的西文书籍的数量，译书的重点也从器物转到社会制度和思想文化层面，特别是被认为是诸学基础的哲学书籍。井上圆了的著作即是在这一时期被翻译、介绍到中国的。

一 井上圆了及其思想

井上圆了（1858～1919）是活跃于日本明治时期的佛教哲学家、教育

---

* 李立业，中国社会科学院研究生院哲学系硕士研究生，研究方向为日本哲学史、日本思想史。

① 参考谭汝谦《中国译日本书综合目录》，香港中文大学出版社，1980。

家。1858 年出生于越后国长冈藩（现新潟县三岛郡）隶属于净土真宗大谷派的慈光寺，作为慈光寺的继承人自小就接受真宗的教育。1868 年入石黑忠悳门下学习汉籍阅读和数学，后师从长冈藩的儒者木村钝叟学习汉学。1873 年在高山乐群社学习英语，次年进入长冈洋学校学习洋学和数学，并在毕业后任汉学助教。1877 年进入京都东本愿寺的教师学校英语学科学习。第二年被选为东本愿寺国内留学生，进入东京帝国大学预备科学习，1881 年正式进修该校哲学科。1884 年从东京帝国大学毕业，作为日本佛教界的第一个文学学士，圆了本可以顺利成为教团内的精英教师，但是他却固拒了回归教团的指令，自觉承担起推进佛教近代化、振兴日本佛教的使命。

明治维新后，受废佛毁释运动的影响，日本佛教日渐衰微，对此圆了积极进行佛教改革，提出了"护国爱理"的口号，强调佛教是统一了"护国"和"爱理"两个方面的宗教。① 圆了指出宗教之隆替与国家之盛衰相伴随，将佛教与国家命运联系在一起，认为佛教应承担起镇护国家和教化民众的社会责任。为了抵御基督教和欧化主义风潮的冲击，圆了发表了一系列哲学和佛学著作，运用哲学的概念和逻辑来阐释佛教，通过佛教哲学化，借助理化学的力量排击基督教。1887 年，在加藤弘之和清泽满之等人的支持下圆了创建了哲学馆（现东洋大学的前身），以培养教育家、宗教家。

作为哲学家的井上圆了，也以近代妖怪学研究的开创者为世人所熟知。他通过大量的文献研究和实地调查，广泛收集有关妖怪的资料，历时十年完成了八卷本的集大成之作《妖怪学讲义》。圆了深入考察不同的妖怪，将妖怪分为"真怪""假怪""误怪""伪怪"，其研究妖怪学是为了破除"伪怪""误怪""假怪"，发现"真怪"。而"真怪者，不外于宗教，所谓无限绝对不可思议之体"，② 圆了认为"真怪"即是宗教，是"无限绝对、不可思议"的本体性存在，其研究妖怪学的目的也在于开现宗教之真面目。

---

① 王青：《井上圆了与蔡元培宗教思想的比较研究》，《世界哲学》2013 年第 3 期。
② 〔日〕井上圆了：《妖怪学讲义录（总论）》，蔡元培译，东方出版社，2014，第 115 页。

二 井上圆了的中文译著

井上圆了最早被翻译成中文的著作是 1889 年由林廷玉翻译的《欧美各国政教日记》一书，此书也是最早的中国译日文书之一。之后，随着中国译日文书籍的数量和种类的急剧增加，井上圆了的十数种著述被相继译介到中国。谭汝谦编《中国译日本书综合目录》中记载了 12 种圆了的中文译著，整理汇总为表 1。

表 1 《中国译日本书综合目录》载井上圆了译著汇总

书名	译者	出版机构	出版时间
欧美各国政教日记	林廷玉	新民译印书局	1889 年
哲学要领	罗伯雅	广智书局	1902 年
哲学原理	王学来	东京闽学会	1903 年
哲学微言	川尻宝岑	东京游学社	1903 年
(续哲学)妖怪百谈	徐渭臣	文明书局	1903 年
印度哲学纲要	汪㰚	普益书局	1903 年
妖怪学讲义录 (总论)	蔡元培	商务印书馆	1906 年
妖怪百谈	何琪	商务印书馆	1911 年前
欧美政教纪原	林廷玉	新民译印书局	1911 年前
星球旅(游)行记	戴赞	彪蒙译书局	1911 年前
心理疗法	卢谦	医学书局	1911 年前
记忆术	梁有庚	不详	1911 年前

资料来源：谭汝谦《中国译日本书综合目录》，香港中文大学出版社，1980。

然而，谭汝谦书中记载的中国译井上圆了的著作并不完整，个别书目出版年份亦不准确，且对各书现在馆藏情况也没有介绍。直到目前，中国、日本乃至国际上研究井上圆了的学者，凡是涉及井上圆了著述在中国的译介情况，都只有参考谭汝谦的这一研究成果，这对于准确、深入地理解井上圆了对近代中国的影响是十分不利的，所以笔者认为亟须对谭氏书中的记载进行订正完善。笔者根据调查及到相关图书馆查阅的结果，对中国译井上圆了的著述情况进行了汇总（见表2）。

表2　中国译井上圆了著作汇总

书名	译者	出版机构	出版年份	馆藏情况	可否借阅
欧美各国政教日记	林廷玉	新民译印书局	1889	无馆藏	—
梦说	—	—	1898	上海图书馆	可
哲学总论	蔡元培	—	1901	—	—
哲学要领	罗伯雅	广智书局	1902	中国国家图书馆 浙江图书馆 广东省立中山图书馆	可
妖怪百谈	何琪	新中国图书社	1902	南京图书馆	可
哲学原理	王学来	东京闽学会	1903	中国国家图书馆 浙江图书馆 上海图书馆	可
哲学微言	川尻宝岑	东京游学社	1903	无馆藏	—
哲学妖怪百谈 续哲学妖怪百谈	徐渭臣	文明书局	1903	中国国家图书馆 浙江图书馆 南京图书馆	可
印度哲学纲要	汪嵚	普益书局	1903	浙江图书馆	可
欧美政教纪原	林廷玉	新民译印书局	1903	浙江图书馆 南京图书馆 上海图书馆 广东省立中山图书馆	可
心理摘要	沈诵清	广智书局	1903	首都图书馆 浙江图书馆	可
星球旅（游）行记	戴赞	彪蒙译书局	1903	无馆藏	—
妖怪学讲义	蔡元培	绍兴印书局	1904	温州市图书馆	可
伦理学	陈荣昌	不详	1905	无馆藏	—

续表

书名	译者	出版机构	出版年份	馆藏情况	可否借阅
妖怪学讲义录（总论）	蔡元培	商务印书馆	1906	中国国家图书馆 首都图书馆 浙江图书馆 上海图书馆 中国社会科学院图书馆	可
记忆术	梁有庚	未记明	未记明	浙江图书馆	可
心理疗法	卢谦	医学书局	1917	上海图书馆	可
失念术	董祝龤	商务印书馆	1923	中国国家图书馆	可

注：1.《梦说》为井上圆了的演说稿，刊载于 1898 年《译书公会报》第 15 期；2.《欧美政教纪原》应该是《欧美各国政教日记》新版；3.《哲学总论》最初发表于《普通学报》第 1 期、第 2 期；4.《失念术》刊载于商务印书馆 1923 年出版的《催眠术和心灵现象》。

通过查阅表 2 中能够借阅的译著，参照日文原本，对中文译本与日文原本是否一致进行了比较。其中除《哲学原理》没有找到日文原本外，《哲学要领》《妖怪学讲义录（总论）》的译本与日文原本一致。《心理摘要》依据 1887 年的日文版本翻译，略去了序言、索引和试验问题部分，直接翻译了目录和正文部分。《欧美政教纪原》目录部分的第二条与第十五条、第二百二十五条和第二百二十六条的顺序与原书相反，而且在正文的翻译中加入了译者自己的观点。《印度哲学纲要》省略了原书的序言和附录部分，加上了译者序，并且在正文翻译中有省略之处。《心理疗法》亦省略了原书的绪言，正文部分也有省略未译之处。何琪译的《妖怪百谈》和徐渭臣译的《哲学妖怪百谈》均是圆了的《妖怪百谈》的中译本，然而比较两者，何氏译本更忠实于原著，徐氏译本在正文部分与日文原本基本一致，但在目录上有相当一部分不一致，不同之处多为意译或根据文本内容翻译，如《哲学妖怪百谈》中第五谈幻听（山間の呼聲）、第十七谈神物之伪（盗難除の御札と賽銭箱の鍵）、第三十六谈物误（幽霊の誤覚）、第六十八谈火玉（下谷の怪談）、第六十九谈鬼异之母（妖怪の組打）等；①《续哲学妖怪百谈》

---

① 参考井上円了『妖怪百談：通俗絵入』、四聖堂、1898。

中第四谈鱼神（海鱧の頭も信心から）、第五谈衣鬼（幽霊を切る）、第六谈心鬼（心の鬼自ら心を悩ます）、第十四谈运命说（運と非運）、第十九谈木偶流汗（活上人の木像）等。[①]《失念术》节译自井上圆了著《失念术讲义》的第五章、第六章，在内容上译者并没有严格按照原文翻译，而是择其精要进行翻译。蔡元培的《哲学总论》也是根据圆了著《佛教活论：显正活论》的第二段总论，择其精要译述成文。

三　井上圆了对近代中国的影响

（一）康有为

康有为（1858～1927），中国晚清时期重要的思想家、政治家，是中国近代维新运动的代表人物。1888～1898年，先后七次上书光绪帝，陈述变法图强的必要性和紧迫性。1898年6月11日，光绪皇帝采纳康有为的变法主张，在政治、经济、军事、教育等各方面实施变法维新，然而变法遭到守旧派的反对，在慈禧太后发动的政变下最终以失败告终，康有为逃亡日本。

康有为与井上圆了应该早就熟知对方，1897年康编撰的《日本书目志》一书中即介绍有《哲学要领》《哲学一夕话》《哲学一朝话》《伦理通论》《佛教活论》等多部井上圆了的著作，但两人正式结识是在1902年印度的大吉岭。康有为逃亡日本后，1899年清廷向日本交涉，不准康有为留日，在日本外务省的资助下，康有为离开日本，辗转加拿大和美国等地。《南海康先生年谱续编》中记载了从1901年10月至1903年4月康有为滞留印度的经历。[②]另据《西航日录》记载，圆了于明治35年（1902）11月15日乘船西航，12月19日到达印度大吉岭，次日即拜访同在大吉岭的康有为，

---

① 参考井上円了『妖怪百談：通俗絵入続』、哲学書院、1900。
② 参考康同璧《南海康先生年谱续编》，《康南海自编年谱》，中华书局，1992。

圆了作诗相赠，康亦作诗和之。① 康有为在《须弥雪亭诗集》中记载："日本井上圆了博士，哲学第一名家也。访余于金刚宝土，留之下榻，赠诗索和万死奔亡救国危，余生身世入须弥，偶从空谷闻鸾啸，了尽人天更不疑。""日本哲学博士井上圆了来馆谈玄甚欢，索题四圣堂以孔子、佛索、格低、康德为四圣。东西南北，地互为中。时各有宜，春夏秋冬。轨道之行虽异，本源之证则同。先后圣之拨异，千万里之心通。蓺兹一堂，捧经质从。羹墙如见，梦寐相逢。化星方寸，与天穹窿。亿劫旦暮，以俟来者之折衷。"② 井上圆了的《西航日录》中也有相关中文记录，虽然文字上略有不同，但是通过两者的记述，我们可以了解到井上圆了与康有为在印度大吉岭相见，互相赠诗，谈论妖怪学，并且康有为为四圣堂题赞，两人可谓一见如故。

（二）梁启超

梁启超（1873～1929），字卓如，号任公，中国近代思想家、政治家，戊戌变法的领袖之一，中国近代维新派代表人物。1891 年入康有为万木草堂，师事康有为，并且接受了康有为的改革主张和变法理论，与康有为一起推行变法，变法失败以后，流亡日本。通过康有为的《日本变政记》、《日本书目志》及同时期出版的介绍日本的各类书籍，梁启超在流亡日本之前，就对日本的情况比较了解，并对日本明治维新的成功十分钦羡，所以他非常提倡通过日本学习西洋。流亡日本，特别是日语水平提高后，梁启超广泛阅读日本书籍，思想亦为之大变，他说："自居东以来，广搜日本书而读之，若行山阴道上，应接不暇，脑质为之改易，思想言论与前者若出两人。"③ 此外，梁启超还著有《东籍月旦》《和文汉读法》等文，积极将日本吸收的西方政治、经济、思想文化等，传播、介绍到中国。

在《东籍月旦》中伦理学部分，梁启超介绍了井上圆了著的《伦理通

---

① 参考井上円了『西航日録』『井上円了選集』23 巻、東洋大学井上円了記念学術センター、2003。
② 康有为：《万木草堂诗集》，上海人民出版社，1996，第 164～165 页。
③ 梁启超：《夏威夷游记》，《梁启超全集》第 2 册，北京出版社，1999，第 1217 页。

论》："此书以明治二十年出版，距今十有五年。就日本人读之，觉其已成刍狗，然适合于我国今日之用。全书共九篇：第一篇绪论，凡廿三章；第二篇论人生之目的，凡十七章；第三篇论善恶之标准，凡十八章；第四篇论道德本心，凡十八章；第五、第六篇皆论人事进化，凡三十一章；第七、第八篇条举各家异说，凡三十六章；第九篇诸说分类，凡十三章；末附伦理学者年代考。此书就本学各种问题分类，与元良氏之著（指元良勇次郎著《伦理讲话》——引者注）体例不同，其叙诸家学说，极为简明，读之可以见源流派别，而今日所考定诸新道德，非漫无依据也。"[1] 梁启超不仅给出了推荐理由，还详细介绍了篇章结构和各章内容，并与同类书籍进行比较，可见其对此书的了解之深。

梁启超在日本期间不仅阅读过井上圆了的著作，其与圆了在现实生活中应该也有交往，梁启超参观圆了创建的哲学馆后受到启发，写下了《近世第一大哲康德之学说》一文。文章开篇即写道："吾昔见日本哲学馆有所谓四圣祀典者，吾骇焉！稽其名，则一释迦，二孔子，三梭格拉底，四康德也。其比拟之果伦与否，吾不敢言，即其不伦，而康德在数千年学界中之位置，亦可想见矣！作康德学说。"[2] 关于梁启超具体何时与井上圆了结识并无明确的文献记载，但据推测应是在1899年，该年5月13日梁启超受东京大学教授姊崎正治的推荐，在哲学会的大会上做了题为《论支那宗教改革》的演讲，圆了也出席了此次大会，或许因此结识了圆了，并受邀参观了哲学馆。梁启超在文中用佛教学说解释康德思想，将康德的认识论与佛教做比较，指出"康氏哲学大近佛教"，明显受到了井上圆了思想的影响。[3] 此外，在梁启超的《论佛教与群治之关系》《与友人论保教书》《佛教心理学浅测》《说无我》等文章中，也都可以见到受当时以井上圆了为代表的日本佛教界思想影响的痕迹。

---

① 梁启超：《东籍月旦》，《饮冰室文集点校》，云南教育出版社，2001，第1377页。
② 梁启超：《近世第一大哲康德之学说》，《梁启超哲学思想论文选》，北京大学出版社，1984，第151页。
③ 黄克武：《梁启超与康德》，《中央研究院近代史研究所集刊》第30期，1998年12月。

（三）《浙江潮》

《浙江潮》是 1903 年由中国留日学生浙江同乡会在日本东京创办的月刊杂志。孙翼中、蒋方震、马君武、蒋智由等任编辑，以"输入文明""发其雄心""养其气魄""汹涌革命潮"为主旨，设有社说、论说、学说、大势、杂录、小说、文苑、谈丛、时评等栏目。主要宣传反清的民族革命思想，揭露帝国主义对中国的侵略，批判改良派的"和平立宪"主张，积极传播西方社会政治学说。《浙江潮》是 20 世纪初具有较大影响的一份留日学生刊物，内容丰富，客观地反映了处于过渡时期的中国社会的各种社会思潮的变动和发展过程，从中可以了解到当时留日学生复杂多变而又充满爱国热情的思想状况。

《浙江潮》在杂录栏目下设有"东报时论"，专用于从日本各报纸杂志中选取精要论述，短其篇幅刊印发行，以供国内无法直接阅读日文报刊的人阅览，增进国人智识。《浙江潮》第 2 期的"东报时论"栏对井上圆了的《东洋伦理与西洋伦理之差别》一文的要点进行了概括：

> 东洋：（一）纵的人伦，以父母为人伦之始；
>
> 　　　（二）以家族为社会之单位，人依家而立，故为家族之组织；
>
> 　　　（三）家督相续，无嗣子则收养子；
>
> 　　　（四）东洋之国以历史而言为一家族之发达，故重家族；
>
> 　　　（五）儒以孝道为人伦之本，故维持纵的人伦。
>
> 西洋：（一）横的人伦，以夫妇为人伦之始；
>
> 　　　（二）以个人为社会之单位，家依人而立，故为个人之组织；
>
> 　　　（三）无养子之制度，家督不相续；
>
> 　　　（四）西洋之国不过为个人之团聚；

（五）基督教以爱人为人伦之本，故维持横的人伦。①

从此篇记载可以了解到井上圆了的著述对当时留日学生亦有较大影响，并且通过留日学生创办的期刊被译介、传播到中国国内，对于国人了解日本及西学起到了重要作用。

（四）光绪皇帝

澳大利亚学者叶晓青一次在中国第一历史档案馆查资料时，偶然查到光绪帝朱笔所列的书单，时间为光绪三十三年十二月二十六日（1908 年 1 月 29 日），其中就有井上圆了著《欧美政教纪原》一书，其他还有《日本宪政略论》《政治讲义》《法学通论》《政治学》《民法原论》《政治泛论》《宪法论》《警察讲义录》《欧洲新政史》《经济通论》《最新战法学》《德国学校制度》《各国宪法大纲》《英国宪法论》等关于西方政治、经济、法律、教育、军事等方面的书籍。②

光绪帝于 1898 年采纳康有为的变法主张，推行戊戌变法，但却遭到以慈禧太后为首的保守派的抵触，随后慈禧太后发动政变，光绪帝被幽禁在中南海。从此份书单中我们可以了解到光绪帝虽然被慈禧太后软禁，失去了执政权，但他仍然广泛阅读西学之书，不断学习西方先进的社会政治制度。也许他期待着有朝一日能够重掌政权，推行改革，使中国像日本那样走上独立自强的道路。

（五）蔡元培

蔡元培（1868 ~ 1940）是中国近代著名的民主革命家和教育思想家，历任中华民国教育总长、北京大学校长和中央研究院院长等职。蔡元培致力于我国近代教育的改革和民众思想的启蒙开化，他以日文为捷径，自学日语，大量阅读日文书籍，并通过翻译积极向国人介绍西方学术思想。蔡元培

---

① 《井上圆了氏之东洋伦理与西洋伦理之差别》，（东京）《浙江潮》第 2 期，1903 年。
② 参考杨志《光绪帝最后的书单》，《时代发现》2013 年第 7 期。

读了井上圆了的著作之后大受启发，说"吾读日本哲学家井上氏之书而始悟。井上氏曰：佛教者，真理也，所以护国者。又曰：佛教者，因理学、哲学以为宗教者也"。[1] 受圆了佛教思想影响，他于 1900 年发表《佛教护国论》，在文中即呼吁以佛教为护国兴邦的意识形态。1901 年，蔡元培通过节译圆了著的《佛教活论：显正活论》发表《哲学总论》一文，对哲学的研究对象及其功能做了概括性的阐述。

1901 年 4 月，蔡元培托人代购八卷本的《妖怪学讲义》，历时数年译出其中六册，由亚泉学馆购印，但因该学馆失火，此书译稿的五册均被烧毁，仅余《总论》一册。[2] 1904 年，绍兴印书局出版《妖怪学讲义》总论部分，1906 年 4 月创刊的《雁来红丛报》在第一期至第七期上也连载了该书，之后由商务印书馆购印并于 1906 年 9 月发行。蔡译《妖怪学讲义》是井上圆了的中文译著中流传最广、影响最大的一本著作，被誉为影响中国近代社会的 100 种译书之一。出版后曾多次再版，在中国不同的地区发行过不同版本，笔者将现在能够见到的蔡译《妖怪学讲义》版本汇总，如表 3 所示。

表3　蔡译《妖怪学讲义》发行版本汇总

题名	出版机构	出版年份
妖怪学讲义	绍兴印书局	1904
妖怪学讲义录（总论）	上海商务印书馆	1906
妖怪学讲义	台北东方文化书局	1974
妖怪学	台湾渤海堂文化公司	1989
妖怪学	上海文艺出版社	1992
妖怪学讲义录（总论）	东方出版社	2014
妖怪学讲义录（总论）	香港中和出版有限公司	2015
妖怪学讲义录（总论）	中州古籍出版社	2016

注：商务印书馆 1906 年发行《妖怪学讲义录（总论）》初版，到 1922 年已发行八版。

---

[1] 蔡元培：《佛教护国论》，高平叔编《蔡元培全集》第 1 卷，中华书局，1984，第 106 页。
[2] 参考王世儒编《蔡元培日记》，北京大学出版社，2010。

《妖怪学讲义》全书共分总论、理学、医学、纯正哲学、心理学、宗教学、教育学与杂部八部分，主要以西方近代科学知识来研究各种怪异现象。全书把妖怪分为虚怪和实怪，虚怪又分为伪怪和误怪，实怪分为假怪和真怪，以科学的分析逐一解释几百种异常现象、幻觉、妄想、概念判断推理上的迷见谬误，以及感情、意志上冲动所造成的迷误。迷信是在人们对自然科学知识认识不足的情况下产生的，经过数千年的发展已经潜入人们思想的根柢，成为社会发展的障碍，而要破除这些迷信，只有通过科学与哲学。蔡元培指出反对迷信、建立健全的道德必须要有健全的知识，"欲为国家拂拭迷云妄雾，必兼开智德二光"，必须"祛人心之迷妄"，① 普及科学知识，其翻译此书的目的也正是要反对迷信、振兴教育，以推进社会道德。

商务印书馆版蔡译《妖怪学讲义》出版以后，在中国思想界引起巨大反响。杜亚泉在《初印总论序》中评价说：此书"甚见重于其国人，甚有益于其民俗"，"煌煌巨册，其精思名论，令余钦佩崇拜，不可名状"。并说："余读是书时，学问上之智识已略进，稍知心理学及生物学之门径，自觉宇宙间之名理……每读井上氏之书，及生物进化精神物理诸论，常使余心幽焉渺焉，与此真怪相接触……不复作人世役役之想。"② 我国著名哲学家张东荪把直至 1935 年中国介绍西洋哲学的历史分为三个时代，认为蔡元培译的《妖怪学讲义》即是第一个时代的标志，是中国早期引进西方哲学的代表，"代表了那个时代中国人对于哲学的态度"。③ 江绍原在《中国礼俗迷信》一书中也多次引用此书分析迷信问题，并评价此书是日本明治时期为建设现代化文明国家而破除迷信的代表作。④

---

① 〔日〕井上圆了：《妖怪学讲义录（总论）》。
② 杜亚泉：《初印总论序》，〔日〕井上圆了：《妖怪学讲义录（总论）》。
③ 张东荪：《文哲月刊发刊词》（1935），《中国近代思想家文库·张东荪卷》，中国人民大学出版社，2015，第389页。
④ 参考江绍原《中国礼俗迷信》，渤海湾出版公司，1989。

四　结论

井上圆了一生投身于著述和教育事业，生前发表著作 127 部、论文等 638 篇，[①] 并积极创办中小学校。哲学馆事件之后圆了辞去一切职务，投身于哲学普及和大众启蒙，在日本各地以民众为对象讲演 5000 余次，听众总计百万人以上。1919 年，他漫游中国，经上海、汉口、北京、天津，由营口到大连，在大连幼儿园演讲时因病去世。他的一生不仅在日本社会留下了重要的足迹，对近代中国也产生了很大影响。

圆了的相关著作于 20 世纪初被集中翻译到中国，是当时著作被译成中文最多的日本思想家，对中国学界产生了重要影响，也对哲学在中国的传播及民智的开化起到了巨大的作用。圆了对近代中国的影响不仅仅通过其译著，其思想也影响到当时的在日华人和留日学生，并通过他们传播到国内，促进了国人智识的增长。井上圆了是当时被介绍到中国最早、对中国近代社会影响最大的日本思想家之一，对中国近代社会的思想启蒙产生了深远的影响。

尽管当初中国知识分子本来只是为了社会改革和民族自救寻找思想药方，但井上圆了强调佛教是宗教又是哲学的说法，启发了后来一些中国佛学研究者试图给佛教寻找超越与涵盖一切思想的理论。以井上圆了为代表的日本佛教学家对晚清以来中国的思想影响，促使中国知识分子尝试以佛教义理来理解西洋科学与哲学，用西洋的科学与哲学诠释佛教义理，以及用西洋的近代宗教学研究方法研究佛教历史、文献与思想等，这不仅刺激了中国佛教复兴，也为中国思想界提供了一种能够理解新思潮的思考范式。

[①]　参考三浦節夫『井上円了と著述』『井上円了選集』25 巻、東洋大学井上円了記念学術センター、2004。

德富苏峰早期的平民主义及其"转向" *

常潇琳**

明治中后期的日本，经历了 19 世纪 70 ~ 80 年代的自由民权运动，新闻媒体空前地发展起来，涌现出一批通过政论活动参与政治评论的论者，德富苏峰①便是其中极其活跃的一个。自明治 19 年（1886）23 岁的苏峰以其出世作《将来的日本》《新日本之青年》获得文名以来，他创刊《国民之友》，提倡平民主义，一跃成为明治中期言论界翘楚。② 然而，伴随着局势的发展与日本近代化道路的转变，明治 25 年到 27 年（1892 ~ 1894），原本主张"平民主义"的苏峰逐渐转向国权论，于中日甲午战争前期作《大日本膨胀论》，主张对外采取强硬政策。正是由于这一立场的转变，苏峰往往被视作转向者（变节者）。

在战后对国权主义的批判的总体氛围中，苏峰因其"转向者"的形象不为研究者所喜欢，加之苏峰在其长达 95 年的一生中笔耕不辍，著述极多，

---

* 本文系中国人民大学科学研究基金重大项目"江户时代日本朱子学的发展与演变"（18XNL006）阶段性成果。

** 常潇琳，中国人民大学哲学硕士，现为东京大学法学政治学研究科在读博士，研究方向为日本政治思想史。

① 德富苏峰（1863 ~ 1957），本名为德富猪一郎，苏峰为其号。日本明治至昭和年间著名言论者、历史学家、评论家。生于肥后藩（今熊本县）乡士之家，长男。其父德富一敬（号淇水）是横井小楠门下四大高足之一，积极参与以实学党为中心的肥后藩藩政改革。

② 苏峰少年时曾在熊本洋学校、东京英语学校、同志社英学校求学。明治 13 年（1880）退学前往东京，立志成为新闻记者，后归乡。明治 15 年（1882）在家乡开设大江义塾，教书期间不断撰写文章。明治 19 年后，上京专门从事社论写作，直至去世前一直活跃于论坛，一生著述极丰。

这给研究者的研究工作带来极大的困难，① 因此战后至今学界对苏峰的系统研究甚少，并未重新审视苏峰前后期理论的连续性，而停留于"转向说"的盖棺定论。②

笔者认为，苏峰的立场转变，与其说是苏峰个人品质上的"变节"，不如说这只是反映出了应时局之变，日本的近代化道路及目标发生了相应的变化。而如果对苏峰早期所提倡的"平民主义"进行详细分析，则可以看出他的"平民主义"也同样服务于国家存立的大目标，与其之后的主张具有相同的内在逻辑。苏峰作为典型个例，为我们提供了思索日本近代化道路的线索。本文试图从上述视角对苏峰的"平民主义"与其所谓"转向"进行分析。

一 苏峰对时局的批判及平民主义的提出

苏峰提出的"平民主义"构想是建立在他对时局危险的判断之上的。

明治维新以来，经历了明治四年（1871）的废藩置县、明治 10 年（1877）的西南战争，而后于明治 14 年（1881）政变后约定开设国会，次年结成了若干政党。明治 22 年（1889）颁布了大日本帝国宪法。可以说，在明治初期的 20 年，日本取得巨大的成果，不断地向近代国家迈进。然而，在大众沉迷于明治初期的近代化成果时，苏峰则清醒地意识到社会所面临的危机。他认为正是由于明治成功太容易，社会风气浮躁，充满批判、怀疑、

---

① 譬如，米原谦就曾感叹："阅读苏峰时，感觉他写的速度比我读书的速度都快。"米原谦『德富蘇峰‐日本ナショナリズムの軌跡』、中央公論新社、2003、Ⅲ頁。
② 虽然对于苏峰到底是不是变节者存在一定的争论（参考安藤英男『蘇峰 德富猪一郎』、近藤出版社、1984、394～402 頁），不过大多研究者还是倾向于"转向论"。譬如，松本三之介就说道："1894 年末，苏峰将其从当年 6 月以后发表的时事评论以'大日本膨胀论'为题集结成书刊行，从这时他明确放弃了过去以自由与和平为支柱的平民主义，变身为《日本国民的膨胀性》一文中鼓吹'膨胀的日本'那样的国家膨胀论者。"松本三之介『明治精神の構造』、岩波書店、2012、153 頁。中国的相关介绍性研究也显示出了同样的倾向，如陈秀武《德富苏峰的断裂人格刍议》，《日本学论坛》2002 年第 2 期；盛邦和《德富苏峰思想考察》，《思想与文化》第 10 辑，华东师范大学出版社，2010；等等。

无信仰,① 而且政治外交上也隐含着巨大的问题与危机。首先,明治的开国乃至近代化,是在西方列强的刺激下展开的,日本是在不平等条约的各种束缚下企图富国强兵,无时无刻不想改正不平等条约,取得列强认可的国际地位。在国内,急剧的变化、过高的税赋也导致了社会矛盾与各方的冲突,自由民权运动勃兴。

面对内忧外患,苏峰对国家政治做了检讨和批判。首先,在外交问题上,以鹿鸣馆外交为代表,社会中浅薄浮躁的风气和表面化的欧化主义盛行。对此,苏峰撰文《外交之忧不在外而在内》(1887),力主外交上最大的问题不在兵略而在政治、社交。他直言批评道:"各种表面化的西化,不过是花百姓的钱阿谀洋人。我社会、政府、人民如今皆为外人而活。"② 呼吁国民趁着外来刺激的契机,扩张权理、增进幸福。而这需要内部的觉醒和刺激,以完成社会的真正变革。

从内部来说,如今新日本是不完全的新日本。在苏峰看来,西方社会的文化精髓以平民主义的物质文明和基督教的精神文明为代表,从经济效率原则上来讲,最应该享受到从西方引进的文明之便利的应当是中下层的普通民众,而不是生活本就优越的豪门贵族。然而事实上却恰恰相反,明治日本社会中"西化"的恰恰是上层社会,穿洋装,住洋房,甚至连生活样式都要伪装成"西方的""文明的"。西方社会本是平民的,但传到日本却成为贵族的、阶级的。维新于大多数普通人民无关痛痒,自由竞争市场未开放,生活便利未及平民(苏峰多次使用了"茅屋中的人民"这一表达),悲苦平民依然悲守穷庐。此外尚有官尊民卑、男女不平等、蓄妾聘妓等各种社会乱象和不平等,而其中最大的不平等是智识分配的不平等。不平等的原因可能有许多,比如身份、贫富、城乡等,而苏峰尤为注意到的是年龄的差异(《嗟乎国民之友诞生》)。在苏峰看来,明治维新虽然成就斐然,但当初改革的志士或死或老,而所谓的自由民权派,在苏峰看来,"其名目为民权,而实质上仍然是国权",③ 他们都不能真正领导改革。社会的弊病在于旧已破而

---

① 德富蘇峰「新日本之青年」(1887)『蘇峰文選』民友社、1915、34 頁。
② 德富蘇峰「外交の憂は外に在らすして内に在り」(1887)『蘇峰文選』、21 頁。
③ 德富猪一郎『蘇峰自伝』、中央公論社、1935、154～155 頁。

新未立，成为无信无畏的乱世。既然上一世代没办法教育这一世代，那么当求诸别的健儿，求诸新日本的青年来锐意改革。而改革的目的不是颠覆而是整顿。

正是从这样的社会认识出发，苏峰提出了以平民为社会起点、以自由竞争为基础的平民社会的构想。这一视点的转换在当时有巨大的进步意义，因此迅速聚集了极高的人气，苏峰也因此一跃成为明治 20 年代言论界的头脑。那么他的平民主义的具体内容是什么呢？

二 平民主义的具体内容

明治 19 年（1886），23 岁的苏峰发表了其出世作《将来的日本》，翌年又发表了《新日本之青年》（1887，原名《19 世纪日本的青年及其教育》），提出了平民主义社会的理念，呼吁有志青年建设新日本，这在当时的日本社会引起巨大的反响。此后，在《隐秘的政治上的变迁》（1888）、《平民运动的新现象》（1890）、《平民主义第二着的胜利》（1891）等文章中，苏峰进一步对平民主义的具体实现和理想进行了说明。

在《将来的日本》一文中，苏峰分析了世界的潮流和大势，对未来日本的建构提出了构想。他认为一国之将来，第一急务是维持一国生活，其手段主要有两个：武备主义和生产主义。而如今，"世界的境遇是生产的境遇，天下的大势是平民主义"，因此"我邦的未来"就是生产社会和平民社会。[1] 在苏峰的平民主义建构中，生产社会和平民社会是两个根本目标。

具体而言，构建平民社会的第一要素是需要真正的平民，那么怎样才算是真正的平民呢？

a. 第一个条件便是"自治自活"。日本自古以来没有平民社会，只有主子奴隶，主子赖奴隶的劳动而食，奴隶的劳动成果被主子剥削，其结果是两者都不是能自治自活自立的人。而唯有自治自活的基本物质生

---

① 德富蘇峰「将来之日本」『蘇峰文選』、2 頁。

活能得到保障的基础之上，有责任精神的平民才能出现，平民为自己劳作、为自己创造、为自己的所作所为负责任。①

　　b. 在自立的基础之上还需要一定的道德精神文明。譬如克己的精神、远图的精神、敬业的"职分"精神。②

对于这样的真正平民之出现，苏峰首先寄予厚望的是中产阶级（苏峰也称之为"中等社会""中等民族"，有时则具化为"乡下绅士"（田舍绅士），要解释苏峰为什么会有这样的期许，则要先对苏峰将平民主义划分为两个阶段进行说明。

苏峰对平民社会崛起的基本构想是由多数弱者的联合来抗衡甚至制约强者。③ 从步骤上来说，"以财富制约武力是平民主义的第一个胜利，以劳动制约财富是平民主义的第二个胜利"。④ 具体而言，平民主义的第一个阶段，指的是中产阶级的崛起。这是因为一国的运势在于自治自活、受到教育、有智识、有品行的人民，因此要建成真正的平民社会，首先要期待这一阶层发展起来。苏峰接着指出，虽然如今的日本中产阶级尚未兴起，但该阶层隐隐上升之势确信无疑。⑤ 平民主义的第二个阶段，则是无产阶级（笔者按：苏峰称之为下等社会）的崛起。苏峰分析道，在西方社会，平民社会的第一个胜利出现在 19 世纪，中产阶级掌握政权。第二个胜利如今正在发端，无产阶级正在渐渐崛起。无产阶级占社会的最大多数，通过多数的结合、教育的普及、政治上的发言权及发言权的落实，无产阶级最终将成为社会的主人。⑥

不过，就日本而言，苏峰认为当时的日本连第一个胜利都还没有取得，所以要循序渐进。所以，首先便是寄望于中产阶级的崛起。中产阶级是上等

---

① 德富蘇峰「隠秘なる政治上の変遷　第五　中等民族将に生長せんとす」(1888)『蘇峰文選』、60～65 頁。
② 德富蘇峰「平民主義第二着の勝利」(1891)『蘇峰文選』、160～170 頁。
③ 德富蘇峰「平民的運動の新現象」(1890)『蘇峰文選』、99～104 頁。
④ 德富蘇峰「平民主義第二着の勝利」(1891)『蘇峰文選』、160～170 頁。
⑤ 苏峰认为日本中产阶级未能兴起的原因有三：（1）缺乏团结力；（2）不知道获取世间名誉的方便，尤其是文明的方便；（3）不知道自己有力量。「隠秘なる政治上の変遷　第五　中等民族将に生長せんとす」(1888)。
⑥ 德富蘇峰「平民主義第二着の勝利」(1891)『蘇峰文選』、160～170 頁。

阶级和下等阶级的连锁，代表了平均的国民精神。而中产阶级之所以尚未崛起，原因是这些中产阶级获得政治、财产、知识的分配时，唯独缺乏德义的分配。因此，苏峰同时也在强调平民的道德。①

　　然而，对苏峰来说，人的培育和发展并不是构建平民社会的最终目的，而只是手段。培育拥有平民精神的国民的目的是期待人民能尽其"职分"，发挥聪明才智，构建理想的生产社会。为了提高生产性，需要激发人的创造力，把脑中的东西展现为实际的物质、精神文明创造。苏峰在这一期间撰写了《灵感》[インスピレーション（inspiration），1888]、《幽寂》（1890）、《观察》（1893）等文章，这些文章表面看来不具备任何政治性，然而实质上他正是从心理层面论证和探究构建生产社会的可能性。由于这一点历来为研究者所忽视，因此笔者将在下文中再稍加笔墨，略做详述。

　　以上，笔者对苏峰"平民社会"的具体内容进行了阐述。简言之，苏峰所提倡的平民社会以生产性和平民性为特征，其中提高生产性，促进国家、社会的发展进步是其最终目的，培育具有"自治自活"能力和"职分"精神的平民是达成目的的必要手段，而从历史进程上说，首先需要推动中产阶级的崛起。在苏峰的论述中，作为关键概念的生产主义和军备主义的提法，应当是受到了斯宾塞的影响。② 而以重视平民生活为视角，将自由主义市场经济看作构建平民社会的必要条件，这一点应当是受到了曼彻斯特学派自由经济主义的影响。③ 虽然苏峰的构想过于理想主义且稍嫌稚嫩，但青年的苏峰能够站在宏观的视角上，运用他所接触到的西方理论构建平民主义社

① 德富蘇峰「中等階級の堕落」（1892）『蘇峰文選』、174～182頁。
② 斯宾塞在其名著《社会学原理》（Herbert Spencer, *Principles of Sociology*, Vol. Ⅱ, Chap. ⅩⅦ-ⅩⅧ, 1882）中提到了在社会进化论的影响下形成的两种社会形式："军事型社会"（the militant type of society）和"产业型社会"（the industrial type of society）。参考松本三之介『明治精神の构造』、111頁。
③ 1882年，苏峰见到了马场辰猪（1850～1888），马场赠给他约翰·莫利（John Morley, 1833－1923）撰写的《科布登传》，通过这本书苏峰接触了科布登（Richard Cobden, 1804－1865）和约翰·布莱特（John Bright）等英国曼彻斯特学派的学说，深受主张自由放任、自由贸易的自由主义经济学的启发。其后在他所开设的大江义塾（1882～1886）中，也尝试实践了自由主义、民主主义。参见『明治精神の构造』、104～105頁。

会的构想已经是极了不起的了。然而，苏峰的这一构想一经提出就获得了巨大的人气，并使其在政论论坛中崭露头角，这却不只是因为苏峰理论本身的出色，而是因为苏峰的这一理论恰好与当时日本正在努力探索"自立的资本主义道路"这一时代主题相呼应。

三　作为平民主义提出背景的日本 "自立的资本主义道路"

前文说到苏峰受到了斯宾塞和自由经济主义思想的影响。斯宾塞和自由经济主义的思想之所以在明治时期的日本得以流行并非出于偶然。如前所述，日本在幕末被迫开国后，明治时期仍然饱受不平等条约之苦。明治新政府建立之初的岩仓使节团巡历欧美也好，之后的鹿鸣馆外交也好，无不是为了改变不平等条约而进行的努力。当然，想要修正不平等条约，最根本的问题仍然在于日本自身的国富兵强。正是基于"富国强兵"这一日本近代初期的资本主义发展的根本要求，作为西方初期资本主义发展政治经济理论的斯宾塞学说和自由经济主义思想在日本大行其道。

富国强兵则要求发展资本主义，发展资本主义首先需要资本，然而在没有关税自主权的情况下，外资导入困难。同时，由于日本政府乃至天皇①一向警惕外债导致外国对本国政治的干涉，因此只能自力更生。三谷太一郎将中日甲午战争之前自力更生的日本资本主义称为"自立的资本主义"，并称之为伴随着谋求政治独立的"经济上的国家主义"。②

从大久保利通当政时代开始，明治初期的日本就基本确立了这一发展道路。大久保提出的"殖产兴业"计划主要侧重于以下四个方面：（1）重视先进产业技术的引进，建立农学校、官营工厂，以之为榜样，国家鼓励并资助各种应用于生产的技术引进和私营企业发展；（2）资本上，通过地租改正等政策，改变了幕藩体制下只落实到村落共同体的税收制度，确立了落实

---

① 1879 年，美国前总统格兰特访日，向明治天皇提出忠告：不要依赖外债，尽力避免日清之间的战争。

② 三谷太一郎『日本の近代とは何であったか：問題史的考察』、岩波書店、2017。

到个人的近代租税制度；（3）设立学校系统，重视义务教育，旨在培养高素质劳动力；（4）避免对外战争。这一经济路线的确立过程中代表性的事件就是明治14年政变。1881年，松方正义取代大隈重信掌管国家财政，为了不依赖外债，推行了日本历史上少有的财政紧缩政策。

在大久保利通殖产兴业政策的推动下，日本完成最初阶段的"自立的资本主义"近代化发展。在经济实力、军事实力得到一定发展的同时，心思活泛的政客开始着力于借鉴西方资本主义发展的第二阶段，即通过侵略战争、开拓海外殖民地完成原始资本的迅速积累。1894年，中日甲午战争爆发，日本从中国得到了大量的战争赔偿金，且于当年实现了与英国的第一次修约。这之后，由于关税增加和战争赔偿金的获得，以及由于金本位的确立，日本经济对外信用的提高，松方方才转变了先前坚持的非外债的路线，转而支持依赖外资外债的第二类型的资本主义道路——国际资本主义道路。①

如果把德富苏峰不同时期的主张代入日本时代发展这一大课题中来考察，我们可以发现苏峰从中日甲午战争前所提倡的平民主义立场转向战后提倡的膨胀主义、帝国主义立场，恰好与日本政府在中日甲午战争前后由"自立的资本主义"到"国际资本主义"这一道路的转换若合符节。中日甲午战争之前，日本所面临的重大课题就是发展自立的资本主义，而苏峰所提出的平民主义，在社会层面上主张的发展符合自立资本主义发展的自由市场经济，在个人层面上注重培养担当国家经济发展主力的、拥有创造力（inspiration）和职分精神的真正市民，这正是呼应国家和时代的主课题。中日甲午战争于1894年8月爆发，而早在战争爆发的两个月前，苏峰就撰写了《日本国民的膨胀性》一文，鼓吹战争的正当性和必要性。他宣称跨越多纬度的大和民族自古就是海上的、开放的民族，具有好战的传统；此外，从当前人口增长趋势来看，未来必须扩张领土才能满足不断增长的人口需求，而日本膨胀的最大的敌手则是中国。② 可见，苏峰的立场转变并非中日

① 以上两段参考三谷太一郎『日本の近代とは何であったか：問題史的考察』、第二章。
② 「日本国民の膨脹性」（1894）、『蘇峰文選』、293～298頁。

甲午战争胜利后识时务地"变节"，而是自始至终地站在国家利益的宏观立场上，把握了时代主题变化的先机，通过政论文章为国家政策做理论辩护。于他而言，无论是民权主义还是国权主义，从来都不是自己的理想与信仰，而只是手段与武器。

从把握时局发展大势上说，苏峰确乎在年轻的时候就具备了成为一名新闻记者的眼界和笔力。苏峰从小在儒学氛围的家庭中长大，从小就有治国平天下的理想。而他学习上主要关注的是"史学""文章学""经济学"这一类经世致用的学问。目睹国家内忧外患，作为一名有志青年当如何度过此生？通过个人的努力实现对社会对国家的价值，而具体的做法就是通过文章著述，因而才能如此笔耕不辍，著作等身。如果说顺应时局改变的主张是苏峰的"转向"，那么发挥个人的 inspiration，把握天下大势，服务于国家之发展这一点可以说是苏峰不变的信仰。这内化于他个人思想意识之中，体现为一种豪杰精神。松本三之介认为苏峰与中江兆民一样，是批判旧时代悲愤慷慨型的民权家，期待"学术渊博且练达时务"的新时代的政治家，期待将政治的有效性回归到与国民生活社会密切相关的具体问题上。[①] 从这一点上来说，以辛辣的笔锋批判日本人浅薄而闻名的中江兆民之所以不惜溢美之词破格为当时初出茅庐、年仅二十四五岁的苏峰再版《将来的日本》写序，或许是基于欣赏苏峰这种跳出政府、民权派别之争，立足于日本发展的大局观。

四　作为"转向"之重要媒介的"心法"

在苏峰的"变节"与"不变"之中，在其思想中的"个人"与"国家"的位置上、平民主义到国权主义的转变中，充当重要连接点的就是作为心法的"inspiration"。

马克斯·韦伯的《新教伦理与资本主义精神》可以说是深入人心的名作，他认为西方资本主义发展的最初阶段，起到很大作用的是基于西方文化

---

① 参考松本三之介『明治精神の构造』、104 頁。

传统的宗教精神。那么对于要发展自立的资本主义社会的日本来说，应当以怎样的形式发挥精神力量也成为重要的课题。就苏峰而言，笔者认为"inspiration"是研究苏峰如何探索这一问题的重要线索。

在苏峰早期发表的文章中，人们往往关注《将来的日本》《新日本的青年》等政论性文章，而把《灵感》《幽寂》《观察》等文章当作无关紧要的杂文草草看过。然而，笔者认为这几篇文章中提出的心法问题，在苏峰的平民主义乃至一生的思想体系中占有重要的位置。

在《观察》一文中，苏峰写道："宇宙既无新物，求之无益。……但人对于宇宙的观察不是如照相机一样机械的。……人心有神知灵觉的作用，唯有用赤心去观察。"① 对于这一人心的奇妙作用，苏峰最初用 "inspiration"来说明，而赤心的最初表述则为醇粹（Genuineness），至诚则通神明，得之则得心之自由，可为万物之主宰，这也是成为英雄的秘诀。总而言之，我们之所求就在我们胸中，如果能够发挥之，则可以创无限之事业。在早期的这篇文章中，苏峰侧重于发挥人心的能动性和创造力，期待包括他在内的新青年可以"发挥之，创建无限之事业"。

苏峰在阐述此问题时用到的"至诚"的表述颇具儒学韵味。苏峰的父亲是横井小楠的弟子，可以推测苏峰对心性问题的理解或许多少也受到了小楠的影响。横井小楠曾作诗云："道既无形体，心何有拘泥。达人能明了，浑顺天地势。"苏峰曾高度评价横井小楠"一心能应万事"的主张（《元田东野翁》，1891）。

事实上，在当时将"心之自由"作为重要课题进行把握的思想家并非苏峰一人，譬如苏峰所尊崇的中江兆民，就曾多次强调"心之自由"的重要作用，将其看作联结东洋传统与建设近代社会的重要概念。② 不过不同于无神论者的中江兆民，苏峰在体会"inspiration"时，似乎带入了某种宗教体验。

苏峰认为社会生活如樊笼，久在其中容易丧失本然之我，要回归本

---

① 「観察」（1893）『蘇峰文選』、185～187 頁。
② 参见拙作《中江兆民"心之自由"思想的形成》，《河北民族师范学院学报》2017 年第2 期。

然之我要从幽寂的状态中去探求。真正的幽寂不仅要跳出外部社会生活，连家庭都要脱出，直接与天地独往来。对于幽寂的状态，苏峰做了以下描述：

> 人亲近天然之时，面上三斗之尘，忽焉消失，胸中一片灵火，勃然来燃。若夫愈邃愈亲，则进"道通天地有形外，思入风云变态中"之境，是实与天然同化。是时，天上之星、地上之砂皆我之侣。风、花、鸟、兽、木、草，俱是我朋。……心至于是，机心已逝，只剩道心。然与天然相亲，未达幽寂之极。何故？尚有与天然之我相交涉者，是时，心仍不与外界缠绵。宁如默坐一室之中，又玄、又默，意象极为分明。是时，意思收缩，如凝冰、如水晶、如烂星。敬虔、警发，只觉一身接近上帝之圣坛。
>
> 是时离社会、离人类、离我、离天然，吾人直与上帝一机相通。……人到此境，始入天国。心到此，恰如明镜照物，一接外界则顺应之。①

在这种通过反观自省，去除机心、只剩道心，达到"道通天地有形外，思入风云变态中"的表述中，我们可以看到其早年所受的儒学的影响。不过与中江不同，苏峰超出了儒家的万物静观皆自得的范围，在对"心"和"道体"的把握上连与天然的亲近、社会之中的和谐都切断，不见了儒学式的入世，反而有只与上帝②一机相通的脱尘。"心到此，恰如明镜照物，一接外界则顺应之。"明镜只是映照万物，而心不动。

虽然在强调心的能动作用上苏峰与中江兆民类似，但是比起中江兆民侧重道德的"心之自由"，苏峰的心法更加出世，苏峰将"一心能应万事"理

---

① 「幽寂」（1890）『蘇峰文選』、136～137頁。

② 这里出现了"上帝"的表述，苏峰青年时期确实受到母亲以及学校氛围（苏峰先后就学于熊本洋学校、京都同志社）的影响，一度受洗为基督徒，不过他自己后来数度否认其与基督教的联系，就此处而言，由于资料不足，且无关宏旨，因此对于其与基督教的关系，笔者姑且存而不论。

解为柔软的应世学。不过，这种能够"浑顺天地势"的应世学，也容易招致无立场的批判，譬如五百旗头薫就认为："由于 inspiration 在意识形态的彼岸，因此与机会主义只有一纸之隔。"① 笔者认为，在始终主张国益的方面苏峰可以说是一个坚定的实用主义者。但是，这种可以为平民主义做论证的"柔软的应世学"确实可以应时局之变且无缝隙地转而为战争和国权主义服务。

譬如在日俄战争期间，这种心法就以"精神的膨胀"这一方式用以鼓舞将领、兵士乃至好战的社会风气，"人人既有其心，一心的自由活泼，运用其心可以获得精神的解脱。……精神解脱的根本在于意育。意育就是意志的养成，即将意志之力培养为勇健、坚刚，克己、节制也是意志上的事情"。② 而在日俄战后民众不满政府媾和时，苏峰又写道："一心自由，则可以支配万境，做到转想"。③ "因此能够泰然处之胜利的重荷，不安于小成。又能精神性地将周遭愉快化。"④

要言之，在明治初期国家主义精神的大背景下，无论是"平民主义"阶段，还是中日甲午、日俄战争期间，苏峰心法可以以各种变形适应时局的发展。从国家全体的目的发挥个人的主观能动性，从另一个侧面，也可以说苏峰的平民主义社会中，有"英雄"的存在，有作为集体概念的"平民"存在，但是没有作为普通个体的"个人"的彰显。

而这一点在大正时期被更加清楚地表述出来。大正初期，不只发生了大正政变，而且日本社会内部矛盾凸显。个人主义、无战主义、世界主义等学说纷纷崛起，这在苏峰看来是一种文明病，面对"个人主义"和"组织主义"的矛盾，苏峰期待两者在爱国心之下的调和。"自我本位未必都是不好的，如果能扩充自我，与社会一体、同胞一体、国家一体，那么自我本位和国家本位没什么区别，大我和无我是一样的。"⑤ 这种扩充"小我"为"大

---

① 〔日〕五百旗头薫：《谎言的明治史——关于循环的观念》，《河北民族师范学院学报》2018 年第 2 期。
② 德富蘇峰「精神の解脱」（1905）『蘇峰文選』、809～811 頁。
③ 德富蘇峰「転想の説」（1905）『蘇峰文選』、812～813 頁。
④ 德富蘇峰「快心の事」（1905）『蘇峰文選』、849～851 頁。
⑤ 德富蘇峰「大我」（1907）『蘇峰文選』、997～999 頁。

我"的爱国心，当然也很容易与对皇室的信仰相结合，成为爱国的宗教。总之，苏峰所理解的个人自由，是一种能够自觉遵守协同秩序的道德律令。[1] 苏峰并不认同从外部规范个人生活的国家强制，认为这会激化矛盾和滋生反叛心，相反，他提倡自内而外的自我膨胀、扩充大我，积极主动地为国家献身，为国家"情死"，亦即运用了他所一贯强调的"心法"，突出强调其转化为爱国心的侧面，同样用了"心统万物"的思考方法弥合个人主义与组织主义之间的矛盾。

综上，我们可以看出"inspiration"的心法论在苏峰不同时期理论中都发挥了作用，这可以说是苏峰一以贯之的方法论。

五　结语

以上，笔者从苏峰基于对时局的批判而提出平民主义的经过开始，阐述了其平民主义的具体内容和理论成立所基于的"自立的资本主义"发展这一时代背景，并从中把握其理论成立的内在逻辑，最后将重点放在对其理论转换媒介的"心法"上进行了论述。

通过对苏峰平民主义理论的具体分析，笔者认为苏峰的平民主义不以呼吁民权为目的，而以鼓吹为经济发展、社会建设服务的平民精神为目的。他自始至终站在国家利益的宏观立场上，也因而把握到宏观的时代主题变化的先机。苏峰从平民主义到中日甲午战争前夕的国权主义立场的转变，恰好符合日本政府由"自立的资本主义"到"国际资本主义"这一发展道路转换的时代课题。因而笔者认为苏峰的前期与中期、后期思想并非断裂式的转向，虽然基于时代课题的转变和苏峰对时势的认识，其侧重点有所转移，但其中期以后的国权主义与早期的平民主义之间有着极强的内在联系，而作为其媒介的就是苏峰所提倡的"inspiration"这一"心法"的方法论。

虽然通过"心法"的方法论，苏峰得以应时局的发展圆滑地更改自己具体的主张，但苏峰所谓的站在国家利益的立场上思考时局的"大局观"

---

① 「協同秩序」（1910）『蘇峰文選』、1130～1132頁。

仍然不免束缚于时代的局限性。为了国家生存和发展，苏峰不断调试新的理论，这使得他的理论缺乏根基，愈发丧失了指导实践的理论性，而单纯地成为政治的工具。在日本近代化的发展进程中，苏峰并非个例，他虽心怀家国、期许豪杰志士，但他的顺"势"而为最终使他身为时代大潮中的一叶浮萍。战后，当人们对军国主义、国权论者展开清算时，苏峰也只得为时代所抛弃。这不只是苏峰个人的悲剧，也是日本近代发展的悲剧。

朱执信对早期日本社会主义思潮的译介

——以《德意志社会革命家小传》为中心

仲玉花[*]

引　言

朱执信（1885～1920），原名大符，字执信，原籍浙江，出生于广州，近代资产阶级革命家、思想家。1905 年春，朱执信官费留学日本，进入东京法政大学学习。同年，中国同盟会在东京成立，朱执信担任评议部议员兼书记，并负责同盟会机关报《民报》的编辑工作。1918 年，革命党人在上海创办《建设》杂志，朱执信为编辑之一，同时担任《星期评论》编辑撰写工作。1920 年 9 月 21 日，朱执信为中国资产阶级革命献出了宝贵的生命，享年 36 岁。

20 世纪初，朱执信发表了《德意志社会革命家小传》[①]《论社会革命当与政治革命并行》等文章，从介绍马克思主义到阐述三民主义，再到探讨中国社会情况，在当时的舆论界产生了极大的影响。学界对朱执信的研究，成果主要有《朱执信与中国革命》（1978）、《朱执信先生文集》（1985）、《朱执信思想研究》（1985）、《朱执信社会政治思想研究》（2005）、《朱执信集》（2013）、《中国近代思想家文库·朱执信卷》（2015）。此类成果中，一

---

*　仲玉花，北京外国语大学日本学研究中心在读博士，主要研究方向为日本文化、翻译。

① 《德意志社会革命家小传》，在《民报》第 2 号上为《德意志社会革命家小传》，在第 3 号上为《德意志社会革命家列传》。

部分主要为朱执信所发表的文章以及与亲友之间的信函等；另一部分则为朱执信思想的研究，这部分成果具有重要的文献价值。研究论文则主要有吴珏的《朱执信与马克思主义在中国的传播》（《重庆工学院学报》2007 年第 10 期）、赵凯荣的《〈德意志社会革命家列传〉：马克思主义中国化最早的历史文献》（《江汉论坛》2008 年第 11 期）、郭丽兰的《朱执信对马克思主义著述的翻译和传播——以〈共产党宣言〉、〈资本论〉为例》（《中共中央党校学报》2011 年第 2 期）、王昌英的《中国早期传播者对马克思主义的认识——读朱执信的〈德意志社会革命家列传〉》（《重庆工商大学学报》2013 年第 5 期）。此类研究主要从朱执信对马克思主义的介绍和传播出发，探讨了朱执信在马克思主义传播过程中所做出的贡献。

　　从整体上来看，有关日本社会主义思潮的研究一直是中国学界的一个研究热点，然而，有关"接受"和"传播"的研究仍然是重中之重，对"译介"的关注则有所欠缺。并且，即使一些研究涉及"译介"，也基本上是对译介成果即译文和译本做一些评议，而鲜有对照原文和译文的研究，在这些研究中，难免有失偏颇。因此，有关社会主义思潮"译介"的研究，尤其就留日知识分子作为翻译主体对日本社会主义思潮的译介相关的研究，还有补充的必要。

　　朱执信作为 20 世纪初对日本社会主义思潮译介和传播群体中的一个重要成员，他在《德意志社会革命家小传》中对《共产党宣言》和《资本论》部分内容进行了译介和阐述，本文希望采用史学和实证的研究方法，从"译介学"[①] 和思想史的视角，以《德意志社会革命家小传》为中心，考察日本社会主义思潮译介活动中近代留日知识分子通过对原文的接受和解读以及在中国文化语境下对译文的重构，对中国的社会主义与马克思主义思想体系的确立进程，以及社会主义和马克思主义在中国的传播进程带来的影响，以期更加客观地认识马克思主义在近代中国的传播过程。

---

① "译介学的研究不是一种语言研究，而是一种文学研究或者文化研究……它关心的是原文在这种外语和本族语转换过程中信息的失落、变形、增添、扩伸等问题，它关心的是翻译（主要是文学翻译）作为人类一种跨文化交流的实践活动所具有的独特价值和意义。" 谢天振：《译介学》，上海外语教育出版社，1999，第 1 页。

一　朱执信对马克思生平及其社会活动的介绍

与朱执信同时期的先进知识分子当中，梁启超、宋教仁、马君武等人都在所发表的文章中提及过马克思及其学说，但是真正系统并且客观地做出介绍的，仍属朱执信。在发表于 1905 年 11 月的《德意志社会革命家小传》中，朱执信称"社会主义学者于德独昌"，并指出"社会的运动，以德意志为最，其成败之迹足为鉴者多。而其功，实马尔克、拉萨尔、必卑尔（今译作倍倍尔）等尸之"，① 从而客观地肯定马克思在社会运动方面的地位，因此，出于"故不揣颛蒙，欲绍介之于我同胞"的目的，介绍了马克思及其学说。文中"马尔克"一章中，朱执信对马克思的生平做了详细介绍：

> 马尔克者，名卡尔（Karl），氏马尔克，生于德利尔（Trier）。父为辩护士，笃于教宗。马尔克少始学，慕卢梭之为人。长修历史及哲学，始冀为大学祭酒。即垂得之矣，而马尔克所学之校为异宗，他宗徒攻之，遂不果进，退而从事日报之业。时一八四二年，马尔克之齿二十有四也。②

继而，又介绍说：

> 马尔克既为主笔，始读社会主义之书而悦之。其所为文，奇肆酣畅，风动一时，当世人士以不知马尔克之名为耻。而马尔克日搜讨社会问题而加以研究，学乃益进。既二年，其日报之组织稍稍备矣，而以论法兰西社会党触政府忌，无已，喋嘿而止。马尔克都都不自得，已无如何。俄被放逐，乃西适巴黎。③

朱执信还指出："初马尔克在巴黎，与非力特力嫣及尔（Friedrich Engels）

---

① 《朱执信集（增订本）》（上），中华书局，2013，第 9~10 页。
② 《朱执信集（增订本）》（上），第 10 页。
③ 《朱执信集（增订本）》（上），第 10 页。

相友善。"并对马克思的伟大战友恩格斯做了详细介绍："嫣及尔者，父业商，少从事焉。习知其利苦，乃发愤欲有以济之，以是深研有得。既交马尔克，学益进。"① 1845 年，马克思遭到政府驱逐前往比利时布鲁塞尔时，恩格斯也追随马克思一同前往。随后，马克思和恩格斯并肩战斗传播其学说，"言共产主义者群宗之"，创建了第一个无产阶级革命组织——"万国共产同盟"并发表了国际共产主义运动的第一个战斗纲领《共产党宣言》，如文所述"万国共产同盟会遂推使草檄，布诸世，是为《共产主义宣言》。马尔克之事功，此役为最"。② 并介绍说："一千八百八十三年，马尔克卒于伦敦。""后数年，嫣及尔亦卒。"

除对马克思生平进行详细介绍外，朱执信还对马克思做了较为客观的评价：

前乎马尔克，言社会主义而攻击资本者亦大有人。然能言其毒害之所由来，与谋所以去之之道何自者，盖未有闻也。故空言无所裨。其既也，资本家因讪笑之，以为乌托邦固空想，未可得蕲至也。是亦社会革命家自为计未审之过也。夫马尔克之为《共产主义宣言》也，异于是。③

在朱执信看来，马克思之前提倡社会主义者大有人在，然而那些都是"空言""无所裨"的空想社会主义，只有马克思所提出的社会主义，才是真正的社会主义。朱执信称《共产党宣言》被"万国共产同盟会奉以为金科玉律"，并指出马克思和恩格斯的著作当中"学理上之论议尤为世所宗者，则《资本史》及《资本论》也"。④

二 译述结合介绍《资本论》和《共产党宣言》部分内容

从《德意志社会革命家小传》内容来看，该文整体上属于朱执信著述，

① 《朱执信集（增订本）》（上），第 11 页。
② 《朱执信集（增订本）》（上），第 11 页。
③ 《朱执信集（增订本）》（上），第 11 页。
④ 《朱执信集（增订本）》（上），第 15 页。

但是，实际上文中有一部分属于翻译的内容，只是作者朱执信并没有说明该翻译来自何处。首先，文中翻译痕迹最明显的地方，莫过于十大纲领，即《共产党宣言》中所提出的十项社会经济措施。结合朱执信发表这篇著文的时间来看，此时期能成为中国留日知识分子参考文献的《共产党宣言》，恐怕也只有1904年刊登在周刊《平民新闻》上的幸德秋水和堺利彦合译的那一版本了。

如朱执信在《德意志社会革命家小传》中所翻译的十大经济纲领：

（1）禁私有土地，而以一切地租充公共事业之用。

（2）课极端之累进税。（累进税者，德语之 Progressiv abstufe Steueru 也。孟德斯鸠、卢梭等既尝倡之。……后世学者增加其种类，谓所得税等等皆可以累进之法行之。①）

（3）不认相续权。

……

（9）结合农工业，使之联属，因渐泯邑野之别。

（10）设立无学费之公立小学校，禁青年之执役于工场，使教育与生产之事为一致。（即使为生产者，必受相当教育之意。）②

而原文则为：

一、土地所有権の廃止及び一切の地代を公益事業に用いること

二、重さ累進率の所得税

三、一切相続権の廃止

……

九、農業と製造工業との連絡、全国の人口を按排し、漸次に都会と地方との区別を廃する事

---

① 本文引用时省略了部分注释内容。
② 《朱执信集（增订本）》（上），第12～14页。

十、公立学校に於て一切の児童に無料の教育を施す事、現在行は
るゝ如き児童の工場労働を廃止する事、教育と産業との連絡等。①

就朱执信译介十大经济纲领的目的来看，是因为《共产党宣言》中尤
其强调"工人革命的第一步就是使无产阶级上升为统治阶级，争得民主"。②
而正是因为朱执信赞同马克思关于通过改变资本主义社会所有制的形式来解
决阶级冲突的观点，即阶级斗争的关键则是变革生产关系，因此才译介并进
一步介绍了马克思和恩格斯关于无产阶级要利用所掌握的国家权力，将生产
资料集中在无产阶级手中的这一思想："既已知劳动者所不可不行之革命，
始于破治人治于人之阶级，而以共和号于天下矣。然后渐夺中等社会之资
本，遂萃一切生产要素而属之政府。然而将欲望生产力之增至无穷，则固不
可不使人们之握有政权也。"③ 这一观点的表述与《共产党宣言》中的内容
极为相似，如上述关于无产阶级掌握生产资料的文字，在日文版《共产党
宣言》中则为：

吾人は以上に於て、労働階級の革命の第一歩は、平民をして権力
階級のちいに登らしむるに在り、即ち民主主義の戦闘に勝を制するに
あるを見たり。既に其第一歩に達せば、平民は其政権を以て漸次に一
切の資本を紳士閥より奪取し、一切、生産機関を国家の手に即ち権力
階級を成せる平民の手に集中し、而して能ふ限り速やかに生産力の全
体を増加す。④

---

① 「明治社会主義史料集（別冊）4」『週刊平民新聞』Ⅱ、明治文献史料刊行会、1962、
433 頁。
② 《马克思恩格斯选集》第 1 卷，人民出版社，1972，第 272 页。
③ 《朱执信集（增订本）》（上），第 15 页。此外，在 1972 年出版的《共产党宣言》中译本
中，上述内容表述为："前面我们已经看到，工人革命的第一步就是使无产阶级上升为统治
阶级，争得民主。无产阶级将利用自己的政治统治，一步一步地夺取资产阶级的全部资本，
把一切生产工具集中在国家即组织成为统治阶级的无产阶级手里，并且尽可能快地增加生
产力的总量。"
④ 「明治社会主義史料集（別冊）4」『週刊平民新聞』Ⅱ、433 頁。

通过对比，很难否定朱执信在写作该文的时候没有参考日文版《共产党宣言》。就朱执信对十大经济纲领的译介来看，朱执信使用了日语借词"相续权""累进税""生产要素"等马克思术语的初级形态词汇，并且还对"累进税"等概念做了注释和阐述，在当时的知识分子当中，朱执信可以算是最早探讨这些内容的人之一，虽然该内容有超过中国实际情况的意味，但是，朱执信为救亡之路所做的探索却不容否定。

此外，朱执信还翻译并着重介绍了《共产党宣言》中关于阶级斗争的观点："自草昧混沌而降，至于吾今有生，所谓史者，何一非阶级争斗之陈迹乎。"① 虽然该文中并未注明此观点的原文出处，但是对比周刊《平民新闻》上刊登的幸德秋水和堺利彦合译的《共产党宣言》原文"由来一切社会の歴史（口）は、階級闘争の歴史なり"②，可知朱执信的这句话，实际上就是译自《共产党宣言》。之后，朱执信还对此进行了进一步阐释：

> 取者与被取者相戕，而治者与被治者交争也。纷纷纭纭，不可卒纪。虽人文发展之世，亦习以谓常，莫之或讶，是殆亦不可逃者也。今日吾辈所处社会方若是，于此而不探之其本原以求正焉，则掠夺不去，压制不息，阶级之争，不变犹昔。③

即人类社会自从原始社会瓦解进入奴隶社会之后，便产生了"取者""被取者""治者""被治者"，同时亦产生了阶级斗争。而人类社会便是在这种阶级斗争中发展的。日文版《共产党宣言》所录1888年英文版序言中此段话则为：

故に人類の全歴史は（土地を共有せし原始の種族的社会が消滅せし以後）常に階級闘争の歴史たり、即ち掠奪階級と被掠奪階級、圧制階級

---

① 《朱执信集（增订本）》（上），第 11 ~ 12 页。《马克思恩格斯选集》第 1 卷第 250 页的译文则为"到目前为止的一切社会的历史都是阶级斗争的历史"。
② 「明治社会主義史料集（別冊）4」『週刊平民新聞』Ⅱ、428 頁。
③ 《朱执信集（增订本）》（上），第 11 ~ 12 页。

と被圧制階級との対抗の歴史たる事。①

　　对比上述日文和中文，可以看出朱执信关于阶级的这一阐述与日文版《共产党宣言》中的原文极其相似，而且原文中的"掠夺階級と被掠夺階級""圧制階級と被圧制階級"，在朱执信笔下被译成了"取者与被取者""治者与被治者"。根据文章整体内容，以及上述这段关于阶级斗争内容的阐述，的确很难否认朱执信以《共产党宣言》为蓝本边撰边译的事实。朱执信还摘译了《共产党宣言》最后一段话：

　　　　凡共产主义学者，知隐其目的与意思之事，为不衷而可耻。公言其去社会上一切不平组织而更新之之行为，则其目的，自不久达。于是压制吾辈、轻侮吾辈之众，将于吾侪之勇进焉罾伏。于是世界为平民的，而乐恺之声，乃将达于渊泉。噫来！各地之平民，其安可以不奋也。②

原文则为：

　　　　共産党は其主義政権を隠蔽するを陋とす、故に、吾人は公々全茲に宣言す、曰く吾人の目的は一に現時一切の社会組織を顚覆するに依て之を達するを得べし、権力階級をして共産的革命の前に戦慄せしめよ、労働者の失ふべき所は唯だ鉄鎖のみ、而して其得る所は全世界なり。万国の労働者団結せよ！③

今天的译文为：

　　　　共产党人不屑于隐瞒自己的观点和意图。他们公开宣布：他们的目的只有用暴力推翻全部现存的社会制度才能达到。让统治阶级在共产主义革命面前发抖吧。无产者在这个革命中失去的只是锁链。他们获得的

---

① 「明治社会主義史料集（別冊）4」『週刊平民新聞』Ⅱ、427頁。
② 《朱执信集（增订本）》（上），第12页。
③ 「明治社会主義史料集（別冊）4」『週刊平民新聞』Ⅱ、433頁。

将是整个世界。全世界无产者,联合起来!①

　　对比朱执信译文和现在的译文,可以看出朱执信并没有翻译出文中使用"暴力""推翻"现存制度的意思,然而,鉴于当时的知识分子对社会主义学说还没有足够清楚的认识,因此,依然不可否认朱执信译介是西方社会主义思潮经由日本在近代中国传播进程中的重要成果之一。

　　此外,在《德意志社会革命家小传》中,朱执信借马克思之口揭示了资本家剥削工人的实质:"马尔克以为:资本家者,掠夺者也。其行,盗贼也。其所得者,一出于腏削劳动者以自肥尔。"② 正如朱执信所阐述的那样,资本并非资本家积累所得,而是资本家通过其"盗贼"行为"掠夺"劳动者而来。继而,朱执信通过举例的方式,揭示了剩余价值的产生以及资本家剥削工人的实质,如文所述:

　　　　譬有人日勤十二小时,而其六小时之劳动,已足以增物之价,如其所受之庸钱。余六时者,直无报而程功者也。反而观之,则资本家仅以劳动结果所增价之一部还与劳动者,而干没其余,标之日利润,株主③辈分有之,是非实自劳动者所有中掠夺得之者耶。④

　　通过朱执信的举例说明可以看出,劳动者劳动十二个小时,却只得到六个小时的报酬,另外六个小时的劳动成果被资本家无情占有,而这部分成果就是剩余价值。朱执信所举例子,实际上福井准造在《近世社会主义》一书中也做过类似的举例说明,而且该书在1903年即被赵必振翻译,并于同年由广智书局出版。对照原著中的例子:

　　　　譬えば労働者日常の生計は日に二十銭の物品を要するに過ぎざる

---

① 《马克思恩格斯选集》第1卷,第285~286页。
② 《朱执信集(增订本)》(上),第16页。
③ 即股东。
④ 《朱执信集(增订本)》(上),第16~17页。

ものとなし、若し彼等にして毎日二十銭の物品を生産し以て自活自営
の計をなすに止まらば、彼等は日毎に六時間の労働を以て十分なりと
仮定すべし、之時に当てり資本主が彼等を強て十二時間の労働を執ら
しめ、日毎に四十銭の物品を生産せしむるにも係わらず、彼等に四十
銭の報酬を与えずして、其一半を割いて自己の有なりとせば、是れ資
本家が六時間の労働を労働者より強奪し、二十銭の所得を詐取せるも
のにして、資本家の利潤となし、所得と称するものは、畢竟此詐取的
価格に外ならず。①

可以看出，朱执信所举例子与福井准造在介绍《资本论》及剩余价值
如何产生的这段例子中的内容非常相似，因此，无论从广智书局的影响力，
还是从马克思及《资本论》在当时留日先进学子当中的影响力来看，积极
接触并致力于介绍先进学说的朱执信，在写作《德意志社会革命家小传》
之时，确实已经接触并阅读过包括福井准造《近世社会主义》在内的大量
介绍社会主义学说的书籍。

在该文中，朱执信使用了借用自日文的表述社会主义和马克思主义的
相关词语，如"革命""生产力""资本""政府""政权""阶级斗争"
"共产主义""平民""资本家""劳动者""利润"等，而且使用这些基
本上以"直译"形式出现的词语对来自西方的社会主义和马克思主义在
20 世纪初的中国进行了介绍与传播。在日本社会主义思潮在近代中国的
译介和传播进程中，之所以会出现"直译"的现象，就近代知识分子译
介活动背后深层次的原因来看，主要是因为近代留日知识分子身处日本，
当他们肩负救国图存的历史使命与面对明治维新成功后的日本所引入的来
自西方的先进社会思潮时，他们希望能够将这种先进思潮和文化"移植"
到近代中国，加上日文与中文同根同源的特征，因此通过"直译"的方
式"移植"这种先进思潮具有了必然性，并且这也是同时期留日知识分
子接受与输入"异质文化"的一种方式。通过这种方式，先进知识分子

---

① 福井準造『近世社會主義』上卷、有斐閣書房、1899、166 頁。

为近代中国输入了明治日本的社会主义思潮，促进了社会主义在近代中国的传播。

三　结合马克思主义学说探讨中国社会问题

关于《德意志社会革命家小传》中介绍马克思及其学说的目的，如前所述文中也做了介绍，即"欲绍介之于我同胞"。然而，朱执信之所以系统地介绍马克思学说，是因为在他看来，在探讨并解决此时期资产阶级改良派和革命派所探讨和争论的"社会革命和政治革命能否并行"等社会问题上，社会主义学说是应该引起关注并值得借鉴的，即文章所指"此于吾华之为革命所最当注意者"。文中，朱执信在以"蛰伸子曰"的方式分析《资本论》中马克思所揭示的资本积累的本质时指出："资本之所由来，恐自贮蓄者乃无纤毫也。"并进一步指出资本家"仅以劳动结果所增价之一部还与劳动者，而干没其余，标之曰利润"，进而为了从劳动者身上获取更多的"利润"，资本家进行了"改良"，其结果是："新机械之发明，资本家之利，劳动者之害也。工业改良益行，劳动者益困顿而已。"[1] 即贫富悬殊进一步加剧。对此，朱执信还指出了马克思所提出的一个解决资本主义社会贫富悬殊问题的"救济之策"，即设置农工奖励银行。

关于贫富悬殊以及由此引起的社会问题，朱执信在1906年反驳梁启超认为社会革命与政治革命不可并行观点时所发表的文章《论社会革命当与政治革命并行》中称，中国应该进行一场社会革命，将政治革命、社会革命毕其功于一役。只有这样才能避免重蹈欧美资本主义社会的覆辙。朱执信指出：

中国今日固不无贫富之分，而绝不可以谓悬隔，以其不平不如欧美之甚，遂谓无为社会革命之必要。斯则天下之巨谬，无过焉者。[2]

---

[1] 《朱执信集（增订本）》（上），第17页
[2] 张枬、王忍之编《辛亥革命前十年间时论选集》第2卷，三联书店，1963，第437页。

而"贫富悬隔者，社会经济组织不完全之结果也"，即造成"贫富悬隔"的本原，乃是"放任竞争、绝对承认私有财产制"，因此，在朱执信看来，虽然在程度上不如欧美那么严重，但是就现实来说，中国也存在贫富悬殊的社会现象，所以，社会革命与政治革命并存是必然的：

> 中国有社会革命原因，则往往有愀而不信者，此误信社会革命原因惟由贫富已大悬隔之故也。贫富已悬隔，固不可不革命，贫富将悬隔，则亦不可不革命。既由此放任竞争，绝对承认私有财产制之制度，必生贫富悬隔之结果。①

结合马克思所提出的解决贫富悬殊问题的举措等内容，朱执信指出："顾自马儿克以来，学说皆变，渐趋实行，世称科学的社会主义，学者大率无致绝对非难，论者独未之知耳。而吾辈所主张为国家社会主义，尤无难行之理。"② 在朱执信看来，马克思所主张的科学社会主义对于解决中国的社会问题是可行的，并且联系到朱执信在《德意志社会革命家小传》一开头即指出的对马克思及其学说的介绍，即"所期者，数子之学说行略，溥遍于吾国人士脑中，则庶几于社会革命犹有所资也"。③ 朱执信在近代知识分子运用马克思主义学说来分析中国的社会问题上做了最初的尝试。

五四运动后，朱执信也曾在《星期评论》上发表文章《没有工做的人的"生存权"和"劳动权"》。文中，朱执信也提到了马克思剩余价值学说的概念"剩余价值"，并探讨过资本家和工人的关系，并指出"革命是要更改工人的境遇"。

四　结论

综上所述，朱执信对早期社会主义学说和马克思主义学说的介绍不同于

---

① 张枬、王忍之编《辛亥革命前十年间时论选集》第 2 卷，第 441 页。
② 张枬、王忍之编《辛亥革命前十年间时论选集》第 2 卷，第 435 页。
③ 《朱执信集（增订本）》（上），第 11 页。

以往知识分子对相关学说的单纯介绍，朱执信不但在《德意志社会革命家小传》中介绍了马克思和恩格斯生平情况以及革命活动，并且在译介巨著《共产党宣言》和《资本论》部分内容的基础上，分析并评价了马克思政治经济学的相关观点。朱执信对马克思主义学说客观广泛的介绍以及对社会主义学说的掌握，在当时称得上是第一人。此外，20世纪初朱执信还尝试运用马克思主义学说探讨和分析中国社会的问题，因此，正如张顺昌在《朱执信社会政治思想研究》中所述："辛亥革命前虽也有人对马克思主义学说进行了介绍，但尝试运用马克思主义原理来分析解决中国社会问题的当推朱执信。仅此而言，我们可以说，朱执信在中国近代思想发展史上功不可没。"① 朱执信在社会主义学说的译介和运用上所发挥的重要作用，值得我们从多方面考察和研究。

朱执信著《德意志社会革命家小传》在早期社会主义学说和马克思学说在近代中国的译介和传播中占有极其重要的地位。以该文为例，通过对比考察20世纪初留日知识分子对明治日本社会主义思潮译介的日文原文和译文，便可以发现在当时的社会文化语境下，主体性译介活动会受到客观社会文化语境等因素的影响和制约。因此，作为连接和传播异质文化和异质思想的译者，对源语和源文化做何种解读和阐释，在译介活动中采取怎样的译介方法，以及在中国历史文化语境中进行怎样的译文重构，都对社会主义和马克思主义思想体系在中国的建构有一定程度的影响。

通过早期留日知识分子对日本社会主义思潮的译介，来自西方的社会主义思潮开始经由日本而传入中国，并实现了西学思想在近代中国的"西学东渐"，推动了社会主义和马克思主义在中国的传播。因此，将早期日本社会主义思潮译作和日文原文也纳入考察范围，并结合实证和历史的研究方法，从思想史和"译介学"的视角对近代留日知识分子译介的明治日本社会主义思潮译作进行考证研究，有助于考察中国社会主义传播史的源头，也有助于更加全面地考察社会主义传入中国的历史进程。

---

① 张顺昌：《朱执信社会政治思想研究》，贵州人民出版社，2005，第179页。

西谷启治的"空"与海德格尔的"无"

欧阳钰芳[*]

一　引论

日本京都学派由西田几多郎（Nishida Kitaro，1870 – 1945）开创，该学派是以当时京都帝国大学尤其是文学部哲学科为核心形成的哲学学派，学界一般将该学派的起始点设定为西田进入该大学的 1910 年。[①]　西谷启治（Nishitani Keiji，1900 – 1990）师承西田，同为该学派的重要代表人物之一。

日本京都学派素以创建自身独特的哲学、对抗西方哲学为使命，从西田开始，便或隐或现地将西方作为对手。当时，日本的帝国主义抱负在战败前膨胀至极点，但很快日本人又因战败而全面否定自身的价值观。虚无的危机凸显在价值观层面，日本思想家急切为自身寻找出路——是直接承认战胜国的哲学思想，还是坚持在自己独特的文化土壤中孕育真正意义上的日本哲学。

因而研究京都学派总是避不开对西方哲学的研究，其中，海德格尔便是研究西谷哲学时无法回避的一位西方哲学家。西谷在留德期间曾在弗莱堡多

　＊　欧阳钰芳，哲学硕士，毕业于中山大学哲学系，译有柄谷行人的《作为精神的资本》（《开放时代》2017 年第 1 期，第 188 ~ 196 页）和《交换模式论入门》（《开放时代》2017 年第 5 期，第 95 ~ 106 页），以及上原麻有子《专有名词与实存——一个关于九鬼周造与列维纳斯的考察》（《现代哲学》2017 年第 4 期，第 97 ~ 105 页）。
　①　参见陈一标、吴翠华《从绝对无到空的哲学——从京都学派内部思想谈〈宗教是什么〉的成立脉络与立场》；〔日〕西谷启治《宗教是什么》，陈一标、吴翠华译注，台北：联经出版公司，2011，第XIII页。

次参加海德格尔的研讨班，后者还曾"固定邀请"他周末午后到家中一起讨论禅宗，[①] 可见两人关系之亲密。西谷在《宗教是什么》中便多处直接借用海德格尔的术语，同时又将其哲学作为批评对象。

在《宗教是什么》中，西谷首次正式提出"空之哲学"。"空""无"最早或许可追溯至印度语中的"Sunyata"一词，后经中国人译为"空"，成为佛教的重要思想。自佛教传入日本，"空"的思想亦逐渐深入人心。进一步将佛教的空或东洋的无与西洋文化圈中的哲学或宗教比照而观的，便是京都学派创始人西田几多郎。[②]

西田思想中的核心语词之一"绝对无的场所逻辑"正是对佛教空无思想的发展。由于西田哲学侧重于研究人的意识活动，因而"绝对无的场所逻辑"也更多涉及诸如认识等意识活动。简言之，场所是让意识活动发生的场域，认识活动所需的形式与质料在其中作为被包含者与被映照者，场所则担当能包含者与能映照者。但这并不意味着场所是"某物"，正相反，场所自身是"无"，且正因为场所是"无"，方能映照出他物，让事物在其中得以显现；与此同时，场所也需要在自身之无中映照自身。根据西田，场所的此种映照，正如两面镜子面对面，镜子与镜子相互映照的同时，也映照出其他事物。但严格来说，"镜子"的比喻尚不贴切，因为场所本身绝非如镜子是某种实物。[③] 西谷的空之场正是对绝对无的承继，延续了"让事物在其中显现其自身"的场所，但在通往实在的进路上存在一定差异。[④]

基于空的立场，西谷将西方哲学中的不同思想分别放入意识之场和虚无之场的场域。其中，笛卡尔和康德等人便在意识之场，尼采和海德格尔等人

---

① 参见格瑞汉·帕克斯《黑森林上空升起的太阳：海德格尔与日本的关联》，〔德〕莱因哈德·梅依编《海德格尔与东亚思想》，中国社会科学出版社，2003。

② 参见大峯顯「『無』の問題」京都宗教哲学会编『溪聲西谷啓治·思想篇』、燈影舍、1993、41~72頁。

③ 参见〔日〕西田几多郎《场所》，《西田几多郎哲学选辑》，黄文宏译，台北：联经出版公司，2013。

④ 根据花冈永子的研究，西田主张自己与超越者有直接联系，自己可通过忘却自己、否定自己而达至超越者，此为垂直之道；而西谷则是此种垂直之道与另一种水平之道（以田边元为代表，强调自己与超越者无法直接沟通，需要中介）的综合。参见花冈永子『宗教哲学の根源的探求』、北樹出版、1998、168頁。

则被放入虚无之场。在西谷的最大关切——超克虚无之场这一点上，《宗教是什么》在论述空之场之外，还将重点阐明为何其他场域的思想无法真正超克虚无主义。虚无之场在超克虚无主义的征途中扮演了"过渡"的角色，是一个需要"急走过"的阶段。简言之，西谷认为，虽然虚无之场的哲学已然挣脱了以往意识之场上主客对立的牢笼，但仍有将"无"表象为"某物"的痕迹。此外，西谷批评虚无之场的"无"终究是从自己存在这一侧所见之"无"，是在"有"① 之外的"东西"，而海德格尔所谓"自己存在嵌入无中"② 正是其所批判的一个典例。（N10·108③）

然而，海德格尔直言"无"绝非表象化的产物，也绝非与存在者并列的"某物"，那西谷的批评究竟是否合理？弗雷德·多尔迈尔在其文章《"无"与"空"：比较海德格尔与西谷启治》中便试图回答这一问题。在他看来，西谷歪曲了"无"，未正视《形而上学是什么》中对"无"的界定——该文曾明确指出，基于存在论差异，"无"不是存在者，我们甚至不能像追问存在者那样追问"无是什么"；此外，"无"也并非一种否定，毋宁说是否定之所以成为否定的根据所在。④

多尔迈尔的这一研究对笔者很具启发性，一方面，他指出《存在与时间》的确是从此在这一侧出发来看"无"，这很有可能正是西谷批判的着力点。另一方面，多尔迈尔逐一检讨空之场的特色，将之与海德格尔的"无"对比，通过分析西谷未引用过的海德格尔《哲学论稿》（1936～1938）一书，指出"无"并非西谷所批判的"某物"，"无"与"存在者"之间的关系也远非西谷所理解得那么简单——作为无的存在在一种无化中使存在者涌

---

① 在西谷的语境中，"有"指所有存在的东西，比西方哲学中的"存在者"外延更广一些，不仅包括存在者，而且包括思维、关系等"存在"。

② 该表述出现在海德格尔《形而上学是什么》一文中。参见〔德〕海德格尔《路标》，孙周兴译，商务印书馆，2000，第133页。

③ 本论文对西谷文本的引用皆来自『西谷啓治著作集』、創文社、1986～1995，以下引用时采用"N卷数·页码"的格式标注。

④ 参见 Fred Dallmayr, "Nothingness and Sunyata: A Comparison of Heidegger and Nishitani Keiji," *Philosophy East and West*, Vol. 42, No. 1, 1992。

现，此外多尔迈尔还强调西谷也借鉴了诸如存在论差异等海德格尔的思想。①

然而，多尔迈尔并未细致分析西谷对海德格尔的批评，而笔者将在原有研究的基础之上，通过分析海德格尔文本，阐明西谷批评的合理性，由此表明空的哲学与海德格尔哲学仍然存在关键性区别。一方面，空的哲学强调回互相入的"即非"逻辑，这是海德格尔哲学中有所欠缺的"有"与"无"之间的互动；另一方面，也是理解空之场极为重要的一点，空之场植根于宗教实践，与海德格尔局限于学理层面的"无"极为不同，因而具有后者哲学中所没有的实践面相。

本文将分两部分论述海德格尔的"无"与西谷启治的"空"，并且在论述"无"的过程中解明西谷批评合理与否，并在阐明"空"时有意识地与"无"形成对照，凸显空之场的独特之处。

西谷的"空"与海德格尔的"无"之比较研究，是一个较为空白的领域。虽说两方可供参考的文献颇丰，但着眼于两者异同比较的，仍屈指可数。本文希望对此研究领域做出填补，同时为东西哲学跨文化交流提供一些可供参考的视角。

二 海德格尔的"无"

西谷在《虚无主义》（1949）一书中集中探讨了虚无主义。在大致阐明当下的虚无危机——自己的根据对于自己而言成为未知数——之后，西谷分别论述了叔本华、尼采和海德格尔等人的虚无主义哲学，试图在其中找到贯穿其中的"骨骼"，即"创造的虚无主义与有限性的根源的统一"（N8·7）。

在《虚无主义》中，西谷将海德格尔哲学塑造为"作为学问的实存立场之虚无主义"，认为其为虚无哲学之展开提供了一个全新的方向，在具备

---

① 参见 Fred Dallmayr, "Nothingness and Sunyata: A Comparison of Heidegger and Nishitani Keiji," *Philosophy East and West*, Vol. 42, No. 1, 1992。

实存立场特点的同时，具有思辨之学的特征。（N8 · 144）而在《宗教是什么》中，西谷正面提出了对海德格尔的批评，该批评可划分为两个层次：首先，无是从自己存在这一侧看到的；其次，无被表象为"在存在者之外"的"某种东西"。由此本文接下来也将分层依次剖析西谷的批评。

此外需要说明的是，根据西谷在著述中的引用及时代背景，西谷只可能阅读过《尼采》下卷之前的著述，并且研读过《存在与时间》和《形而上学是什么》，本文处理的海德格尔亦将集中于这两个文本。

（一）存在与此在

《存在与时间》是海德格尔为重新追问存在写下的重要著作，一开篇便明确指出，哲学的任务即追问存在。[①] 但是由于被追问的存在暂时"不可用"，便只能从发起追问这个动作的追问者入手。

一旦将目光转向追问者，海德格尔便发现一个有趣的事实：只有人才能追问，其他存在者都无法追问。由此，存在者被区分为两类：此在存在者和非此在存在者。此在，即会追问存在的存在者，这种存在者存在于世界之中，并且时刻与其他存在者打交道。而非此在存在者不仅不会追问存在本身，甚至不会关心自己的存在。随后海德格尔通过日常经验中此在与非此在的关系，率先厘清非此在存在者的存在，即上手和现成。上手指"世界之内首先来照面的存在者存在"；现成则指"可以在对首先照面的存在者进行的独立揭示活动中加以发现加以规定的那种存在者的存在"。[②]

在此，上手中的"照面"是与此在的照面，现成中的"发现"和"规定"也由此在进行。由此，此在总是在与非此在存在者打交道，海德格尔将之称为"此在的生存结构整体"，即操心。换言之，非此在存在者经由此在之操心，以显现自己的存在，由此建构起来的世界图景是以此在为中心、发散至一般存在者的网络。至于此在之存在，海德格尔则诉诸时间性，将时间阐释为存在的意义问题的先验境遇，使此在之存在的意义显现在时间性

---

① 参见〔德〕海德格尔《存在与时间》，陈嘉映、王庆节译，三联书店，2014，第3页。

② 〔德〕海德格尔：《存在与时间》，第103页。

中。①

　　进而，在《存在与时间》第二篇《此在与时间性》中，海德格尔表示前一篇所做的是准备性分析，紧接着需要进行的是更为源始的存在论解释。②"解释"（Auslegung）被阐释为"领会使自己成形的活动"③。因而解释是在领会之后的活动，即解释以领会为基础。"使领会成形"则意味着解释比领会更加主题化。

　　形成解释必然需要先有所领会，这点体现为"诠释学处境"，即"一切解释都有其先行具有、先行视见和先行掌握"。④ 先行具有（Vorhabe），指在先对事物的实践意义结构全体的占有，可简单理解为将事物视为"作为……"结构的在先领会。先行视见（Vorsicht）则为"将已经得到领会但仍待解释的东西固定下来"的眼光，但此种"固定"仍为专题化之前的步骤。先行掌握（Vorgriff），其词根"griff"与作为名词的"概念"和作为动词的"捕捉"为同根，此处暗含的文字游戏表明，先行掌握意味着一种"先概念"，可以说是先行视见的后一个步骤，即在确定问题域之后，从中抓取出概念。⑤

　　由之，此在对其存在的追问，便总是奠基于此在的先行具有、先行视见和先行掌握。《存在与时间》所通达的存在，便总是并且只能是此在所领会和解释的存在。根据存在论差异，存在便是作为无的存在，由此便导致"无"只能是此在所领会的"无"。西谷所批评的"无是从自我存在这一侧看到的"由此切中了海德格尔哲学的要旨。

（二）无与此在

　　在《形而上学是什么》（1929）中，海德格尔开始集中论"无"。如其标题所示，该文主题本为"形而上学"，看似与"无"关系不大。但事实

---

① 参见〔德〕海德格尔《存在与时间》，第20页。
② 参见〔美〕约瑟夫·科克尔曼斯《海德格尔的〈存在与时间〉》，陈小文等译，商务印书馆，2003，第39页。
③ 〔德〕海德格尔：《存在与时间》，第173页。
④ 〔德〕海德格尔：《存在与时间》，第267页。
⑤ 参见〔德〕海德格尔《存在与时间》，第175~176页。

上，在其形而上学解读中，对"无"的谈论是必要的。

海德格尔自始便对"形而上学"不满，批评其追问存在的方式有误。"形而上学"（Metaphysik）一词源于希腊文"μετὰ τὰ φυσικά"，"这个奇特的名称后来被解说为一种追问的标志，即一种 μετά—trans—'超出'（über）存在者之为存在者的追问的标志。形而上学就是一种超出存在者之外的追问（hinausfragen），以求回过头来获得（Zurückerhalten）对存在者之为存在者以及存在者整体的理解（Begreifen）"。① 这句话将"形而上学"阐释为一连串的动作："追问"（hinausfragen），其德文可直译为"问出去"；所谓"回过头来获得"（Zurückerhalten），则意指"回收"。由此，形而上学指的便是先问出→超出存在者→再回收→获得对存在者的理解。形而上学虽将"存在"作为己任，但绝非试图在"存在者"之外探寻某种东西，更不局限于存在者、只与存在者打交道，而是要通过超出存在者的追问，再次回返，从而获得对存在者的理解。

经此诠释，形而上学便意味着一种超出存在者的追问。基于存在论差异以及"存在者之外再无什么"②，此种超出存在者的追问，便是要超出到这"无什么"中去，由此不得不与这"无"发生关系。而《形而上学是什么》也就从对形而上学的探讨，自然过渡到对"无"的谈论，也因此，超出存在者的追问变成了对无的追问。

从更深层来说，无的问题还涵括了形而上学之整体。"只要无之问题迫使我们面对否定之本源的问题，亦即说，迫使我们从根本上面临对于'逻辑学'在形而上学中的合法统治地位的裁决（Entscheidung），如此，无之问题贯穿了形而上学之整体。"③ 这意味着，海德格尔宣称要将传统逻辑学中的否定归到"无"之下，并认为无之问题方为否定之本源，因而基于传统逻辑学建立的形而上学必须检讨自身，而需要回到更加源始的"无"中，建立一种追问并回返的形而上学。

但无究竟是什么意思？"被研究的应该仅仅是存在者——此外无什么；

---

① 《形而上学是什么》，〔德〕海德格尔：《路标》，第 138 页。
② 〔德〕海德格尔：《路标》，第 123 页。
③ 〔德〕海德格尔：《路标》，第 140 页。

只是存在者——再无什么；唯有存在者——此外无什么。理解这段描述的关键在于"存在论差异"，即存在与存在者之间的区别。① 存在论（Ontologie）是"关于存在的科学"，差异（Differenz）则专门指存在与存在者之间的区分。Differenz 来源于拉丁文 differre，意为 carry apart②，指"存在者与存在以某种方式相互分解、分离，但又相互联系，而且是自发地，而不只是根据一种'区分''行为'"。③

基于此，当要针对"无"展开追问时，无法问"无是什么"（Was ist），因为"是什么"（Was ist）的问句只适用于存在者。为此，海德格尔谨慎地用"无之情形如何"（Wie steht es um das Nichts?）的提问方式。④ 因而西谷批评"无"被表象为"某物"，可谓语带偏颇。但西谷同时指摘"无"为"在有之外的某物"，此处的"在有之外"又应当作何解？

海德格尔在《形而上学是什么》中提及"畏启示无"（Die Angst offenbart das Nichts），"启示"（offenbart）意为"使打开、敞开"，即无在畏中才得以敞开其自身，产生无之源始的可敞开状态，即"存在者之为这样一个存在者的源始的敞开状态（Offenheit）"。由此可知，"无"乃使存在者之为存在者的场域，即"让存在"。从此亦可得知存在者与存在之间的紧密联系。⑤

因而，尽管海德格尔多次强调存在者与存在截然不同，但这并不意指两者被完全隔断，相反，存在论差异在强调两者"差异"的同时，也暗含两者相互间的联系。若说"在……之外"意味着存在与存在者的迥然不同，则为合理；但若该表达指存在与存在者之间的彼此隔绝，则缺乏充分依据。

但西谷究竟为何将海德格尔的"无"描述为一种"在存在者之外的无"，则需要再结合空之场的内在理路加以考察。此处若概言之，海德格尔的"无"虽与存在者保有互动，但不见"有"与"无"之间的当下转换，

---

① 参见〔德〕海德格尔《现象学之基本问题》，丁耘译，上海译文出版社，2008，第19页。
② 参见 Michael Inwood, *A Heidegger Dictionary*（Malden, Mass: John Wiley and Sons, Inc., 1999），p. 46。
③ 〔德〕海德格尔：《尼采》下卷，孙周兴译，商务印书馆，2014，第897页。
④ 参见〔德〕海德格尔：《路标》，第124页"译者注"。
⑤ 参见〔德〕海德格尔：《路标》，第130~134页。

即空之场的即非逻辑。而这或许正是西谷通过海德格尔批评所意图凸显的关键。

三　西谷启治的"空"

（一）西谷哲学之作为宗教哲学

西谷哲学常被冠以"宗教哲学"之名，但此名究竟何意？《宗教是什么》单刀直入讨论何为"宗教"："人实在地——亦即不是像一般知识和哲学的认识，只是在观念的形式中，以理论的方式——来追求真正的实在。"（N10·8~9）即宗教在于"对实在的实在的自觉"（the real self-awareness of reality）① （N10·8）。为理解此定义，需结合西谷对 realize 一词的解释。

"英文中有 realize 一词，它同时拥有'实现'（actualize）和'知道'（understand）两个意思，这说明我们能够觉知到实在，即是实在自身在我们当中实现其自身（reality realizes/actualizes itself in us）；唯有以实在在我们当中实现其自身的方式，我们才能够体认到实在，因此，在体认实在之时，有实在的自己实现（self-realization of reality）的成立。"（N10·8~9）

事物的 realize 与自己的 realize 是同一件事，actualize 与 understand 乃 realize 的一体两面。换言之，对事物的体认，便意味着事物实现其自身，并且是在自己当中实现其自身，这正是所谓"体认实在"。由此，西谷将"体认实在"界定为"知道并实现实在"，"宗教"便意味着要求"体认实在"。

"体认（realization）不同于哲学的认识，也不是理论的认识，而是 real 的体得。"（N10·9）此处的体得又为何？在第三章"虚无与空"谈论人与自然法则之间的关系时，西谷曾提及"体得与会得"这组概念。

日常生活中，人的跑、跳等动作都是遵循所谓自然法则的，由此一方面可以说自然法则支配了人的行动，另一方面亦可说是人通过行动将自然法则

---

① 日文为"実在の実在的な自覚"。此处中文翻译参考陈一标与吴翠华的译本，为助于理解，此处保留中译本中标注的来自扬·范·布拉格特的英译 ［*Religion and Nothingness*, trans. by Jan Van Bragt（Berkeley：University of California Press，1982）］，下同。

"活了出来"（live the laws of nature），在后者的意义上，即可说包含了法则的体得，而此种体得一般被笼统地称为一种"会得"。（N10·90）根据扬·范·布拉格特（Jan Van Bragt，1928－2007）的英译本，"体得"的英文翻译为 appropriation，"会得"则为 apprehension。appropriation 来自拉丁文 appropriare，本意为"make one's own"；apprehension 则来自拉丁文 apprenhendere，本意为"seize，occupy，understand，grasp"。可见，"会得"指广泛意义上的"理解、掌握、把捉"，"体得"则强调要将实在变成自己的东西，换言之，即要与实在成为一个。

西谷运用这些表达的用意在于阐明宗教意味着自己自身成为实在，此种对宗教的理解首先可在西谷早年对神秘主义的思考中见得端倪。在《神秘思想史》（1932）中对艾克哈特、奥古斯丁等人的神秘主义进行考察之时，西谷率先界定了神秘主义——在自我把捉一问题上，倾向于寻求一绝对者作为自己的根源，这便是神秘主义思想的普遍性质。（N3·6）

为把捉自我而寻求一个绝对者，这便要求额外说明自我与绝对者之间的关系，阐明绝对者如何作为自己的根源。在西谷的论述中，"体验"便是其中的关键。在《神秘思想史》中，体验意味着"与绝对者生的直接的合一"，即"人神合一"（N3·6~7）。

受神秘主义启发，西谷之后的著作中亦可见对体验和人神合一的强调。《根源的主体性哲学》（1940）提出一种实际上消除了主体性的"根源的主体性"立场，强调物我无分的状态。承袭至其博士学位论文《宗教哲学·序论》（1945）中，近代人对待宗教的态度被西谷区分为三类：信仰、认识、体验。前两种仍遵循主客对立模式，而只有强调"合一"的体验方才是接触现代精神危机的关键。而对此种"合一"（即西谷哲学中的"宗教"）的强调在下文论述中将更为凸显。

（二）空之场

为摆脱意识之场表象化的认知方式，必须重新追问自己的现实（reality）和事物的现实。西谷以"火不烧火"为例说明该点。通常，人们倾向于将火把捉成某种"燃烧着的东西"，这是将火视为某种朝向主体显现的、被主体所认知的东西。而这正是"实体"概念所蕴含的意味：燃烧被作为火的本质，火则被把捉为某种因燃烧才得以成为实体的东西。

之所以会将火把捉为某种以燃烧为本质的实体，是因为人从主体这一侧出发，却没有从事物本身出发。若从"火"自身出发，就应当注意到火自身是不烧火的，也正因为火自身不烧火，火才得以燃烧他物。因而，若以意识之场的实体概念为参照，西谷所强调的"火不烧火"实则指"火不是火"。由此一来，毋宁说西谷通过"火不烧火"一言，道破了意识之场中的矛盾所在。（N10・149）

若将燃烧作为火的本质加以把握，人们看到的是"是火"（火である）；若从火自身出发，同时看到"火不烧火"，则可见得"有火"（火がある）。当说"是火"时，是在为事物下某个判断，所依据的标准是所谓的"本质"，因而在"是火"中被把捉到的"火"，是"本质存在"，所寻求的是自我同一、与本质的同一。而"有火"则是在谈论一件事情或事态①，试图如事情所是地展现事情本身，因而在"有火"中被把捉到的"火"是"现实存在"。

让事物如其所是地显现其自身，即要把捉其"现实存在"。而作为现实存在的"火烧且不烧"是一个超越范畴和性质的原事实。（N10・143）如此一来，西谷所谓"显现"，绝非像西方传统形而上学那样认为在现象背后有某种本质、使现象得以显现的在于其本质，相反，显现出来的原事实背后什么都没有，而这种"在其背后什么都没有"便是空的场域，这也意味着空之场便在于让显现无碍地显现。②

空之场之得以让事物无碍地显示其自身，得益于回互相入的关系。在西方哲学的因果链条中，原因和结果均清楚明白：在一段因果联系中，一个事

---

① 自西田几多郎以来，京都学派都倾向于谈论"事"（こと）而非"物"（もの），而这种从"物"回归"事"的努力一方面可谓对抗强势科学（包括具备科学精神的哲学）的表现，另一方面也与日语本身的特点有所联系。关于此点，可参照〔日〕藤田正胜《西田几多郎的现代思想》，吴光辉译，河北人民出版社，2011，第四章"'物'与'事'"，第95～113页。

② 参见美浓部仁「火は火を焼かない：西谷启治における『空』と『回互』」『理想』第689号、2012、87～97頁。

物不能既是因又是果，支配和被支配的关系是确定的。与之相反，回互相入关系中不存在主从关系明确的因果链条，只有一张将万事万物包裹在内的因缘网络。其中不存在严格如锁链般的因果关系，当将目光转向事物 A 时，事物 B 可以作为其因，但当将目光转向事物 B 时，事物 A 又能作为其因。

例如，火得以显现其自身，是因为柴禾在其中作为其"从"，拥立了火，这意味着"柴禾将自己作为无"，即"柴禾自身无化"；反之，柴禾得以现实存在，又需要火在其中作为"主"拥立柴禾，因而"火将自己作为无"，即"火自身无化"。因此，为了使事物各自展现其自身，便需要事物各自无化其自身。在这种互相无化自身的场域中，事物在"是其自身"的同时，又"不是其自身"。此种矛盾，就是空之场的本质。[1]

为此，西谷描绘了一个同心圆的模型，扬·凡·布拉格特将文字描述转换成了图形（见图1）。[2] 两个同心圆的圆周分别表示感性之场与理性之场，是意识之场内部分出的两个场。由同心圆的圆心画出一条半径，该半径与两个同心圆分别相交于点 a_1 和点 a_2，这两个点表示某事物 A（同心圆圆心处的事物）在感性之场和理性之场所呈现的"相"。处于感性之场或理性之场的人会以为点 a_1 或者点 a_2 就是事物本来的样态。例如，处于感性之场的哲学（经验派）将 a_1（特殊的经验）作为事物的本来面目，并以之作为圆心，将 a_2（普遍的观念）收纳到自己的圆周之上，认为 a_2 是由圆心 a_1 投射出去的相。与之相反，处于理性之场的哲学（理念派）则将 a_2 视为事物的真正面目，以之为圆心，将 a_1 收纳到自己的圆周之上，认为经验由普遍观念派生出来。同心圆上的其他点 b_1、b_2、c_1、c_2 亦如此。（N10·159）

感性之场与理性之场立足于意识的自明性，认为世间万物都是个别分离的存在，体现为意识之场将事物思考为圆周上无数相分离的点。（N10·159~160）与之相反，空之场将万事万物收摄为一，体现为两个同心圆共享的圆心——该圆心在是 A 的同时，也是 B 和 C。

---

① 参见美濃部仁「火は火を焼かない：西谷啓治における『空』と『回互』」『理想』第689号、2012、87~97頁。

② Nishitani Keiji, *Religion and Nothingness*, trans. by Jan Van Bragt（Berkeley：University of California Press, 1982）, p141.

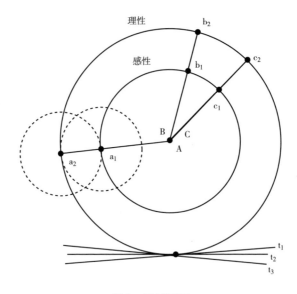

图 1 场域图示

换言之，在空之场中，万事万物为一。但此处的"一"并非西方传统哲学中统摄万相的最高原则，而是"无差别的一"（N10·161）、被掏空的一。正如前文对回互相入关系的阐述，万事万物得以成立，恰恰在于它们相互无化、相互拥立。在此意义上，万事万物都为无，都为空，并经由相互掏空才显现为其自身。

强调"有与无为一"，意味着西谷认为不应像西方传统形而上学的"实体"或"主体"那样执着于"有"的面向。事物的实在，或说其原本样貌，不应被称为"实体"，而应当被"自体"取而代之。（N10·159）在空之场中成立的"自体"概念，使西谷的世界图像更加清晰：世间万物不再有非此即彼的清晰界线，取而代之的是此彼同一、此非此彼又非彼的样貌。相比之下，海德格尔的"有"需要"无"之敞开，"无"之显现同时也需要"有"，但却没有如西谷这般如此强调"有"与"无"之间"即非"的关系。

但海德格尔与西谷两者的关键不同还在于后者对宗教实践层面的重视。如前所示，西谷将西方的"实在"改造成了一种在其他事物之中方能实现其自身的"自体"。若将这一解释具体到人，便意味着所谓人认识事物，并非人作为主体、物作为客体，而是人与物在彼此之中实现其自身，实为西谷所强调的"物我合一"的体验。而这种物我合一的体验，又恰恰来源于宗教生活中的切实体验。

进而，空的哲学要求人将之付诸实践，在利他的同时实现利己或在利他之中达到利己。① 由于回互相入关系，人人因我而立，我因人人而立，因而为了将自身从无力与绝望中挽救出来，便不能只着眼于"自救"，人人与我需要彼此解救，从而在回互相入关系形成的大网之中找到自己的立足点。

在此种实践中，西谷事实上是在试图调和"自救"与"他救"② ——通过空之场调和得到的路径正是通过他救的自救，通过每个人的利他，最终达成更大意义上的利己。也只有走到实践的这一层面，西谷所力求克服的虚无危机，才有可能真的得到克服。

四 结论

综上，针对西谷认为"无"是从自己存在这一侧看到的"在存在者之外"的"某种东西"这一批评是否合理，本文通过综合海德格尔的文本分析和西谷哲学的阐释试图说明：就"无是从自己存在这一侧看到的"而言，海德格尔最初采取的此在生存论分析进路确实遗留结西谷批评的依据；但批评"无"为"在存在者之外的某物"则有失偏颇。一方面，"无"绝对不同于存在者，无法用"某物"加以描述；另一方面，"在存在者之外"这一说明稍为复杂，如果"在……之外"意指无与存在者的截然不同，则为对海德格尔哲学的正确判断，但若指无与存在者的隔绝，便为对海德格尔的误解。

---

① 参见陈一标、吴翠华《从绝对无到空的哲学——从京都学派内部思想谈〈宗教是什么〉的成立脉络与立场》，西谷启治：《宗教是什么》，第Ⅳ页。
② 根据廖钦彬《西谷启治的虚无主义与生死学》（收于中研院中国文哲研究所所编《东亚哲学的生死观》，2016，第253~278页）一文，用一种绝对无或空来统合禅宗的自力和净土宗的他力，即以他力救赎来补足禅宗在应对现实世界或历史世界时的消极态度，是诸多京都学派哲学家的基本立场，西谷也不例外。

在海德格尔哲学中，无与存在者之间虽然彼此区分，但也密不可分。但空的回互相入更加强调"有"与"无"之间的互动，此外，空的哲学作为宗教哲学，不仅扎根于宗教体验，还在实践层面上提出要求：除在学理层面上为支离破碎的自我重新寻找安身立命之处以外，还必须付诸实践，在利他之中实现利己，从而实现相互支撑、互为主从的网络。

由此一来，"空"与"无"的区别一览无遗：尽管两者在学理层面上十分相近，但前者对"行"的看重，却是后者所没有的。正如陈荣灼曾指出："相比于海德格尔仍囿于'观'（vita contemplativa）的层次，西谷启治却能进至'行'（vita activa）之首出性。"①

西谷哲学关乎生，脱胎于实践层面，最终也将落足于实践层面。其哲学也正是与此种实践层面上的"物我合一"之"体验"联动产生的。海德格尔哲学也谈论生命，其解释学现象学路径照亮了此在的实际性，凸显了其本身对现世的关怀，但终究缺乏"空之场"背后实践层面的支撑。

在此意味上，可谓海德格尔与西谷启治两人对哲学的定义有所不同。前者承继了思考存在与形相的古希腊哲学，偏重于学问的范畴；后者则追求理论与生命在真正意义上的合一，经由理论上的通达和生命实践中的通达——其中前者很大程度上依赖于后者——回到原原本本的世界，身处事物各得其所的场域。"无"与"空"虽然在西谷与海德格尔哲学中占据的位置和所起的作用大致相同，但因其整体哲学面貌之间的相异，形成令人深思的比照。

---

① 陈荣灼：《以实践为优先的西谷哲学》，西谷启治：《宗教是什么》，第 iii 页。

富永仲基的"诚之道"

陈化北[*]

前言　江户时代的独创性思想家

日本江户时代（1603~1867），社会稳定，经济繁荣，文化发展，该学派纷呈，朱子学、阳明学、古义学、古文辞学、国学、兰学等，各派学者著书立说，蔚然成风。那么，活跃于江户时代中期的富永仲基（1715~1746）属于哪个派别呢？对此，他自称："吾非儒之子，非道之子，亦非佛之子，旁观乎其云为，且私论之然。"① 可见，他有着不同流于任何宗派、不拘泥于任何学说而采取超然旁观态度，并以自己独特的方法对各学派的言行进行检点论说的明确意识和原则立场。

内藤湖南在《近世文学史论》中说："德川三百年间……断然做出创见发明新说者，富永仲基之《出定后语》、三浦梅园之《三语》、山片蟠桃之《梦之代》，三书是耳。"② 加藤周一也把富永仲基和安藤昌益（1703~1762）作为18世纪两大独创性思想家相提并论。③ 可见，富永仲基的学派归属问题并非那么简单。朱谦之、王守华将其归为大阪朱子学派，实亦是权宜之论。朱谦之自己亦说："如中井竹山、履轩，如富永仲基，如山片蟠桃愈其

---

* 陈化北，历史学博士，中华日本哲学会副会长，东北师范大学、华中师范大学、山东师范大学、湖北大学、深圳大学等高校兼职教授。

① 『出定后語』三教第二十四『日本思想大系43　富永仲基・山片蟠桃』，岩波書店、1973、92頁。
② 小川環樹責任編集『日本の名著41　内藤湖南』，中央公論社、1971。
③ 小川環樹責任編集『日本の名著41　富永仲基・石田梅岩』，中央公論社、1984。

谓为朱子学的继承者，不如说是朱子学的批判者和否定者，他们均不肯踟蹰于儒家思想的范围，而均从儒学之中取得合理主义的要素加以发展。"① 王守华亦把仲基称为"大阪朱子学派中最有特色的"。② 可见他们均在把仲基归入大阪朱子学派的同时，充分肯定了他的思想的独创性。

一 仲基的生平及著作

富永仲基，生于正德五年（1715），卒于延享三年（1746），享年仅 32 岁。仲基出身于商业中心城市大阪一富商家庭，家业以酱油酿造为主，兼营咸菜，亦曾造酒。③

其父德通，笃学好施，初就学于开大阪儒学之先河的五井持轩（1641～1721），后师事三宅石庵（1665～1730）。他提供自家宅基地作为官许学堂"怀德堂"的学舍，是怀德堂创立五同志之一，并在怀德堂创立后大力支持怀德堂的运营。德通通晓和汉之学，书法造诣尤深。

德通初娶金崎氏，生二子，长子名信美，后承家业。继娶安村氏，名佐几，即仲基之母。其墓碑文称她"为人谨慎明悟，守俭好施，妇德全备。博涉群书，工书及国风。有集传于世"。可见仲基父母均笃于学问，德才兼备。这无疑对仲基起着重要的熏陶作用，并为他在幼小时就有机会接触各种书籍提供了条件。

德通与佐几生有三男三女。长子仲基。次子定坚，号兰皋，过继给荒木氏，就学于田中桐江（1668～1742），事之若父；他长于诗赋，广交名流，名声颇高。三子东华，长于文章，17 岁即编文集《九皋集》，仲基还曾为之作序。④ 可见，仲基家虽为商贾之家，但又不失为书香门第，家庭成员均学有所成，各有所长，可以取长补短，互相鞭策，这样的家庭环境，无疑会对

---

① 朱谦之：《日本的朱子学》，三联书店，1958，第 328 页。
② 王守华、卞崇道：《日本哲学史教程》，山东大学出版社，1989，第 63 页。
③ 梅谷文夫・水田紀久『富永仲基研究』、和泉書院、1984、60 頁。
④ 以上参见石浜純太郎『富永仲基』、創元社、1940、3～4、12 頁；中村元『近世日本の批判精神』『中村元選集』第七卷、春秋社、1981、172～175 頁；西村時彦『懐徳堂考』、懐徳堂記念会、1925、48～50 頁。

仲基产生重大的影响。

享保九年（1724），怀德堂创设，10岁的仲基即随父德通受业于第一代堂主三宅石庵。享保十一年，怀德堂得到德川幕府的许可，正式开讲。享保十五年，仲基16岁，离开怀德堂。同年，三宅石庵辞世（享年66岁）[1]，仲基作为第一批学子在怀德堂学习五六年，师事于三宅石庵，因此，要研究仲基的思想，就不能不对怀德堂的学风以及石庵的为人和思想倾向予以考察。

怀德堂是由大阪富商创建的学堂，在此学习的人都是商人及其子弟。因此，它所重视的，与其说是深奥的理论，毋宁说是实用的知识；与其说是诗文等文学修养，毋宁说是伦理道德的实践。这在"怀德堂内事记"和"怀德堂定约"中均有反映。[2]

商人是和"利"分不开的，商人的学堂当然不能有悖于此。怀德堂最初的"壁书"（学规）明确规定：学问存在的根本是能够尽忠孝和服务于职业，授课必须以此为宗旨，因此，当有紧急事务时，即使是在授课过程中亦可中途退出。同时，还规定：无书之人亦可来听讲，并可根据需要中途退席。[3] 这些都反映了新兴资产阶级办学的实用性和平民化的宗旨，反映了怀德堂的自由学风。

三宅石庵的学问极其庞杂。他朱（熹）陆（象山）并用，外朱内王（阳明），又喜谈医学。世人常称他的学问四不像，"首朱子而尾阳明，声似仁斋"，或"首朱、尾陆、手足如王，而鸣声似医"。[4] 他本人也曾以卖药为业。石庵的这种特点，虽遭到世人的讥讽，却符合商人的风格。

面对世人的讥讽，石庵辩解道："朱陆王子皆吾道之宗子，斯文之大家也。世之为朱者，以陆为非，其为王者，又以朱为非是，各各有欲压倒之之意，是不知三先生之心也。虽有议论之不相合处，并行无相害，谓之君子，其学天下之公也。然则本朱或本王，所本虽异，其为私者一也。"（《藤树先

① 西村時彦『懐徳堂考』、懐徳堂記念会、1925、18頁；加藤周一『日本の名著18 石田梅岩・富永仲基』、中央公論社、1978年再版、464頁。
② 西村時彦『懐徳堂考』、21～24頁。
③ 西村時彦『懐徳堂考』、21～24、26頁。
④ 西村時彦『懐徳堂考』、26頁。

生书简杂著端》）①

　　石庵这种扬公抑私、不偏执于任何一派的态度，与仲基的超然态度，在某些方面是相似的。所不同的是，石庵对各种学说采取兼容并蓄、全面肯定的赞赏态度，而仲基则采取客观分析、有所取舍的批判立场（后述）。此外，仲基认为各种学说的出发点都是为了"树善"，择善而从是他的根本态度（后述）。这与石庵的兼取诸说、择善而从的庞杂学风在本质上也是相似的。因此，从某种意义上说，二者是殊途同归的。另外，石庵及怀德堂历来对"诚"等伦理道德的重视，② 对仲基倡导的"诚之道"（后述）亦可能产生了直接的影响。

　　相传仲基十五六岁时著《说蔽》一书，批判儒学及诸子，并因此与三宅石庵断绝关系，被摈师门（《诸家人物志》有记载）。西村时彦在《怀德堂考》中，在石庵庞杂自由的学风，以及德通在爱子被摈师门后仍一如既往地师事石庵、资助怀德堂这点上，对此说提出了质疑。③ 这种质疑虽有一定道理，但却难以成立。

　　如前所述，仲基与石庵对待各种学说虽有本质上的同归之似，但在表面态度和方法上却是相殊的，"全面肯定"与"客观批判"之间无疑存在着尖锐的分歧。同时，德通对学问的热衷和对石庵的尊崇以及石庵的学主地位，不能不决定德通的选择。他选择石庵和怀德堂而对"叛逆"之子忍痛割爱，毋宁说是很自然的事。此外，对仲基的被摈师门，水田纪久还从怀德堂刚获官方许可不久这一客观原因上寻找依据。④ 这种视角是值得注意的，当时的客观环境，也许正要求怀德堂必须采取谨慎的态度。

　　无论如何，有两点是确定无疑的。第一点，仲基著有《说蔽》一书。《说蔽》当时未曾刊行，早已亡佚不传。仲基本人在其著作《出定后语》第二十二和《翁之文》第十一节中曾两次提到《说蔽》一书，这是它存在的最直接证据。同时，从这些章节中，也可以对《说蔽》的内容管窥一斑。

---

① 参见相良亨・松本三之介・源了円編『江戸の思想家たち』、研究社、1979、76頁。

② 参见相良亨・松本三之介・源了円編『江戸の思想家たち』、78～79頁。

③ 西村時彦『懐徳堂考』、26、50頁。

④ 加藤周一『日本の名著18　石田梅岩・富永仲基』、20頁。

第二点，仲基从此疏远了怀德堂。没有任何资料证明仲基与怀德堂此后再有过什么关联。①

需要指出的是，仲基的生平有很多不明之处，现存的史料及研究还不能为仲基提供连续、完整的经历。但我们可以通过综合分析各种史料及旁证，弄清一些事实的前后关系，勾画出一个梗概来。

仲基在《出定后语》序中说："基幼而间暇，获读儒之籍，以及少长，亦间暇，获读佛之籍……于是乎出定成"。由此可知，仲基是先读儒教典籍，而后读佛教典籍的，并且读佛籍是在"少长之时"，而非成年之后。由此可以认为，仲基16岁以前，在家中和怀德堂主要阅读儒书（应含其他诸子书），其结果是写出了《说蔽》一书；16岁被逐出怀德堂后，即转而以阅读佛经为主，其结果著成了《出定后语》。下述资料可以作为旁证。

慧海潮音在《掴裂邪网编》"题言"中，说仲基被摈师门后，"事药山折经室，受衣食之恩，滥读佛典"。② 著者不详的《掴邪新编》说他"颇有黠智，识文字，故黄檗铁眼禅师愍而委藏经翻刻之笔耕。依是而得见一切经。此时振邪智，遂做出定后语邪书"。③ 川崎法莲在《羊狗辨》中，说他"初从三宅万年，学儒……著说蔽书，终为万年破门，自此观佛教，至宇治黄檗山，出入于藏经刻板"，④ 等等。两相参照可知，这些资料虽多诋毁，却与仲基自述大体经纬相合。

仲基在《出定后语》序中接着说："于是乎出定成，基乃持此说者，且十年所……基也今既三十以长。"由此可知，《出定后语》当成稿于仲基20岁前后。仲基的另一部著作《翁之文》自序写于元文三年（1738）11月，从自序的语气中可以认为此时《翁之文》已经定稿。仲基当时24岁。《翁之文》第十节中曾提出参见《出定后语》一书，由此可知《出定后语》成稿早于《翁之文》。

元文四年，仲基25岁，著《律略》一册，未刊。后订正增补后改名

① 参见『日本古典文学大系97 近世思想家文集』、岩波书店、1966、520頁。
② 转引自中村元『近世日本の批判精神』『中村元選集』第七巻、176頁。
③ 转引自中村元『近世日本の批判精神』『中村元選集』第七巻、176頁。
④ 转引自中村元『近世日本の批判精神』『中村元選集』第七巻、176頁。

《乐律考》，现稿本存于关西大学，内容是对日本及中国乐律制度的记述与考察。①

同年，父德通殁（享年 56 岁）。② 此后，大约是家庭不睦等原因，仲基与同父异母兄分家，携生母和同母弟妹别居，以教书为业。仲基侄子李溪在《东雅》中，说仲基"事母逃于府下，陋巷授徒"，为我们提供了一丝线索。③ 此时的仲基，已经学贯三教（儒、佛、神道），并已完成了几部重要著作，有了一定的名声，可以自立门户了。

在仲基的生涯中，还有一件重要的事情，那就是与"吴江社"的关系。吴江社是古文辞泰斗田中桐江主办的学社，当地众多文人都入于桐江门下。仲基大概是由其弟兰皋引荐加入该社的。在吴江社的诗集《吴江水韵》中，可以看到仲基的数首诗。④

田中桐江是古文辞学派创始人、代表人物获生徂徕（1666～1728）的亲友。⑤ 以获生徂徕的名声，仲基早该有所闻，但更多更深地了解徂徕的思想学说，恐怕还有待于田中桐江作为媒介。

仲基长期体弱多病，30 岁时已相当严重，他预感到死期临近，于延享二年（1745）即 31 岁出版了《出定后语》，次年出版了《翁之文》。⑥

仲基配偶不详，有一女名荣，延享三年 6 月 3 日夭折。爱女的夭折无疑加速了仲基死期的来临。同年 8 月 28 日，仲基病逝，⑦ 结束了短暂而辉煌的人生。

关于仲基的性格、为人，三弟东华在《东华秘笈》中记述道："仲兄谦斋，资质清洁，言少，有似夷齐（伯夷、叔齐）气象。第一至孝之人，思其行，则今犹垂泪事多。仲兄之事未及知，故识于此也。非阿私而称誉。"

---

① 参见梅谷文夫·水田紀久『富永仲基研究』、235～236 頁。
② 参见加藤周一『日本の名著 18 石田梅岩·富永仲基』、465 頁。
③ 参见梅谷文夫·水田紀久『富永仲基研究』、33～34 頁。
④ 参见家永三郎『日本古典文学大系 97 近世思想家文集』、520 頁。
⑤ 参见家永三郎『日本古典文学大系 97 近世思想家文集』、520 頁。
⑥ 参见中村元『近世日本の批判精神』『中村元選集』第七卷、174 頁。
⑦ 参见中村元『近世日本の批判精神』『中村元選集』第七卷、174 頁。

又 "如谦斋家兄,有贤者气象。唯性急者病身短命之故也"。① 字里行间充溢着对仲基的敬慕、怜惜之情。

仲基的著作,除上面提到的《说蔽》《出定后语》《翁之文》《乐律考》外,"撰述尤多"(《东雅》小传)。《东华秘笈》中说:"若见其道之所在,则有说蔽、诸子解、出定后语、长语、短语、宋学真诠、尚书·大学·论语之考。皆仲兄之作也。宜往而览。"② 《乐律考》中还提到《三器》一书。遗憾的是,这些著作除《出定后语》《翁之文》《乐律考》现存外,其他均亡佚不传了。

除此之外,经后人整理的仲基著作还有两部,即吉田锐雄编纂的《论语征驳说》和《谦斋遗稿》(一卷)。《论语征驳说》是由吉田从仲基友人井狩雪溪著《论语征驳》中采录的二十二条仲基之说编辑而成,刊载于《怀德》第十一号上。《谦斋遗稿》收录了仲基诗72首、文4篇,并有附载3篇(桐江、兰皋、雪溪有关仲基的文章),刊载于《怀德》第十三号上。③

关于仲基的思想,本文以《出定后语》和《翁之文》为考察对象。《出定后语》,依据《日本思想大系43 富永仲基·山片蟠桃》中收载的延享二年刊本;《翁之文》,依据《日本古典文学大系97(近世思想家文集)》中收载的延享三年刊本的影印本,并以《日本的名著》第18卷《富永仲基·石田梅岩》中收载的《翁之文》为参考(后者是现代语译本,与之相较,前者更接近于原貌)。

《出定后语》主要论述佛教,提出了"大乘非佛说"等重要观点。《翁之文》综论神道教、儒教和佛教,涉及面广,简明扼要,主要提出了"诚之道"的主张。

仲基有着明确的著述目的。他在《出定后语》序中说:"所愿,则传之其人通邑大都焉,及以传之韩若汉焉,韩若汉焉,及以传之胡西焉,以传之释迦牟尼降神之地,使人皆于道有光焉,是死不朽"。在《翁之文》序中说:"既为吾家之教,又欲传于人。"其志向之远大,由此可见。

---

① 参见中村元『近世日本の批判精神』『中村元選集』第七卷、174 頁。
② 转引自石浜純太郎『富永仲基』、創元社、1940、40 頁。
③ 参见石浜純太郎『富永仲基』、60~61 頁。

二 对当时崇古媚外学风的批判

仲基生活的时代，盛行复古寻根的学风。凡是古代的、本源的东西都受到推崇，否则便受到排斥。佛、儒、神道三教之学都有这种倾向，而且相互非难。佛教学者崇尚印度；儒教学者崇尚中国，且越来越复古。林罗山推崇朱子学，古义学派伊藤仁斋则只以《论语》《孟子》为根本，古文辞学派荻生徂徕则进而效法先王之道。神道学者的日本优越性意识日渐浓厚，并常托太古之时、神代之事以非今排他。

首先，仲基对媚外倾向提出了批判。他说："夫言有物，道为之分，国有俗，道为之异，儒之教且在此方（指日本）则泥，何况佛之教在西方之西方乎。"① 又说："佛，天竺之道；儒，汉之道，国异则非日本之道。"②接着，他分别引用佛、儒自身的话反证自己的观点，对日本佛学家、儒学家崇媚印度、中国的态度展开了批判。

虽是我语，于余方不清净者，不行无过，虽非我语，于余方清净者，不得不行，则佛亦全非教变其国之风俗而学天竺。然日本之佛者，诸事欲仿学天竺，唯于此国不相应事是行者，皆非当其道也。翁憎此而嘲弄之也。③

言"素夷狄而行夷狄"，又言"礼从俗"，再言"禹祖入裸国"，则儒者亦全非言变其国俗而模仿汉。然日本之儒者，诸事欲仿汉之风俗，唯于此国疏事是行者，又非当真儒道也。④

仲基认为，每个国家都有自己独特的风俗习惯（国俗），也都有与之相应的行为规范（道），因地制宜，从俗而行，是佛、儒向来的主张。日本佛

---

① 『出定后語』三教第二十四『日本思想大系 43　富永仲基・山片蟠桃』、岩波书店、1973、92 頁。
② 『翁之文』第一節『日本古典文学大系 97　近世思想家文集』、岩波书店、1966、548 頁。
③ 『翁之文』第二節『日本古典文学大系 97　近世思想家文集』、548 頁。
④ 『翁之文』第三節『日本古典文学大系 97　近世思想家文集』、549 頁。

者、儒者事事欲模仿印度、中国，其实是舍本求末，并没有领会，因此也完全不符合佛、儒的真精神，所以是可憎可笑的。

其次，仲基批判了日本神道教的复古倾向。他说："神，虽为日本之道，时异则非今世之道。"① 又引用神道自身的话展开论述："言'左物不移右，右物不移左'，则神道亦非言变今之风俗而行若太古。然今之神道，诸事以昔事为样板，唯怪异事是为者，又非当其道也。"②

最后，他综论道："虽隔五里十里之近处风俗，尚且难以传习，况欲学汉、天竺之事于日本耶。又虽过五年十年之近事，记忆之人尚少，况欲学神代之事于今世耶。皆甚徒然虚妄，大愚事也。"③ 又说："达者依时与处而制其律，又何独局乎古。"④ 由此他断言："今世之道者，诚皆神事、儒事、佛事之戏事耳，非真神道、儒道、佛道也。"⑤

仲基还认为，道之为道，根本在于其可行，不可行便非道，不可行之道便非真正的道。因此，他得出结论说："此三教之道，皆非可行于今世日本之道。非可行之道不为道，则当知三教皆为于诚之道不合之道也。"⑥

总之，仲基从"时""处""俗"的角度出发，认为神、儒、佛三教在"今世"这一特定时间、"日本"这一特定空间是不适宜和行不通的，因此不合于"诚之道"。他并没有否定三教本身，他否定的是当时流行于日本的被歪曲的所谓三教，认为它们不是真正的三教。这同时表明他承认有真正的三教。仲基着重批判的是当时的三教学者不顾时、处、俗的不同而盲目崇古媚外的学风。这体现了仲基重视现实可行性亦即重视实践的根本立场。这种立场，代表了怀德堂的一贯学风，反映了大阪商人阶级的务实精神。

需要指出的是，仲基批判盲目媚外，并不意味着他极力排外，他绝不是国粹主义者。他始终是客观冷静的，贯彻着他那超然旁观的态度。这种态

---

① 『翁之文』第一節『日本古典文学大系97　近世思想家文集』、548 頁。
② 『翁之文』第五節『日本古典文学大系97　近世思想家文集』、550 頁。
③ 『翁之文』第一節『日本古典文学大系97　近世思想家文集』、550~551 頁。
④ 『出定后語』戒第十四『日本思想大系43　富永仲基・山片蟠桃』、124 頁。
⑤ 『翁之文』第五節『日本古典文学大系97　近世思想家文集』、550 頁。
⑥ 『翁之文』第五節『日本古典文学大系97　近世思想家文集』、551 頁。

度，在他的国癖论中表现得尤为突出。

他说："三教皆有恶癖。"①"佛道之癖者，幻术也。……天竺乃好此之国，说道教人亦需杂此而导，否则人不信从也。……为种种奇妙之说，亦皆为欲使人相信之方便也。此乃导天竺人之方法，于日本未必如此需要也。"②

> 又儒道之癖者，文辞也。文辞者，今之辩舌也。汉乃好此之国，说道导人亦需长于是，否则无信从事。……皆虽平易事，夸夸而谈之，欲使人感其趣味而顺从之方便也。汉之文辞，几同于天竺之饭绳（魔术），此亦于日本未必如此需要也。③

> 又神道之癖者，神秘、秘传、传授，只隐物是也。凡云隐者，伪盗乃其本。幻术、文辞者，观亦有趣，闻亦值得，尚有可许处，独是癖耳，当云甚劣。④

仲基在这里说得很明白，三教的这些"癖"都是"恶"的，均不值得推崇。但印度佛教之好幻术，中国儒教之好文辞，都是为了传授道理，教导其国民，并使之信从所必需的（《出定后语》神通第八中也说："竺人之俗，好幻为甚，犹之汉人好文，凡设教说道者，皆必由此以进，苟非由此，民不信也。"又说："竺人之学，实以幻济道，苟不由此以进，民亦不信从也。"），尽管它们在日本并非那么需要。同时，他认为，幻术和文辞还是有一定趣味和价值的，因而尚有可以谅解之处，唯有日本神道的"隐"癖最为卑劣。由此可见，仲基非但不排外，而且对日本文化的批判是尖锐的和不留情面的。这同以本居宣长（1730～1801）为代表的国学派之国粹主义，以及农民思想家安藤昌益的神道观是截然不同的。

---

① 『翁之文』第十三節『日本古典文学大系 97　近世思想家文集』、558 頁。
② 『翁之文』第十四節『日本古典文学大系 97　近世思想家文集』、558～559 頁。
③ 『翁之文』第十五節『日本古典文学大系 97　近世思想家文集』、559～560 頁。
④ 『翁之文』第十六節『日本古典文学大系 97　近世思想家文集』、560 頁。

三 "诚之道"的倡导及其实质

如前所述，仲基批判三教以及日本当时崇古媚外的学风，是以"诚之道"为准绳的。那么，仲基所说的"诚之道"，具有哪些基本内容和特征呢？其实质何在呢？他说：

> 若问此诚之道亦即今世日本当行之道如何，则唯致力于事物之所当然，以今日之业为本，使心直、身正，静言、慎行。有亲（父母）者，能奉养；有君者，能尽心；有子者，能教之；有臣者，能治之；有夫者，能从之；有妻者，能率之；有兄者，能敬之；有弟者，能怜之；年长者，能尊之；年幼者，能慈之。不忘先祖之事，不疏一家之亲。与人交，尽切诚，不为恶戏，贵贤才，不侮愚者。凡事设身处地，不为恶事于人，勿尖刻待人，勿偏执顽固，勿急迫匆忙。虽怒而不失节，虽喜而不失其守。乐而不至于淫，悲而不至于惑。事足与不足，亦皆我之幸，心当足之，不当受者，虽尘不取，临当与时。虽国、天下而不惜，衣食之善恶，亦随我身之境况。不奢、不吝、不盗、不伪，好色而不耽，饮酒而不乱，不杀人无害者。慎身之养，不食恶物，不多食物，暇时学于己身有益之艺，致力于成贤。书今之文字，用今之语言，食今之食物，着今之衣服，用今之用具，住今之房屋，从今之习惯，守今之规约，交今之人。不为诸恶事，行诸善事，谓之诚之道，又谓之今世日本当行之道也。①

仲基所倡导的"诚之道"，内容面面俱到，大到君臣、父子等伦理道德，小到待人接物、饮食起居等行为规范，真是无所不包。归结为一点，就是诸事抑恶行善。对此，读者一定会有似曾相识之感。不错，仲基本人也是直言不讳的。

---

① 『翁之文』第六節『日本古典文学大系 97 近世思想家文集』、551～553 页。

他注"五伦"时说："可见六向拜经，专说五伦之事。又儒者亦以是为重。又神令中亦载此五种。是为诚之道者，三教之道中亦不能阙之证也。"①

注"饮食"时说："瑜伽中说'寿未尽而死，有九种因缘，一食过度量，二食于不宜，三不消复食'等。是皆可窥诚之道者也。"②

注"学艺"时又说："论语中亦云'行有余力则以学文'，又律中亦云'为知差次会等学书，新学比丘，开学算法'。是亦可窥诚之道者也。"③ 最后他总结道：

> 此等事者，皆儒佛之书屡说之事，今更无须格别言之，虽然，今翁如自说般新说之者，唯欲使人舍弃无用之事，而直指示其诚之道也，其志诚可贵。④
>
> 释迦亦说五戒，说十善，名贪、嗔、痴之三为三毒，列孝养父母奉事师长为三福之首，亦说诸恶莫作，众善奉行，自净其意，是诸佛之教。孔子亦说孝悌忠恕，说忠信笃敬，名知、仁、勇之三为三德，亦说惩怒塞欲，改过迁善，亦说君子坦荡荡，小人长戚戚。又神道之人，亦说清净、质素、正直。是等亦皆合于诚之道，可谓至言、正言相似也，如此则学三教之人，若能如斯领会，不为怪癖异样业，交于人世而度此世，则亦可谓为行诚之道之人矣。⑤

在仲基看来，三教中不少内容是符合"诚之道"的，或者说"诚之道"是三教精华之所在。这些精华，作为至理名言，是和"诚之道"相通相似的。即使是学习三教的人，只要舍弃无用的东西，不故弄玄虚，像普通人一样在这个世界上生活的话，也可以说是践行"诚之道"的人了。因此，他声明他的本意"全非欲弃三教之道。只欲使行其诚之道也"。⑥ 这表明了他

---

① 『翁之文』第六節 『日本古典文学大系97 近世思想家文集』、551 頁。
② 『翁之文』第六節 『日本古典文学大系97 近世思想家文集』、552 頁。
③ 『翁之文』第六節 『日本古典文学大系97 近世思想家文集』、552 頁。
④ 『翁之文』第七節 『日本古典文学大系97 近世思想家文集』、553 頁。
⑤ 『翁之文』第八節 『日本古典文学大系97 近世思想家文集』、553 ~ 554 頁。
⑥ 『翁之文』第九節 『日本古典文学大系97 近世思想家文集』、554 頁。

绝没有排斥三教的意思。这与安藤昌益全面否定学问的文化虚无主义是根本不同的，再次体现了仲基的客观务实态度。

仲基还声称，三教中虽包含"诚之道"的内容，但"诚之道"绝非源出于三教，也非源出于其他任何地方，更不是任何人可以随便创造出来的。它实在是自然而然、理所当然的人生必由之道。他说："此诚之道者，本非自天竺而来，亦非自汉传来，又非始于神代之昔而习于今世，亦非自天而降，亦非自地而出。只于今日人之上，如此为，则人亦悦之，己亦快，始终无所障，能安平。又不如此为，则人亦憎之，己亦不快，物事易障，滞徒增多，即自不如此为则不能如愿、人之当然中出来者也。此又非人别出心裁、权宜造出者也。如是，则生于今世、生为人者，假令为学三教之人，亦不能弃此诚之道，否则虽一日亦难以存立也。"①

在这里，仲基似乎认识到了不以个人意志为转移的客观规律的存在，这是难能可贵的。但他面对客观存在，采取的是重视结果、一味顺应的行为功利主义态度。这也许可以说是仲基"诚之道"的主要特征。

仲基的"诚之道"，不管他如何标榜，仅从内容上看，实在不过是三教尤其是儒教思想的翻版，或者说是儒教思想的世俗化。他要求人们遵循事实上是儒教的同时也是现实的伦理道德；要求人们安分守己，顺从现存的习俗，遵守现行的制度，表现出极其保守的伦理观和社会观。他的"诚之道"，可以说是富裕的商人阶级重视现实、讲究效用、追求功利、满足现状的思想意识的集中反映。这可以说是仲基"诚之道"的实质。正如三宅正彦在《江户时代的思想》中指出的那样，"从仲基的思想中，否定幕藩国家的原理，是绝不可能构筑出来的"。②而代表农民利益的思想家安藤昌益则不同，他反映的是极度贫困的农民阶级的思想意识，因而具有仲基无可比拟的反封建、反体制的革命性。

① 『翁之文』第七節『日本古典文学大系97　近世思想家文集』、553頁。
② 『体系日本史叢書23　思想史Ⅱ』、山川出版社、1984、141頁。

四 多元主义价值观

如前所述，仲基倡导"诚之道"，并不排斥其他学说中的合理因素。相反，他还号召各派学者真正认识各自奉行学说的真精神，抛弃无用的空言，去践行其中符合"诚之道"的东西。还说若能如此，任何派别的任何人，都可称作践行"诚之道"的人了。他的这种客观的、学术自由的精神，已经或多或少地反映出他的多元主义价值观。下面试就这一问题，通过例证，再做进一步的探讨。

仲基认为，不同派别（异部）的概念、范畴（名字、言）等是有差别的（"诸经论所说有异同者，皆异部名字，各立一家言者""诸经论无复一定，要皆异部异言"①），要想把它们统一（和会）起来是极其困难的（"异部名字，无论其难和会"②、"异部名字难和会者也"③），而且也没有必要统一它们（"异部之言，不必和会可也"④、"是皆异部名字，何必和会"⑤），后世学者牵强附会，试图将它们统一起来的做法是完全错误的（"异部名字，各执其说，互相加上拗戾者，无论其固相龃龉，后世学者，多方迁就，牵强合之者，皆非也"⑥），不管观点如何，只要言之有理，都是有其存在价值的（"空有之说久矣，皆非佛意，而皆有理，不妨佛意""佛言：虽非佛意，而皆有理，堪为正教，有福无罪"⑦）。

仲基的多元主义价值观，是建立在他关于"善"的观念之上的。为了说明这一点，现将仲基关于"善"的论述摘录几条，如下：

---

① 『出定后語』須弥諸天世界第四 『日本思想大系 43　富永仲基·山片蟠桃』、岩波書店、1973、111 頁。

② 『出定后語』須弥諸天世界第四 『日本思想大系 43　富永仲基·山片蟠桃』、111 頁。

③ 『出定后語』七仏三祇第十 『日本思想大系 43　富永仲基·山片蟠桃』、119 頁。

④ 『出定后語』八識第十二 『日本思想大系 43　富永仲基·山片蟠桃』、121 頁。

⑤ 『出定后語』雑第二十五 『日本思想大系 43　富永仲基·山片蟠桃』、137 頁。

⑥ 『出定后語』地位第九 『日本思想大系 43　富永仲基·山片蟠桃』、118 頁。

⑦ 『出定后語』空有第十八 『日本思想大系 43　富永仲基·山片蟠桃』、127～128 頁。

儒佛之道……皆在树善已。①

说道作教，振古以来，皆必依其俗以利导，虽君子亦有未免于斯者，竺人之于幻，汉人之于文，东人（日本人）之于绞，皆其俗然，徒以其俗互相喧豗者，尽客气也，然而客气何害，苟为为善可也。②

夫善之当为，恶之不当为，为善则顺，为恶则逆，是天地自然之理，固不待于儒佛之教。③

苟于其身，为善则可，亦何择乎性之善恶？苟于其心，无恶则可，亦何察乎理之空有？徒以是说互相喧豗者，事皆属于无用。故曰：其实乏于实理。性相近也，习相远也，是真孔子之说，性善恶，此时未之有也。诸恶莫作，众善奉行，自净其意，是诸佛教，是真迦文之教，理空有，此时未之有也。④

诸法虽相万乎，其要归于为善，苟能守其法，而各笃于为善，则何择于彼此？佛亦可，儒亦可，苟为为善者，乃一家也。何况同宗佛而异其派者乎？徒争其派之有异，而无为善者，吾不知之矣。文亦可，幻亦可，其志诚在为善，则何不可？徒淫于幻与文，而不在为善者，亦吾不知之矣。⑤

综上所述，可以看出，"为善"是仲基的最高理念。为善是理所当然的，为善就会顺利，为恶则相反，这是"天地自然之理"，亦即不以人的意志为转移的客观规律。这本来就和儒教、佛教存在与否没有关系。而且在他看来，儒教也好，佛教也好，其本意都是为了"树善"，其他千千万万的说教也都可以归结为"为善"。如果各教派都能遵守其本来的精神，并热心于"为善"，一切为了"为善"，那么也就无需有彼此之分，大家也都是一家了。在这个意义上，儒教的"性善恶"之争，佛教的"理空有"之争，以

---

① 『出定后语』序『日本思想大系43　富永仲基・山片蟠桃』、106 頁。
② 『出定后语』神通第八『日本思想大系43　富永仲基・山片蟠桃』、116 頁。
③ 『出定后语』戒第十四『日本思想大系43　富永仲基・山片蟠桃』、123 頁。
④ 『出定后语』空有第十八『日本思想大系43　富永仲基・山片蟠桃』、127 頁。
⑤ 『出定后语』雑第二十五『日本思想大系43　富永仲基・山片蟠桃』、138 頁。

及佛教各派的异同之争，不同国民、国教的"俗癖"之争等，都是"无用"的和"乏于实理"的，而且本来就是不必要的。现实中的各种派别，往往舍本求末、毫无意义地争论这些末节，而不从根本上去"为善"，实在是让人难以理解。

可见，在仲基的观念中，"为善"是统一一切、超越一切的根本，是一切学说的出发点和归结点，也是各种说教的价值体现。如果是为了"为善"，只要是为了"为善"，任何学说、派别都是可以共存的。仲基的"诚之道"，便是以"树善""为善"为目标的多元主义价值观的体现。

五　结语

富永仲基在对儒、佛、神三教的弊端及日本当时崇古媚外的学风进行批判的基础上，提出了"诚之道"的主张。"诚之道"内容庞杂，面面俱到，大到君臣、父子等伦理道德，小到待人接物、饮食起居等行为规范，可谓无所不包。但其核心是诸事抑恶行善。

"诚之道"着眼于客观现实，注重践行，重视结果，趋利避害，表现为行为功利主义的基本特征。"诚之道"其实不过是三教尤其是儒教思想的翻版，或者说是儒教思想的世俗化。它要求人们遵循事实上是儒教的同时也是现实的伦理道德；要求人们安分守己，顺从现存的习俗，遵守现行的制度，表现出极为保守的伦理观和社会观。"诚之道"可以说是富裕的商人阶级重视现实、讲究效用、追求功利、满足现状的思想意识的集中反映。这可以说是"诚之道"的精神实质。

"诚之道"是一个开放性的思想体系，它因"时"而变（与时俱进），随"处"而异（因地制宜），其根本目标是"树善""为善"，凡是有志于这一目标的学说、派别都是符合"诚之道"的，因而都是可以共存的。这反映了富永仲基既具批判性又富包容性的多元主义价值观。

江户时代的文章观与"近世精神"

日本藤原明衡曾仿姚铉《唐文粹》编《本朝文粹》十四卷，上自弘仁，下至宽弘，此书号称江户以前的文章选本之集大成，可与《文选》媲美。然而，江户初期石川丈山曾在《北山纪闻》卷 1 中评价道："本朝与中华之别在于假名书写，为此不嗜文章，为文者亦稀。《本朝文粹》中文之达者亦少。"（原日文）随后又分析了日本人作文与中国差异产生的原因：中国有科举，故对策之文多，且促进了人人学作文。而日本学在朝廷，乡党村里并无学校，除公家以外并不存在什么文人或诗人。近代丛林虽云学文，但诗与文章皆用事禅宗，丛林之文章又是一格。^① 石川丈山论述的是江户以前日本文学的样貌，除朝廷公卿外，一般人很少懂汉文。五山禅僧会作文，但从内容和功用上来说与佛事关联紧密，不同于中国的文章。

自从儒学在江户时代兴起后，一股汉文学习创作的热潮开始在儒学者之间蔓延，他们不仅翻刻中国的文章学著作，^② 也催生了不少日人创作的文法书籍，目前为学界关注的只是其冰山一角，^③ 明治年间广池千九郎编《支那

---

① 《北山纪闻》，国文学资料馆藏本。

② 如宽永二十一年刊高琦《文章一贯》；元禄元年刊陈绎曾撰，尹春年注，伊藤东涯点《文章欧冶》；享保三年刊左培《书文式·文式》；享保十三年刊王守谦《古今文评》；元文二年刊王世贞《文章九命》；等等。皆收入『和刻本漢籍随筆集』、汲古書院、1972。

③ 王宜瑗《知见日本文话目录提要》（《历代文话·附录》，复旦大学出版社，2007，第 9807 ~ 9826 页）记录了三十种日本文话。卞东波《江户明治时代的日本文话探析》（《文艺理论研究》2013 年第 4 期）一文概述了江户至明治时代的文话类著作，也不够完善，如没有提及皆川淇园这样一位在当时提出重要文章学理论的人物。参见张淘《皆川淇园〈欧苏文弹〉及其文章学》，《第四届中国古代文章学学术研讨会论文集》，2018 年 4 月；张淘《江户时代异学者皆川淇园的文章学》，《长江学术》2018 年第 4 期。

文法书披阅目录》① 中就记载了 58 种日本文法书。日本文章学的发展得益于中国文话的传入和影响。有学者曾指出："纵观日本的文话发展史，日本学者先是借助中国的文话来表达自己的观点，而后才开始亲自撰作文话。"② 更具体而言，大体可划分为四个阶段：抄写、训译、理解、消化。在江户时期的儒学传播过程中，汉文作为外语，经历了从概念强制一体化至分离的过程。在研究如何科学地对待汉文这一"他者"的过程中，江户儒者的文学理念发生了相应的变化。

宋学的传来给予汉文以生长土壤，而当时的各派"异学"者也用自我发明的手段对汉文进行解构和消解，他们的目标是创作出最符合上古三代文章典范的作品，在对字词的深入探究中，得出了一些与中国文话完全不同的结论，最终使汉文素养和创作水准都大大提升，这一过程纠缠着复杂的思想转变，构成了日本从古代向近代过渡的近世精神。

一　江户初期宋学儒者的文章观

战乱时代儒学无法发挥作用，而在庆长年间的"大阪之战"以后，儒者取代禅僧成为政坛、学界、文坛的主导者。江户初期儒学界最显眼的事件是朱子学地位确立并官化，从林罗山成为德川家康的御用文人开始，直到第五代将军德川纲吉任命林凤冈到江户城给幕臣讲授儒家经典为止，儒学实现了官学化。

藤原惺窝（1561～1619，名肃，字敛夫）和林罗山（1583～1657，名忠、信胜，字子信，通称又三郎、道春）被称为"程朱之忠臣，宋学之砥柱"③，在提倡宋学的同时，以余力弄文墨。二人在互通书信时往往谈及文章与学问的问题，如藤原惺窝对四六文的评价是"大抵四六文辞等，虽非志道学者之所必，古今之变亦因焉。可知非玩物丧志"（《与林道春》，《惺

---

① 日本国会图书馆藏本。
② 卞东波：《日本汉籍视域下的文话研究》，《中国古代文章学的衍化与异形：中国古代文章学二集》，复旦大学出版社，2014，第 421 页。
③ 高志泉溟「時学鍼焫 卷上」関儀一郎編『日本儒林叢書 第 4 卷』、鳳出版、1971。

窝先生文集》卷11）。藤原惺窝《文章达德纲领》刊行于宽永十六年（1639）。姜沆（1567~1618）在"叙"（1599年作）中介绍了此书的创作背景："学者不知作文几格之故，摭前贤议论，间以己见，群分类聚为《文章达德纲领》。"堀杏庵（1585~1642）的"序"揭示了其编撰过程，乃是"吉田素庵受予师惺窝先生之命而所辑录之书也"。此书引用的典籍已有学者进行研究，兹不赘述。① 此书编撰严谨，规模庞大，但皆为转抄转引，惺窝自称其"曾不著一私言乎其间，是恐其僭逾也"。② 尤其是全用中文书写，并无训读或翻译。惺窝曾"欲以宋儒之意加倭训于字傍，以便后学"（《问姜沆》，《惺窝先生文集》卷10），所以他并非不懂倭训，而之所以不在文章作法书中加入倭训，只能说明这些内容对于当时一般的日本市民来说是很难读懂的，其传播范围可能仅限于儒者。

惺窝弟子林罗山是日本儒者当中著述最多者，但在文章学方面他对五山文学情有独钟，编辑了《五山文编》，其中收录了禅僧文集以外散佚的文章，值得注意的是其去取标准是不收韵文，只收散文。惺窝和林罗山都曾读过《古文真宝后集》，前者做过讲义，后者进行谚解③，说明他们都对古文感兴趣，不过继承的却是五山以来的规范，正如霞谷山人妙子序所云："夫古文者何耶？唐虞三代之雅言也，学之而得者则如所谓韩柳欧苏之笔，亦是以传道也。若夫王杨卢骆之俪语，既非古文之雅言，岂足以传道也哉。宜乎以古文之为真宝也。"林罗山于宽永六年刊行了《本朝文粹》并为其作序，亦是对前代文章的总结。林家提倡朱子学主要是为幕府服务，整理历代文献并以文传道是他们的应有范畴，而至于向世人解释该如何作文，便不是他们所关心的了。

那么幕府高墙之外的朱子学者又如何呢？贝原益轩是一位庶民儒者，其父宽斋曾为筑前福冈藩黑田氏的家臣，益轩出生后的第二年父亲便丢掉了禄

---

① 大岛晃「『文章達徳綱領』の構成とその引用書——『文章欧治』等を中心に」漢文学研究会編『漢文学解釈与研究』通号2、1999、21~50頁；张红：《藤原惺窝〈文章达德纲领〉的文学思想及其杜诗观》，《中国文学研究》2018年第1期，第168~176页。
② 「与林道春」『惺窩先生文集 巻十』、天宝七年。
③ 『古文眞寶後集諺解大成20卷』、寛文三年。

位，在博多港附近以卖药、教授幼童为生，尽管后来又再出仕，担任的不过是穗波郡八木山中一处警备所的勤务而已。益轩十九岁被聘为福冈藩藩儒，但过了两年，因受处罚而成为浪人，过了七年多浪人生活后，终于在二十七岁时再次被下一任藩主招聘。益轩最著名的业绩在《养生训》和《和俗童子训》等，在日本农学史和教育史上占有一席之地。他是这一时期朱子学者中的特殊存在，具有实学主义精神。文章方面作有《劝作文论》《文体论》《文训》等。《劝作文论》指出了当时日本文人已经逐渐学作古文的倾向："国俗古来虽读书之人颇多，然而往往不学作文之法。故其所作为之文字，上下颠倒，处置粗谬，连字不法古文，制词好用俗语，是故所作不成文理者多矣。……恐不可为儒者之文也……方今作文者，苟变旧习之谫陋而随古文之规矩，则先须以质实为本，以精确为主，以古雅为体，以平淡为用，以简要为务。""质实古雅"是他的文章准则，他还提出了具体的作文之法，即"大凡作文者，须以《六经》《语》《孟》为根柢，又可以《左传》《史记》《汉书》《楚辞》《文选》之中近乎正体者、八大家及诸子为辅翼矣"，这里的"正体"与后来东涯等人提出的"正文"一脉相承，另外他还提到要注意"文字之布置，助字之所在"，也与古学派观点一致。益轩在学问上批评并反对仁斋的古学，但在文章观上却出奇地相似，这不得不说是当时时代发展下的必然共识。

二　语言与美学：古学派的文章观

伊藤仁斋（1627～1705）提倡古学（或称古义学），排斥宋儒，当时便被人目为异学。他主张从比宋代更"古"的典籍阅读入手，探寻学问的真谛。仁斋与朱子学者差异之一在于他不认同作文为小道，重视文于道的作用，《童子问》卷下云："诗以言志，文以明道，其用不同。诗作之固可，不作亦无害，若文必不可不作。"元禄年间出现的汉文法与词汇研究热潮与古学派这种观念不无关联。①

---

① 中村幸彦曾指出："以仁斋为左翼，贝原益轩为右翼，元禄前后的汉学界对文章的关注度逐渐提高。"『中村幸彦著述集 第 7 卷』、中央公論社、1984、9 頁。

据东涯所作《先府君古学先生行状》记载，当时儒学未盛，学者专以词赋记诵为务①，这批判的是江户初期承袭五山喜作四六诗赋之余风，并不讲求儒学的情况。仁斋三十六岁草定《论孟古义》及《中庸发挥》，又设同志会，挂孔子像于北壁，鞠躬致拜，退讲学经书，相规过失。又仿东汉许劭月旦评，品第人物，倡励学生。或私拟策问以试书生，设经史论题以课文，月以为常，又创译文会，以日文换写古文，再复以汉字，"校其添减顺逆之别，以谙文法，甚为初学之弘益"。②"复文"是其中最困难的环节，却能通过实践训练引发学生对古文文法的兴趣。仁斋曾诠次韩、柳以后近儒者之文者三十四篇，名曰《文式》，其序云："作文有儒者之文，有文人之文。儒者之文者，孟荀董刘、韩李欧曾之类是已。至于文人之文，专事雕缋，轻剽浮华，不足以登樽俎之间。昔吾朱文公，尝校韩子之书，又深好南丰后山之文，岂不以其体制之正，理意之到，而动循绳墨，无一字之散缓乎。然则文之为文，可见而已。然世称好理学者，或弃去文字而不理，问之，云是不关吾学也。呜呼！非言无以达其意，非文无以述其言。读书而不能为文，奚以异乎有其口而不能言者也。故孔子曰：言以足志，文以足言。言之无文，行之不远。"③仁斋在私塾中树立了文有益于道的信条，主张"非文无以述其言"，积极鼓励学文，借用朱熹的故事来反对朱子学者提倡的文以害道观念，达到以子之矛攻子之盾的效果。仁斋不反对读野史稗说和词曲杂剧，但其志在复兴儒学，文章观仍然局限于儒者之文，为文专宗唐宋八大家，认为《文选》乃浮靡之习，明氏乃钩棘之辞，皆不取焉。明代唯取唐顺之、归有光、王慎中三家而已。又认为文本于《尚书》，"文以诏奏论说为要，记序志传次之。尺牍之类，不足为文，赋骚及一切闲戏无益文字，皆不可作，甚

---

① 姜沆《文章达德纲领叙》（1599 年作）云"日东学者阖国唯知有记诵词章之学，未知有圣贤性理存养省察知行合一之学，故赤松源公广通慨然嘱钦夫（藤原惺窝）以四书六经及性理诸书，新以国字加训释，惠日东后学"，亦指此。

② 『古学先生詩文集 巻1』、玉樹堂、享保二年。

③ 「文式序」『古学先生詩文集 巻1』、玉樹堂、享保二年。关于《文式》与《文章轨范》的关系以及仁斋的治学活动，可参考〔日〕副岛一郎《〈文章轨范〉在日本：日本近世近代精神的源流之一》，《中国古代文章学的衍化与异形：中国古代文章学二集》，复旦大学出版社，2014，第 437 ~ 464 页。

害于道。叶水心曰：作文不关世教，虽工无益。此作文之律，看文之绳尺也"（《童子问》卷下）。尽管他的古文观仍然是从儒者立场出发，不注重实用性，故以对日本人来说其实是无用武之地的诏奏论说为要，不过他的教育理论和方式刺激着门人对文章的兴趣。

古义堂门人数目极多，且输出过许多优秀文人，如德川光圀编辑《大日本史》时就招聘了其中不少人参与这次规模宏大的修史事业。而具体指导他们掌握文法的教材究竟有哪些？与中国文章学有何关联？这些疑问从师从仁斋的书商林义端所刊行的两部通俗文法读物中可以窥知。[①] 林义端（？~ 1711，字九成，通称林九兵卫）的文会堂位于京都，他校刊出版了佚名的《文法授幼抄》和《文林良材》。前者刊于元禄八年（1695），林义端序中称"近世诗法便于幼学之书梓行不堪其多，独至文式训蒙之作则未有梓者"，日本此前曾有过一系列以"初学抄"命名的启蒙书籍，[②] 此书当是顺应此潮流出现的，故就普及程度和训蒙意义来说，《文法授幼抄》确属日本文式的开山之作。序又称："予十年前得此书于友人许，不知何人所著也"，则其成书大约在贞享二年（1685），作者不明。到了元禄十四年，林义端又刊行了《文林良材》六卷，著者被故意掩去姓名，只说是"京师一儒士"，书名仿一条兼良（1402 ~ 1481）的《歌林良材》[③]。首卷载东涯《作文真诀》，体现了林义端与古学派的关系，更说明东涯的文式作品已经超越元明文话，成为指导作文的首选入门书籍。《文法授幼抄》和《文林良材》两书在体例上有相似之处，在内容上却少有重复。如开篇的"文章格言"和"作文总论"分别引自不同的元明文话，后书很明显是对前书的补充。而两书体例并不严谨，如后书将文体二十九放在丛林四六文式之后，编排杂乱，内容又

---

① 副岛一郎指出《文林良材》"内容也可以视为古义堂汉文写作的纲领，有着普及古义堂的文章观的目的"。（〔日〕副岛一郎：《〈文章轨范〉在日本：日本近世近代精神的源流之一》，《中国古代文章学的衍化与异形：中国古代文章学二集》，第 442 页）

② 如藤原清辅（1104 ~ 1177）的《和歌初学抄》，一条兼良（1402 ~ 1481）的《连歌初学抄》，斋藤德元（1559 ~ 1647）的《诽谐初学抄》（宽永十八年），梅室洞云的《诗律初学抄》（延宝六年）、《增续书翰初学抄》（延宝七年），居初都音的《女书翰初学抄》（元禄三年）等。

③ 明石柳安有《诗林良材》（贞享四年跋）。《文林良材》传本众多且有差异，如早稻田大学藏本阙首卷并凡例。本文使用的是祐德稻荷神社中川文库藏写本。

无发明之处，只是杂编各书而成。

相比之下，东涯的《操觚字诀》虽然同样大量转载元明文话，但作为东涯的晚年集大成之作，体例分明，内容有独到见解。元禄元年（1688），东涯刊行陈绎曾《文章欧冶》，更印证了青年东涯对文法书籍的强烈兴趣。他还主要将精力放在对助词等词汇意义的研究上，而这也是他文章理念中的重要一环。比东涯年长四岁的荻生徂徕亦有不少训蒙字书，虽然他们二人在是否需要学习唐音上有差异，但在反对朱子学和教育观上其实是相似的。宋儒不擅长考证和训诂，钱大昕谓"宋儒不明六书，往往望文生义，此其失也"。唐宋古文运动的倡导者提出文章应该出自作者的个人修养，韩愈提出"气盛则言之短长与声之高下皆宜"，而南宋以后出现的文格类著作才是真正探讨文章实用技巧的。事实上这些元明文话也正是江户儒者文章学的接受来源。

叶维廉《中国古典诗中的传释活动》（收入《中国诗学》）中将英文语法与中文进行了对比，将语法与表现、语言与美学联系在一起，认为中文词性具有多元性或模棱性："这种灵活性让字与读者之间建立一种自由的关系，读者在字与字之间保持着一种'若即若离'的解读活动，在'指义'与'不指义'的中间地带，而造成一种类似'指义前'物象自现的状态。"（第17页）这里虽然讨论的是诗学，但如果运用到文言文中，其实也具有可信性。而东涯的文章观却与之相反，否定这种若即若离的解读，试图将字词与语法、表现与美学达到一种直接贯通，将模糊的口号式文章标准落实到实际的举例式的学习方法。不过反过来说，其实也是肯定了语法所具有的美学意义。按照"经学—政治""文学—文人"的一般观念，东涯的文章观其实对应的是更接近纯粹的文章，追求稳固不变的科学作文方法。

三 消解与批判：江户中期的文法书

伊藤仁斋父子和荻生徂徕一派唱异学于民间，名噪一时，他们的门弟有不少成为藩儒。在这些人物的带动下，训蒙文法书如雨后春笋般出现在市面上，如人见友竹的《训蒙文家必用》（1716）、《重镌文家必用》（1716），的山县周南（1687～1752）的《作文初问》（1755），斋宫静斋（1728～1778）的《初学作文法》（1768），宇都宫遯庵的《作文楷梯》（1787）等。这些文法书大部分用日文撰写而成，通俗易懂，而且在转引中国文话内容的同时，力求标新立异。当中国文话的直接影响淡化以后，日本本土的儒者文人开始主导这一时期的文章发展走向。古学本身的精神便是不依附，从对古文的批判走向了对唐（中国）的批判。可以说古义学派的文章学观点对整个江户时代都产生了持续影响。下面以另一位古学派儒者的文法书为例来说明这一问题。

穗积以贯①（名伊助，号能改斋）23 岁时入东涯门，亨保十三年（1728）37 岁时撰《文法直截真诀钞》，现存写本众多，亦可见当时流传甚广。笔者所见为筑波大学图书馆藏本与内阁文库藏本，二者有较大差异，现将各自目录对比如下（见表1）。

表 1 　《文法直截真诀钞》筑波大学图书馆藏本与内阁文库藏本异同

编号	筑波大学图书馆藏本	编号	内阁文库藏本
1.1	趣意	1	凡例
1.2	本邦近世俗文中差误		
1.3	救字颠倒弊	2	救字颠倒之弊
1.4	常格指南		
1.5	详明语接断别格	3	详明语接断主从
1.6	详明语主从别格		
1.7	指导助辞妥帖之要法	5	指导助辞妥帖之要法
1.8	暗用字歌		
1.9	指示语势缓急轻重	4	指示语势缓急轻重
1.10	字法句法篇法俗解	7	篇法章法句法字法俗解
1.11	养气八法	6	文法用例歌
2.1	文体解	8	文章体制俗解
2.2	序体制解	9	气格之俗话

---

① 　关于穗积以贯的生平及著作等，可参见中村幸彦「穂積以貫逸事」『中村幸彦著述集 第 11 卷』、1975、246～284 頁。

续表

编号	筑波大学图书馆藏本	编号	内阁文库藏本
2.3	韩退之送扬少尹序	10	韩欧二公序文俗解
2.4	欧阳永叔梅圣俞诗序		
2.5	元方万里撰周伯弼三体诗序	11	元方万里撰周弼三体诗序
2.6	深草元政撰扶桑隐逸传序及传		

注：筑波本分为上下卷，第1.11条后即上卷末称："以上十一件，盖据古文以定规矩。指陈字位止下之别，创始新进免颠倒之一大捷法"。内阁藏本不分卷，第6条后有上句话，"十一件"作"五件"，可见第1~5条相当于上卷的部分。

筑波本第1.8条下有注："所洩定格接断与主从用例可知暗此歌也。"

筑波本第2.4条下有注："右就韩欧二公序文二篇以指导语势缓急轻重及助辞之妥帖、体制之别并句读段落批圈之点例。"内阁藏本在第10条后，自"体制之别"后无。

筑波本第2.5条下有注："此篇旁朱书，伊藤仁斋先生之添削，仍以评文功拙。"内阁藏本在第11条后。

筑波本第2.6条下有注："篇旁朱书，伊藤东涯先生审正，以为初学鉴本。"

从目录亦可看出内阁藏本成书晚于筑波本，在标目上更加概括和简洁明朗，语句更加完善。如将"字法句法篇法俗解"换成"篇法章法句法字法俗解"，新增"章法"，并由大及小，后者是前者的整理本。不过内阁藏本在抄写时有很多遗漏之处，须以筑波本作为参看。

本文即以两本为解读文本，发现穗积以贯的重心在于克服日人作文的缺陷，同时试图将评价目光引入欧阳修、方回等宋元人的文章。凡例中提到尽管当今世上文法指南已经很多，但皆为隔靴搔痒，并不容易为人接受和使用，不够接地气，所以他用"俗间鄙语"即非常通俗的日语来解释很难的文法，以达到能使人"受用"和"亲切"的目的。他强调要对文法"会得"（理解），否则难以读懂文法书籍从而获得知识。在体例上亦多有创新之处，如凡例后的"此方俗文中差误"（即筑波本1.2）列举了从虎关师炼《三重韵序》至荻生徂徕《译文诠蹄》等日人文章中的错误，摆脱了以往文法书仅举正面例子的枯燥，也能从中读出古义堂平日里是如何讲解文章的。书中创设了很多挽救日人文章弊端的方法，如为救用字颠倒之病，定下三格：常格、主从别格、接断别格，这些是针对日人的文法，关乎训读的正确与否，在中国的文法书中没有出处。虽然如此，对于今天研究古汉语语法的学者仍然有借鉴意义。书中解释充分考虑了听讲对象，即使有从中国文话中引用而来的部分，亦加以概括解释。如解释"字法句法章法"时，先简单地概括了一下积字成句、积句成章、积章成篇、字法为根本的道理以后，便开始强调应该去掉倭俗，即不用日本的俗字俗语，如"扨""迚"等。又如"养气八法"本出自《文章欧冶》，但其中重在解释"肃""壮""清"等的具体意境指向。所以此书中虽然也有引用元明文话的地方，但总体而言创造发明之处为多。

四　叛逆儒者的文章学说

江户时代在文章作法上最为标新立异的当属皆川淇园（1734～1807，名愿，字伯恭，又号有斐斋、筇斋、吞海子，通称文藏，京都人），其文章理论和技法主要见于《问学举要》《淇园文诀》中的阐述，《习文录》《韩柳文评注》《欧苏文弹》等是对文章作品进行评注的著作。笔者曾论述其文章观点，此不复述。① 仅以他对虚与实的阐释和引申再做一些介绍。

虚与实是中国古代哲学与美学的基本观点，在诗学文献中经常会见到，如宋代范晞文云，"不以虚为实，而以实为虚，化景物为情思，从首至尾，自然如行云流水，此其难也"，② 这里虚是指情思，实是指景物。元代陈绎曾在《文章欧冶·汉赋制》中将此进一步细化："实体：体物之实形，如人之眉目手足，木之花叶根实，鸟兽之羽毛骨角，宫室之门墙栋宇也。惟天文（惟）题以声色字为实（体）"，"虚体：体物之虚象，如心意、

---

① 《皆川淇园〈欧苏文弹〉及其文章学》，《第四届中国古代文章学学术研讨会论文集》，2018年4月。
② 《对床夜语》卷2，丁福保辑《历代诗话续编》，中华书局，1983，第421页。

声色、长短、动静之类是也。心意、声色为死虚体，长短、高下为半虚体，动静、飞走为〔活〕虚体"。另外，《文章欧冶·诗谱·变》中还列出了"四字变"，即虚、实、死、活。这是从物质的性质出发，比诗话中的概念更抽象，不限于人，而是将万物皆划入虚实范围。"虚体"内部细化出三类。

淇园《问学举要》中特设"晰文理"一节，分为十五事，其中的"虚实"条称"文字有虚实死活"；"实活"谓"万物就其所含灵而言"；"实死"谓"万物只就其体质而言"；"虚"谓"凡物无本质只有其象"，并称"虚与实相依，则为之诸气色声味之属者，皆是虚死。宣之作动之用者，皆是虚活"。将"虚实"与"死活"的概念进行组合以后，生成了四种不同的文字描述对象，这与陈绎曾的描述相比，更整齐、更科学。

皆川淇园的时代，儒者已经多从事于诗文，其《送川田资始归省大洲序》中曾说："自儒家者流列于艺林已降，道与政分行而不复合矣。古者学优则仕，仕优则学，盖道与政未尝不相待以成也。圣人道以明文，政以正文，使学以知其明，仕以事其正，自圣人不出则文德日衰。如晚近俗日益趋于苟且，为政者又安知夫天地之性、人事之宜哉！诗书礼乐之于今政也，譬犹附赘悬疣乎。儒家者流之列于艺林，不亦宜乎。"（《淇园文集》卷4）正是在这样的时代背景下，才诞生了与有自我理论的符合日本实情的文章学理论。淇园在学问上对四书五经皆持怀疑态度，在文法上也多不循前辈们的旧轨，正是时代叛逆性的表现。

山本北山（1752～1812，名信有，字喜六）是另一位与皆川淇园同样受到世人侧目的儒者，广濑淡窗《儒林评》云："皆川（淇园）行状放荡。东都山本北山亦然。予友原士萌举人之说曰：皆川放达出于弄世，谢安东山携妓之类也。至于北山，于其中有射利之谋。不可同日而语。"对他的评价似乎更低。他在文学上的最大成就在于批判了徂徕学派的模拟之风，并且通过私塾教育鼓励了当时江户后期一批年青诗人，如菊池五山、大洼诗佛、柏木如亭等。他除儒学外，还涉猎围棋、将棋、书法、绘画、医学、茶道、插花等领域，是当时有修养的江户文人的代表之一。

文章学方面主要有《作文志彀》（安永八年刊）、《文藻行潦》（安永八年序，天明二年刊）、《作文率》（宽政九年刊）、《文用例证》（宽政十年刊）、《文事正误》（写本）等。他与古学派的学问渊源虽然不太明显，但也提倡以"覆文"方式来训练诸生，也编有《虚字启蒙》等启蒙用书，且门人私谥其为"述古先生"，不能说与古学派是完全绝缘的关系。不过北山与前人最大的差异是：在反拟古的旗帜下展开了对李王和古文辞派的批评，《作文志彀》云"韩柳与李王之异，如水火冰炭"，还曾专门撰《文事正误》以论荻生徂徕《译文筌蹄》之误。在《作文率》中有"《问学举要》谬误二则"，按语称"余年二十、三之比，始得《举要》之书，读此说，深以为是。后验是于古书，多非"，可见其批判精神有可能受到皆川淇园影响，但也不满于淇园，最终据"古书"（直接阅读经验）提出了批评。

井上金峨在《文藻行潦》序中分析："近世诸老率子弟，仅读秦汉书，则以为学成矣。唯裁缀古语，以为修辞，殊不知有古无而今有者；有今有而古无者；有古今有而名异者；有我有而彼无者；有我无而彼有者；有彼我有而名别者。岂独取给于古书而足乎。"他不仅强调古今之别、彼（中国）我（日本）之别，还强调秦汉之时文章便富于变化，古不可泥古。《文藻行潦》中是一本解释俗语的入门书，收入了诸如《水浒传》等书中之词语。关于雅文与俗语，他提出"雅俗不相浑（混）"。相对于雅文，他更重视俗语与实用文。他曾据中国的俗语演义小说来纪事，称之为"演义文"（《作文率》卷2），又仿明清人作品撰写笑话集《笑堂福聚》。他的《文用例证》是对尺牍书简、贺帖名帖、序跋识志，自撰书的目录、凡例等各类实用性文章以及年号该如何书写等各类实际问题所做的示例和考证。联系到这一时期正是江户文人出版自撰集的高峰时期，便不难理解此书的实用价值了。他还说："今世文人多由诗入文，故文章中必用诗句，欠体之甚。文章软弱先坐此，是文章第一禁。""由诗入文"的情况也与当时诗人逐渐增多的现实有关。学习意识从学古拟古到"自由自在"（《作文率》之语），学习手段从"以文载道"到"由诗入文"，这正是江户后期文章观发生改变的关键。

五　结语

　　近世是日本国家意识崛起的时代，也是文人树立自信的时代。丸山真男曾经从思想的角度论述了荻生徂徕与国学派的近代化意义，并且指出"日本近世儒学的发展是这样一种过程，即通过儒学的内部发展，儒学思想自行分解，进而从自身之中萌生出完全异质的要素"①。如果将"异学"（朱子学以外的儒学派别）当成一个活跃的整体来看待，其中蕴含着提倡自由意志的"近代性"。副岛一郎也在《〈文章轨范〉在日本：日本近世近代精神的源流之一》一文中认为："在日本，古文的创作，导致了近世化的逻辑性思考的产生。"② 通过对整个江户时代，尤其是古学一派文章观及文法书的梳理可以看到，这种近世化的逻辑性思考有其发展脉络。抛弃简单的仿作，从字义及用法本身出发；放弃对中国文章的一味赞扬，从日本人的立场出发对初学者进行入门指导：这是江户时代文章观从依附到独立的过程。本文的结论还可以引申出以下几点。

　　第一，日本的文章学最初阶段是由儒者提倡的，他们认同文以载道的观点，但对诗歌采取轻视的态度，清初渡日的朱舜水尝云："今诗比古诗，无根之华藻。无益于民风世教，而学者汲汲为之，不过取名干誉而已。即此一念，已不可入于圣贤大学之道"。舜水"务为古学，视时文为尘饭土羹，况于诗乎。亦以明季浮薄之流，祖尚钟、谭、袁中郎之说，诋诃何、李，凌蔑高、杨、张、徐，犹文章之徒攻击道学之士，不唯无益，而反有害。故绝口不为耳"。③ 学界一般认为朱舜水有"古学"倾向，他的学说是否对日本古学派产生影响还值得深究，不过江户初期的文法著作大多在接受中国文话时删去了诗歌韵文的部分，反而导致文法书更专注于对文章的探讨。当然，江户诗歌的发展也并没有停滞，同一时期也出现了不少诗法入门书。这种诗文分途发展的情况是日本所特有的，与江户时期各种学科"专业化"的趋势

① 〔日〕丸山真男：《日本政治思想史研究》，王中江译，三联书店，2000，第10页。
② 《中国古代文章学的衍化与异形：中国古代文章学二集》，第449页。
③ 安积觉：《朱文恭遗事》，朱谦之整理《朱舜水集·附录一》，中华书局，1981，第628页。

是一致的，这种专业化引导着日本走向科学化的近代。

第二，江户儒者与中国、朝鲜儒者的不同之处在于，他们的社会地位总体而言并不太高，除官儒以外还有许多町儒（私儒），即使是藩儒，在被藩主招聘以前，也主要依靠教授、出版等活动生存。诸如语学、小学等学问是他们赖以生存的教学科目，为这类书籍、学问的发展提供了空间。江户儒者强调文法书和诗话都应该发挥幼学训蒙的作用，和文写成的作品越来越多，对细微琐碎的用字用词不厌其烦地加以解释，从最"低级"的训蒙入手，其实也在某种程度上反映了他们是以教育者而不是文学者自居，这与中国文话主要是写给已有一定水准的文人看的不同。江户儒者在很大程度上提高了普通民众的汉文水平，并且将汉文带入了社会的集体领域。

第三，文章批评逐渐从对先秦典籍的点评进入对欧阳修、苏轼等宋人古文的批评。不论是伊藤仁斋的古学派还是荻生徂徕的古文辞派，都对欧苏的古文持批评态度。原本古文与宋学、宋文都是密不可分的，但在对待欧苏等宋人的文章上，却采取了回避甚或是批判的态度。直接把江户文人学习的古文称为"唐宋古文"是不妥当的。唐宋八大家中，韩愈最受推重，其次是柳宗元，对欧苏的评价有波动。正如岩垣彦明《刻东坡文钞序》所记，"先辈言：欧从吾儒入而苏从诸子百家入也"。而对曾巩谈及得最少。宋代正是俗语（日常语言）大发展的时代，朱子语录、禅宗语录以及一些笔记史书中都有不少记载，而江户文人所处的时代对应着明清，俗语更加流行。如何摆脱俗语影响，创作与道相关的正宗古文（书面语言），一直是纠结在儒者尤其是古义派学者心中的疑问，所以他们才大多舍弃了宋人的文章，从源头上杜绝俗语可能带来的影响。

直到明治时期，广池千九郎收集众多文法著作编成《中国（支那）文法书披阅目录》，其中有《中国（支那）文法学略沿革》一文，首先肯定了在江户时代文法书及文章学的兴盛："至德川时代，支那之文学大兴，文法之书，始出于世。而荻生徂徕、伊藤东涯、皆川淇园之两三家，最尽力于此，皆各著有益之书。"但随即又表达了自己对江户时代文法书的不满："虽然，其研究尚浅，所谓支那文法，未为一科之学。比之于日本文法之大成者本居宣长父子，及僧义门等，则其事业之差，不啻霄壤也。且古来在于日本所谓汉学之学校，则关于作文法，有一个之教训，曰作文之要，只在于多读与多作，如夫空论文理者，徒劳耳。于是乎，秀才之徒，亦藏修七八年，而后才得操觚。至于寻常之辈，则出入师门，及于十年，尚且有未得布字属文之秘诀者，不亦迂远之极乎。"① 其中，批评的矛头指向的是古代文话容易流于印象批评和死记硬背，缺乏理性的科学精神，诚然，江户儒者的文法研究以精巧为旗帜，而其内容流于琐碎之处不少，仅罗列事例，缺乏论理分析，这不仅是古代文章学的问题，古代诗学也有这样的问题。虽然如此，大量的积累却引导着近代文章观的发展，即便是广池千九郎自己，他的语法研究仍然是建立在前人基础之上的。

---

① 〔日〕广池千九郎编《中国（支那）文法书披阅目录》，早稻田大学图书馆藏写本。

"归儒"何必"排佛"*

——藤原惺窝之"排佛"辨

刘　莹**

　　如果追溯日本近世儒学尤其是朱子学的开端，常常会以藤原惺窝或者林罗山为起点。这是因为虽然儒学东传日本可以上溯至古代王朝时代，但是真正将儒学作为官方"正统"思想却是在德川时代，而推动这一过程的关键人物正是林罗山。林罗山被德川家康任命为"大学头"，他的授业恩师自然也就成为德川儒学的"东土初祖"，更何况德川家康本来也意欲授予惺窝"大学头"的教席，只因大阪冬之战而未果。因此，这样的系谱似乎顺理成章，但也不乏学者对此提出疑问，即将惺窝定位为朱子学的首倡者是否合理？

　　惺窝其人的主要生平记载都出自其高第林罗山之手，罗山笔下的惺窝，确有"先生虽读佛书志在儒学"[①]"先生深衣道服谒"[②] 这一似乎"排佛归儒"的一面，但能否据此就断定惺窝彻底站在了儒学阵营之中从此与佛教势不两立？这一问题关涉惺窝本人的思想历程，而其中的关节点，就在于记述惺窝生平主要的参考文献《惺窝先生行状》（以下简称《行状》）。因此，本文主要以《行状》记载的时间顺序为基轴，分析惺窝的思想历程中的

*　本文系中国人民大学科学研究基金重大项目"江户时代日本朱子学的发展与演变"（18XNL006）阶段性成果。

**　刘莹，北京大学哲学系、东京大学人文社会系研究科联合培养博士，研究方向为东亚思想与文化。

①　林羅山「惺窩先生行状」国民精神文化研究所編『藤原惺窩集』巻上、思文閣出版、1978、6頁。

②　林羅山「惺窩先生行状」『藤原惺窩集』巻上、8頁。

"节点"，以期在林罗山"排佛归儒"的惺窝像之外勾勒出一个更为贴近史实的惺窝形象。①

一　林罗山之"排佛"的惺窝像

对于后世而言，提起惺窝，脑海中就容易联想起他以儒者的形象现身为德川将军释讲的场景，这一场景很容易给我们一种鲜明的印象，即惺窝已经彻底"排佛归儒"，而这一记载，就出自其高第林罗山之手。罗山在惺窝逝世的翌年（元和六年，1620）完成了《惺窝先生行状》，由于记述惺窝生平的文献不多，因此这篇文献就成为解惺窝事迹和思想的主要来源：

> 不管怎样，对日本近世思想史上的"惺窝"赋予革新的重大意义，并确定了其定位，这就是林罗山撰《惺窝先生行状》的贡献。在此意义上说，《行状》的意味是极大的。以后，不知不觉得围绕藤原惺窝的形象就连着林罗山在其《行状》中描绘出的"惺窝"像了。②

上文所谓《行状》赋予"惺窝"的革新形象，暗指的即是罗山"排佛归儒"的形象设定，而通过这一设定，"惺窝"在日本近世思想史上被赋予近世儒学尤其是朱子学"开山"的定位。而且，由于《行状》在惺窝研究史上不可取代的位置，因此对惺窝的理解通常建立在此基础之上。那么，罗山在《行状》中是如何勾勒出这一"惺窝像"的呢？既然罗山的"惺窝

---

① 关于本论题的先行研究，阿部吉雄和今中宽司的研究最值得参考，二位先生的研究成果及其商榷将在本文的相关部分进行详细论述。除此之外，与本论题直接相关的是朴都暎「藤原惺窩の朱子学への転向は排仏帰儒の結果か」（『思想史研究』9号、2008、20~30頁），此文亦以学界视为定说的"排佛归儒"为问题意识，通过对惺窝转向的政治社会史背景进行梳理，论证惺窝只不过是外在身份的转向，即禅僧身份的废弃，与内在学问的态度和思想改宗不无关系。此文侧重强调惺窝之前的政治历史环境而疏于文本分析虽然殊为可惜，却对惺窝之朱子学的转向和排佛这一看似必然的联系提出了疑问，这是非常值得肯定的创见。殊途同归，本文将对惺窝思想转变最核心的文本《惺窝先生行状》进行仔细分析，以期对学界"排佛归儒"之惺窝研究的成说提出一己之见。

② 〔日〕铃木章伯：《藤原惺窝研究》，博士学位论文，武汉大学，2014，第38页。

像"以"排佛归儒"为特点，那么我们不妨将其一分为二分别讨论。首先来看看罗山笔下勾勒出的"排佛"的侧面。

> 先生虽读佛书，志在儒学。天正十八年庚寅，朝鲜国使通政大夫黄允吉、金诚一、许箴之①来贡，丰臣秀吉公命馆之紫野大德寺。先生往见三使，互为笔语，且酬和诗。时先生自号"柴立子"，许箴之为之说以呈焉。②

《行状》在一开始，介绍了惺窝幼时的经历，即自小随东明长老诵《心经》《法华》而能暗记，人称"神童"；后上洛入相国寺，投靠叔父普光院泉和尚，他叔父虽以"强记"闻名，面对惺窝却"难开口"。如此种种，主要的意图是塑造一个开创者必然不凡的"天才"形象，但是其中却也透漏出惺窝在佛学方面的积淀，而这一方面却是罗山要着力对抗的。所以在此记录之后，罗山笔锋一转，强调惺窝之志不在佛而在儒。但如此一来问题就出现了，自小以佛学起家的惺窝为什么志不在此呢？换句话说，是什么导致了惺窝"排佛"呢？罗山设置了一个事件作为转折点，那就是惺窝在三十岁时与朝鲜通信使之间的会面。其中提到了许山前呈书惺窝一事，上文提到的"为之说"，即是《柴立子说赠蕣上人》一文。许山前在此文中记下了当时与惺窝问答的情形：

> 又跫然而至曰："贫道以柴立，自号柴立，蒙庄之说无心而立之，固是其义也。盍为我演其说以贻诸俺，以为他日面目，虽别后犹在是也，况贫道因子说而有发焉。其耿耿于心目间者，又不待书之披也，夫岂浅浅而已哉？"③

---

① 关于《行状》中记载的"许箴之"其人，根据阿部吉雄的论证，当为"许箴"，字功彦，号岳麓、山前、荷簀翁，"箴"当为笔误，详细考证可参考阿部吉雄『日本朱子学と朝鲜』、东京大学出版会、1978、43~45 页。
② 林罗山「惺窝先生行状」『藤原惺窝集』卷上、6 页。
③ 許山前「柴立子说赠蕣上人」『藤原惺窝集』卷上、287 页。

惺窝自号"柴立",出典在《庄子·达生篇》:"仲尼曰:'无入而藏,无出而阳,柴立其中央。三者若得,其名必极。'"郭象注"柴立"为"若槁木之无心而中适"。① 惺窝这里提到的"蒙庄之说无心而立之",即是敷衍此意。但是惺窝似乎并不满意这种解释,所以希望许山前能演说其义以启发自己。许山前为朝鲜朱子学者李退溪门下三杰之一柳希春的高足,他在给惺窝的回信中以"立"字做文章。释之道讲妙用,讲"空",正与惺窝以"无心"来解"柴立"相通,然而以此空、无为基,又如何能"立"、能"固"呢?山前紧扣"立",以孔子的"可与立"、孟子的"先立乎其大"为入道之法门。他虽然谦虚地称自己未曾学佛释之道,却对儒、佛关系有着自己的理解:

> 儒释之道所造虽异,用力之功亦应不殊。至于真积力久,造一朝豁然之境,则吾儒之所谓知至,而佛者之所谓契悟也。磨砖固非作镜之道,而其所以获镜之明者,亦固磨者之功也。夫所谓言下领悟者,非彼之言徒使吾悟,皆吾立志立脚之功真积力久,而彼之言适触吾心之愤悱也。启发之缘亦相值,而自立之功固不可诬也。不然上堂者不啻数十百众,而听言而符契者仅一二而止,若果尽在于法师之机发,而都不于我事,在法会者皆可以得道而有契,不契者庸非先立其在我者哉?然则妙用者未始不由于自立,而自立者固所以为妙用之地也。是岂非吾子有取于立之之义乎?②

之前的研究往往将许山前此书定性为批判佛教劝导惺窝入儒之信,"在《柴立子说》中,许山前巧妙地以儒教思想来说明'柴立'的意义,循循善诱地论述儒教与老佛断不可相容,可以说是暗地里以严厉批判老佛的底色来阐述儒教本来的立场"。③ 然而仔细推敲山前的文字,"儒释之道所造虽异,用力之功亦应不殊",此当为异中求同明矣,也就是说许山前不但没有排斥

---

① 陈鼓应:《庄子今注今译》,中华书局,1983,第477页。

② 許山前「柴立子说贈葊上人」『藤原惺窝集』卷上、287~288頁。

③ 阿部吉雄『日本朱子学と朝鮮』、47頁。

佛教的意图，反而试图在二者之中找出调和的方式，吾儒所谓"知至"，佛者所谓"契悟"，虽然名称不同，却都是指向最终的"豁然之境"，这不正是殊途同归吗？"真积力久"与"豁然之境"，很明显是化用了朱子的"至于用力之久而一旦豁然贯通"，虽然朱子的《补格物致知传》并没有调和儒释的目的，但许山前却巧妙地将其一分为二，如果用"真积力久"的立志立脚来代表儒学的用功的话，那么"豁然之境"的契悟则是佛教的追求。禅宗以拈花一笑的迦叶为心心相印之初始，六祖慧能也以"本来无一物，何处惹尘埃"的顿悟胜过神秀"时时勤拂拭，莫使惹尘埃"的渐修。但是在许山前看来，堂下众人之中何以独迦叶能会其心？如果佛祖的动作于每个人而言并无差异，那么差别便只能在每个弟子自身之中，而带来这种差别的，不正是立志用力之功吗？所以从来大家都只看到了作为结果的"一笑"，却不知这其中到底有多少的积累。许山前就这样以儒之立志之功来解释佛之契悟之境。如此一来，儒释之间似乎就没有了分明的界限，这必定不符合理学"排佛"之旨，因此许山前也感叹说，道不同不相为谋，惺窝与自己，虽一僧一儒，然赠人以言当为仁者之事，即便自己之说不能发明释道之旨，也足以慰相思之意。从许山前的信中，我们看不出其坚决排斥佛教的立场，反而不难发现其调和折中的意图。

清楚了这一点，再回到我们之前讨论的《行状》，林罗山曾以会见朝鲜通信使一事表明惺窝"虽读佛书，志在儒学"的立场，然而通过我们的分析，在给予惺窝以关键性影响的许山前的文字之中，我们却并没有找到其着力于排佛的文字，此为一疑。

除此之外，学界一般把天正十九年（1591）惺窝拒绝第二次出席与五山诗僧的联诗作为象征着惺窝"排佛"的标志性事件，"秀次诗会这一戏剧性的场面到底是否属实另当别论，但天正十九年这一《行状》的记载在以后成为了惺窝排佛的划时代的节点"，[1] 这一划时代事件的原委详细记载于《行状》之中：

---

① 今中寛司『近世日本政治思想の成立—惺窩学と羅山学—』、創文社、1972、137 頁。

十九年辛卯，博陆侯丰臣秀次令长老周保，聚五山诗僧于相国寺，题诗联句。先生初一会，而后不复赴。众强之不肯，或诬秀次旨，而诘先生。先生掉头曰："夫物以类聚，如韩孟相若，而后联句可也。若否则如只脚着木屐，只脚着草鞋与。其不耦也必矣。吾不欲耦于俑也。"①

惺窝以"物以类聚"为由拒绝再次与五山诗僧联句，很容易让人推测惺窝自认为与五山诗僧不是一类人，而五山诗僧代表的如果是佛教，那么从惺窝不愿与之为伍不就能看出惺窝"排佛"的明确态度吗？实际上这也是学界将此事作为惺窝"转向"的标志性时间的重要原因。但是如果再仔细推敲，如果惺窝不愿再次赴会的原因真的是不愿再与佛教之人同流的话，那么以他胆敢得罪权贵的性格，为什么不更为直接地放弃他身居相国寺首座的身份以示明确"排佛"呢？今中宽司已经指出，在惺窝现存的文献中，并没有能直接证明他本人有着"排佛归儒"倾向的文本，而惺窝自己在此后保持着相国寺首座高僧的身份也很难让人相信他已经处于"排佛"的阶段。② 虽然没有惺窝对许山前的直接回信我们难以看出惺窝究竟在多大程度上受到他的影响，但是至少我们通过分析许山前的文本可以清楚地知道，许山前既然没有排斥佛教之意，那么调和儒释的内容怎么会给惺窝带来坚决"排佛"的影响呢？但是这样一来，如果罗山记述的惺窝不再出席五山诗僧的联句的事件属实的话，惺窝又是在何种意义上认为自己不与五山诗僧为同类呢？要厘清这一问题，首先让人不免心生疑虑的是，惺窝所面对的五山诗僧这一群体是什么样的人呢？

五山禅僧是僧人，僧人所代表的自然是佛教，再加上罗山对惺窝"虽读佛书志在儒学"的预设，因此惺窝排斥这些僧人很容易让人先入为主地认为惺窝已经开始了"排佛"的进程。然而五山禅僧除了修习佛教之外，他们还兼修儒学，惺窝自己也是在这样的传统中修习儒学的，他并没有放弃这样的身份，表明他并没有对兼习儒佛表现出不满。然而，出席这个诗会，

① 林羅山「惺窩先生行状」『藤原惺窩集』卷上、6~7頁。
② 今中寬司『近世日本政治思想の成立—惺窩学と羅山学—』、25頁。

还有一个很重要的功能，即得到大名或者将军的认可而出世，那么惺窝不愿再次赴会，会不会是不喜欢这种诗会本身的"求职"性质或者说是讨厌这群人带有的功利习气呢？

> 顾我孑孑然无友，孤陋寡闻，其故如何。方今世降俗薄，而物论不公，呫呫然动其喙，高者入空虚，卑者入功利。有惰窳者，有骄肆者，有突梯卷脔者。故交乎人者，炎而附，寒而弃，朝而真，暮而伪，甚者仅有间，则挥舌上之龙泉，而刺人于背后，不见血。悲夫矣！夫是所以无友寡闻也。①

惺窝曾在给罗山的信中说明自己何以"无友"，照理说，惺窝长期生活在寺院之中，那么与他接触最多的人自然是寺中的僧人。僧人本来应该是超脱于世俗功利之外的，然而在惺窝看来，身边之人，"高者入空虚，卑者入功利"，不难推测，所谓高者，应该是指一心向道不问世俗之人，而卑者则或为身着玄衣却不离名利之人。而那些参加诗会的僧人，既以受到大名或者将军赏识出世为目的，那么当然是后者，而这些人趋炎附势，阳奉阴违，在惺窝看来是极其可悲而不愿与之为友的，也许正是因为这样，惺窝才不愿再去参加那种以联诗为由头实际上却为待价而沽的诗会。而且，惺窝本来就不愿意把学问当成仕途的敲门砖，他曾教导罗山："先生谓余曰：'汝谓何以为学，若求名思利，非为己者也。若又以此欲售于世，不若不学之愈也。'余闻而铭于心。"② 在惺窝看来，如果要自己兜售生平所学，那还不如根本不学，而那些参加诗会的僧人不就是在做这样的事吗？再有，实际上从与许山前一样同为朝鲜通信使的金诚一的和诗中，也可以看到"忽袖琼诗勤访我，爱君高出俗流尘"③ 的文字，从旁人的评价中也可以从侧面看出惺窝的出尘脱俗。惺窝自述不赴会之缘由在于"物以类聚"，可以说正与此信中"无友寡闻"相呼应。

---

① 藤原惺窩「答林秀才」『藤原惺窩集』卷上、137 頁。
② 藤原惺窩「惺窩問答」『藤原惺窩集』卷下、391 頁。
③ 阿部吉雄『日本朱子学と朝鮮』、46 頁。

与朝鲜通信使会晤和拒赴诗会，实际上并不能证明他如弟子罗山一样有着决绝的"排佛"立场。我们只能说，惺窝确实想要归儒，但并未见其"排佛"。

> 惺窝师事的东明禅师的师傅，是出身于纪传道大江家的九峰宗成，惺窝的文凤老师的师傅是当代首屈一指的儒僧仁如集尧。惺窝从幼时开始，就像这样跟随与儒学有着深厚关系的学统的师傅学习，这是应该注意的。①

如上所述，"排佛"和归儒，看似矛盾，但是如果置于五山文化绵延以来的儒释习合的语境中，就不难发现，惺窝自小接受的本来就是儒释兼习的教育，而且许山前引导他的也是调和儒释的门径，因此惺窝有着归儒而不"排佛"的立场应该在情理之中。但是，在罗山笔下的惺窝"排佛"的过程之中，还有一件更为张扬的事件，那就是惺窝深衣道服谒见家康一事，对于这件事又该怎样看待呢？这件事如果标志着惺窝以"儒者"自居的话，那么他要如何处理儒释之间的关系呢？这就是我们接下来要探讨的问题，即惺窝的"归儒"。

二 林罗山之"归儒"的惺窝像

罗山在《行状》中颇为戏剧性地记载了惺窝身着儒服面见家康并应对众僧的场面，② 这件事发生在庆长五年（1600）惺窝40岁之时。从上一节讨论的惺窝与朝鲜儒者会面及其不赴诗会的事件中虽然看不出惺窝"排佛"的动向，却不难看出他有立志从儒之意。此次觐见惺窝身着儒服自是以儒者自居，然而这次并非惺窝与家康的第一次会面，早在文禄二年（1593）惺窝33岁之时，他就曾为家康讲授《贞观政要》，"文禄二年癸巳，赴武州之

---

① 阿部吉雄『日本朱子学と朝鮮』、41頁。

② 林羅山「惺窩先生行状」『藤原惺窩集』卷上、8頁。

江户，执谒于源君，命令读《贞观政要》"。① 而在第一次的谒见中惺窝并没有把自己打扮成一个儒者，也就是说那时的他似乎并没有鲜明地表明自己儒者的立场。同样是参见这个国家的实际统治者，惺窝前后表现的差异却让我们不禁推测他的思想在这期间必然发生了某些重要的变化，那么惺窝是什么时候下定决心成为"儒者"的呢？

《贞观政要》是镰仓幕府以来，在武将之间流传的读物，惺窝延续着五山以来的风习，作为学僧来讲解释义，此时惺窝应该并没有对朱子学有特别的理解。然而从他在此前后作的诗文来看，佛教用语的影子逐渐消失，而儒教的用语却多了起来。②

也就是说，虽然此时的惺窝并未深入朱子学，却已在诗文中显露出"归儒"的意向："光风和蔼满身春，一日岁新心亦新。消尽寒威如克己，迎来阳气似归仁。"③ 正如阿部先生所言，"完全是儒者的口吻"。④ 在这一时期前后，惺窝还明确地表示"金吾求禅语，予性不好佛，故辞不可"⑤，"金吾"是指金吾中纳言丰臣秀俊，惺窝承叔父寿泉的介绍，曾为秀俊的"御伽众"之一。"不好佛"的惺窝，在其父忌日所赋诗的序言之中（文禄三年）明确写道："空吾翁一生之本志，失吾家万代之道统，是可忍哉？"⑥不忍失去"道统"，换言之也就是要接续道统，这几乎是每个宋明理学家最高的理想，从这个意义上来说，惺窝已经立志从儒无疑。除了诗文之外，惺窝在事实上也表明了他"归儒"的决心，在这一年六月，他与相国寺的叔父寿泉断绝了关系从而失去了作为广谱院后嗣的身份，日本学界一般把文禄三年前后（惺窝 34 岁）作为惺窝"确立儒者信念"⑦ 的时期与此应该也有

---

① 林羅山「惺窩先生行状」『藤原惺窩集』卷上、7 頁。
② 阿部吉雄『日本朱子学と朝鮮』、55 頁。
③ 藤原惺窩「文禄癸巳試笔」『藤原惺窩集』卷上、54 頁。
④ 阿部吉雄『日本朱子学と朝鮮』、55 頁。
⑤ 藤原惺窩「以二美人献登徒子」『藤原惺窩集』卷上、46 頁。
⑥ 藤原惺窩「家君忌日诗三首」『藤原惺窩集』卷上、65 頁。
⑦ 太田青丘『藤原惺窩』、吉川弘文館、1985、180 頁。

很大关系。如果事实如此的话，又是什么促使惺窝的思想彻底偏向儒学呢？

惺窝在初次会见家康之时并未刻意穿儒服，然而，"在姜沆归国后不久，（惺窝）首次身着深衣道服出现在德川家康面前，与家康身边的学僧进行儒佛的论争"，① 身为朝鲜俘虏的姜沆，是惺窝儒学历程中的核心人物之一。虽然在姜沆出现之前，惺窝在某种程度上已经倾心于宋明理学，② 但正是在姜沆的引导下，惺窝才开始以"和训"的方式整理理学文本，同时消化理学思想。而这可以说为惺窝后来整合出自己的思想做好了文本和理论基础的准备。

除此之外，播磨国龙野城主赤松广通与惺窝的"转向"也有着很深的关联。广通在短暂的一生中，不但援助惺窝训点新注的四书五经、编纂文献，还笃好儒教之礼，日本本来是没有丧礼的，但广通本人却亲自守孝三年。《行状》中记载了广通和惺窝试图在日本施行释奠之礼一事：

> 又劝别构一室，安圣牌以拟大成殿，试使贞顺等诸生，肄释奠礼。此礼既绝久矣，庶几以微渐而后遂大行也。③

"释奠"之礼，是尊孔子之教化之礼，换言之，是儒教之礼，广通和惺窝行此举，是试图在日本尊儒教无疑。从罗山的记载来看，惺窝此举在江户时代实有首创之意义，到后来也被罗山继承并作为官方儒学的仪式而发展下去。虽然释奠之礼在江户时代的肇兴，有桂庵玄树说、玄脩轩说等说法，但是"至少制作祭服祭冠以儒礼祭祀恐怕惺窝是最早的"。④ 惺窝依礼制作了祭服，我们多次提到的"深衣道服"即出自他之手，身着"深衣"即为儒教之徒，然剃发又与儒教之旨不符，惺窝是如何看待这种矛盾的呢？

---

① 阿部吉雄『日本朱子学と朝鲜』、62頁。
② 从"惺斋敛夫肃"的署名中可以窥见这种变化，可参考阿部先生的《小学的阅读与名号的由来》。阿部吉雄『日本朱子学と朝鲜』、58～60頁。
③ 林羅山「惺窩先生行状」『藤原惺窩集』卷上、8頁。
④ 阿部吉雄『日本朱子学と朝鲜』、77頁。

先生曰："我衣深衣，朝鲜人或诘之曰'其衣深衣可也，奈其剃发何？'我对曰'此姑从俗耳，泰伯之亡荆蛮也，断发文身而圣人不许之至德乎？'诘者颔之。"时余请贺氏，借深衣欲制之，先生听之，翌日深衣道服到，余乃令针工以法裁素布而制深衣。①

惺窝以泰伯处荆蛮而断发文身回应对自己的攻讦，这里的"从俗"实际上表明了他的态度，即没有如罗山一样采取蓄发还俗的坚决方式来摒弃佛教的身份。实际上罗山曾直接以"排佛"一事询问过惺窝，惺窝回信如下：

来书所谓排佛之言，更不待劳颊舌。唐有傅大史、韩吏部，宋有欧阳子，余子不可胜计焉。程朱已往，诸儒先皆有成说，足下之所讲，余无斯意哉。虽然上有治统之君，下有道统之师，则渠何妨我？若其无则奈渠何？且如余者，坚白未足，而妄试磨涅，还为渠所议，可愧莫甚焉。唯自警自勤而已。②

罗山未入惺窝门下之前，曾通过惺窝的门人素庵呈书惺窝，在罗山看来，佛教与儒教是水火不容的关系。然而惺窝却以"更不待劳颊舌"回应，也就是说，排佛之事是没必要多费口舌的。这不仅是因为先儒已经有了许多可资借鉴的成说，更是因为佛教"渠何妨我"，即根本没有妨碍到我。罗山以如此激烈之言语渲染儒佛之间的对立关系，却盼来惺窝"渠何妨我"的回信，可见二人对儒佛关系的看法的确不一。"渠何妨我"，是一种"渠"与"我"各自平行、各自无碍的关系，既然本来无碍，又何必要多此一举地去"排"呢？我们在本文的第一部分中已经阐释了与朝鲜使者交流和拒绝赴会的事件并不能证明惺窝有"排佛"的动向，而罗山寄此信之时，既然将惺窝衣"深衣"之事附诸笔端，此次书信往来则自然发生在谒见家康之后，既然此时的惺窝依旧没有"排佛"的意图，那就说明即便是他身着

① 藤原惺窝「惺窝問答」『藤原惺窩集』卷下、394頁。
② 藤原惺窩「答林秀才」『藤原惺窩集』卷上、138頁。

儒服参见家康，也并没有要"排佛"之意，他只不过是希望自己能像一个儒者那样生活，而见家康只是这样的生活的一部分而已，与平常穿儒服本没有本质的区别：

> 惺窝与姜沆分别的那一年，庆长五年九月，谒见家康的时候，穿着非僧服、非和服的一种异样的深衣道服，抑或就是当时这种生活的延长，是理所当然之事。[1]

这种儒者的生活也许可以说是广通和姜沆带给惺窝的，在他们的帮助下，惺窝开始以一个独立于佛教的儒者自居。那么，已经身归儒者的惺窝，究竟归的是怎样的儒学呢？

三　惺窝之"定于一"的儒学观

惺窝对儒学的向往，应该由来于他对中华文明的向往。按照《行状》的记载，惺窝因为自学性理之书无良师解惑而感到烦恼，所以在他三十六岁之时，下定决心要渡海赴明（庆长元年），"又旋洛侨居，环堵萧然，读圣贤性理之书，思当世无善师，而忽奋发欲入大明国，直到筑阳泛溟渤，逢风涛，漂著鬼海岛"。[2] 那么惺窝对当时的明朝有着怎样的期许呢？"先生常慕中华之风，欲见其文物"，[3] 在罗山的笔下，惺窝非常仰慕中华文明，惺窝不仅在思想上向往明王朝，而且也付诸实际行动，只是由于自然因素而未能成行，他对此怀有深深的遗憾：

> 惜乎，吾不能生大唐，又不得生朝鲜，而生日本此时也，吾于辛卯年三月下萨摩，随船舶欲渡大唐，而患瘵疾还京，待病少愈，欲渡朝

---

① 阿部吉雄『日本朱子学と朝鮮』、81 頁。
② 林羅山「惺窩先生行状」『藤原惺窩集』卷上、7 頁。
③ 林羅山「惺窩先生行状」『藤原惺窩集』卷上、7 頁。

鲜，而继有师旅，恐不相容，故遂不敢越海，其不得观光上国亦命也。①

从惺窝的惋惜中，我们似乎可以排列出一个理想国度的序列：大唐—朝鲜—日本"此时"。从这个序列中不难看出，惺窝不仅在空间上做出了优劣的区分，还在时间上表现出了好恶。"大唐"虽然可以代指当时中国的明王朝，但与"日本此时"对照来看，似乎可以推测惺窝还有一个昔胜于今的史观，罗山还记载了与惺窝的一段对答：

> 先生谓余曰："呜呼！不生于中国，又不生于此邦上世，而生于当世，可谓不遇时也。虽然，孔子不生于唐虞之际，而生于春秋侵伐之间，孟子不生于文武之时，而生于列国战乱之代。由此观之，志道者不可论时，然则不生于上世，而生于当世，亦奚嗟焉。"余对曰："时有远近，道无高下，盖夫子贤于唐虞之意乎？"先生曰："然。"②

此邦自然是指日本，从"上世"与"当世"的划分中，确实可以看出惺窝在空间和时间上同时否定了自己之所处，从某种意义上说，惺窝赴明之举实是想要改变这样的处境，然而非人力所能抗拒的"命运"让他无法重新选择生活的环境。在出身和所处都无法选择的情况下，还能有怎样的应对呢？罗山的回答"时有远近，道无高下"很有深意，从用典来说，这回答应该是套用了《坛经》中慧能初见五祖时的应答——"人虽有南北，佛性本无南北"，其中"佛性"无差别的观念应该说对宋明理学中"理一"的思想有很大影响，而这个"一"也可以说是把握惺窝思想的关键。我们不仅可以在惺窝处理中国、朝鲜、日本的关系中发现这个"一"，也可以在他处理儒教思想内部程朱与阳明的关系中发现这个

---

① 姜沆著、朴鐘鳴訳『看羊録——朝鮮儒者の日本抑留記』、平凡社、1984、183 頁。
② 藤原惺窩「惺窩問答」『藤原惺窩集』巻下、391 頁。

"一"。我们先从文献中来看看惺窝如何将不同的地域"一"之。早在三十二岁（文禄二年夏）时，惺窝曾跟随丰臣俊秀巡游肥前名护屋，并在那里见到了大明的信使：

> 四海一家非远方，大明高客忽梯航。休言语韵翻还苦，中有赏音同故乡。①

惺窝在这里也显示出了难能可贵的"四海一家"，即便是"语脉不同""礼容不同"的国度，在惺窝的眼中依然可以成为"一家"甚至"同乡"，这对于只能生于"本邦此时"的惺窝来说不只是一种精神上的慰藉。他还找到了理论上的依据：

> 先生曰："理之在也，如天之无不帱，似地之无不载。此邦亦然，朝鲜亦然，安南亦然，中国亦然。东海之东，西海之西，此言合，此理同也，南北亦若然。是岂非至公至大至正至明哉？若有私之者，我不信也。"②

惺窝之所以认为本邦、朝鲜、安南、中国"亦然"，原来根源即在于"理同"，这个说法自然出自象山。象山之"心同理同"，将时空中所有的偶然条件一律否定，从而确立起了"同"的必然性和绝对性。"理同"的基础，即在于"心同"，也就是说这一逻辑的贯穿需要以"心"作为联通的条件：

> 读圣贤之经书，以经书证我心，以我心证经书，经书与我心通融可也。故读书之法，莫近于此矣。③

---

① 藤原惺窝「邂逅大明国使」『藤原惺窝集』卷上、思文閣出版、1978、63 頁。
② 藤原惺窝「惺窩問答」『藤原惺窩集』卷下、394 頁。
③ 藤原惺窝「惺窩問答」『藤原惺窩集』卷下、391 頁。

这是惺窝教给罗山的读书之法，这里讲到的读圣贤之经书，正是儒教之经典，"先生以为圣人无常师，吾求之六经足矣"，① 惺窝以儒教六经为圣贤之经书，或许正是因为无常师，所以他也只能借助于经书与己心相"通融"之法。而这一"通融"，可以说是惺窝儒学思想一个非常重要的特点。惺窝常被奉为日本近世朱子学之祖，然而他并不似崎门一派排斥陆王心学，惺窝的"东海西海理同""以我心证经书"都流露出私淑心学的痕迹，而且他本人也非常强调程朱、陆王之间的定于"一"：

> 问："致知格物，郑玄注于前，温公解于后，到乎程朱又更作之传，粲然明白，又至阳明别出意见，如何？"先生曰："此处未易言也。汝唯熟读玩味，涵泳从容可也，要在默而识之也，至一旦豁然贯通，则诸儒之同异定于一。"②

罗山不同于其师，有着非常明确的朱子学立场，可以说是排佛、排王都不遗余力，从此提问中也可以看出罗山不喜阳明之学，而惺窝指点弟子之处正在于"贯通"，从而能将所谓诸儒之"异"者定于"一"。惺窝非常强调这种贯通后的"一"：

> 先生曰："阳明出而后皇明之学大乱矣，必又有可畏之君子者出焉而一之。"惺窝批曰："非以阳明为乱，以天下学者为乱。"③

《惺窝问答》本为罗山记录与其师问答的笔录，惺窝在此条记录后明确批示，阳明学出而思想界似乎陷入混乱的场景，此非阳明之罪，罪在天下学者，而且坚信一定会有后生可畏之君子将这种混乱"一"之。虽然惺窝并未指明自己就是能"一"之之人，但是我们可以由此推测他的学问应该是朝着这种"贯通""融通"从而"一"之的方向去努力的。这种融会贯通

---

① 林羅山「惺窩先生行状」『藤原惺窩集』卷上、7頁。
② 藤原惺窩「惺窩問答」『藤原惺窩集』卷下、393頁。
③ 藤原惺窩「惺窩問答」『藤原惺窩集』卷下、393頁。

对于尚处于首倡位置的惺窝而言，在很大程度上并不是一种经过仔细甄别后取各家之所长的融会贯通，而是因为惺窝之前日本长期流传的并非宋学，所以当宋学在日本还处于"稀缺"阶段之时，无论是程朱还是陆王，凡是迥异于汉唐训诂之学的都是"圣学"。

日本自古至今流行的都是汉唐训诂之学，而这种学问在惺窝看来不过是记诵词章、注释音训、标题事迹罢了，完全没有圣学——宋学——"诚实"的见识，惺窝清楚地意识到要改变整个日本汉学的风气并非易事，而自己要做的就是"筚路蓝缕"的工作，从这个意义上说，在广通和姜沆的帮助下，和训宋学视域下的四书五经就期待着"以启山林"。诠释文本的预备是诠释思想的基础，惺窝不仅在佛教笼罩的时代鲜明地表明了自己的儒者身份，更为后来日本儒学者进一步消化和吸收宋学准备了文本，正是在这个意义上，我们可以将近世儒学的"先驱者"的殊荣给予惺窝。我们还可以从姜沆对惺窝的评价中窥探其学的渊薮：

> 其为学也，不局小道，不因师传，因千载之遗经，绎千载之绝绪，深造独诣，旁搜远绍，自结绳所替，龙马所载，神龟所负，孔壁所藏，迄濂、洛、关、闽、紫阳、金溪、北许、南吴、敬轩、敬斋、白沙、阳明等性理诸书，弥不贯穿驰骋洞念晓析。一切以扩天理收放心为学问根本。[1]

"弥不贯穿驰骋洞念晓析"或有过分溢美之嫌，而惺窝不拘派系而"全盘接收"的儒学态度正是形成于上文所提及的日本宋学初创期"来者不拒"阶段。由此我们可以说，惺窝的"定于一"之"一"，既是一种将程朱、陆王等"一视同仁"为宋学之"一"，也是惺窝试图将各种"优秀"之学问统一起来的"浑然一体"之"一"。惺窝正是试图用这个"一"即宋学来改变日本被佛教和传统训诂儒学"霸占"的局面。

---

[1] 姜沆「文章達德綱領敍」『藤原惺窩集』卷下、1頁。

四　结论

以《行状》描绘的"排佛归儒"的惺窝像为主线，通过对一连串"排佛"事件进行辨析，我们可以了解到惺窝是如何从一个儒佛兼习的禅僧蜕变为一个独立的儒者的。许山前对惺窝的入门指导与其说是以"排佛"的立场来宣扬儒教，不如说是异中求同地为惺窝指出了儒者的定位。同样，惺窝拒绝再次赴禅僧诗会并不是因为他已经下定决心与佛教决裂，而是讨厌诗会本身的求仕目的。惺窝确实在一步步"脱佛"而"归儒"，但是这一过程并没有如他弟子林罗山那般激烈，惺窝是怀着一种异样的宽容对待佛教甚至是传统的训诂学的。"深衣道服"谒见家康的事件，实际上也是他在受到姜沆和广通的影响下过着穿儒服、行儒礼的儒者生活的延续。惺窝以在充满佛教和汉唐训诂儒学气息的日本传播宋学为己志，所以于他而言更重要的是做好诠释文本的转换，从而为宋学在近世日本的思想界立足打下基础。

对横井小楠海防观的考察

党蓓蓓*

一　幕末危机与海防论

日本四面环海，在古代生产力水平较低的时代，海洋起到了难以替代的屏障作用。于是，在日本便产生了"神风"护祐、海洋是保护日本的天然屏障的观念。再加上由于幕府长期奉行闭关锁国的政策，在相当长的时间内，日本并没有自主的海防和海防意识。但随着19世纪初西力东渐、英美等海洋强国的舰队不停地游弋在日本海域周围，不断向日本施压，① 日本的有识之士开始反省，并逐渐意识到海洋不再是保护日本不受外部侵略的天然屏障，不再是阻断人们脚步的障碍。在这样的背景下，以幕府为代表，日本

---

* 党蓓蓓，北京外国语大学北京日本学研究中心博士研究生，研究方向为日本思想史、日本文化。

① 从18世纪末到1853年佩里率领黑船打开日本国门，外国船只频频出现在日本沿海，一波又一波地冲击着日本社会。总的叩关次数多达52次，如果按照时间顺序排列的话，主要的如下：1777年，雅库茨克商人列别杰夫的远征队到达北海道的厚岸，要求松前藩允许与其通商；1779年，俄国船只再次来航虾夷地，主要以现在的北海道（南部的渡岛半岛除外）为中心，包含桦太（库页岛）与千岛群岛等地，要求与松前藩通商；1792年，俄国使节拉克斯曼为要求通商来到北海道的根室，俄国对北方的频频叩关，促使幕府开始着手研究海防和研究西方。到19世纪，对日本构成威胁的主要是英国和美国。1803年，美国船只要求与日本通商来到长崎港；英国船分别于1814年和1818年驶入长崎港和浦贺港；1824年，英国捕鲸船船员在日本大津登陆，寻找粮食。这一事件导致了文政八年（1825）幕府发布"文政驱逐令"，不许外国船只靠近日本沿岸。1838年，美国"马礼逊号"事件爆发；1845年，美国船只驶入浦贺港，英国船驶入长崎港；次年，美国船只再次驶入浦贺港要求与日本通商。1849年，英国军舰驶入江户港口，并对其进行测量。1850年，荷兰船驶入长崎港，通报了美国的对日通商要求。

沿海各藩、知识分子都开始逐渐意识到海防形势的严峻，对本国的命运感受到了深刻的危机。

最早系统阐述海防思想的是工藤平助 1783 年所著的《赤虾夷风说考》。工藤指出应对沙俄势力企图侵占日本虾夷地区加强戒备，并提出迅速加强军事戒备和对虾夷地进行开发的积极防御思想。林子平所编述的《海国兵谈》是当时名震一时的军事地理学著作。《海国兵谈》所提出的"海国之武备在海边""防外寇之术为海战""海战之要在大炮"，不仅构成"海防论"的核心思想，而且他所阐述的"一统五洲"的霸权主义思想，是日本对外侵略扩张战略的重要思想理论源头。后期水户学代表性人物会泽正志斋在《新论》中提出了其海防论策。他认为面对内忧外患，日本必须"民志划一"，而"尊王攘夷"是实现这一目的的有效途径。他的思想核心在于通过修内政、富邦国、颁守备这三个方面来实现"武威"，以此来重构日本的社会秩序。

除上述对幕末海防思想产生较大影响的海防论的代表作外，还可以从民间所提出的众多的海防策略窥见围绕幕末的海防局势，有识之士展开了热烈的讨论。古贺侗庵的《海防臆测》、羽仓外记的《海防策》、藤森弘庵的《海防备论》、斋藤竹堂的《阿片始末》、盐谷宕阴的《畴海私议》等就是其中的代表作。笔者注意到作为出身熊本藩并受聘于福井藩藩主松平庆永的政治顾问、儒学者横井小楠也同样在日本面临外忧内患的境况下提出了自己的海防论。下面将以《横井小楠关系史料》中论及海防思想的部分为中心，考察横井小楠海防观的形成及其内涵，并通过分析明确小楠所提出的海防论与同时代的其他海防论策相比有哪些独特的地方。

二　横井小楠的海防观的形成

横井小楠在于万延元年（1860）为福井藩制定的《国是三论》的《强兵》篇中首次明确地提出了他的海防观。其海防观的核心在于建议建设强大的海军。在《国是三论》的《强兵》篇的开头处，小楠便开宗明义地表明强兵就要振兴海军，指出："然当今航海大开，势必以海外诸国为对手，故守卫日本孤岛，强兵莫过于海军。"① 这是针对从弘化、嘉永年间到安政期间越前藩所主导推进的以陆军为中心的强兵观而言，指出以陆军为中心的强兵论已经过时，光靠陆军已经不能守卫新形势下的日本孤岛。

（一）海军建设的必要性——对形势的认识

紧接着，小楠从当今世界形势解释海军建设的必要性。"外国形势大变，航海之术大进，海洋之通航便捷如超逾陆地。自火轮发明以来，万里如比邻。"② 日本四面环海，且历史上多次受飓风的庇佑，免于外寇入侵，但当今形势大变，航海技术发展迅猛，海洋交通便捷超陆地。小楠从当前的国际形势出发，摈弃了海洋乃天然屏障的意识，认为海洋对国家安全与发展存在巨大的潜在性威胁，唯有发展强有力的海军才能守卫作为岛国的日本，可谓有理有据。当今世界各国形势也是变幻莫测，同为海国的英国如今发展如日中天，其国力冠绝五大洲；横跨欧亚大陆的俄国如今在亚洲虎视眈眈，企图雄飞于全世界，因此英俄两国的对立将不断激化。小楠根据以上对海外情报以及局势的分析，预言"英鲁（即俄国）之战争亦不过数年起于日本海面之势"③，认为英俄之间的战争态势必不出数年而勃发于日本海，以此来强调建设海军的必要性。

关于小楠的海外认识，值得注意的是他对俄国强烈的警戒心。正如"俄国以殷勤通于日本，又论虾夷之经界，应知其根据也"④ 这句话表明的那样，小楠尖锐地指出俄国的狼子野心，不难看出他对越前藩安政改革派之一的桥本左内所主张的日俄同盟论持鲜明的批判态度。⑤ 在发生对马事件后的 1861 年 6 月 16 日，在一封书简中，小楠说："此次之对马事件，

---

① 〔日〕横井小楠：《国是三论》，熊达云、管宁译，中国物资出版社，2000，第 56 页。
② 〔日〕横井小楠：《国是三论》，第 68 页。
③ 日本史籍協会編『横井小楠関係史料 1』、東京大学出版会、1938、44 頁。
④ 日本史籍協会編『横井小楠関係史料 1』、44 頁。
⑤ 桥本左内的日俄同盟论认为，争夺将来世界霸权的将是英国与俄国，由于日本以一己之力无法抵抗西洋列强，所以应向俄国遣使，与俄国结成同盟，接受其援助。

不仅是'日本的大患'，更是'世界的大患'，英俄两国间之冲突不可避免。俄国因为要确保在日本海域常年的不冻港，故要入手对马，特别是对马岛位于朝鲜和五岛之间，是通往中国、印度等亚洲诸国的大门，若被英国、法国占领的话，俄国则不能动弹，故俄国将拼死企图夺取对马岛。"① 对北方局势和俄国的战略意图的解读非常到位，据此小楠提出了以俄国为战略假想敌，"日本处咽喉之地，故两国必争日本，日本危险尤甚"，且通过分析比较英日两国的地理位置以及英国发展的历史得出日本应该模仿英国创建海军的结论，即"日本与英国国势相似，致力强兵亦效英"，日本还须按照英国的之常备军事力量，"设兵营，系兵舰，以备不虞"。② 小楠的海防论既表现出以欧洲强国为假想敌的战略勇气，又明确提出了日本海军建设的参照系，可谓既有战略高度又有现实的可实践性。

小楠认为不仅国际局势纷繁复杂，而且日本的地理位置也尤为重要。日本国内海运十分发达，国内的物资运输多靠海路。假如因循守旧，发展陆军的话，那么就会导致外国海军"横行近海，妨夺海运，全国再绝通路，困难非可言表。江户不出数日必成饿殍"③ 的局面，从而影响日本国内生产流通和国家安全。此外，小楠还洞察到日本是海洋国家，海岸线较长，对方只要出动两三艘军舰在近海游弋，日本就必须守卫整个沿岸，仅此一项就会使日本全国精疲力竭，不待开战即已溃败。小楠不仅从世界局势以及日本的地理位置等方面来论述发展海军的重要性，更在《国是三论》中就各国海运和海军的发展做出了精辟的论述，看到了发展海洋事业对日本国家兴盛的重要意义。所以从这个角度而言，小楠所提出的开拓海洋的主张具有初步的海

---

① 原文为："對州一條此節は治り可·申、然處はは獨り日本之大患と申迄にて無·之世界之大患とも相成り可·申哉、魯·英之勢不両立遂には乱と相成り可申候。……对州は朝鲜と五岛との中間にて唐土、印度等アジャ州に出候門関にて、此島を英·佛等より取られ候ては魯は全く封印を被付候て聊の働きも出来不申甚大関係之地にて有之候。"日本史籍協会編『横井小楠関係史料1』、363 頁，笔者将其译为现代汉语。

② 〔日〕横井小楠：《国是三论》，第 60 页。

③ 〔日〕横井小楠：《国是三论》，第 68～69 页。

权论①的性质。②

论述完了建设海军的必要性之后，紧接着小楠就如何建设一支强大的海军展开了自己的观点。

三　横井小楠海防观的特点

（一）以人心统合为目标的海防论

孟子云："天时不如地利，地利不如人和。"（《孟子·公孙丑下》）作为儒者的横井小楠继承了孟子的这一观点。他在《海军问答书》中说道："方今之忧乃天下列藩各占便利，莫过于人心不一致。"③ 他认为国家兴旺及海防体制成功的关键在于"人和"。关于如何达到"人和"，小楠首先对长期以来"锁国"局面下养成的"宿习"以及"骄矜"以及由此导致的国内政治和社会的弊病进行了批判。

除《海军问答书》外，小楠还在其他书信以及论策中，多次表达了对国内人心离散、四民疲惫这一状况的忧虑。例如，在 1860 年的《国是三论》中有如下论述："然岁太平年久，骄奢成风。日本国中诸大名之度支渐趋奢侈繁琐，参勤交代乃至今日诸项用度，消费金银次第增多，而金银增加无方。……加之沐浴太平恩泽，游手徒食之辈至十之九。"④ 而且，这种风气更是蔓延到了军队，"驱骄兵练等同儿戏之操，何能符敌忾之用"。在小楠看来，幕末时期日本所面临的现实，是整个社会陷入了"穷困"的状态。

---

① 海权论是一种宣扬建立海权、控制海洋是胜利和富国之本的战略理论，亦称"海上实力论"。它主张建立并运用优势的海上实力去控制海洋，进而实现国家经济、政治和军事目标。海权论是在漫长的历史实践中逐步形成的。在 19 世纪末，为适应帝国主义重新瓜分世界需要，由美国海军少将马汉和英国海军中将科洛姆提出海权论的基本观点。马汉的海权论观点主要反映在他的《海权对历史的影响：1660～1783》（1890）等著作中，对后世产生了极大的影响。

② 冯梁：《世界主要大国海洋经略：经验教训与历史启示》，南京大学出版社，2015，第111页。

③ 日本史籍協会編『横井小楠関係史料 1』、20 頁。

④ 〔日〕横井小楠：《国是三论》，第 69 页。

至于使整个社会陷入如此"穷困"状态的原因，小楠指出了两点，一是"太平年久，骄奢成风"，二是"游手徒食之辈十之九"。反言之，克服骄奢之气和减少游手徒食之辈，是恢复人心所必要的。

而建设海军则是解决上述问题的最佳之策。《孙子兵法·九地》篇曰："兵士甚陷则不惧，无所往则固。深入则拘，不得已则斗。"① 在横井小楠看来，唯有将士兵置于船舰这样的"必死之地"才能激发他们的斗志，进而一扫"太平因循之弊"。小楠期待通过海军这一新军种的创建，打破传统武士世袭的规矩，通过任命有能之人，从而达到赏罚分明、严肃军纪，除去太平因循之弊所带来的弊端。而且，小楠认为这种"不拘一格降人才"的选拔人才方式的改革才是幕政改革头等重要的事情。"第一急务有之，尤今日之重在于召集天下之人才于江户。……拙藩有人才则人心向望于拙藩，人才所聚之地乃人心所向之处，此乃自然之势也。"

此外，小楠希望能把海军打造成强兵，从而一改习惯了数百年太平生活的武士颓废的态势，并且通过振兴海军，进行国民性改造的意志也渗透其中。在《海军问答书》中小楠就曾说："日本全国的气氛将为之一变，不仅不会惧怕外国，反而将充满气吞万国之阳刚之气。"② 同样，后期水户学的代表人物会泽正志斋也对当时民心涣散、世风日下的局势痛心疾首，曾说道："神圣之大道未明，民心未有主。"③ 但与小楠的民本思想相对照的是，在持愚民观的会泽看来，民众是"好利畏鬼"，只有确立以天皇为首的国家祭祀，通过宗教的形式才能对内统合民心，对外同仇敌忾抗击外夷。

在与美国等西方国家签订了一系列修好通商条约，并相继开放了神奈川、长崎、新潟、兵库等港口的安政年间（1854～1860），如何统合民心、如何以一种举国体制来实现日本的独立和防范外敌，对小楠来说成为最重要的课题。小楠还认为应通过"交易通商，航行海外诸国，察其情状形势"，通过贸易通商，远航海外各国，了解世界形势，使军心民心上下一致。"宜待弛禁之时，先于列藩托交易通商之名，航行海外诸国，察其情状形势，不

---

① 孙武：《孙子兵法》，郭化若译，上海古籍出版社，2006，第296页。
② 日本史籍協会编『横井小楠関係史料1』、23页。
③ 高須芳次郎编『水户学大系 第二卷 會澤正志齋集』、井田書店、1941、79页。

时踏勘战争实地，自当振奋，始可脱太平习气。此话虽为传闻，亦可用之鼓舞士气，激发锐勇，岂是诵习古书、阅览图画可比拟。是等皆强兵之事，宜专用海军之所以也。"①

与同时代的兵学家出身的佐久间象山相比，小楠对西方军事技术的先进性的了解，应该说是相对落后的。作为儒者的小楠的海防思想的中心与其说放在引进西方军舰或是技术方面，不如说他更倾向于唤起反侵略的担当者——武士的战斗意志，以及通过创建海军，进行内政改革。

在谈到在此四民疲惫、国内诸藩财政穷乏之际，如何筹措创建海军所需费用之时，小楠提出朝廷和幕府应该自省，节约一切奢靡之费用，举全国之力，一切以培养强大的海军为要务，并在此基础上提出了改革内政，以及开拓财源的三条建议，即开铜矿、拓铁矿、储备船用木材。这三条建议不仅能获得庞大的创建海军所需之资，还有助于重振各藩疲敝的财政，而且有助于老百姓的就业以及其生计。可谓一举三得，即不仅能一扫国内两百年所累积太平之颓废，团结民心，还能有益于重振幕府以及各藩的财政，在此基础上，一致对外，保全民族国家之独立。

（二）建立举国一致的海军

小楠的海防论的最大特点之一在于强调建立"举国一致的海军"，这意味着小楠力主探索举国一致的国防体制。何谓"举国一致的海军"？即不依赖炮舰，也不仅仅依赖于统治者，而是要求举国民众团结一致、积极协助的一种彻底的国民国防体制。"幕府若下维新令，鼓舞固有之锐勇，团结全国人心，定军制，明威令，何啻不足惧外国。"② 这既表达了小楠对幕府统筹全局强大的领导力的期待，又表达了对全民海防的期待。在 1861 年提出的《海军问答书》中小楠再次强调了这一观点。

"一致的海军乃本，天下的海军乃末"③，海军的根本在于"国内一

---

① 〔日〕横井小楠：《国是三论》，第 79 页。
② 〔日〕横井小楠：《国是三论》，第 68 页。
③ 日本史籍協会编『横井小楠関係史料 1』、23 頁。

致"，诸藩的海军只不过是"枝叶末节"。① 小楠认为在确立了海军的根本之后，诸藩的海军建设也就相应地开展起来了。若是没有一支强大的中央海军的话，那么诸藩的海军也会如一盘散沙没有战斗力，甚至会成为国家动乱的原因所在。反过来，只有建造一支强大的中央海军，才能统辖日本国内诸藩的海军，上下一致，对外则能防御西洋诸国的侵略，对内则能镇压反叛。

当时幕府所面临的最大课题在于恢复丧失威信力的幕府权威。在井伊直弼担任大老的时代，经历了未经朝廷同意擅自签订日本修好通商条约以及安政大狱等一系列与朝廷失和的事件，导致幕府迅速丧失人心。在此背景下，横井小楠主张只有除去"幕府一己之私"才能恢复幕府的威信，重新统合民心，故道："方今之忧在于天下列藩各占便利，无不比人心不一致更为担忧的。现在已是四海万国之时势，若举国不一致，何以兴天下哉。何况新起海军岂可不一致之所置哉。"② 关于怎样才能在海军建设上去"幕府之私心"，小楠在《海军问答书》中道，将海军全权委托于"总督官"，严禁有司专权，向各藩说明兴海军的重要性，不论身份高低任人唯贤，这样才能改变"天下列藩各占便利，人心不一致"的状况，从而创建"天下一致"海军。由上可见，横井小楠所主张建立的"举国一致"的海军，不仅是要求动员民众建设民心一致所向之海军，还是要求去除幕府之"私心"，各藩与幕府一起齐心协力构建的海军；只有这样才能真正建设一支抗击外夷、保卫国家的军队。

自从幕末以来，幕府只是将海防作为维护幕府统治的防卫手段，而没有将其作为保卫大和民族安宁的防卫手段，而小楠正是由于洞察到了这种具有幕府"私心"的"幕府海防"阻止了日本的海防建设，故在《海军问答书》中毫不客气地指出了这点，提出"举国一致"动员全体人民以及幕府与各藩统一的国民海防的思想，强调建立"一致之海军"的重要性。

虽然明确了建设中央海军的重要性，但是在幕府没有下达命令的时候各

---

① 日本史籍協会編『横井小楠関係史料 1』、23 頁。
② 日本史籍協会編『横井小楠関係史料 1』、21～22 頁。

藩应该有各自应做的准备工作。小楠提出了两步走战略，即在没有幕府命令时，先让藩士熟悉水性，开阔胸襟，锻炼航行于海上的勇气，如此下去，"待幕府新令颁布之日即克奉用矣"。① 认为海军的建设非一朝一夕之事，也表明了小楠的务实主义精神。

（三）海军是用于自卫而非侵略他国——王道外交论

鉴于强国横行的国际形势，小楠认为创立海军的目的不在于领土的扩张和侵略他国，而在于自卫，在于解决世界的纷争，用日本式的仁义去感化万国。这样的话各国自然而然受王道思想的感化，区区日本一国之安危更不足以惧矣。"通天下之人情，举天下之人杰，尽天下之众志，行正大公共之王道，不仅内地（即日本国内）而且海外各国均自然而然从王化，何况守区区一国乎。"② 小楠又道，"团结全国人心，定军制，明威令"的话，不仅"不足惧外国"，"且不时航行海外诸洲，以我义勇释彼兵争，则不出数年，反令外国仰我仁风矣"。③ 这里需要强调的是，小楠提出了"以我义勇释彼兵争"，即要以日本的"义勇"来仲裁各国争端，日本不仅要维护本国的独立，还要积极主动地对世界的纷争进行调停和仲裁，为世界和平的创造和防止战争的爆发尽力的国际仲裁思想。

小楠在1864年与当时肥后藩藩校时习馆居寮生的井上毅的对谈中也再次表明了这一观点。小楠云："乘出宇内，当有以公共之天理解彼等纷乱之规模。若徒以张威而出，后来必招祸患。"④ 在给越前藩藩士村田氏寿的信中小楠也曾说过："日本必起仁义之大道。则必成强国。有强既有弱。明此道必心怀世界。"⑤ 不管是"以我义勇释彼兵争"，还是"以公共之天理，解彼等纷乱之规模"，均是小楠对今后日本在国际社会中的定位所做的思索，是小楠认为通过富国强兵完成了民族独立的日本在国际社会中所应该具

---

① 〔日〕横井小楠：《国是三论》，第76页。
② 日本史籍協会编『横井小楠関係史料1』、22頁。
③ 日本史籍協会编『横井小楠関係史料1』、70頁。
④ 〔日〕横井小楠：《国是三论》，第158页。
⑤ 村田氏寿著、永井璟编『関西巡回記』、三秀舎、1940、35頁。

有的理想状态。那就是日本应该积极主动地去调停世界的纷争，为世界和平的营造以及防止战争的爆发尽自己的一份力量。

小楠的这种以道义为基础的王道外交思想，不以追求本国利益为主要目的，而以仁义道德的实现为最大目标，可见在他看来道德并非外交手段，而是外交的目的。小楠的王道主义，就是针对当时映入小楠眼帘的西方列强的赤裸裸的殖民行径所宣扬的霸道而提出的。在小楠看来，王道的实现不仅在于对内实行仁政，实现国富民强，而且需要在外交上达到从以战止战到以仁止战的境界。唯有仁德才能拯救苍生于水火，让其他国家仰慕我仁风大义。

小楠之所以会有这样的想法，首先源于他对当时世界形势的理解。19世纪后期，由于蒸汽船技术的发展，世界彼此联系为一个整体，各国都重视海外贸易，以此达到富国强兵的目的。而欧美诸国却只顾本国的"私利"，只懂"事业之学"，不懂"心德之学"，处于随时随地爆发战争都不足为奇的状态。唯有既懂"心德之学"又"知人情"，才能达到止战的目的。在《沼山对话》中小楠说道："西洋之学，唯以事业上之学，而非心德上之学。……唯以事实之学，而去心德之学，西洋列国战争而无可止日。有心德之学且知人情，当世战争可止也。"[1]

那么到底何谓"心德之学""事业之学"，与小楠所指的"大义""义勇"又是怎样的关系？笔者认为"义"是儒家思想中重要的价值观念之一，义利之辨则是儒家思想中的重要内容。"义"注重整体利益、道德诉求；"利"则强调个体私人利益。因此，义利之辨是一种道德和利益何者为重的抉择。这和上述小楠所谓的"心德之学"和"事业之学"的关系如出一辙，即"心德之学"是注重道德诉求，注重整体利益的，而"事业之学"仅仅关注个体的、表层的利益诉求。而在义与利孰先孰后、孰轻孰重、孰为本孰为末的问题上，儒家"重义轻利"，主张"义以为质""义以为上"，作为儒者的小楠无疑继承了这一观点。在小楠看来，欧美诸国只顾本国的"私利"，只懂"事业之学"，不懂"心德之学"，没有对人类社会的整体利益以

---

① 山崎正董編『横井小楠遺稿』、日新書院、1942、908～909頁。

及道义上的追求，才会导致世界随时陷入战争之中。

而小楠所理解的"义"虽然在措辞方面有时表现为"义勇"，有时用"大义"，又或是用"仁义""心德之学"，这些都可以理解为"义"的外延，在小楠看来"义"既包含了儒家思想中的道义、正义观念，又有对民族尊严的捍卫与维护，以及反对霸权主义、强权政治，维护世界和平与地区稳定之意；既有民族大义之"义"，也有国际主义之"义"。

横井小楠这种以道义为基础的外交论，和佐久间象山、佐藤信渊的侵略思想形成了鲜明的对照。小楠对这种行径批判道："一者，欲自强横行海内，须创水军、开航海之说……横行之谓者实反公共天理。乘出宇内，当有以公共之天理解彼等纷乱之规模。若徒以张威而出，后来必招祸患。"① 早在安政四年（1857），小楠在给福井藩藩士村田氏寿的书简中就说道："日本有两种前途：（1）成为第二印度即沦为殖民地；（2）成为世界第一等仁义之国，此外再无他路可择。"② 这和佐久间象山的"成为世界第一强国"的构想恰成鲜明的对比。但是，可悲的是小楠在幕末的政坛几乎是孤掌难鸣。不少人认为小楠的言论多是腐儒的脱离现实的空论。但是失去了小楠的近代日本，却走上了不断扩张军备、侵略邻国的道路，一条与小楠所指示的正确的路径完全相反的一条道路。

四　结论

通过以上对横井小楠海防论的考察，可以了解到作为儒的横井小楠的海防观有如下特征。

第一，在面对西洋诸国虎视眈眈的态势时，小楠大义凛然地指出要"理直义正"，要以"天地自然之道"和"义勇"来对付"怀虎狼之志"的西欧诸国。他认为源于中华的儒家之道对西洋诸国同样具有约束力。小楠更说道，要"布大义于四海"，"乘出宇内，当有以公共之天理解彼等纷乱之

---

① 日本史籍協会編『横井小楠関係史料 1』、47 頁。
② 日本史籍協会編『横井小楠関係史料 1』、249 頁。

规模（襟怀）"。① 在面对西欧列强所带来的军事上的威胁，日本应该保全民族之独立这一幕末思想家所共通的问题时，小楠认为创建海军不仅可以保卫日本免于沦为列强殖民地，还能一扫历年太平之颓势，达到民心一致。虽然小楠强调创建军队的重要性，但是小楠却是一位和平主义者，认为日本应该积极主动地去调停世界的纷争，为世界和平的营造以及防止战争的爆发尽自己的一份力量。

第二，和本多利明和佐藤信渊提出的空想色彩浓郁的海防论②相比，横井小楠提出的海防论具有较强的现实意义和可操作性，思想和现实紧密地结合在一起。横井小楠对幕藩体制所显露出的矛盾进行了关注，对幕政进行了批判，并对国际政治和国内的政治经济问题进行全面把握，在此基础上给出解决方案。面对国内诸藩财政疲乏、民众穷困无力兴建海军的情况，小楠提出开铜矿、开铁山、准备船料这三种开拓财源的方法和大力发展海外贸易的建议，而且横井小楠的海军强化策略直接对担任军舰奉行的友人胜海舟产生了很大的影响，促使 1862 年幕府在神户设置了海军操练所。面对幕府一直以来只将海防作为维护其统治的防卫手段，而非将其作为保卫大和民族安宁的防卫手段，小楠在洞察幕府"私心"的基础上，提出"举国一致"动员全体人民以及幕府与各藩统一的国民海防思想，强调建立"一致之海军"的重要性。这些无不体现了儒学经世致用的志向。

---

① 〔日〕横井小楠：《国是三论》，第 159 页。
② 三谷博在《黑船来航》谈到本多利明在《西域物语》（1798）中对日本海外发展的思想有这样的描述，为了把日本建设成东方有大日本岛，西洋有英吉利岛的"大富强国"，日本应向北方扩张领土，迁都桦太，与周边地区进行通商贸易。佐藤信渊则树立了"将全世界的地方统统变成郡县，万国的君长均成为臣仆这一统治世界的目标"。

自我与他者：亲鸾的他力信仰

陈毅立[*]

一 序言

"自我"与"他者"之关系历来是宗教思想体系中的核心内容之一。诸如基督教之上帝、伊斯兰教之安拉皆属于超越（transcend）于此世界之绝对唯一存在的他者。这种作为他者的外在超越者，并非与被超者个体（individual）之间变成全别者（the whole other），双方存在着某种互动与感应。作为世界三大宗教之一的佛教其主要目标即是追求人生之解脱，主体自我通过积极的修行实践而最终实现内心转化及超越。正所谓"万法归于一心也"。唯识宗、天台宗、华严宗等教义中皆不乏此类主张，而此观点更是在禅宗的思维模式中得以彰显。禅宗在履行实践的过程中，不追求外者他力，而专注于个体自我的内在觉悟。强调从现实生活中去证悟真理，将理想境界寓于日常生活之中，"挑水搬柴皆是妙道"。与禅宗所强调的主体自我之"修持履践，识自本心"相比，净土宗则另辟蹊径，立足于三经一论（《无量寿经》《观无量寿经》《阿弥陀佛经》《往生净土论》），尤其突出《无量寿经》中阿弥陀佛四十八愿中的第十八愿，即"设我得佛。十方众生。至心信乐。欲生我国。乃至十念。若不生者。不取正觉。唯除五逆诽谤正法"[①]，主张只要坚持口称念佛，无论富贵贫穷、智慧愚钝，任何人都能获得他者——阿弥陀佛之拯救，

* 陈毅立，博士，同济大学外国语学院副教授，研究方向为日本思想文化。
① 弘学：《净土宗三经》，巴蜀书社，2008，第17页。

实现往生净土的夙愿。这种对于他者外力的至心信乐与禅宗所寻求的内在自我体悟形成了鲜明对比。

众所周知，日本净土宗肇始于镰仓时期，其创始者为法然（1133～1212）上人。法然认为以往的观（意）念念佛主要适用范围有限，只适合那些能较好地控制自我精神的贤人，或拥有巨大财力与足够闲暇的达官贵人等少数群体。对于需要为维持生计而四处奔波的普通百姓而言，这种观念念佛，或依靠"自力"而往生净土的方式不合时宜。① 故法然基于"他力本愿"，转而提倡：

> 若夫以造像、起塔而为本愿，则贫穷困乏之类定绝往生望，然富贵者少，贫贱者甚多。若以智慧高才而为本愿，则愚钝下智者定绝往生望，然智慧者少，愚痴者甚多。若以多闻多见而为本愿，则少闻少见辈定绝往生望，然多闻者少，少闻者甚多。若以持戒持律而为本愿，则破戒无戒人定绝往生望，然持戒者少，破戒者甚多。当知以上诸行等而为本愿，则得往生者少，不往生者甚多，自余诸行，准是应知，然则弥陀如来法藏比丘之昔被催平等慈悲，为普摄于一切，不以造像、起塔等诸行为往生本愿，唯以称名念佛一行为其本愿也。②

显而易见，法然之教义简化了成佛所需的烦琐过程，更符合广大民众往生净土的需要，所以信者门徒众多，影响力巨大。

亲鸾（1173～1262）作为法然门徒中的佼佼者，继承并发挥了师说，开创了极富思想理论特色与社会影响力的净土真宗。就亲鸾初衷而言，其并未有独树一帜、别开门派之念。净土真宗之"真"字代表"真正""真实"意味，凸显了其欲将师说之真正精髓发扬光大的志向。毋庸置疑，这种雄心壮志首先源自对法然上人的深信。诚如《叹异抄》所述："即使为法然上人

---

① 陈毅立：《日本净土真宗与战争责任》，《社会科学论坛》2017年第1期，第242页。
② 大桥俊雄『日本思想大系10 法然・一遍』、岩波书店、1971、106頁。引文中的汉文部分为笔者所译，以下皆同，不再赘言。原文：たとひ法然上人にすかされまいらせて、念仏して地獄におちたりとも、さらに後悔すべからずさふらふ。

所骗，念佛而入地狱，吾绝无半点悔意。"①

在日本佛教界，亲鸾享有极高的宗教地位，净土真宗在众多佛教教派中同样占据着重要的一席之地。先行研究之焦点多汇聚于《叹异抄》及"恶人正机说"。譬如，增谷文雄曾评价道："当前如果我们置亲鸾于不顾，则无法述说我国（日本）的佛教。如果离开《叹异抄》，则无法论述我国（日本）的佛教思想。"②早岛镜正则分析道："明治中期，清泽满之开始提倡精神主义，对佛教的革新运动起到了助推的作用，他的功绩之一便是将唯元编的《叹异抄》推广介绍到我国（日本）的思想界。'善人既能往生，何况恶人'这句名言将念佛往生推向了极致……明治以后的知识分子对欧美的宗教、哲学思想越是了解，就越对七百多年前的亲鸾思想感到惊叹和憧憬。"③对于日本社会出现的"亲鸾热"，丸山真男则一语道破："法然的恶人往生说将净土宗奠定为大众佛教，此说是将善恶这对现世价值观作为前提，弥陀的慈悲是以自上而下的形式波及，与之相对，亲鸾的恶人正机说采取的是自下而上的传道方式。"④换言之，包括丸山在内的日本近现代知识分子从亲鸾的思想体系中察觉到了反等级制的价值取向，并将其视为宗教运动的变革者。

国内有关净土真宗与亲鸾的思想特色研究主要集中于"恶人正机说"与"信心为本"两个侧面。杨曾文在《日本佛教史》中从宏观视角对亲鸾的生平及净土真宗的理论特色做了考察，并指出："亲鸾的真宗教义则是在吸收中日净土教说的基础上做了新的发挥，提出诸如以绝对相信弥陀本愿他力为往生解脱之因的'信心为本'说，以'恶人'往生为本位的'恶人正机'说等，使真宗具有为其他净土宗支派所没有的特色。"⑤另外，张维薇在专著《关于亲鸾"信"理论的思想史考察》中采用了有别于以往的传记研究以及宗教解释学的方法论，从思想史角度以"信"为关键词对亲鸾思

---

① 金子大栄編『親鸞著作全集』、法蔵館、1964、675 頁。
② 増谷文雄編・訳・注『親鸞』、筑摩書房、1968、30 頁。
③ 早島鏡正『親鸞入門』、講談社、1972、19 頁。
④ 丸山眞男『丸山眞男講義録』、東京大学出版会、1998、242 頁。
⑤ 杨曾文：《日本佛教史》，人民出版社，2008，第 239 页。

想的各个阶段进行了深入读解，不仅跳出传统的"庶民思想家亲鸾"的框架，而且也明确了"信"在亲鸾思想体系中的地位与意义。

迄今为止，在亲鸾思想及净土真宗理论研究领域已经积累了一定的研究成果。然而，诚如佐藤正英所言："正因如此，覆盖在亲鸾身上的固定观念反而牢不可破，摆脱固定观念的束缚，探究亲鸾研究的新视角，刻不容缓。"① 综观现有成果，不难发现笼统地运用"他力"来描述或定义真宗理论及亲鸾思想的方式早已深入人心。然而，亲鸾理论体系中的"他力"究竟具有哪些特质、涵盖哪些方面？作为他力之摄取对象的"自我"究竟有着怎样的存在价值和意义？"自我"与"他者"之间存在何种关联？虽造恶无碍但深信他力者最终能否实现往生净土？等等。本文的宗旨即在厘清并解答这一系列悬而未决的问题。

二 "自力"与"他力"

（一）自我之"自力"

《国语大辞典》对"自力"一词的解释至少包含了以下三个方面：（1）自食其力，靠自身之力；（2）与生俱来的力量；（3）佛教用语，通过自身的修行努力而成佛。② 由是观之，"自力"意味着"主体依靠自身的行为或努力"。反之，"他力"简而言之就是"主体以外他者之力量"。就净土真宗而言，"他者"直接指向阿弥陀佛。依此解释，"主体自身的行为或努力"即被排斥在净土真宗教义之外。然而，事实真相究竟如何？在《末灯钞》中，亲鸾明确提到：

> 首先，所谓自力，指行者随各自佛缘，口称阿弥陀佛以外之名号，修念佛以外之善行，以自身积德之心，正身、口、意三者之乱，修往生

---

① 佐藤正英『親鸞入門』、筑摩書房、1998、228 頁。
② 尚学図書編集『国語大辞典』、小学館、1981、1309 頁。

净土之心尔。①

可见，亲鸾倡导"自力"之核心内容，并非在于主体之行为本身，而在乎于主体"心"之样态。具体而言，此处之"心"亦被亲鸾规定为"定散之专心"或"信罪福之心"。亲鸾有言："所谓定散之专心，即以信罪福之心希求本愿力，此乃为自力之专心也。"② 要之，虽然"善因善果、恶因恶果"的业报思想早已成为佛教的基本立场，但亲鸾明确表示现实中欲通过积善成德，对因果业报怀揣强烈执着心的"自力"模式只能到达"胎生""方便化生土""疑城胎宫"，无法往生真实报土。亲鸾在《正像末和赞》③中反复念及：

罪福ふかく信じつつ	犹信罪福之深
善本修習する人は	修习善本之人
疑心の善人なるゆへに	乃疑心之善人
方便化土にとまるなり	留方便化土也

又如：

仏智の不思議を疑惑して	疑惑佛智不思议
罪福信じ善本を	信罪福而修善本
修して浄土をねがふおば	欲往净土
胎生といふとときたまふ	谓之胎生

---

① 金子大栄編『親鸞著作全集』、582 頁。原文如下：まづ自力と申すことは、行者のおのおのの縁にしたがひて余の佛号を称念し、余の善根を修行してわがみをたのみ、わがはからひのこころをもて身、口、意のみだれごころをつくろい、めでたうしなして浄土へ往生せむとおもふを自力と申すなり。
② 金子大栄編『親鸞著作全集』、266 頁。原文如下：定散の専心は、罪福を信ずる心をもて本願力を欲求す。これを自力の専心となづくるなり。
③ 金子大栄編『親鸞著作全集』、453~455 頁。

再如：

罪福信ずる行者は	信罪福之行者
仏智の不思議をうたがひて	疑佛智不思议
疑城胎宮にとどまれば	则留疑城胎宮
三宝にはなれたてまつる	既已远离三宝

显而易见，亲鸾反对的"信罪福之心"打破了传统意义上的因果宿命论，主要表现在如下两方面：第一，打破了主体试图通过自身的善、德之业因，来实现善、福之果报，即有多少善因则会带来多少乐果的数量对应性；第二，规避了主体的罪、恶之因必将招致恶、苦之果报的行为主体责任。这也是亲鸾认为"一念多念"之争本身毫无意义的根本原因所在，因为利用主体念佛之功（业因）的多少来判断业报（是否能往生净土）的想法本身即落入了"信罪福之心"的窠臼。

（二）末法思想与自我

平安后期，源信在苦心修习天台宗的同时努力钻研净土思想，撰写出大著《往生要集》。该书大量拔萃、引用了各类佛教经典，鲜活地刻画出毛骨悚然之地狱模样，阐明了如何避免堕落地狱、往生极乐净土的奥义。《往生要集》不仅被天台宗教派的众多学僧研读，更广为身处京都的贵族所吟味，这为净土信仰的普及奠定了一定的基础。其实，净土思想在平安后期的渗透与末法思想①的悄然兴起休戚相关。《往生要集》的问世可以认为是源信对末法时期的迫近敲响的警钟。如何在末法时期安身立命的同时化解末法带来的人心恐慌与不安，理所当然地成为迫在眉睫的思想课题，这从根本上推动

---

① 关于三时（正法、像法、末法）究竟何时出现、持续多久等问题，当前学界众说纷纭。一般而言，在日本永承七年（1052）被认为是迎接末法的第一年。日本判断末法说的依据主要以佛教界本身的堕落与社会动荡不安为准，反观中国，则以外界压力给佛教界带来的危机为主要问题。具体可参考〔日〕末木美文士《日本佛教史——思想史的探索》，涂玉盏译，上海古籍出版社，2016，第57~59页。

了净土思想的隆盛。上层贵族通过造塔起像，获得往生净土的安心。然而，平安时期的净土思想对于那些无法通过财力来获取安心感的社会底层人们而言，并未开出有效而明确的往生净土之妙方。直到法然"专修念佛"方式的出现，这种状况才得以改观。天灾人祸相继不断，无不令人深感佛法之蹉跎无力。镰仓时期正值末法之际，在粟散边土上苦苦挣扎的人们通过圣道门来获得真知的自力之门显然已经戛然关闭。亲鸾当然清楚地意识到了这点，并发出感叹[1]：

釈迦如来かくれまして	释迦如来已隐
二千余年になりたまふ	两千余年即逝
正像の二時はおわりにき	正像二时欲终
如来の遺弟悲泣せよ	如来遗弟悲哉

在末法社会中，主体通过磨砺自身佛性而自力成佛的可能性已微乎其微，亲鸾深信"罪恶生死凡夫，旷劫已来，常没常流转，无有出难之缘"。[2]同时，其眼里的众生早已成为"烦恼成就的凡夫，生死罪浊的群萌"。他在自我评价时明确表示："かなしきかな愚禿鸞、愛欲の広海に沈没し、名利の太山に迷惑して、定聚のかずにいることをよろこばず、真証の証にちかづくことをとのしまざることを。"（悲哉愚禿鸾，沉没于爱欲广海，迷惑于名利大山，不喜人定聚之数，不快近真证之证，可耻可伤矣）[3] 作为罪恶深重烦恼炽盛的一切群生的所作所为始终深陷于罪恶的漩涡之中，只能"流转无明海，沉迷诸有轮，羁缚众苦轮……一切凡小，一切时中，贪爱之心常能污善心，瞋憎之心常能烧法财，急作急修如炙头燃，众名杂毒杂修之善，亦名虚假陷伪之行"。[4] 值得注意的是，亲鸾强调的是对"烦恼具足、烦恼成就"自我的自觉与认同，并不意味着其对烦恼本身抱有排斥、剔除

---

① 金子大栄編『親鸞著作全集』、443 頁。
② 星也元丰等『日本思想史大系 11 親鸞』、岩波書店、1971、307 頁。
③ 金子大栄編『親鸞著作全集』、139 頁。
④ 星也元丰等『日本思想史大系 11 親鸞』、314 頁。

的意图，因为为"烦恼"而烦恼即主体"厌烦"这一过程本身就违背了真宗的教义。

不言而喻，这种建立在末法史观基础上，将自我视为置身于污浊秽土、无明之世的罪恶凡夫，依靠一己之力无法得到救赎的主体自觉，与其说是亲鸾所特有的个体思想，毋宁说是和亲鸾同时代人们的集体意识，谓之时代思潮亦不为过。问题的关键在于"身处末法的罪恶凡夫"这一观点实质包含了两种不同的侧重面。（1）若将重点聚焦于"身处末法"，则会得出因深陷末法之囿而导致自我罪恶深重这一事实。换言之，将自我之恶性归结为"时代"。诸多与亲鸾同时代的人都站在此立场上。（2）若将侧重面置于"罪恶凡夫"之立场，则主体自我虽无法逃脱时代之影响，但这种影响绝非本质性、决定性的。恶性根源在于自我存在本身的初始状态。虽说末法时期自我恶性一览无余确是不争事实，然而即便能够跨越时空，打破末法时代的枷锁，这种恶性依然会暴露无遗，因为这是主体自我（人）之原初本性。事实上，亲鸾将猎人、渔夫、商贩归结为"下类"和"恶人"，因为这类人为追求自我存在而不惜采用"利我排他"的方式，或是终结他者的生命（如猎师、渔夫的猎捕举动），或是从他者处获取利益（如商人的商业贸易行为）。净土真宗虽在佛教众多的教派中别具一格，但毕竟属于大乘佛教范畴，普度众生（利他）不言而喻是大乘佛教的终极追求，作为大乘佛教的修行者，亲鸾理所当然地以此目标为己任，故而任何利己排他的行为，都不可避免地被其认定为罪恶的外在具现。世界上一切个体自我（每个人）之存在，势必会占有、消耗、损害、排除他者（其他个体）的利益（生存空间），而且只要"当下"自我存在没有消失、泯灭，哪怕是每分每秒、每一刹那，这种近乎宿命性的排异他者的行为就会周而复始地持续下去。此时此刻的"自我"应当就是亲鸾所称的"恶人"，一种源自自我存在本身所带来的"恶"。法然同样意识到这点，并提出了"罪恶有力，善根无力"之说。然而，与日常生活中严守戒律，竭尽全力使恶性无法呈现的"善人"法然截然不同，亲鸾自称"愚秃"，"非俗非僧"的生活模式贯穿其整个生涯，一切行为无不在表明——自我乃无法修善、无法持戒的罪恶深重之凡愚。晚年亲鸾回顾自身生涯时曾悲叹抒怀：

净土真宗に帰すれども　　净土真宗皈依易

真实の心はありがたし　　真实之心却难存

虚仮不实のこの身にて　　虚假不实此身伴

清净の心もさらになし①　　清净之心亦无踪

可见，即便归于净土真宗，亲鸾对无法彻底摆脱恶之根性的自我存在依然有着清晰的意识，肉食妻带等行为实际上是其对罪恶、烦恼在自身内部客观存在并不断膨胀的认同，"福""善"因素在自我内部永远无法占据一席之地。

当然，亲鸾将自身规定为罪恶、烦恼存在的深信，正如"信由愿而生""获得信乐之事由如来选择本愿而发起"所示，根本上依赖他力本愿的作用，故而欲在秽土之中欣求净土的方法唯剩净土门而已。对此亲鸾深信不疑，并坚定地表示：阿弥陀佛之四十八愿摄受众生，无疑无虑乘彼愿力，定得往生。②

《末灯抄》中，亲鸾对他力做了明确规定："所谓他力，指在弥陀四十八愿中，信乐阿弥陀佛选择摄取的第十八愿，即念佛往生之本愿。依如来之誓愿，他力乃以无义为义，圣人之所仰也。"③ 所谓"他力＝无义之义"，即通过信佛、念佛的方式"ただ仏にまかせまいらせたまへ"来替代"主体对善恶净秽所做的自我判断"。换言之，如果说"自力"是将善恶、净秽等利用语言、概念进行体悟、认知的话，他力即是通过念佛，在心理、情感、认知上将自我完全托付给阿弥陀佛本愿力的认知方式，或谓之思维模式。因此，无论是"自力"还是"他力"，其重点都在于强调认知方式，而非具体的行为实践。

这种从由"信罪福之心"向"信本愿之心"转化的过程被称为"回心"。"回心といふは自力の心をひるがへしすつるをいふなり。……ひと

---

① 金子大栄編『親鸞著作全集』、457 頁。

② 星也元丰等『日本思想史大系 11 親鸞』、307 頁。

③ 金子大栄編『親鸞著作全集』、582 頁。原文如下：他力と申ことは、弥陀如来の御ちかひの中に、選択摂取したまへる第十八の念仏往生の本願を信楽するを他力と申なり。如来の御ちかひなれば、他力には義なきを義とすと、聖人のおほせごとにてありき。

すぢに具縛の凡愚、屠沽の下類、無碍光佛の不可思議の本願、広大智慧の名号を信楽すれば、煩悩を具足しながら無上大涅槃にいたるなり。"（所谓 "回心"，即谓颠覆抛弃自力之心也。……具缚之凡愚、屠沽之下类，信乐无碍光佛不可思议之本愿与广大智慧之名号，尽管烦恼具足，亦可达无上大涅槃也。）① 若把信罪福之心作为 "自力" 根基，义则等同于相信因果业报之执念，无义则是对因果业报之否定与超越，即 "不断烦恼得涅槃" 之谓也。

同时，不可忽视自我与他者间所表现出的张力（见图1）。众生（自我）在阿弥陀佛（他者）本愿力之作用下，开始深信自我乃烦恼深重、无明存在之凡夫恶人，彻底断绝自力之心，从而愈发仰仗并深信阿弥陀佛之摄取。可以说，他力思想自始至终贯穿在凡夫恶人这一基调之中。如果将深信本愿力视为亲鸾对 "法" 的深信，此处则充分体现了其对 "机" 的深信。

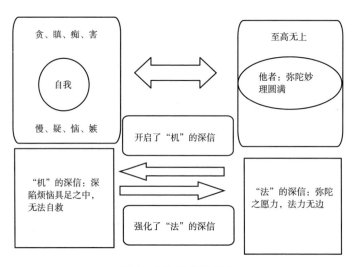

图1 自我与他者关系

三 横超与自然

亲鸾对 "他力" 的深信往往又与 "横超" 思想相关联，这点着重体现

---

① 金子大栄編『親鸞著作全集』、546 頁。

在其判教理论中。在《愚秃钞》中，亲鸾将大乘佛教分为顿教与渐教，在此基础上又将顿教细分为二教与二超。具体如图 2 所示。

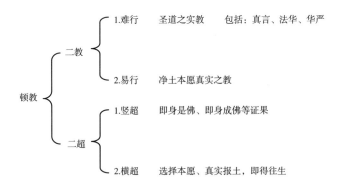

图 2　大乘佛教中"顿教"的类型

与此同时，亲鸾又对真实进行了本质上的区分，具体划分为自利真实与利他真实二类。具体如图 3 所示。

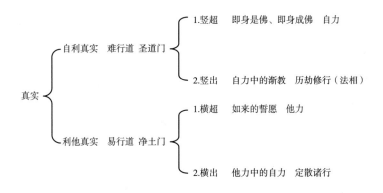

图 3　大乘佛教中"真实"的类型

在《教行信证》中亲鸾对"横超"理论展开了详细的解释："就菩提心有两种。一者竖二者横。就竖复有两种。一者竖超，二者竖出。竖出竖超明权实显密大小之教。历劫迂回之菩提心、自力金刚心，菩萨大心也。亦就横复有两种。一者横超二者横出。横出者正杂定散，他力中之自力，菩提心也。横超者斯乃愿力回向之信乐，是曰愿作佛心。"①

概而言之，修行有前后上下深浅次第的归结为"竖"，"竖"以"自力"言，"难行道""圣道门"为其代表。无固定程序次序的谓之"横"，"横"以"他力"言，代表了"易行道""净土门"之教义。另外，依据浅深顺序修习佛法超越三界并达到解脱的称为"竖出"，不按照次序而达到解脱的称作"横出"；历经修行而直接成佛的称为"竖超"，依靠他力成佛的谓之"横超"。"超"与代表"迁""回"之意的"出"相对应，意味着有别于循序渐进、按部就班的自力式修行体证方式，体现了他力之"顿速之教"的特点。

不可忽视的是净土门中也存在"自力方便之假门"，包括了《观无量寿经》中提到的修善功德和九品往生之教（要门）、《阿弥陀经》中所谓称名念佛往生之教（真门）。"要门"意为"依少善根福德因缘之教"，泛指通过自我修行各种善行以回向净土，来源于弥陀四十八愿中之第十九愿；"真门"又称功德藏，意为"依不可思议功德之教"，指凭自身称念佛名之力而往生之教，出自弥陀四十八愿中第二十愿，为《阿弥陀经》所示。真门的修行者具备不定聚之机（自力念佛之机），故而只能往生弥陀之化土。

横超中"即得往生"之"即得"与竖超中"即身成佛"之"即身"虽一字之差，但实则相去甚远。"即身"指自我本身（肉身），"成佛"乃脱离烦恼达到开悟之境界，强调主体通过自身努力最终实现入圣得果。"即身"之主语是代表自我的众生。反之，"即得"之"得"简而言之为"获得"之意。重点在于："获得"的主语是什么？"获得"的具体内容究竟又是什么？若参考"因位之时所得曰获，果位之时所得曰得。名之字乃因位之时而言，号之字乃果位时之谓"② 等《正像末和赞》《尊号真像铭文》中

① 星也元丰等『日本思想史大系 11 親鸞』、323 頁。
② 金子大栄編『親鸞著作全集』、461 頁。因位指成佛之前作为菩萨而修行阶段，即法藏菩萨。果位则表示修行取得正果成佛之后的时期，即阿弥陀佛。原文如下：獲の字は因位のときうるを獲といふ。得の字は果位のときにいたりてうることを得といふなり。名の字は因位のときのなを名といふ。号の字は果位のときのなを号といふ。

的表述，则可明确判定"即得"之主语其实绝非凡夫众生，只可能是作为他者而存在的阿弥陀佛。同时，"即得"的内容直接指向弥陀之尊号。就亲鸾而言，他力之奥妙尽在"南无阿弥陀佛"这六字尊号之中。有道是"如来之尊号，不可称、不可说、不可思议，乃为一切众生至无上大涅槃所发大慈大悲之愿也"，① 法藏菩萨曾发誓用名使得一切众生达到无上涅槃之境界，尔后誓愿成就，法藏菩萨成为阿弥陀佛，于是誓愿必定回向世间一切为秽恶污染、为虚假陷伪的众人身上，使所有生灵往生净土。

故而，横超——"即得往生"的真正意义在于：第一，强调了在修行过程中尽舍自力往生之心，坚持口称念佛的重要性与必要性；第二，相比于《观无量寿经》中的"要门"与《阿弥陀经》中的"真门"，《无量寿经》中的"弘愿门"才是成佛之正道，凸显了《无量寿经》在净土宗经典中的绝对地位；第三，不同于传统意义上的"超越"，"横超"始终伴随着自我在现实中当然之状态——烦恼无明这一事实，并未出现丝毫因厌恶罪孽深重之自我而欲寻求超脱的迹象，可以说这种"超"始终在平面、横向位移上发生变化。

如上所述，"横超"思想的特征之一是突出《无量寿经》的核心地位。《无量寿经》有言："必得超绝去，往生安乐国；横截五恶趣，恶趣自然闭。升道无穷极，易往而无人；其国不逆违，自然之所牵。"此句中虽未直接出现"横超"一词，但"超绝去"之"超"与"横截"之"横"组合之后构成"横超"，因而，此话被认为是亲鸾"横超"思想的源头活水。

另外，此句中"自然"一词亦备受关注。"自然"一词在亲鸾的著作中出现的频率甚高，有学者将"自然"视作其晚年思想圆融之体现，② 足以肯定"自然"一词在亲鸾的思想理论体系中的重大意义。从"从佛逍遥归自然。自然即弥陀国也"③"信由愿生，念佛成佛自然也。自然即报土，证大

---

① 金子大荣编『親鸞著作全集』、538 頁。原文如下：この如来の尊号は、不可称、不可说、不可思議にましまして、一切衆生をして無上大涅槃にいたらしめ給ふ大慈大悲のちかひの御ななり。

② 张维薇：《关于亲鸾"信"理论的思想史考察》，四川大学出版社，2013，第 208 页。

③ 金子大荣编『親鸞著作全集』、237 頁。原文如下：仏にしたがふて逍遥して自然に帰す。自然はすなわちこれ弥陀国なり。

涅槃不可疑也"① 等表述观之，"自然"具有"真实报土""净土"之意。问题的关键在于亲鸾描绘的"自然"——真实报土究竟呈现出何种景象？是否如"讲堂、精舍、宫殿、楼观，皆七宝庄严，自然化成。复以真珠、明月摩尼众宝，以为交络，覆盖其上"那样富丽堂皇呢？② 《高僧和赞》给出了明确的回答：

安養浄土の荘厳は	安养净土之庄严
唯佛与佛の知見なり	唯佛与佛知见也
究竟せること虚空にして	究竟之处在空虚
広大にして辺際なし③	广大而无边际也

　　真实报土对于身处末法时代的凡夫众生而言，既无法用言语来形容又无法用身体去感知，因为其广大无边、无色无形，是只有佛才能认知的世界，所以"自然"是现实世界中任何事物所无法触碰、妨碍、企及的，拥有至高无上的地位。正如"自然即报土"所述，"自然"一词高度凝练了真实报土的一切特质。而"不分权实真假，何以知自然之净土"（権実真仮をわかずして、自然の浄土をえぞ知らぬ）的表述则进一步昭示了"自然"一词与其说是"净土"的修饰语，毋宁视为"净土"的同位语。在亲鸾心中，对于广大群生而言，能够用来描述真实净土的词语，则非"自然"莫属。

　　除了作为净土之"自然"外，亲鸾有关"横截五恶趣，恶趣自然闭"的解释亦是理解"自然"之意的必经之路。亲鸾认为"自然闭"意指"願力に帰命すれば五道生死をとづるゆへに自然閉といふ"，即归命弥陀之愿力，则可摆脱地狱、饿鬼、畜生、修罗、人之五界。而"归命佛陀之愿力"就意味着排除修行者之一切自力行为，以无二之心的深信以及念佛一途的专修来获得阿弥陀佛的拯救。在《唯信钞文意》中，亲鸾不遗余力地表达了

---

① 金子大栄編『親鸞著作全集』、436 頁。原文如下：信は願より生ずれば、念仏成仏自然なり。自然はすなわち報土なり、証大涅槃うたがわず。
② 弘学：《净土宗三经》，第 26 页。
③ 金子大栄編『親鸞著作全集』、425 頁。

"自然"是作为他力的外在表现而存在的。同时这种外在表现建立在自我"不求（もとめざる）""不计（はからはざる）"的基础之上，舍弃自力行为的自我存在状态亦被称为"自然"。一旦实现往生净土，作为个体的众生将化身为无形无色的真如法身，继而通过回向的方式，救赎依然深陷无明之暗的其他群生。如：

願土にいたればすみやかに	愿土成就既至
無上涅槃を証してぞ	速证无上涅槃
すなわち大悲を起すなり	即起大悲之心
これを回向と名づけたり。①	此曰回向之名

又如：

安楽浄土にいたるひと	抵安乐净土之人
五濁悪世に還りては	还回五浊之恶世
釈迦牟尼佛の如くにて	如同释迦牟尼佛
衆生利益はきはもなし②	济度烦恼之众生

"自然"则通过这种方式不断循环，并使其本身的"不可说、不可称、不可思议"得以具象化，个体自我在"自然"的引导下同样实现了阶段性的完结。

四 结语

亲鸾在《教行信证》中强调净土真宗有两种不同的回向法：一曰"往相"，即前往超越历史的绝对世界、阿弥陀佛的世界；二曰"还相"，指从

---

① 金子大栄編『親鸞著作全集』、426 頁。
② 金子大栄編『親鸞著作全集』、406 頁。

净土世界返回现实世界。亲鸾主张的往生净土并非等同于绝对的现世否定说，即因对现世绝望而想通过来世寻求超脱，相反，他对自我的罪恶深重以及世间的混沌无序有着客观、清晰的把握，往生的终极目标是回归现实世界。换言之，亲鸾坚信只要我们建立对他者阿弥陀佛的至上信心，就不必担心去世时阿弥陀佛是否会来迎，因为在活着的时候即使身处末法浊世，在弥陀大悲心的引导下同样能实现"即得往生"。

简论幕藩体制在日本近代化转型中的作用

贺　雷*

在东亚各国中，日本虽然受到来自西方扩张的压力较晚，但却是较早实现现代化的国家。如果将现代化的进程简略为一个因面对西方冲击而做出回应的过程，那么日本无疑是东亚各国中反应较为迅速的一方。以中日两国为例，人们通常会以 1840 年的鸦片战争与 1898 年的戊戌变法来标志中国受到西方冲击及对此冲击做出体制上的回应，而日本相应的标志性事件则分别是 1853 年的黑船来航及 1868 年的明治维新。由此可见，与中国做出反应所花费的五十八年相比，日本只用了短短的十五年，而且中国的戊戌变法仅仅维持了 103 天便宣告失败，而日本的明治维新则通常被认为是一次成功的政治转型。

在面临来自西方的冲击时日本之所以能够做出较为迅速的应对是与很多因素有关的，而日本传统的政治体制即幕藩体制在其中亦发挥了重要的作用，本文即尝试从幕藩体制这一切入点出发来讨论日本得以敏捷转型的原因。

一　幕藩体制

日本德川时代的幕藩体制始于 1603 年，[①] 其创立者为德川家康。实际

---

*　贺雷，中国社会科学院哲学研究所助理研究员，研究方向为日本近代思想史及政治哲学。

①　虽然通常将德川时代的开始年份定为 1600 年，但在这里笔者采用的是德川家康被后阳成天皇任命为征夷大将军的 1603 年，因为这标志着德川幕藩体制正式确立。当然也有观点认为幕藩体制的完成是在三代将军家光时期，但在此不对其进行进一步的探讨。

上，在德川时代之前的战国时代，幕藩体制就已经萌芽，但真正被确立，还是在德川氏掌权之后。① 如其所名，幕藩体制由位于权力中心的幕府与位于权力边缘的 260 多个藩所构成，藩的领主称大名，意指其声名显赫，根据与幕府关系的亲疏，这些大名分为亲藩大名、谱代大名及外样大名。亲藩大名由德川家的直系及旁系亲属构成，谱代大名则是在关原之战前就已经归顺德川的大名，也就是为德川幕府的建立出过力的领主，而外样大名则指在关原之战之后方才归顺德川政权的大名。在政治上幕府拥有统领各藩的权力，它可以利用该权力对各藩进行撤销、转封和惩罚。在财政收入上幕府亦拥有各藩无可匹敌的势力，在德川中期幕府所占有的年贡已号称有 800 万石，约占全国年贡总数的 30%，而各藩的势力则相对较弱，收入 50 万石以上的强藩只有 7 个，仅占所有藩的不到 3%，其中只有加贺藩的前田家收入超过 100 万石，而收入在 5 万石以下的藩则占总数的 62%。可以说，与任何一个藩相比，幕府在实力上均具有压倒性的优势，正是这种优势使德川时代成为日本历史上相对比较稳定的时代。但是，我们也必须看到，尽管幕府实力强大，但也仅仅垄断全国收入的 1/3，② 甚至都没有达到半数，所以至少在经济实力上并不具有掌控中央政权的绝对优势。因此，虽然与日本此前的封建体制相比，德川幕府对中央的控制有所加强，但各藩所拥有的在本藩领地内相对独立的经济和政治权力依然得以保留，可以说，幕府虽然权势强大，但除了在自己的领地之内，并不掌握直至下层民众的统治权，对各藩的百姓及下级武士来说，本藩的长老而不是幕府将军才是真正的上司。③

美国历史学家麦克莱恩在其著作中对当时地方大名的权力进行了较为细致的叙述："大名在各自的领地内还是最大限度地保留了管理内部事

① 在此有必要说明的是幕府这一政权形式在日本的出现是很早的，最早出现于 1185 年，源赖朝击败对手后建立了镰仓幕府，从而开启了近七百年的幕府形式的武家政治。德川幕府是日本历史上最后一代幕府，其统治形式更为成熟，也更为稳定。

② 幕府的年贡占全国年贡总数的比例并不固定，一般而言在 1/4～1/3。

③ 参见李文《武士阶级与日本的近代化》，河北人民出版社，2003，第 103、155 页。日本启蒙思想家福泽谕吉亦在其《文明论概略》一书中提到欧洲存在的类似情况："欧洲各国，人民只知有贵族，而不知有国王。"参见〔日〕福泽谕吉《文明论概略》，商务印书馆，2009，第 124 页。

务的特权。实际上，大多数大名都喜欢把他们的领地想象为自治公国：他们可以傲慢地对忠诚的武士团发号施令，他们守卫各自的边界，监视宗教机构，随心所欲地向农民和商人征税，随时发布自己的法令，只要他们自己认为有必要就施行严刑峻法，他们鼓励有益于当地经济的商业企业，为了维护和平可随意干预领地内居民的私人生活。在领地内，每个大名都拥有单方面的权力，可以禁止人们外出旅行，迁离故乡，甚至不准举办他出于任何理由认为无法接受的节日或宗教庆典。"① 从这段叙述可见，虽然与之前的时代相比，德川幕府对权力的掌控得到了加强，但在各地方，对自有领地内的民众具体行使权力的依然是大名而非幕府。这与同时期中国清朝定皇权为一尊的中央集权体制相比，权力要分散很多。

关于中央集权，在此还想说明的是，在日本也有论者将德川时代的幕藩体制视为一种"中央集权体制"，认为日本德川时代的政治制度离封建制更远，而更近似于中央集权体制。当然，如果和德川时代之前的武士政权，如镰仓时代和室町时代的幕府相比，德川幕府的集权程度无疑大大地加强了，但如果和同期中国清朝的中央集权政体相比，德川幕府无疑还存在着相当大的差异。本文限于篇幅，无法充分展开讨论，但笔者认为至少在两方面德川幕府的集权程度是无法与同时期的清朝相比的。

首先是在政治上，尽管各个大名均表示向德川幕府效忠，但在其自己的领地上，大名依然是独立行使权力的最高领导，大名的家臣也是向大名而非幕府将军效忠。如果说德川幕府只是各个大名中的一个庞然大物，通过自己的军事及经济实力而对其他大名实施统治，那么在同时代的清朝，中央政府和地方政府的关系则是上级与下级的关系，其中最为关键的区别在于德川时代的大名并非由幕府任命，而清朝的官员则均是由皇帝任命。另外，从继承制度这一侧面我们可以看出两者之间的显著区别，在日本，不仅幕府将军实

---

① 参见〔美〕詹姆斯·L.麦克莱恩《日本史（1600~2000）》，王翔等译，海南出版社，2009，第23页。

行的是长子继承制，各地大名乃至平民实行的也是长子继承制，这就保证了各大名的领地不会因子孙析产而变得分散从而丧失实力。然而在中国，自汉代就已确立了诸子析产的继承制度，① 只有帝室及少数贵族是采用长子继承制，至于清朝，这一继承制度更为巩固，只有皇帝是长子继承，② 官员及平民的遗产均须析分，也就是说除了皇权不会因继承而被分割，其他势力都会随着子孙的繁衍而逐渐弱化，因此在中国才有"富不过三代"的说法。

其次则是在财政上，德川幕府并不向各地方大名征税，③ 众所周知，征税权是政府权力的一个重要组成部分，政府运行的费用主要来自税收，在辖区征税本身既是权力的行使，同时也象征着征税主体对该辖区的统治。如果不能在全国范围内征税，那么政府行使统治的能力就会受到影响，同时也表明这种统治是不完整的。我国自汉代建立中央集权制国家以来，历代政府基本上都是在全国范围内征税的，④ 同时代的清朝亦不例外，向全国征收田赋。而德川幕府拥有的田赋仅约占日本所有田赋的 1/3，虽然为了维护统治，德川幕府设计了"参觐交代"制度，一方面通过以大名及其家人为人质的形式保证他们的忠诚，另一方面通过迫使他们参与建设江户并在江户

---

① 汉武帝颁布的《推恩令》要求诸侯将封地分给子弟而不是仅分给一位继承人，从而使诸侯越来越小，这一制度巩固了中央集权体制，削弱了诸侯的势力，是析产制发挥作用的滥觞。

② 虽然在此称"长子继承"，但实际上并不一定是长子，而是一子继承。另外，也有少数"世袭罔替"的"铁帽子王"亦为一子继承，但清朝开国之初仅有 8 家获封，终清朝一朝亦总共只有 12 家，在总人口中的占比可以忽略不计，且因为世袭的只是爵位，而封爵之人则可因获罪而被褫夺爵位，因此对皇权并不构成挑战。

③ 参见〔美〕安德鲁·戈登《日本的起起落落》，李朝津译，广西师范大学出版社，2008，第15页；〔美〕詹森主编《剑桥日本史》第 5 卷，王翔译，浙江大学出版社，2014，第 7 页。

④ 中国中央集权的财政制度始于汉代，作为从封建制到郡县制的过渡期，汉初还保留着一些封建诸侯制的特点，在汉初文帝时代，在全国范围内征收的农业税一度停征，中央政府仅靠富人捐助及山海税来维持，同时诸侯势力则因对自有领地内经济的汲取与控制而得到加强，不过这仅是昙花一现，景帝在七王之乱后乘胜取缔了诸侯在财政和司法领域的权力。在漫长的历史里，中央集权的财政政策衍生出很多变化，限于篇幅，在此不展开讨论，有兴趣者可参考钱穆先生的《中国历代政治得失》（九州出版社，2012），同时郭建龙著《中央帝国的财政密码》（鹭江出版社，2017）则对中国历朝历代的财政问题进行了更为详细的讨论。

消费来间接获取收入，但这与中央集权的统治形式相比还是相去甚远。①

从以上两点可以看出，虽然德川幕府的集权程度较之前朝有所加强，但很难称其为"中央集权"的政权，德川时代的日本也并不是一个中央集权的国家，将其称为"联邦型国家"②或许更为合适。

二 幕府与天皇

在对德川时代的政权格局进行分析时，还有一个因素不容忽视，那就是天皇的存在。1889 年明治维新后，日本颁布了首部现代意义上的宪法——《大日本帝国宪法》，其正文起首第一句便是："朕承祖宗之遗烈，践万世一系之帝位。"这里的"朕"就是明治天皇。而"万世一系"则强调天皇制之长久，作为世界上延续时间最长的君主制度，到明治天皇已历 122 代，绵延近 2000 年。可以说，明治维新这一日本政治体制的现代化改革是围绕着天皇展开的。那么天皇在日本历史上又是怎样的一种存在呢？

考察日本的古代史，天皇世系可以说是一以贯之的，从上古神的后裔一直延续到今天，因此才有前述"万世一系"之说。日本第一代天皇系神武天皇，在传说中，他是天照大神的后裔，由于年代久远，神武天皇之后的最初几代天皇的事迹已与神话传说混而为一，无法考据其真实性，不过，日本古坟时代遗留的古坟能为早期天皇的存在提供考古上的佐证，自第 15 代天皇应神天皇（传 270 ~ 310 年在位）始，史书中关于天皇事迹的真实性才逐渐可考，自飞鸟时代（593 ~ 710）起，关于天皇的历史记述就比较完整可

---

① 前述有作者将德川幕府的统治方式视为"中央集权"的主要依据就是幕府通过制定"参觐交代"制度来对各个藩进行掌控。但笔者认为这种实质上等于让各藩在江户保留人质的制度与其说显示了德川政权对各藩强有力的控制，毋宁说显示了这种控制的虚弱，因为很显然，如果德川政权具有足够强的实力，那么就会直接吞并这些大名，褫夺其领地及权力，而不是依靠强迫他们到首都做人质的方式来保证他们的忠诚。

② 日本学者三谷博即认为德川时代的日本是一个"联邦型国家"，参见〔日〕三谷博《黑船来航》，张宪生、谢跃译，社会科学文献出版社，2013，第 7 页。

信了。①

从 6 世纪末到 7 世纪经过圣德太子主持的推古朝改革，日本迈入了"封建制"社会,② 但我们可以发现，虽然从一开始以天皇为代表的皇家势力就试图掌握政治主导权，仿照同期中国建立中央集权的政治体制，如在圣德太子制定的《宪法十七条》③ 中就有"国靡二君，民无二主。率土兆民，以王为主"（第十二条）"君则天之，臣则地之"（第三条）等条款，但在此后的日本历史这种建设以皇权为中心的中央集权体制的努力却并不很成功。可以说，从 8 世纪奈良时代天皇集权达到高峰之后，日本天皇的皇权就一直在衰落，不断受到各种政治势力的侵蚀与挑战。虽然之后平安朝的恒武天皇（781~806 年在位）一度恢复了被僧侣专权破坏的中央集权体制，但并没有维持多久，自 9 世纪初叶外戚藤原氏的势力就不断扩张，终于在 9 世纪晚期形成了外戚专权的"摄关政治"，此后，虽然皇室和藤原氏之间曾一度围绕权力展开争斗，但最终以藤原氏的胜利而告终。在此之后长达 900 年的历史中，日本就再也没有出现过以天皇为主导的稳定的中央集权统治，而形成了一连串以外戚、武士专权为主的封建统治政体。④ 这种情况一直延续到德川幕府时代。

然而，日本历史上另一个有意思的现象是，虽然天皇的皇权很早便已式微，但其作为最高权力的象征性地位却一直保留了下来，而且经常在政治斗争中被各种势力加以利用，比如在镰仓幕府末期，有实力的武士如足利尊氏等人就企图借助天皇的旗号取北条氏而代之,⑤ 虽然后醍醐天皇在镰仓时代

---

① 日本早期历史主要记载于 8 世纪成书的《古事记》与《日本书纪》两部文献，前者主要记载神话传说，后者则是一部编年体史书，两者内容上存在不少近似甚至相同的部分，不过，对于上古天皇，两者的记载均带有很强的文学性，与其说是历史，毋宁说更近似于神话。

② 参见王金林《简明日本古代史》，天津人民出版社，1984，第 71 页。须知，此处的"封建社会"采用的乃是马克思主义社会发展史一般叙述中的用法，意指资本主义社会形成之前的前现代社会，实际上之后不久的"大化改新"确立的是中央集权体制。

③ 由于年代久远难考，日本亦有学者认为《宪法十七条》并非圣德太子所作，在此不做进一步考据，仅依日本史的一般观点。

④ 参见王金林《简明日本古代史》。

⑤ 王金林:《简明日本古代史》，第 254 页。

晚期一直谋求恢复天皇的皇权，在镰仓幕府灭亡后，其主导的"建武中兴"也在一定程度上恢复了皇权统治，然而仅仅持续了三年就被足利尊氏建立的室町幕府取缔。之后在 15 世纪发生的"应仁之乱"中，两大对立政治势力中的一方细川胜元也曾打着幕府和皇室两面大旗声讨另一方山名宗全。① 进入德川时代后，在强势的德川幕府统治下，天皇的权力进一步被削弱，首先在政治上德川幕府公布了《禁中并公家诸法度》对天皇权力及行动进行了限制，在经济上则将皇室的耕地减至微不足道的三万石，② 仅占当时日本全国耕地的不到千分之一，即便算上公卿贵族的七万石也仅相当于全国的千分之三。③ 但尽管如此，皇室名义上的崇高地位依然得以保留。与以往历代幕府将军一样，德川幕府首领德川家康及其后代继承者的官职"征夷大将军"仍是由天皇册封的。由此可见，皇室的经济及政治势力虽然受到严重削弱，但其作为权力合法性来源象征的地位却并没有被削弱或取缔。而到了德川时代晚期，随着幕府统治权力的衰退以及西方威胁的日益迫近，改革的势力，亦即主张"尊王（天皇）攘夷"的尊攘派再次尝试借助天皇的力量来实现自己的政治抱负。1846 年朝廷罕见地向幕府发出的"命令书"标志着天皇即将公开过问政治，而 1858 年幕府以向皇室征求意见为借口推迟与美国缔结修好通商条约则标志着幕府政权已走向衰落，因为它试图倚重皇室来解决这一棘手的问题，而幕府寻求皇室敕许的失败进一步表明，在"尊攘派"的支持下，皇室已经开始表达自己独立的意见，而不再像以往那样只是一个对幕府决策亦步亦趋的傀儡。④ 这一过程的最后发展便是明治维新，强藩和天皇的势力联合，一起推翻了幕府统治，并开启了日本以天皇制为核心的近代中央集权体制。

可以说，纵观整个日本政治史，天皇和掌握实权的政治势力一直处于一种此消彼长的博弈的过程中，虽然天皇在大多数情况下处于下风，但因为种

---

① 参见王金林《简明日本古代史》，第 292 页。
② 这是 18 世纪初的数字。
③ 王金林：《简明日本古代史》，第 330、333 页。
④ 〔日〕安冈昭男：《日本近代史》，林和生、李心纯译，中国社会科学出版社，1996，第 13 页。

种原因，其作为日本国家的象征地位却依然保留了下来，[①] 并最终在日本政治现代化的过程中发挥了重要作用。

三　幕藩体制带来的影响

以上通过两个小节简单介绍了德川时代幕藩体制以及幕府与皇室的关系，下面就简单讨论一下这种体制带来的影响。

我们可以发现，日本德川时代的政治权力格局呈现出一种多层次的多元化态势。在政权的实际操作层面，存在着幕府与各藩特别是外样强藩之间相抗衡的权力关系；而在政权的象征层面，则存在着将军与天皇之间相抗衡的权力关系。这种权力多元化的一个直接后果就是权力分散，而权力分散对社会的影响首先就是思想领域的相对活跃。由于任何政权都会在不同程度上对思想意识形态实施控制，以免那些可能会威胁到权力合法性的思想发展起来并最终构成威胁，因此权力越集中，通常对思想意识形态的控制就越严，反之权力越分散，控制则越松。纵观历史，权力集中的时代往往是思想僵化的时代，而权力分散的时代往往也是新的思想层出不穷的时代。以中国为例，在有史可考的长达4000多年的"封建"历史中，思想最为活跃的时代就是王权衰落、群雄并起的春秋战国时期，在这一时期，涌现出了儒、道、法、墨等诸子百家新鲜的思想，不仅为中国而且也为世界文明史做出了重要的贡献，而随着秦统一各诸侯国确立皇权一元的中央集权体制，此后的封建时代就再也没有重现春秋战国时期思想领域的辉煌。[②] 在日本的德川时代，虽然在其前中期，权力的分散还不明显，德川幕府为巩固统治亦试图加强对思想领域的控制，如宽政年间（1789～1801）的异学之禁就标志着幕府试图采

[①] 至于日本天皇为何能够从古至今一直延续下来，有很多因素在发挥作用，首先，天皇作为神的后裔被日本人视为是联系天神与人间的纽带，日本人直到战后才摆脱了天皇是"现人神"的观念；其次，天皇作为大和民族统一的象征对维护边远地区的向心力可以发挥积极的作用。还有就是天皇在历史上的多数时间只是虚君，并不实际行使权力，并不在现实意义上对实际的权力掌控人构成威胁等，在本文中不做展开。

[②] 另外，可为佐证的是在中央统治相对薄弱的南北朝和南宋也出现了思想领域的活跃，但思想的成果已不能与春秋战国时期相比。

用朱子学作为正统思想，但幕藩体制相对分散的权力模式依然给所谓"异学"保留了相当大的发展空间，德川时代的思想领域也因此呈现出一种相对活泼的面貌。首先，即使是被幕府奉为正统的朱子学内部也出现了众多的学派，同时在儒学的大框架内，还出现了与朱子学相抗衡的"古学派""阳明学派"等，其中"古学派"又可进一步分为"古义学派"与"古文辞学派"。这些都与日本的政治体制存在千丝万缕的关系，比如幕府与皇室的对立就导致了朱子学不同学派的分化和学说内部的矛盾。在德川统治前期，"幕府所提倡的朱子学虽能为幕府服务，而朝廷提倡的朱子学却不能为幕府服务，因此在朱子学的内部也形成了矛盾"。[1] 而到了德川时代晚期，更是形成了代表幕府的朱子学与代表朝廷和拥护"王政复古"的民间儒者的阳明学之间的对立。[2]

德川幕府这种相对分散的权力不仅在统治者所尊奉的正统儒学中留下了不同派别成长的空间，而且也为非正统的儒学之外的各种思想留下了发展的余地。比如，在德川时代还出现了对儒学采取批判态度的国学派，而国学派的思想则为日后明治维新时日本民族国家意识的形成奠定了基础。此外，随着町人即工商业者的势力不断加强，还出现了重商主义的町人思想等，不胜枚举。

在此，还想特别强调的是幕藩体制还扩展了洋学传播的途径。虽然兰学在日本的发展初期是受到幕府控制的，最早开始关注西洋的新井白石就是幕府官员，而青木昆阳、野吕元长等兰学先驱也是受幕府之命学习荷兰语的。[3] 但同时各藩也是积极学习兰学的重要力量，兰学的主要创始人如前野良泽（中津藩）、杉田玄白（小浜藩）出身藩医，而平贺源内（高松藩）则是下级武士。在德川时代晚期，更有部分强藩加入传播洋学的阵营。由于各藩一方面是幕府将军的属从，另一方面又在自己领地内拥有相对独立的权力，为了巩固自己藩的势力，一些沿海的大名在与西方接触时也开始了对洋

---

① 朱谦之编著《日本的古学及阳明学》，人民出版社，2000，第3页。
② 朱谦之编著《日本的古学及阳明学》，第2页；朱谦之：《日本的朱子学》，人民出版社，2000，第161页。
③ 王金林：《简明日本古代史》，第396页。

学的汲取。水户藩就是受英国捕鲸船在大津海滨登陆一事的刺激而感到有学习英语的必要，从而开始汲取英学知识的。可以说幕府无法完成的改革却在强藩中得到贯彻。① 在明治维新之前，洋学在日本的传播就存在幕府所主持的官学与各藩所主持的私学并存的状况。而萨摩藩的岛津齐彬更是致力于改革，建立了藩校造士馆以积极引进西方的技术。幕末引进洋学的过程可以说是呈现出幕府与各强藩"齐头并进"的状况，这一方面加速了洋学的传播，另一方面也使幕府无法垄断洋学带来的先进技术及思想。这实际上也促进了此后幕府的倒台。同时，洋学在强藩中的传播也为此后中央集权制政体的建立储备了人才资源。总之，我们可以看出，幕藩体制相对分散的权力体制为德川时代思想领域的活跃提供了基础，而德川时代特别是晚期相对活跃的思想则为日本的现代化转型提供了知识及思想储备。

幕藩体制权力分散带来的另一个重要的影响是减少了转型时的阻力，任何政治体制的转型都是一个权力再分配的过程，不可避免地会对旧有的统治者形成挑战，旧有的统治者所掌握的权力越小，思想越开明，则转型的阻力就越小。幕藩体制正好在这两方面符合要求，也就是说，幕府权力的分散使将军难以擅权专断，这既降低了权力对将军的吸引力，又增加了他听取不同意见的机会，从而弱化了将军顽固保守旧制的意愿。

在幕藩政治中，虽然幕府拥有处置各藩的权力，但最高统治者将军个人的权力还是相对有限的，② 幕府做出的决定并非由将军本人专断，而是在很大程度上依赖手下的官员，而幕府官员则多由亲藩及谱代大名构成，从而能够传达出一些与统治中心不同的意见。这就使幕藩体制在面临危机时可以利用与各藩的交流而获取更多的信息及思想资源。尤其是在幕末，幕府的权力有所衰退时就更是如此。在应对佩里来航所带来的冲击时幕府就曾向各大名征询意见，这等于变相修正了原来的老中专制，③ 而且当幕府向各藩咨询应对外国人的计策时，各藩提出了自己的意见，在被咨询的 54 个藩中只有 4 个藩表示追随幕府。由此侧面可见在幕末时期大多数藩并非完全对幕府亦步

---

① 〔日〕信夫清三郎：《日本政治史》（一），周启乾等译，上海译文出版社，1982，第 176 页。
② 从某种意义上说，有时将军本身也类似"虚君"，成为幕府这一官僚机器的"橡皮图章"。
③ 〔日〕信夫清三郎：《日本政治史》（一），第 209 页。

亦趋，而是拥有自己的见解。① 这种情况实际上已然显现出一种近似现代议会政治的萌芽，同时也表明，在幕末，随着幕府权力的衰退和一些强藩的崛起，幕藩体制的权力结构存在进一步分散化的趋势。正是在这种情况下，德川幕府的最后一代将军德川庆喜做出了"大政奉还"的决定，虽然佐幕及尊王倒幕的两派势力之间爆发了戊辰战争，但这场战争仅持续了一年半就结束了，并没有演变成一场惨烈的内战，这与德川庆喜对武力抵抗的消极态度不无关联，在伏见鸟羽一战失败后，退回江户的德川庆喜做出了支持恭顺派、罢黜主战派的决定，避免了内战的扩大化。

幕藩体制相对分散的权力还为商人势力的成长提供了空间，由于各藩财政相对独立，需要将田赋转换为货币，这就出现了通过代理各藩的商品买卖而迅速致富的商人阶层，同时权力的分散也使他们得以相对稳定地保有自己的财富。作为统治阶层的武士并没有依靠手中的权力来剥削这些富裕商人的财产，虽然也有商人因太过奢侈而被所在藩问罪并被没收财产，亦存在一些武士赖账不还的情况，但这种情况并不普遍。在幕藩体制下，藩的政治势力被限定在本藩内部发挥作用，而当时的商人却可以跨越各藩进行交易，规范各藩行为的《武家诸法度》一方面规定"国人之外，不可交置他国事"（元和令），意即不可与其他藩勾结，各自独立行使权力；另一方面又规定"不得以私设关卡、渡口等增加往来之烦"（正德令），② 这就为在各藩之间往来的行商提供了便利。因此，在德川幕府建立后不久，就出现了势力超越一藩的豪商，比如大阪巨商鸿池就可以一手操纵 30 余藩的经济，而向米商淀屋贷款的大名就有 33 个之多，很多江户时代的豪商，比如三井、住友等，一直延续到了今天。在当时的商业界还组成了各种商人公会，即"仲间"，其中有些仲间的势力更是遍及全国。③ 这就使单独某藩并不具备随意剥夺商人阶层的财产的权势，等于间接保护了商人的产权，从而使经济得以发展。富有商人的出现，其意义不仅仅在于经济上，还包括他们形成了自己的一套价值观念，这种重商主义的价值观念，在明治维新后日本制定国策时亦发挥了

---

① 〔日〕信夫清三郎：《日本政治史》（一），第 210 页。
② 转引自薛立峰《日本政治概论》，东方出版社，1995，第 488～490 页。
③ 参见刘金才《町人伦理思想研究》，北京大学出版社，2001，第 82 页。

非常重要的作用。

总之，可以说幕藩体制权力分散为雄藩和豪商势力的崛起提供了空间，在德川时代末期，这些崛起的势力为推翻幕府实现现代化转型提供了人力及物力上的储备。

幕府天皇二元的权力结构亦在倒幕过程中发挥了重要的作用。最为重要的乃是天皇的存在为倒幕势力提供了合法性，通过拥戴天皇，倒幕势力可以获得更多的支持。首先，天皇本身就是高于幕府的权力的象征，这就让倒幕的强藩不会被民众简单地视为叛军，倒幕行动亦不会被视为一次叛乱，而是在咄咄逼人的西方势力威胁下拯救日本的一次行动。其次，拥戴天皇可以表明倒幕并非为了某藩的一己之私，而是为了"王政复古"的公义，这样就能在尽可能广的范围内争取各方面支持。最后，天皇至高无上的地位也为倒幕势力的团结提供了一个核心。既然天皇受到各藩倒幕势力的共同拥戴，各股势力自然就不会围绕倒幕的主导权而展开内部斗争，从而削弱实力。

天皇在日本近代化转型期所具有的另一重意义，是天皇本身所象征的中央集权体制以及历史上一直作为虚君的传统与转型后对新型政治体制的设想存在契合之处，也就是说，维新的目的之一就是建立君主立宪的中央集权制国家，而天皇历史上就一直在努力建立以天皇为核心的中央集权政权，虽然这一以中国古代政体为摹本的中央集权和现代政治上的中央集权存在差异，① 但两者之间并不存在无法调和的矛盾。天皇作为日本整个国家的象征又和确立以日本列岛为整体的现代民族国家的努力相契合，正好可以为民众构建日本国这一民族国家想象提供依据。

总之，天皇的存在一方面为倒幕势力提供了合法性，另一方面又为倒幕成功后建立新型的民族国家提供了平台，从而为日本的现代化得以敏捷转型做出了贡献。

---

① 如今，中央集权体制是一种被普遍奉行的现代政治体制，而中国在两千年前的秦代就建立了中央集权体制并在以后的朝代延续下来，可以说是非常"早熟"的，作为最早建立中央集权体制的国家，可以说中央集权体制是中国对世界政治文明的一大贡献。

四　结语

以上就幕藩体制对日本现代化进程的影响进行了简单的讨论。当我们对日本的近代化进程和同期中国的近代化进程进行比较时，可以发现一个显著的区别：在日本，伴随着来自西方的冲击，幕府的权力被削弱，而皇室及藩的势力得到加强，这种多元的权力结构使日本得以以一种更为灵活、积极的态度应对外来的挑战，实行改革，从德川时代分散的封建割据的权力形式转变为明治维新后近代日本以天皇为中心的中央集权体制，从而能够举国一致地推行改革，从而成功地走上了近代化的道路；[1] 而中国的情况则相反，由于清政府专制权力的集中和僵化，所以无法对来自西方的挑战做出积极敏捷的回应，仍旧试图在维持旧制的前提下进行被动而迟缓的改革，最终导致了中国现代化进程的延迟。

在本文最后还想说明的是，在考察东亚各国现代化进程时，经常会因为关注其中"西方冲击—东方回应"的模式而把现代化的进程想象为一种"西化"的过程，但笔者认为，虽然发端于17、18世纪的现代化浪潮始于西方，但整个现代化进程并不单纯是一种东方在西方冲击下开始效仿西方建立现代政治体制的过程。实际上，在从前现代政治体制向现代政治体制的演进过程中，无论是西方还是东方都为现代政治体制的建立提供了养分。中国提供的养分主要有中央集权体制以及通过考试选拔文官的制度，而日本则提供了虚君制。总之，现代政治体制是一种汲取了东西方先进政治文明的成果，如果冠以"西方"之名，则会遮蔽东方政治文明在其中所做出的贡献。因此，虽然东亚政治现代化进程是在西方刺激下启动的，但并不能简单地把这一过程说成是一个"西化"的过程，现代政治体制也并不简单等于"西方政治体制"。

---

[1]　明治维新后确立的中央集权体制对于日本的现代化还有一层意义，即这是一种建立在近代资本主义政治体制之上的中央集权，它的权力集中使得来自西方的其他思想，主要是马克思主义思想的传播受到了限制，从而为资本主义制度在日本政治及经济领域占据统治地位奠定了基础。反观中国，清政府的灭亡标志着原有中央集权体制的崩溃，继之而来的北洋政府又无力统领全国，从而出现了军阀割据的局面。这种权力分散的状况使得20世纪初叶前30年成为中国历史中又一个思想相对活跃的时代，这也为各种社会思潮特别是马克思主义在中国的传播创造了相对有利的条件。

林罗山的朝鲜观[*]

——以《寄朝鲜国三官使》为中心

关雅泉^{**}

《寄朝鲜国三官使》收录于《罗山先生文集》第 14 卷《外国书下》，是林罗山（名信胜，法号道春，1583～1657）于宽永十三年（1636）十二月八日以个人名义写给朝鲜通信使任絖（1579～1644）、金世濂（1593～1646）、黄㦼（1604～1656）的书信。

朝鲜通信使是指从室町时代到江户时代由朝鲜王朝派往日本的官方使节团体。15 世纪初，室町幕府三代将军足利义满（1358～1408）与朝鲜第三代君主李芳远（1367～1422）接受明朝册封，日本与朝鲜成为华夷秩序下地位平等的两个国家。足利义满积极开展与明朝、朝鲜的贸易，曾多次派遣使节到朝鲜。作为回礼，朝鲜也派出使节团携带国书到日本，谒见幕府将军。派遣通信使是当时朝日官方主要外交方式之一，也是两国交流的重要形式。室町时代通信使曾三次访日，丰臣秀吉（1536～1598）统一日本后，朝鲜又两次派遣通信使，后因秀吉出兵朝鲜，发动文禄庆长之役（1592～1598，中国称"万历朝鲜战争"，朝鲜称"壬辰倭乱"），两国关系恶化，外交也因此中断。

德川氏掌握政权后，朝鲜再次派遣使节。从庆长十二年（1607）到文

---

* 本文为江苏高校哲学社会科学研究重点项目"明清江南考据学对日本十八世纪启蒙思想影响研究"（2018SJZDI025）阶段性成果。

** 关雅泉，北海道大学语言文学专业在读博士，研究方向为日本江户时代思想与文化。

化八年（1811）共计 12 次。其中前 3 次出使目的是回答幕府给朝鲜国王的文书，以及要求日本释放文禄庆长之役中被俘虏的朝鲜人，因而被称作"回答兼刷还使"。从宽永十三年的第 4 次开始，朝鲜以"善邻友好"为目的派遣使节团，并重新更名为"通信使"。罗山也从这次开始深入参与幕府的外交事务，与朝鲜使节进行了交涉。

关于林罗山的《寄朝鲜国三官使》，以往的研究中虽有涉及，但是对其分析都不够详尽。本文将围绕此封书信，结合当时的历史背景，以及罗山的思想特征进行深入探讨。以下首先分析《寄朝鲜国三官使》撰写的时代背景，接着详细探讨其内容。

一 《寄朝鲜国三官使》撰写的时代背景

庆长十五年（1610），罗山 28 岁时曾奉命起草了第一份幕府外交文书《遣大明国》，打破了一直以来外交文书由五山禅僧起草的传统，同时还撰写了《遣福建道陈子贞》一文。在之后的一年中，罗山又起草了《答南蛮舶主》《谕阿妈港》《寄阿妈港父老》《谕阿妈港诸老》《呈吕宋国王》《呈占城国主》（以上均收录于《罗山先生文集》卷 12）等 6 篇外交文书。而从庆长十七年开始，幕府将外交文书的起草工作移交给临济宗禅僧以心崇传（1569～1633），直至元和八年（1622），罗山未再起草过此类文书。

元和九年，秀忠让位于家光；同年闰八月，罗山起草国书《答暹罗国》。宽永元年（1625）起草《寄朝鲜国副使姜弘重》，宽永二年又作《答大明福建都督》。由此，幕府的外交文书起草工作又逐渐由罗山担任。宽永十年以心崇传死去之后，罗山完全掌管了幕府的文教外交事务。

在宽永十三年与通信使的交涉中，罗山规定了幕府将军的外交称号为"日本国大君"，并在正式国书《复朝鲜国王教书宽永十三年》中，首次使用了日本年号，即"宽永十三年十二月二十七日"。对此，《罗山先生文集》的编者罗山之子鹅峰（1618～1680）说："此教书高低平头，如本书之式。先是朝鲜来贡数回，随足利家之旧例，使禅林之徒裁返简。今般先生预此事。又旧例遣朝鲜，书唯记干支。今般初记年号。"① 在此之前，日本的国书中并不记年号，只写干支。罗山此次修改国书形式，初用日本年号，以此与使用明朝年号的朝鲜相区别，表明日本并非明朝的册封国，而是独立的国家。

罗山早年曾作《王仁》一文，其中论及日本与朝鲜的关系：

> 王仁者，百济国人也。吾应神之历，其国贡来。初仲哀皇帝八年，有神托皇后征新罗国，帝疑而不发。九年春二月，帝俄尔崩。于是皇后神功惧帝不用神之言而殂落。冬十月浮海到于新罗。新罗王见我旌旗器仗之庄丽，曰："传闻东海有神国，名曰日本。此是其神兵乎。不可敌也。"乃素服面缚，系颈以组，自持图籍来于海埃曰："愿每岁贡金银缣帛八十船，不敢屠此国也。"此时高丽、百济二国主闻新罗降于我，密谋军势。知其不克，又自急驰纳欸曰："从今以往，永称西藩，不绝朝贡。"自兹三韩皆贡于我。当东汉献帝建安五年也。②

罗山认为，日本应神天皇时百济就已经向日本朝贡。应神天皇之父仲哀天皇因为违背了征伐新罗的神旨，所以不久驾崩。于是神功皇后出兵新罗，新罗国王以为日本是神国不敢与之为敌。高丽与百济也惧怕日本，甘心向日本朝贡并自称西藩。朝鲜作为"神国"日本的藩属国乃是不可违的天命。神国观念是罗山思想的一个显著特点。他曾说："我朝神国也，神道乃王道也。"③ 罗山具有强烈的国家认同感，他说：

> 日本与中华虽殊域，然在大瀛海上，而朝暾旭辉之所焕耀，洪波层澜之所涨激。五行之秀，山川之灵，钟于人物。故号曰君子之国。昔治教清明之世，才子智人辈出于间。气岂让异域乎。时有古今，理无古

---

① 林羅山『羅山先生文集（一）第 13 卷』、平安考古學會、1918、141 頁。
② 林羅山『羅山先生文集（二）第 39 卷』、1 頁。
③ 林羅山『羅山先生文集（二）第 66 卷』、360 頁。

今。"豪杰之士，虽无文王犹兴起。"故尚立志。①

罗山认为日本虽远离中华，居于海岛，但山川秀美、人杰地灵，治教清明、人才辈出，与中华文化相比亦不遑多让，并以"君子之国"为日本之号。作为豪杰之士，当立志图强。

罗山的神国观念与国家意识的实质是欲脱离以中国为核心的"华夷秩序"，建立以日本为中心的东亚新秩序。当时的朝鲜作为华夷秩序框架内的重要成员，被明朝视为藩国的楷模。因此，与朝鲜的关系成为日本对明朝中国周边外交的重要一环。罗山对朝鲜的看法可以说是他国家意识的一种外在体现。他更改将军的外交称号，改记日本年号，目的也是要从形式上摆脱中国的束缚。

在明确上述背景之后，以下具体分析《寄朝鲜国三官使》内容，进一步考察罗山的思想。

二 《寄朝鲜国三官使》的内容

罗山在信中向使节提出了 7 个有关朝鲜的问题。在书信开头，罗山说："朝鲜国奉命使来，为观国宾。想其优于仕学欤。平素思问之疑，虽有多端，先就贵国事迹以质之。"② 罗山所谓"观国宾"出自《周易·观卦·爻辞》"观国之光，利用宾于王"，借此描述朝鲜使节来拜谒日本圣贤的君王。以下逐一分析罗山提出的 7 个问题。

问题一

闻说檀君享国一千余年，何其如此之长生哉？盖鸿荒草昧，不详其实乎？抑檀君子孙苗裔承袭远久至此乎？怪诞之说，君子不取也。且中华历代之史，朝鲜三韩传备矣。而皆不载檀君之事何也？以齐东野人之

① 林羅山『罗山先生文集（二）第73卷』、470~471頁。
② 林羅山『羅山先生文集（一）第14卷』、156頁。

语故乎？

罗山首先就朝鲜开国国君檀君之事提问。檀君，名王俭。据金富轼（1075～1151）编撰的《三国史记》的记载："二十一年春二月，王以丸都城经乱，不可复都，筑平壤城，移民及庙社。平壤者本仙人王俭之宅也。或云王之都王险。"① 可知，王俭被视为"仙人"，是传说中的人物。高丽僧人一然（1206～1289）《三国遗事》记载："《魏书》云，乃往二千载，有壇（檀）君王俭，立都阿斯达，开国号朝鲜。"又引《檀君古记》以檀君为太阳神之子桓雄与熊女结合所生之子，"御国一千五百年"，"寿一千九百八岁"，② 檀君王俭是古朝鲜的开国国君，治国 1500 年。但是据考证，现存北齐魏收（507～572）所撰《魏书》中并没有关于檀君的记载，《三国遗事》是最早出现檀君传说的著作。③ 檀君开国的说法出现在 13 世纪蒙古入侵高丽的时期。当时，蒙古入主中原，以汉族为中心的华夷秩序崩塌。在此之前，来自中原的箕子对朝鲜的教化之功一直被推崇。面对入侵，高丽人需要一个原本出现于本国的伟大人物作为民族的崇拜和信仰对象。檀君传说的出现反映了当时高丽人民族意识和国家意识的加强。④

然而，在 1484 年完成的朝鲜官纂史书《东国通鉴》中，编者徐居正（1420～1488）等明确指出檀君一人享国 1000 余年是伪说："自唐虞至于夏商，世渐浇漓。人君享国久长者不过五六十年。安有檀君独寿千四十八年，以享一国乎？知其说之诬也。"⑤ 在《罗山先生文集》中，鹅峰在"朝鲜考

---

① 金富轼：《三国史记》卷 17《高句丽本纪第五》，京城（首尔）：朝鲜史学会，1928，第 3 页。

② 一然：《三国遗事》卷 1《古朝鲜》，京城（首尔）：朝鲜史学会，1928，第 1～2 页。

③ 三品彰英遗撰『三国遗事考证上』、墙书房、1975、302 页。据三品彰英考证，此处所引《魏书》在其后亡佚，或是《三国遗事》著者记述之误。另外，关于檀君的记载也未见于可称为《魏书》的以下著作（保留下来的部分）：鱼豢《魏略》（50 卷）、王沈《魏书》（47 卷）（以上二书仅存逸文）、陈寿《三国志·魏书》（30 卷）、魏澹《魏书》（107 卷）、张大素《魏书》（100 卷）、裴安时《元魏书》（以上三书亡佚）。

④ 苗威：《檀君神话的文化解析》，《东疆学刊》2006 年第 3 期，第 27 页。

⑤ 徐居正等：《东国通鉴》，《朝鲜群书大系统》第 3 辑，京城（首尔）：朝鲜古书刊行会，1912，第 1 页。

序缺"的标题后记述:"先生标出日本事迹见《东国通鉴》《东文选》等者,且倭韩诗文、书简、赠答者并记为一卷,罹丁酉之灾,序亦无副稿。"①由此可以确定罗山阅读过《东国通鉴》,加之熟知中国典籍中关于朝鲜的记载,罗山对檀君一说真实与否已经有所把握。他引《孟子·万章上》"齐东野人之语"暗讽其为乡野鄙俗、荒诞不经之语。

问题二

　　箕子遭殷乱,避地朝鲜。或曰:"武王封之。"然贵国俗称:"箕子来,其从者五千人。故云半万殷人渡辽水。"此事中华群书未之见也。欲知其所据。

罗山的第二个问题也与朝鲜历史有关。箕子朝鲜被认为是檀君传说之后的时代。箕子避殷乱入朝鲜在中国史书中有确切的记载。箕子,名胥余,据说是商王文丁之子、帝乙之兄。当时商纣王暴虐无道、昏庸淫乐,不听叔父箕子的劝谏。箕子不忍看到成汤基业毁于一旦,便披发佯狂,被纣王囚禁为奴。后来,武王伐纣之时,箕子趁乱逃出,来到朝鲜。周武王曾拜访箕子,请教治国之道,箕子作《洪范》赠之。武王想重用箕子,但箕子拒绝了。《史记·宋微子世家》载:"武王乃封箕子于朝鲜而不臣也。"②

此外,《汉书》《后汉书》《三国志》中也有箕子入朝鲜的记载。《汉书·地理志下》载:"殷道衰,箕子去之朝鲜,教其民以礼义、田蚕织作。"③《后汉书·东夷列传》载:"昔武王封箕子于朝鲜,箕子教以礼义田蚕,又制八条之教。"④《三国志·魏书三十》载:"昔箕子既适朝鲜,作八条之教以教之,无门户之闭而民不为盗。其后四十余世,朝鲜侯准,僭号称王。"⑤即箕子给朝鲜带去了礼仪,制定了八条规范,使人民安居乐业。

① 林羅山『羅山先生文集(二)第48卷』、120页。
② 司马迁:《史记》,中华书局,1982,第1620页。
③ 班固:《汉书》,中华书局,1962,第1658页。
④ 范晔:《后汉书》,中华书局,1965,第2817页。
⑤ 陈寿:《三国志》,中华书局,1959,第848页。

《东国通鉴》编者徐居正等在按语引范晔《后汉书》中箕子入朝鲜的记载后，还引用了涵虚子之言：

涵虚子亦曰：箕子率中国五千人入朝鲜，其诗书、礼乐、医巫、阴阳卜筮之流，百工技艺皆从而往焉。[①]

涵虚子是明太祖朱元璋第十七子朱权（1378～1448）的号。本段文字见于朱权、戚元佐撰《天运绍统》卷2《义四》载："涵虚子（中略）又按《周史》云：昔箕子率中国五千人入朝鲜。……故曰半万殷人渡辽水是也。"[②] 在罗山的著作中，并未找到有关《天运绍统》这部书的记载，由此推测他并未阅读过此书。他对朝鲜史书的记载存疑，并要求使节以中国典籍为根据证明此说法的正确性。

问题三

唐太宗之伐高丽也。飞矢中其目而还。故李穑云："那知玄花落白羽。"白羽，箭也。玄花，目也。闻是贵国之美谈也。按旧、新《唐书》《通鉴》皆无此事。可谓中华讳而不言之乎？鄢陵之战，晋吕锜射楚共王之目；淮南之役，汉帝中流矢几殆。皆是记而不讳也。所以为实录也。以万乘之主伤高丽箭，奈何其得秘而匿哉？然则此非贵国之美谈，而一方之私言欤？愿闻其辨。

唐太宗李世民征伐高丽，在《旧唐书》、《新唐书》以及《资治通鉴》中都有记载。《旧唐书》卷3载："（贞观）十九年春二月庚戌，上亲统六军发洛阳。……秋七月，李勣进军攻安市城，至九月不克，乃班师。"[③]《新唐

---

① 徐居正等：《东国通鉴》，《朝鲜群书大系统》第3辑，第3页。
② 朱权、戚元佐撰《天运绍统》卷2《义四》，哈佛大学燕京图书馆藏，https：//iiif. lib. harvard. edu/manifests/view/drs：11097466＄1i。
③ 刘昫：《旧唐书》，中华书局，1975，第57～58页。

书·本纪第二》载："十九年二月庚戌，如洛阳宫，以伐高丽。"①《资治通鉴》卷197载："上之发京师也。……三月，丁丑，车驾至定州。丁亥，上谓侍臣曰：'辽东本中国之地，隋氏四出师而不能得。朕今东征，欲为中国报子弟之仇，高丽雪君父之耻耳。'"②

唐太宗曾于贞观十九年亲征高丽，虽依次攻克盖牟城（今辽宁省盖县）、辽东城（今辽宁省辽阳市）、建安城（今辽宁省营口市东南），但是在攻打安市城（今辽宁省海城市南）时，经过两个月的奋战，仍未攻克。时至九月，辽东已经十分寒冷，唐太宗只好抱憾而归。但是在这几部中国的史书中，均未见唐太宗在征战时被射瞎眼睛的记载。

高丽末期文臣李穑（1328～1396）在《贞观吟 榆林关作》中写道："谓是囊中一物耳，那知玄花落白羽。"③（此诗亦收录于徐居正等编《东文选》卷8）描写的就是唐太宗被高丽军射瞎眼睛一事。但是罗山认为中国历代史书对君王负伤的事实都记而不讳，无论是在鄢陵之战中晋国将军吕錡射中楚共王之目，还是汉高祖刘邦在讨伐淮南王英布时被流矢击中等都如实记载。因此，如果唐太宗当真负伤，理应有所记载。据此，罗山认为朝方的说法不足为信。

问题四

异国贡调于本邦多矣。况贵国聘使，古今不可胜数。就中圃隐郑梦周，当洪武十年，来聘于本邦，即是我永和三年也。距今二百数十岁，闻其名久矣。似闻此人性理之学，如有所传，故有忠义之气。然要其终，则闻贵国杀之云尔。圃隐有何罪乎？行一不义，杀一不辜，圣贤之所不为也。贵国学圣贤之法，则彼罪状得其情欤？

罗山首先强调日本与朝鲜之间的朝贡关系，接着又言及明洪武十年（1377）出使日本的高丽使者郑梦周被杀一事。郑梦周（1337～1392），号

---

① 欧阳修、宋祁：《新唐书》，中华书局，1975载，第43页。
② 司马光：《资治通鉴》，中华书局，1956，第6216～6218页。
③ 李穑：《牧隐藁·诗藁》卷2（韩国文集丛刊3），首尔：景仁文化社，1990，第527页。

圃隐，高丽末期的儒学者、外交家，被誉为朝鲜理学之祖，曾四次出使明朝，一度出使日本，为高丽的外交做出了巨大的贡献。1388 年，李成桂发动兵变（威化岛回军）。1392 年，郑梦周因与恭让王王瑶密谋反对李成桂建立新政权被李成桂之子李芳远所杀。在死之前他曾作《丹心歌》表达对祖国的忠心。

罗山引孟子所谓"行一不义，杀一不辜而得天下，皆不为也"（《孟子·公孙丑上》），表面上请教郑梦周之罪，话中之意则是批判朝鲜君王杀害忠臣义士，非圣贤所为。

问题五

　　本邦贵介公子讲武之暇颇爱放鹰，故养饲之术不乏人也。贵国李燗所编《鹰鹘方》书，有草枥，有柏部根，有胡王师根，有野人干水。想其《乡药集成》有之欤，是何等药物哉？须据中华之《本草》而告其异名。若其不然，俟其图说，以广异闻。又所谓朱砂散所用猪肝者，家猪乎？野猪乎？昔白香山咏鹰云："吾闻诸猎师。"今为养鹰坊者聊问焉。

问题五是关于朝鲜学者李燗（1518～1553）《新增鹰鹘方》的，但提问的重点却不是放鹰之术，而是与本草学相关。罗山说《鹰鹘方》中提到的草枥、柏部根、胡王师根、野人干水等药物，在《乡药集成》中应该有所介绍。《乡药集成方》是朝鲜三大古典医书之一，1433 年完成出版。罗山认为李燗在《鹰鹘方》中提到的草药应根据中国的《本草纲目》标注异名，或作图以示，并且指摘文中所说药名表述不清。

罗山对本草学也有研究。庆长十二年（1607）罗山到长崎旅行时得《本草纲目》一书并进献家康。罗山著有《本草序列注》一卷、《本草纲目序注》一卷、《多识编》三卷等与本草学相关的著作。但是他并非将本草学当作自然科学来学习，而是作为汉文学、国语学体系的一部分，由此可见罗山学问的局限性与观念性的倾向。①

---

① 堀勇雄「林羅山」『人物叢書 118』、吉川弘文館、1964、132～134 頁。

以往的研究认为，罗山询问放鹰之术与日本尚武有关，[①] 但是由上述分析可知，罗山借问放鹰之名，实际上是在批判包括本草学在内的朝鲜汉文学治学的不严谨。

问题六

贵国慵斋成文云："汤泉在天地间自为一类，受性本然，未必有待而温也。多在北方寒凉深山穷谷之间，非由炎气而成矣。"殊就贵国中，往往指示其沸涌处、浴洗处、以实之，乃排唐子西所谓炎州地性及硫黄礜石之说。虽然水中有火，老槐生火，雨中有雷火，野泽有磷，蜀国井底有火。又火山虽淫雨，火常燃。焉知阴岭塞谷土底无硫黄哉？凡温泉臭多而不臭少，其气似硫黄，则子西之说，未易轻诋也。自怜耳目隘，未测阴阳，故请详其说。

慵斋成，即成倪（1439～1504），号慵斋，朝鲜王朝初期学者，著有《慵斋丛话》十卷。《慵斋丛话》是一部记录朝鲜王朝初期宫廷、民间以及士大夫间的奇谈、传说、风俗等的作品，与中国文学有密切的关系。[②] 在上述内容中，罗山所引成倪的说法出自《慵斋丛话》卷9，原文如下：

唐子西论汤泉记云："或说炎州地性酷烈，故山谷多汤泉。或说水出硫黄，地中即温，初不问南北。今临潼汤泉乃在正西，而炎州余水，未必皆热，则地性之说固已失之。然以硫黄置水中，水不能热，则硫黄之说亦未为得。吾意汤泉在天地间，自为一类，受性本然，未必有待而温也。"今我国六道皆有温井，而惟京畿全罗道无之。……以今观之，

---

① 金仙熙认为，罗山关于《鹰鹘方》的提问，其实质是日本对"武"比较关注，体现出日本对朝鲜的优越感。而朝鲜文人关注的只是文教的发展，这反映出日朝文人对"尚武日本"认识的差异。因此，在此次日朝文人会面时，对鹰的饲养法相关认识的差异，是破坏朝鲜文人心中原有的"新德川时代"的良好印象的一个重要事例。参见金仙熙「十七世紀初期～中期日朝知識人の他者像—林羅山と朝鮮通信使の筆談によせて—」『広島大学大学院教育学研究科紀要』第二部50号、広島大学大学院教育学研究科、2001、281～289頁。
② 李红梅：《〈慵斋丛话〉研究》，硕士学位论文，延边大学，2005。

温泉多在北方寒凉深山穷谷之间，非由炎气而成明矣。水性亦各有类，而其理未可测料也。①

成倪文中所引内容出自北宋诗人唐庚（字子西，1070～1120）的《游汤泉记》，其原文如下：

> 过水北十余里，得白水山。山行一里，所得佛迹院。院中涌二泉，其东所谓汤泉，其西雪如也。二泉相去步武间，而东泉热甚，殆不可触指。以西泉解之，然后调适可浴。意山之出二泉，专为浴者计哉。或说炎州地性酷烈，故山谷多汤泉。或说水出硫黄，地中即温，初不问南北。今临潼汤泉乃在正西，而炎州余水未必皆热，则地性之说固已失之。然以硫黄置水中，水不能温，则硫黄之论亦未为得。吾意汤泉在天地间自为一类。受性本然，不必有待然后温也。凡物各求其类，而水性尤耿介。得其类，则虽数千万里而伏流相通。非其类，则横绝径过十字旁午而不相入。故二泉之间不能容寻常，而炎凉特异如此。盖亦无足怪者，吹气为寒，呵气为温，而同出于一口，此其证也。②

唐子西指出，关于汤泉的成因，世传两种说法：一种是"地性之说"，另一种是"硫黄之论"。但他认为这两种说法都不正确，其理由是："汤泉在天地间，自为一类。受性本然，不必有待然后温也。……盖亦无足怪者，吹气为寒，呵气为温，而同出于一口，此其证也。"

成倪引用唐子西原文后说："今我国六道，皆有温井，而惟京畿全罗道无之。"在朝鲜八道中，京畿道和全罗道分别位于朝鲜半岛中部和南部，并且"温泉多在北方寒凉深山穷谷之间"，由此论证了"地性之说"之误。

---

① 成倪：《慵斋丛话》，《大东野乘》卷2，《朝鲜群书大系》第24辑，京城（首尔）：朝鲜古书刊行会，1916，第194～196页。
② 唐庚：《眉山唐先生文集》卷8，《四部丛刊三编·集部》，商务印书馆，1936，第4页下。

　　然而，罗山则指出"温泉臭多而不臭少，其气似硫黄"，所以成因应是地中有硫黄，赞同"硫黄之论"。但此说法已被唐子西否定，而罗山却指责成倪排斥唐子西的见解，强调"子西之说，未易轻诋也"。由此推测，罗山当时可能只阅读了成倪之文，却并未对照唐子西原文，将文中"吾意"误解为成倪之意，以为"地性之说"与"硫黄之论"皆是唐子西的见解，其意图也在于批评成倪之"误"。

问题七

　　贵国先儒退溪李滉，专依程张朱子说，作四端七情分理气辩，以答奇大升。其意谓："四端出于理，七情出于气。"此乃朱子所云："四端理之发，七情气之发也。"末学肤浅，岂容喙于其间哉。退溪辩尤可嘉也。我曾见其答，未见其问。是以思之，其分理气则曰"太极理也，阴阳气也"，而不能合一，则其弊至于支离欤。合理气则曰"理者气之条理也；气者理之运用也"，而不择善恶，则其弊至于荡莽欤。方寸之内，所当明辨也。大升所问果如何？

　　这一问题涉及朝鲜儒学史上有名的四端七情论辩。其发端是李滉（号退溪，1501～1570）对郑之云（号秋峦，1509～1561）《天命图》中"四端发于理，七情发于气"的修订。奇大升（字明彦，号高峰，1527～1572）对此提出疑问，于是二人围绕四端七情与理气的关系展开了长达八年的论辩。[①]

　　在此之前罗山就关注过朝鲜四端七情与理气之辩。他曾于元和七年（1621）作《天命图说跋》三篇，其中第三篇说："今此《天命图说》虽成于朝鲜郑、李之手，然皆中国先儒之意也，则有可观矣。"[②] 他认为此图说

[①]　关于李滉与奇大升的四端七情论辩的详情，参见陈来《略论朝鲜李朝儒学李滉与奇大升的性情理气之辩》，《北京大学学报》（哲学社会科学版）1985 年第 3 期，第 106～112 页；刘长林《论高峰、退溪"四端""七情"之辩》，《哲学研究》1995 年第 9 期，第 57～65 页；罗安宪《李退溪与奇高峰关于四端七情的论辩》，《孔子研究》2009 年第 4 期，第 102～107 页。

[②]　林羅山『羅山先生文集（二）第 53 卷』、177 頁。

符合中国先儒之意，因此具有较高水准。① 虽然罗山在此说他对于二人之辩"曾见其答，未见其问"，并追问"大升所问果如何？"但罗山果真未见奇大升之问吗？

日本国立公文书馆所藏《退溪先生文集》（写本二十八册）② 原为林家藏书，其中第十六卷《答奇明彦　论四端七情第一书》之后载《附奇明彦非四端七情分理气辩》一文；第十七卷《重答奇明彦》的别纸后载《附奇明彦四端七情后说》以及《附奇明彦四端七情总说》。奇大升关于四端七情与理气的思想，在这三篇文章中有清晰的体现。如果罗山通过阅读该《文集》而得知李滉的观点，那么他也有可能知道奇大升的观点。

另外，朝鲜副使金世濂在《海槎录》中详细地记录了此次访问日本的整个行程，其中"（十二月）十三日癸未晴"一条有如下记载：

> 是日道春至，拈出经史中难解处六十余条以问。字画文辞，粲然可观。遂答之。又论理气先后、四端七情之分。往复三四，辩论不已。辞若少屈，乃曰："李退溪、奇高峰所论尽好，高峰之说较胜。"③

从金世濂的记述中可知，围绕理气先后、四端七情的问题，罗山与使节展开了几番辩论，而且明确表示"高峰之说较胜"。由此推测，他对奇大升的观点应该是较为熟悉的。若沿着上述六个问题的提问思路，罗山向使节提出朝鲜儒学界难题之一的四端七情与理气之辩，其真实目的极有可能是向使者发难，令其难以作答。

三　朝方的记录

除了上述内容之外，金世濂《海槎录》中还有以下记载：

---

① 尽管罗山对朝鲜四端七情有所关注，但是罗山理气哲学的主要部分并非来源于此，参见阿部吉雄『日本朱子学と朝鮮』、東京大学出版会、1965、210～211 頁。
② 可检索日本国立公文书馆数据档案，https：//www. digital. archives. go. jp/。
③ 金世濂：《海槎录》，《东溟集》卷10（韩国文集丛刊95），首尔：景仁文化社，1992，第307 页。

（道春）又曰："圃隐曾奉命到此，既是理学师宗，王者杀一不辜得天下不为。圃隐不得其死何欤？"所问皆此类。又论理学工夫，其说多顿悟之旨。……仍举汉唐、南北朝、金、元、大明官制。论难蜂起，专以辩博自高。又列书我国山川、风俗、物产以问，缕缕不已。又以养鹰方来问，即我国星山李兆年所著。余曰："吾以子为异之问，曾鹰与犬之问耶？"道春谢曰："生长海国，不得闻君子之言。今日若披雾睹青天。"①

对于一些无法回答的问题，金世濂没有一一记录，只以"所问皆此类"一语带过。从"论难蜂起，专以辩博自高""缕缕不已""吾以子为异之问"等内容，可以想见当时使节与罗山见面时激烈讨论的场景。

另外，在罗山与三位使节会面的前一天晚上，即十二月十二日夜，对马藩藩主宗义成（1604～1657）来与使节商讨叩拜将军的方式。叩拜之事关乎两国关系，但是罗山在将军面前提出的意见却令使者极为恼怒。金世濂在"十二日壬午晴留江户"一条中的记录如下：

夜，义成来言："诸执政会于大君前，议定传命礼貌。大炊曰：'我以大君命，往见使臣，行朝鲜揖礼。使臣见大君，亦当行日本礼。'道春曰：'顷闻我国使臣之往朝鲜也，行礼于庭。朝鲜使臣来我国，独不拜于庭乎？宜仿庚寅故事，大君当坐交椅，受使臣行礼矣。'大君虽有持难之意，此人等再三力争，以此两说恭酌，定之曰：'朝鲜每以日本为不知礼。今若仍循谬例，不为改定，则必未免一向贻笑于朝鲜云。'故俺极以为闷，敢此先告。"余等曰："贵国务欲知礼，而反未免失礼之归。亦足一笑。所谓庚寅故事者，何时事也？不法家康之定规，欲法凶逆之秀吉，此可谓知礼乎？若行此礼，有死之外，断不可从。速为归报，无坏百年邻好。"峻斥以送。②

---

① 金世濂：《海槎录》，《东溟集》卷10（韩国文集丛刊95），第307～308页。
② 金世濂：《海槎录》，《东溟集》卷10（韩国文集丛刊95），第307页。

罗山所说的"庚寅故事"指的是庚寅年间（1590），朝鲜应秀吉之请，派遣黄允吉（1536~?）与金诚一（1538~1593）等人为通信使出使日本。朝鲜使者此行与日方发生了许多摩擦，在朝鲜看来，这些摩擦是由日方接待无礼造成的。

16世纪中期，日本已经不再向明朝朝贡，也不接受明朝册封。秀吉统一日本之后企图征服明朝，他于1587年要求朝鲜派出通信使，欲使其臣服。而素来以"小中华"自居的朝鲜，此时也欲建立以自我为中心的朝贡制度。① 因此，庚寅朝鲜通信时，日朝之间发生摩擦也并非偶然。罗山此时还欲效仿秀吉时代的接待方式，从中可看出他对朝鲜强硬的姿态。"庚寅故事"对朝鲜使节来说是莫大的屈辱，因而使节宁死不从。此事在任絖的《丙子日本日记》与黄㦿的《东槎录》中均有记载。

综上所述，《寄朝鲜国三官使》中罗山所提出的有关朝鲜历史、汉学、本草学、理学等的一系列问题，几乎都以中国文献的记载为根据来驳斥朝鲜。罗山对于问题的答案已经了然于胸，他通过此书信一方面表现出自己博览群书、博学多才，另一方面也向朝鲜使节传达出日本虽地处海隅，但也不容小觑之意。信的最后记载："此书凭宗对马守义成。虽示三使，然不能答。"虽然在朝鲜使节的著作中并没有看到关于收到罗山书信的记录，但是根据上述金世濂的记载，罗山在十三日与使节会面时提出的问题与书信内容确有吻合之处。

四　结语

通信使外交是江户时代日本与朝鲜交流的重要方式。对于成立不久的幕府政权来说，与朝鲜之间的往来不仅是政治上的需要，更是江户时代文化交流、经济发展中不可或缺的一部分。与朝鲜不同，古代日本在华夷秩序中一直处于若即若离的状态。日本在充分汲取中华文明的养分而逐渐创造出自身

---

① 刘永连、谢祥伟：《华夷秩序扩大化与朝鲜、日本之间相互认识的偏差——以庚寅朝鲜通信日本为例》，《世界历史》2015年第2期，第60~68页。

独有的大和文化之后，也欲建立以本国为中心的新的外交关系与东亚秩序。作为江户初期幕府文人的代表，罗山除了拥有过人的才华之外，更具备了对政治和外交的敏感性。他给使者的书信中所表现出的傲慢，首先源于他饱读诗书、博古通今之才，以及手握幕府文教大权的地位，但更重要的是秀吉出兵朝鲜、挑战传统东亚秩序的铺垫，以及日本国力逐渐强盛、文化不断发展繁荣的历史背景。

　　从上述对《寄朝鲜国三官使》的分析可知，在与朝鲜通信使的交涉中罗山提出了一些令对方难以应对的问题，表现出高傲与对立的态度，他的真实目的是展现出比朝鲜文人学者更高的学识和才华，以展示本国的文教水平。但是在向使节提问的过程中，其反驳的根据依旧无法脱离中国的思想学问与史书记载，这可以说是罗山唯一和必然的选择。日本作为东亚文化圈的成员之一，从思想文化、生活习俗到政治意识、礼仪礼法，无不受到中华的影响。因此，尚处于江户时代初期的日本，想要完全摆脱中华思想的影响几乎是不可能实现的。新秩序的建立必须以强大的思想体系为支撑。在罗山生活的年代，西方思想尚未渗透进来，而作为中国古代主流意识形态的儒家思想，包括宋明理学，就成为罗山最好的选择。在江户思想文化发展的黎明时期，罗山表现出强烈的国家意识和国家自豪感也是值得关注的一点。

宽政异学之禁新论[*]

——以松平定信为视角

王茂林[**]

镰仓时代中期，朱子学作为佛教的依附传入日本，这一特殊的背景，使得日本朱子学在初期的传播群体主要以五山禅僧为主。进入德川时期后，日本朱子学受到德川家康的青睐，但其权威性地位并非从德川初期开始便确定下来，而是通过宽政改革的异学之禁才确立起了真正意义上的"正学"地位。[①] 18 世纪后半期，德川政权通过推行一系列学政改革措施，诸如设立昌平坂学问所、广设藩校、鼓励武士的教育等，从官方的角度正式给予朱子学在学问和教育系统内的权威地位，也就是使朱子学成为德川政权下的"官学"。所以，宽政异学之禁是关系到如何认识日本德川时代后半期儒学史发展的重要关节点。而若要认识宽政异学之禁的本质及其对德川儒学史发展的影响，突破点则在于了解该事件的核心人物——主导宽政改革、发布异学禁令的老中首座松平定信（1758～1829）。

定信于宽政二年（1790）五月二十四日向当时汤岛圣堂的祭酒、林家第七代大学头林信敬发布了一条关于"学派维持之事"的禁令，大意如下：

---

    * 本文系中国人民大学科学研究基金重大项目"江户时代日本朱子学的发展与演变"（18XNL006）阶段性成果。

  ** 王茂林，中国人民大学哲学院博士研究生，研究方向为东亚思想与文化。

  ① 例如，苅部直『日本思想史へ道案内』、NTT 出版、2017、136 頁；王青《日本近世思想概论》，世界知识出版社，2006，第 17 页。

朱子学自庆长以来，代代为信用之事，若得维持学风，应无怠于以正学勉励门人共进。然近来出现种种新奇之说，异学流行，有破坏风俗者，全为正学衰微之故，甚不相济。即使在其门人之中，也有学术不纯正者，此次圣堂应严重取缔。特任用柴野彦助、冈田清助，好好传递此旨，一定与门人一同相禁异学，且不限于自本门。讲究正学，人材取用。①

禁令以朱子学为"正学"，而朱子学以外的诸学派皆为"异学"，规定在官方学校（昌平黉或昌平坂学问所）内禁绝一切与异学有关的教学与活动，此即著名的"异学之禁"事件。德川政权通过异学之禁确立起朱子学的正统权威，同时通过政治力量限制、压迫诸异学派，而诸异学中被视为"头目"的即是在当时日本儒学界有着重要影响力的通常被冠以"反朱子学"称号的徂徕学。但是，如果我们尝试着去梳理定信的生平，则不难发现其一生的思想及实际的政治行为中，并不缺少徂徕学的身影，甚至有学者认为"给予定信的'公'的思考影响最深的，是徂徕的政治性思维"。② 因此，一对矛盾即定信在异学之禁中所确立的排斥"异学"徂徕学的立场与其思想本身中所包含的徂徕学特质之间的矛盾凸显出来。而由此矛盾可以引出两个关键问题，也是本文试图回答的两个核心问题：第一，定信为何在改革中选择立朱子学为唯一之"正学"而排斥徂徕学为代表的其他学说；第二，作为执政者的定信又是以怎样的标准而在众多学说中选择了朱子学作为"正学"。

已有学者关注到此矛盾并给出了自己的解释，总的来说，几乎都将此矛盾性的选择归结于作为政治家的定信的"公""私"两面性，将其个人立场与政治立场严格区分开来。③ 其次，对于定信为何选择朱子学为正学这一问

---

① 井上哲次郎『日本朱子學派之哲學』、富山房、1937、522~523 頁。

② James McMullen, Ogyū Sorai, "Matsudaira Sadanobu and the Kansei Worship of Confucius," *Asia Japan Journal* (6) 2011：70.

③ 小島康敬『徂徠学と反徂徠』、ぺりかん社、1994；James McMullen, Ogyū Sorai, "Matsudaira Sadanobu and the Kansei Worship of Confucius," *Asia Japan Journal* (6) 2011：61 – 82。

题，有学者认为是由于朱子学派试图借政治改革而实现自身的复兴，[①] 也有学者认为是定信为了道德重建而利用了重视伦理道德教化的朱子学，[②] 还有学者提出是定信基于朱子学在东亚儒学文化圈内已拥有的社会地位与影响而做出的"无可厚非"的从众性选择。[③] 两面性解释法其实是以"政治家"这一特殊角色为托词去掩盖矛盾，其结果是将朱子学与徂徕学划分为对立的不可调和的两面。而对于选择朱子学的解释，都归结于朱子学自身的特点与优势，这样一来异学之禁事件本身作为政治性决策的一面却被忽视。那么，受徂徕学影响的定信究竟为何下达异学之禁的禁令，选择以朱子学为"正学"而排斥其他一切之"异学"呢？

一　定信思想的多层性

定信自幼深得祖父德川吉宗的喜爱，其思想、人格皆深受吉宗的影响。定信不仅以吉宗为自己的人生榜样，更以吉宗推行的享保改革为其治政的理想模型。若尝试回溯吉宗的思想，则不难发现早在吉宗这里，徂徕学的思想便已经占据一定的地位：

> 享保期（18 世纪前期）的将军吉宗（1684 ~ 1751）命儒者于昌平黉定期讲释经书，亦奖励幕臣（武士）和庶民听讲。……这正是对武士和庶民的教化政策。吉宗充分认识到儒学具有的政治意义而将其活用到政治上。吉宗在思想上是受到荻生徂徕（1666 ~ 1728）

---

① 例如，小島康敬『徂徕学と反徂徕』、328 頁；相良亨『近世日本儒教運動の系譜』、弘文堂、1955、185 頁；中野三敏『十八世紀の江戸文芸—雅と俗の成熟—』、岩波書店、1999、30、52 ~ 54 頁；王家骅《儒家思想与日本文化》，浙江人民出版社，1996，第 150 ~ 151 页。

② James McMullen, Ogyū Sorai, "Matsudaira Sadanobu and the Kansei Worship of Confucius," *Asia Japan Journal* (6) 2011：61 - 82.

③ 高山大毅「食の比喩と江戸中期の陽明学受容」『駒澤國文』53 期、2016、126 頁；島田英明『歴史と永遠：江戸後期の思想水脈』、岩波書店、2018、96 頁。

的影响。①

上述内容，无论是推进昌平黉的儒学教学活动，还是鼓励武士与民众教育的发展，在宽政改革中皆予以实施，可见吉宗的治政理念对定信的影响是明显的。辻本雅史在此明确指出吉宗的思想是受徂徕学的影响，因此定信能接受徂徕学亦在情理之中。

若回归定信本人的思想予以梳理，亦可发现徂徕学的身影确实多有出现，尤其在其所著《政语》一书中非常明显。《政语》的内容是定信提出的作为"政教之大本"的十三则政治原则，又因《政语》著于宽政改革前的天明八年（1788）四月，"作为着手宽政改革的很早的著书"，② 可以说其内容与定信接下来所主导的宽政改革中的思想有着非常密切的联系。

《乐翁公传》在介绍《政语》时指出："公平生好读荻生徂徕的《太平策》，其所论之处，作为公的经纶而出现的地方很多。"③ 若将《政语》与徂徕之著书相比对，则不难发现《政语》内容除了与《太平策》有关联以外，也与徂徕的《政谈》《辨名》《辨道》《中庸解》等多部书文中的思想有相似之处。

首先，从整体结构而言，《政语》的论述框架与《政谈》有相似之处。大致对应如下：《政语》卷一、卷二的大体内容即属于《政谈》卷一中论及的治安、社会道德风尚问题；《政语》卷三论及的以"礼"行政的思想，与《政谈》卷四所论礼义之事可联系；《政语》卷四中反复提出的为预防灾害而"广备储积"的方法与《政谈》卷二中讲的储藏大米的战术有密切联系，而任用贤才的观念可与《政谈》卷三中录用贤才的部分相对应。

再者，从具体内容来看，定信思想与徂徕学思想的相同之处亦散见于《政语》各处。如在小引部分，定信阐述了自己著书的目的：

---

① 〔日〕辻本雅史：《日本德川时代的教育思想与媒体》，张崑将、田世民译，台湾大学出版中心，2005，第217~218页。

② 松平定信「政語」奈良本辰也編『日本思想大系38　近世政道論』、岩波書店、1995、250頁。

③ 渋沢栄一『楽翁公伝』、岩波書店、1938、119頁。

人之可行谓之道，道人于道谓之政。道也者，先王之所以自行也。教也者，先王之所以教人也。至后王，政与教歧矣。于是先王之教降为儒者之任，先王之道污。夫教之为物，自上而下者也。秦汉以后，道之不行，教在下也。譬之川，欲澄其流，必也于源。后儒纷纷在下流聚讼，道其行乎哉？余有慨于兹，著《政语》十三则，盖欲澄之源，故不论及下流。①

在此，定信梳理了道、政、教的关联性。"道"是人之可行之道，亦是先王自行之道。"道"自行之世，政教一致，君王在依道治政的同时亦肩负着教化天下的责任，故"政""教"皆由先王自上而下来完成，这才是道的源头、根本。与此相比，"道"不行之世，政与教上下二分，在位君王只拥有政治的权力，而教化则下降为儒者的责任，这是道的末端、下流。以上观点，在徂徕的文本中亦多见，如：

辟诸人由道路以行，故谓之道。②

夫道，先王之道也。思孟而后，降为儒家者流。③

自此（引者按：子思）其后，儒者务以己意语圣人之道，议论日盛，而古道几乎隐，孟荀百家之说所以兴，道之污隆系焉。④

首先，徂徕亦以先王之道言道，并且徂徕亦明确指出了先王之道存在一个"降"的过程，在降为儒家者流之后，因学派之间的分、争不断，加之儒者各以其私意论先王之道，不仅未能更好地传承先王之道，反而使先王之道日益衰微、污损。

定信站在执政者的立场，直言"教"应是君王的职分，若降为儒者代

---

① 松平定信「政語・小引」奈良本辰也編『日本思想大系 38　近世政道論』、250 頁。
② 荻生徂徠「弁名」吉川幸次郎・丸山眞男等釈著『日本思想大系 36　荻生徂徠』、岩波書店、1973、210 頁。
③ 荻生徂徠「弁道」吉川幸次郎・丸山眞男等釈著『日本思想大系 36　荻生徂徠』、200 頁。
④ 荻生徂徠「中庸解」関儀一郎編『日本名家四書註釈全書』、東洋図書刊行会、1926、2 頁。

之，只会"污"先王之道。而想要让先王之道得以澄清，实现真正意义上的传承与发扬，必须从其源头着手，以正其源，所以《政说》之十三则是针对君王而提出的自上而下的一套政教方针。在"教"的方面，定信指出："为人主者，应做学问。……人主之学为己，而后推及国家臣民，此乃第一事。"① 应由一国之君承担天下之教之责，并且这是君主第一重要的事。而在徂徕的逻辑中，圣人制作之道亦包含了这样一种"自上而下"的思维：

> 夫道者，先王所立，非天地自然有之焉。生民以来数千载，更数十圣人之心力知巧所成，而非一圣人终身之力所能为。②

徂徕并未把制作道的先王局限于唐虞三代，而是推广至数千载历史中的数十位圣人，并强调道并非一位圣人之力可为，是这数十位圣人共同的心力所成。对此，丸山真男评价道：

> 徂徕把制度的妥当根据完全归之为各个时代创业君主之自由（按照自己的"意图"）的制作。这正是徂徕学思维方法中所包含的最重大的社会政治意义。……在徂徕那里，圣人之道具有超越时代和场所的普遍的妥当性。……徂徕在《政谈》《太平策》《铃录》等论著中所揭示的"自上"而进行的大规模的制度变革，无疑就是在这一逻辑上被构筑起来的。③

"先王"是道的绝对的制作者，而将先王放之于历史长河，则对应了各个时代的"圣人"，而由此也才有了各个时代之"君王"顺应历史、社会变化之需要而进行"制度的重建"的合理性根据。这样一种承认每个时代的

---

① 松平定信「修身録」、1782、3頁；『楽翁公遺書・上巻』、八尾書店、1893。
② 荻生徂徠「弁名」吉川幸次郎・丸山眞男等釈著『日本思想大系36 荻生徂徠』、250頁。
③ 丸山眞男「近世日本政治思想における『自然』と『作為』—制度観の対立としての一」『丸山眞男集・第二巻』、岩波書店、1996、28～29頁。

君主拥有制作"道"的合理性的观点在《政语》开篇即得以明示："道也者，圣人依人之性而立者也，非自然而成。"① 丸山明确指出徂徕的思想蕴含了由君主所主导的自上而下制度变革的合理性，这与定信所强调的欲澄政教之源皆在君主之自上而下地施行的思想存在一定的内在关联性。

以上，无论从《政说》之论述结构还是从具体内容来看，定信思想的基调与徂徕学都有着非常密切的联系。那么，被立为"正学"的朱子学在定信的思想中又发挥着怎样的作用呢？

定信所著书文中，与四书五经有关的仅《大学经文讲义》一文，该文内容最集中体现的是朱子学思想。首先，定信在论及理、气、形等核心概念时提出：

> 夫天地流行，育生万物者，阴阳五行也。由此，有此理而有此气，有此气而有此形。天道者，即理也。阴阳五行，所谓气者也。有此气而万物所以生养。此乃有形之道理。②

以上，由"理"至"气"再至"形"的一条从形上到形下的逻辑结构，与朱子所论无二："毕竟先有此理而后有此气"（《朱子语类》卷95），"是以人物之生，必禀此理，然后有性。必禀此气，然后有形"。（《朱文公文集》卷58）对理气关系的探讨乃是儒家思想发展至宋明后的核心论题之一，而以"性即理"为核心的理论架构则是程朱理学一系的鲜明特点。例如，"性，即理也。天以阴阳五行化生万物，气以成形，而理亦赋焉"（《中庸章句集注》一章），而此句也正合定信在上文中所言之意。虽然定信表达为"天道者，即理也"，但与朱子所言"性是形而上者，气是形而下者。形而上者全是天理"之意亦完全契合。因此，从"理气"论的理论结构来看，定信所阐释的思想与朱子学的体系架构相差无几。

在此理论架构中的定信的具体阐发，亦明显具有朱子学特点。例如，关

---

① 松平定信「政語」奈良本辰也編『日本思想大系38　近世政道論』、251頁。
② 和田綱紀編『楽翁公と教育』、九華堂、1908、37頁。

于心性论，朱子承横渠之说而作天地之性与气质之性之说："天命之性，非气质则无所寓。然人之气禀有清浊偏正之殊，故天命之正，亦有浅深厚薄之异，要亦不可不谓之性。"（《朱子语类》卷4）"禀气之清者，为圣为贤，如宝珠在清水中；禀气之浊者，为愚为不肖，如珠在浊水中。"（《朱子语类》卷4）对比定信之所论，"虽尧、舜与凡人皆同具明德，共受一理，然气之正之上，有清浊之异。由此，受此气之浊者生而为愚，受其清者则为智"，[①] 其内容也在朱子的思维框架内。

此外，定信对《大学》三纲八条目的解释，也多似程朱之说，此处仅对"亲民"条目做特别说明。"亲民"应作"新"还是作"亲"的问题，是历来儒者的分歧所在。定信认为"亲民"为古人传写时的笔误，当作"新民"。这个解释同于朱子之论："新者，革其旧之谓也，言既自明其明德，又当推以及人，使之亦有以去其旧染之污也。"（《大学章句》）相比于徂徕选择作"亲民"的观点，朱子赞成"革旧"的观点应该说正合于积极推行改革的定信之意。

以上，定信对《大学》之阐释，不论是理论框架还是具体条目，多袭朱子之旧说，可以说定信有关学问的思想理论几乎不离朱子学之基本理论框架。

综上所述，无论是徂徕学还是朱子学，两者在定信的思想中均占据着重要的地位。于是，结合前文所提出的矛盾点加以反思，徂徕学与朱子学便不再是以对立排斥的方式并存于定信思想之中。定信自身在论及儒学众学派时直言："学问的流派怎么样都可以，因为任何一个流派都有长处与短处，关键取决于个人。"[②] 在定信看来，每个流派各有优劣，因此无论是朱子学还是徂徕学，抑或是其他某一学说，理论上皆不会因被作为绝对唯一之合理性而排斥其他学说。

因此，本文将定信思想中徂徕学、朱子学并存的特性视为其思想的"多层性"，具体而言，徂徕学着染了定信思想之底色，为其政治思想提供

---

① 和田綱紀編『楽翁公と教育』、38頁。
② 松平定信「修身録」、5頁。

了最根本的理论基础与思维模式，是定信思想的深层次一面；朱子学则在学问或知的领域为其提供基本理论框架，是定信思想的表层一面，此两者构成了定信思想的多层性架构。

二 定信的选择——异学之禁的本质

在梳理了定信本人的思想后，回归到异学之禁这一核心事件上来。从理论依据而言，定信本人并没有一定要立谁为"正"或者斥谁为"异"的倾向；从思想来源而论，也没有排斥徂徕学之必要。所以，异学之禁本身不应是一个学问的问题，那么定信实施异学之禁的根本目的又是什么呢？

18 世纪后半期是日本进行全国性藩政改革的重要时期，此前的享保改革对当时的社会问题只起到一时的压制作用，此后社会问题不断恶化，导致了田沼时代的政治专政腐败，同时还发生了全国性的天明大饥馑，政治社会一片混乱。当定信登上政治舞台中心开始着手改革时，德川政权已面临内忧外患的困境。然而在种种问题并发的状况下，还有更为重要的危及德川政权之稳定性的问题，即尊王势力的抬头。

朱谦之曾指出宽政异学之禁虽然属于"以幕府的命令禁绝朱子学以外诸学派"的思想斗争，但此思想斗争的实质乃是政治斗争：

> 异学禁绝其目的无非羽翼霸业，以求幕府的安全。
> 名义上是以振兴学政之名实行思想统制，事实上乃是幕府利用政治力量来压迫所有异己者。①

虽然《日本的朱子学》一书的观点明显带有意识形态斗争的痕迹，以至于学派之间的对立与矛盾更加突出，但确如其所指出的，异学之禁的根本目的在于寻求德川政权的安全。那么，德川政权为了维护自身的统治而欲打击的"异己者"又是谁呢？

---

① 朱谦之：《日本的朱子学》，第 388 页。

从理论而言，若异学之禁要禁的是尊王思想与尊王势力，那么此思想与势力应该在异学之禁之前就已出现，并且其所暗含的威胁足以引起德川政权的担忧与重视。而实际上亦确实如此，早在宽文六年德川政权便已有行动：

因之由幕府看来，那些鼓吹尊王主义的学派，也都是异学之徒。所以在下禁令之前，宽文六年山鹿素行因鼓吹尊王被禁锢，所著《圣学要录》（引者按：即《圣教要录》）遭绝版，宝历中（1757~1760）竹内式部和山县大贰遭极刑，这证明异学之禁早已开始。①

朱谦之直言鼓吹尊王主义的学派都属于异学势力，并以此为标准提出异学之禁开始于宽文六年。但时间已经不重要了，重要的是事件本身的意义——打击尊王主义思想与势力。

以此处所列举的山鹿素行为例，通常认为最为集中体现其民族主义思想的著作为《圣教要录》和《中朝事实》两书。据说素行正是因其 1666 年刊行的《圣教要录》② 一书的内容攻击了朱子学而被视为"异端"，被流放至赤穗长达十年之久。并且更重要的是，他在流放期间著有《中朝事实》一书，该书的思想被认为是"日本儒学者当中最为极至的神道论"③，其中"皇统章"一章即表达了对天皇统治的支持与赞叹：

唯中国自开辟至人皇，垂二百万岁，自人皇迄于今日过二千三百岁，而天神之皇统竟不违。④

---

① 朱谦之：《日本的朱子学》，第 388 页。
② 《圣教要录》亦带有尊王思想的色彩。详见韩东育《山鹿素行著作中的实用主义与民族主义关联》，《清华大学学报》（哲学社会科学版）2006 年第 2 期。
③ 韩东育：《山鹿素行著作中的实用主义与民族主义关联》，《清华大学学报》（哲学社会科学版）2006 年第 2 期。
④ 〔日〕山鹿素行：《中朝事实·皇统章》，《山鹿素行集》第 6 卷，转引自韩东育《山鹿素行著作中的实用主义与民族主义关联》，《清华大学学报》（哲学社会科学版）2006 年第 2 期。

　　虽然素行此论及该书的最终目的本不在论证天皇与将军之间的权力纠葛，而是要论证日本才是世界的中心即"中朝"，以宣扬日本传统文化的正统性、独立性与优越性，但作为"中朝"之正统，素行将日本此正统性的传承归于天皇，甚至"在《中朝事实》中的'圣人'却变成了日本的'圣神＝天皇'"①。如此之言论于德川政权来说绝对是"眼中钉"，所以素行本人被流放、著书被禁止也是意料之中的事。

　　至于朱谦之提到的另外两位被打击者——竹内式部（1712～1767）和山县大贰（1725～1767），均为反对武家统治的尊王论者，各因"竹内式部事件"（又称"宝历事件"）及"明和事件"遭到德川政权的惩处。

　　由此可见，异学之禁所真正打击的"异己者"乃是提倡尊王思想、鼓吹尊王主义的学者或学派。而以将军为代表的德川政权，便是将此类宣扬尊王主义的势力加之"异学"的罪名而进行打击。

　　在明白了"异己者"的真正身份之后，再次将中心聚焦到作为"异学"之首的徂徕学这里，则不难发现在异学之禁的实际实行过程中，徂徕学派其实并未受到过非常严厉的打压，并且打压力度在禁令推行不久后便渐渐松弛。例如，定信在肃正社会风纪方面，对出版业中扰乱风俗的浮世绘、书籍的出版进行了非常严格的限制，但自宽政三年开始，便有与徂徕学派相关的著作先后出版发行。如宽政三年正月出版的《论语徵正文》和九月出版的《七经孟子考文补遗》，以及宽政四年三月出版的《论语古训》和九月出版的《春秋左氏传考》，均为徂徕学派的书籍，可见与徂徕学相关的书籍并没有受到专门的压制与管理。②

　　此外，德川政权对徂徕学以外的其他"异学"的态度也有所松动。如被规定只能进行"正学"朱子学有关的教学的藩校，也于宽政四年招收了第一个非朱子学派背景出身的折中学派的儒者担任儒官，自此也逐渐有其他藩校开始不仅限于在朱子学派内部招收儒官。可见，官方对异学学派的打压程度日渐减小。

---

　　① 韩东育：《山鹿素行著作中的实用主义与民族主义关联》，《清华大学学报》（哲学社会科学版）2006 年第 2 期。

　　② 中野三敏『十八世紀の江戸文芸—雅と俗の成熟—』、50～51 頁。

以上，从事实层面出发，徂徕学派并未受到德川政权的强有力打击。其实从理论层面出发，徂徕学亦没有必要被作为"异己者"而受排斥。徂徕所提倡的可承担制作先王之道的圣人，亦可以是各代之君王。在此逻辑思维下，徂徕就曾"把实践圣人之道、实现长治久安的强烈愿望寄托在将军吉宗身上"。[1] 可见，徂徕是站在拥护德川政权的立场，在他看来将军才是拥有道之制作者身份的实质存在。曾经亲身经历从元禄到享保之社会动荡局面的徂徕，认为"由于时代与上古相距遥远，不能采用古代的制度，而且恰恰又是在大动乱刚过不久，一切制度都失去了"，[2] 在这样一种"无制度"的紧急情况下，必然需要一位可以制作制度的人，而宽政改革亦面临相似的紧急局面，所以徂徕学对于德川政权而言不仅没有产生阻碍，反而给予德川一系的政权合法性以理论支持。

进一步，不仅德川政权没有理论上排除徂徕学的必要，甚至连作为"正学"的朱子学派之思想亦受到了徂徕学的影响。例如，辻本雅史在使用宽政正学派这一概念时，认为他们具有"反徂徕学"的共同特点，[3] 但亦指出"朱子学派的学问观中含有徂徕学身影之事已不少见"，"徂徕学所提倡的'儒教政治化'，亦渗透入徂徕学之后的正学派朱子学之'政治化'儒学之中"。[4]

简而言之，德川政权对于徂徕学，无论从现实层面还是从理论层面予以考虑，都没有严厉打击、排斥的必要性。因此可以更加确信异学之禁打击的真正对象并非学问之异端，而是尊王的势力。

于是，将如此一种重压置于学政改革中之后，它就不再是一场简单的学派之正异斗争，而是一场以朱子学为"正学"的正名运动。所谓正名，也就是要借"名"之正而证自身政权之正统性、合法性。儒家自孔子曰"必也正名乎"（《论语·子路第十三》）以来，便一直有重视"正名"思想的

---

① 〔日〕荻生徂徕：《政谈·译者前言》，龚颖译，中央编译出版社，2004，第4页。
② 丸山眞男「近世日本政治思想における『自然』と『作為』—制度観の対立としての—」『丸山眞男集·第二卷』，29頁。
③ 〔日〕辻本雅史：《日本德川时代的教育思想与媒体》，第220页。
④ 辻本雅史「寛政異学の禁における正学派朱子学の意義」『日本の教育史学』27号、1984、32頁。

传统，朱子注此句时引胡瑗所说："夫子为政，而以正名为先。……则人伦正，天理得，名正言顺而事成矣。"（《论语章句集注·子路第十三》）名不仅仅是个称谓、代号，在儒家思想中更是具有合法性、正当性的含义。对于执政者而言，若最初名不正，则最终会导致君臣无法顺利开展政治治理，民众也会因无法得到好的管理而处于刑罚不中的混乱状态。

宣芝秀曾从社会安定政策的角度，分析了定信在宽政改革背后想要保持德川政权权力之正统性的深层次目的。天明时期受灾民众曾多次向德川政权及藩政提出"御救愿""御慈悲愿"以申请赈济，但自天明七年（1787）起，庶民开始转为直接向当时的光格天皇提出赈济申请。这表明开始出现庶民对德川将军之"御救"权限的不信任问题，而此问题对于德川政权而言，乃是关乎其权力之正统性，保证政权及社会稳定的关键性问题。[①]

由此可见，无论是因为尊王势力的抬头，还是因为庶民对于德川政权出现了信任危机，处于此压力下的德川政权都必然需要一场为自己"正名"的运动，以确保其权力地位的正统性。

而基于此需要，朱子学则不失为最佳选项。在朱子学的伦理思维中，社会等级关系的合法性源于天理之自然秩序，由"天尊地卑，乾坤定矣；卑高以陈，贵贱位矣"（《易传·系辞上》）得出以"五伦"为核心的社会关系和以"五常"为根本的道德规范。而朱子学虽明确了上下尊卑、君臣人伦的道德教化思想，却并没有规定谁上谁下、谁尊谁卑，故而谁使用了朱子学谁就代表了正统，也就代表了建立社会等级制度的合法性。所以借由朱子学之"正学"之名，德川政权欲以证自身政权的正统性以巩固其统治根基。

综上所述，异学之禁打压的对象是鼓吹尊王思想的异己者，而非针对以徂徕学派为代表的学问上的异学。面对尊王势力的抬头与庶民对德川政权的信任危机，异学之禁的根本目的在于保证德川政权的安全与稳定，其本质即是一场借朱子学的"正学"之名，证其政权正统性的"正名"运动。

---

① 宣芝秀「『御救』から『御備』へ—松平定信『寛政の改革』にみられる社会安定策—」『日本思想史研究』44 号。

三　余论

厘清了异学之禁的本质之后，才能给予其恰当的历史定位与评价。虽然学界对于异学之禁通常给予褒贬两面的评价，① 但总的来说，异学之禁所代表的学政改革，通常仅被视为日本儒学自徂徕学之后进入衰退期的过程中出现的一个试图挽救儒学的衰败但实际上却因其禁锢思想与学说反而加速了儒学自身衰退的事件。②

立足于整个江户儒学史，从获得官方认可成为"正学"的角度而言，朱子学并非从德川政权建立之始便拥有正统性地位，主要以在民间传播的方式展开，包含朱子学在内的儒学对江户时代的影响都非常有限，可以说经历了一个缓慢的发展期与等待期。最终朱子学通过异学之禁才正式获得了"正学"之地位，借政权之力而推广至武士阶层与庶民阶层。儒学经由此改革后并未进入衰败阶段，"儒学依旧保持了多样性"。③ 首先，就教育方面而言，"就在禁令下达两年后，幕府在学问所内的春、秋两次定期考试之外，开始了'学问测验'（引者按：学问吟味）。……每年实施'素读测验'（'素读吟味'）。两者都延续至明治维新，落实了朱子学的学习"。④ 通过推广教学，学习朱子学的人数大大增加。⑤ 伴随着禁令出台的一系列学政措施也"规定了自此至明治维新围绕学问、教育和政治的关系构造。这可以评价是近世日本将儒学制度化的一种达成"。⑥ 在政治方面，朱子学官学化对儒学发展的促进作用更为明显：

　　因为松平定信的登场，出现了"进来诸家总是用儒者，数年在江

---

① 例如，井上哲次郎『日本朱子學派之哲學』、521 頁；衣笠安喜「儒学における化政—寛政異学の禁との関連—」林屋辰三郎編『化政文化の研究』、岩波書店、1976、373～374 頁。
② 例如，相良亨『近世日本儒教運動の系譜』、185～189 頁。
③ 小島毅『宗教の世界史 5・儒教の歴史』、山川出版社、2017、230 頁。
④ 〔日〕辻本雅史：《日本德川时代的教育思想与媒体》，第 220 页。
⑤ 衣笠安喜『儒学における化政—寛政異学の禁との関連—』、191 頁。
⑥ 〔日〕辻本雅史：《日本德川时代的教育思想与媒体》，第 218 页。

户不出头的儒者也轮番勤务，或承担家中政务"，并成为一种风潮，甚至还有传言："因越中姥爷的恩惠儒者得到了好运。"①

自从松平定信的改革给予世间新鲜的冲击以后，儒学的权威和儒学者的自信就进一步提高了。②

德川日本的学问所的政治性角色，不仅是国内的"政教"，也与国际的外交等相联系。③

对于"学而优则仕"的儒者而言，能够步入政治舞台施展胸中抱负也许是毕生的追求，当给予他们这样一个可能性时，他们非常积极地参与其中，为着治国平天下的理想而不懈努力。不论朱子学与儒学本身的思想性发展如何，鉴于其政治性的跨越式意义，异学之禁完全可以视为以朱子学为代表的儒学步入全新发展阶段的飞跃点，而儒学的这种并非衰败而是发展的路线一直延续至明治时期。小岛毅认为，在德川政权结束后的明治时期，儒家是作为国民道德存在的，④ 甚至支持了明治维新的展开。⑤ 在明治时期也确实有所谓日本儒教宣扬会定期发表演讲传播儒学为国教的思想。⑥ 所以，基于这些观点，结合前文中对宽政异学之禁的再梳理，我们可以重新给予异学之禁以及整个江户儒学发展脉络以新的认识与定位。

---

① 〔日〕渡边浩：《东亚的王权与思想》，区建英译，上海古籍出版社，2016，第73页。
② 〔日〕渡边浩：《东亚的王权与思想》，第74页。
③ 真壁仁『德川後期の学問と政治』、名古屋大学出版社、2007、4頁。
④ 小岛毅「国民道徳としての儒教」『宗教の世界史5・儒教の歴史』、265～268頁。
⑤ 小岛毅『儒教が支えた明治維新』、株式会社晶文社、2017。
⑥ 此处以加藤政之助在日本儒教宣扬会上发言的内容为例，"然我国建国以来便有一定不变之皇道国体的存在，也有使皇道国体醇化之儒教这一传统性的世界各国无法类比之精神文明。……一扫此毒害以净化日本天地之道——皇道，以宣扬醇化国体之儒教、唤起传统仁义忠孝之感念之事为第一要务。……以期通过组织儒教宣扬会，从东京市着手开始展开全国性的儒教宣扬讲演会，普及我国固有之精神文化，一扫物质文明所附之弊害之事，故于本日此地举行儒学先哲祭"。（加藤政之助「式辞」『日本之儒教』、日本儒教宣扬会、1934、8～9頁）

辛亥革命的两部约法与日本明治宪法

顾　春[*]

1911 年 11 月 9 日，由武昌起义后湖北军政府颁布宋教仁起草[①]的《中华民国鄂州临时约法草案》（以下简称《鄂州约法》）是中国宪政史上第一部具有宪法性质的法律文本，体现了内阁制精神。《鄂州约法》是影响《中华民国临时约法》（以下简称《临时约法》）的前身性文本《中华民国临时政府组织法》的重要文本。1912 年 3 月 11 日，作为辛亥革命的成果之一，《临时约法》在《中华民国临时政府组织法》与《中华民国临时约法草案》基础之上制定而成。

《大日本帝国宪法》即日本明治宪法于 1889 年 2 月 11 日以"恩赐"的形式颁布，它是亚洲的第一部具有现代意义的宪法文本，在日本政治现代化发展中具有里程碑的意义。

明治宪法与《临时约法》在本质上，前者为君权宪法，后者为民权宪法。后者的制定虽与前者没有直接联系，但赴日本留学潮中培养的法律人才、日本大学特别是法政大学对民初首部宪法性质文本《鄂州约法》产生的影响[②]均是二者之间间接的关联。笔者试以《鄂州约法》、《临时约法》、明治宪法的设计与异同为着眼点，探讨中国民初与日本明治宪政困局的原因。

---

[*]　顾春，文学博士，北京工业大学副教授，硕士生导师。

① 宋教仁（1882～1913），字得尊，号敦初，别号渔父，湖南省桃源县上坊村湘冲生人。杨玉如的《辛亥革命先著记》、胡祖舜的《武昌开国实录》、李廉方的《辛亥武昌首义记》等均对宋教仁起草做了相关记述。
② 冯天瑜：《法政大学中国留学生与〈鄂州约法〉的制订》，《江汉大学学报》（人文科学版）2011 年第 5 期。

一 《鄂州法案》《临时约法》与日本明治宪法

（一）《鄂州约法》与《临时约法》的异同

《鄂州约法》是一部明显具有内阁制实质的宪法，强调议会对行政的制约。议会具有立法权，但须由政务省开会协议；都督总揽政务，统率水利军队，制定官职规定，但官员包括军队编制均由政务会开会协定，政务长对行政负责，要保持其统一，议会可弹劾政务长但不弹劾都督；司法由都督任命，且除违反国家法律不得免职。由此形成议会、司法、行政三权分立的格局设计，都督权力（司法、行政、军队）大大受到政务省钳制，政务省同时深受议会（立法）制约。

《鄂州约法》的另一个特点是主权在民。其第二章规定"凡具有鄂州政府法定之资格者，皆为鄂州人民"；"人民一律平等"。《鄂州约法》对人民权利的法律规定具有开创性，将之放于总纲之后国家机构、立法行政司法之前，显示了人民权利的前提性。人民权利共计18条，其中14条为基本权利，2条为义务，权利在先义务在后，规定了关于人民人身、政治的各种自由权利，体现了对人民权利的重视和肯定，也反映出近代西方自由主义的人权理念，即政府成立的目的在于保障人民的生命、财产、自由权。但是，此章最后一条同时对人民权利进行了限制："本章所载人民之权利，于有认为增进公益、维持公安之必要，或非常紧急必要时，得以法律限制之。"即被认为增进公益、维持公安之必要时，人民权利亦可以通过法律加以限制，赋予人民权利极大弹性。

《临时约法》是中国第一部民主共和宪法，确立了国家制度和政权组织形式及人民的权利，体现了宪政的精神和意义。其起草深受由宋教仁起草的《中华民国临时组织法草案》的影响，而《中华民国临时组织法草案》几乎是《鄂州约法》的翻版，虽未经宋教仁之手，却与其有着紧密的联系。①

---

① 迟云飞：《宋教仁与中国民主宪政》，湖南师范大学出版社，2008，第105～110页。

《临时约法》由总纲、人民、参议院、临时大总统及副总统、国务员、法院、附则等七章构成，共计五十六条。总纲首先对国家主权的性质、主体、国家权力的组织原则、国土民族做一界定，宣布中华民国是一个主权独立、领土完整、统一的多民族国家。规定，人民的权利，即"中华民国由中华人民组织之"，"中华民国之主权属于国民全体"。国家权力的组织原则是"中华民国以参议院、临时大总统、国务员、法院行使其统治权"。

《鄂州约法》与《临时约法》的相同之处，主要体现在议会内阁制、主权在民的三权组织原则上。二者关于人民权利和义务的界定在顺序上虽有所不同，但内容几乎相同。议会与参议院有立法、财政、质问国务员或政务委员，接受人民请陈等权力；临时大总统及都督有总揽政务、公布法律、统率海陆军、依法宣告戒严、提出法律案于参议院、颁给勋章并其他荣典等权力；司法上，法院依法律审判民事诉讼及刑事诉讼，但关于行政诉讼及其他特别诉讼，别以法律规定的条款是基本相同的。

两部约法的不同之处在于对人民权利的限制，《临时约法》中的表述为"本章所载人民之权利，有认为增进公益，维持治安，或非常紧急必要时，得依法律限制之"，将《鄂州约法》的"得以法律限制之"改为"得依法律限制之"。显然，前者强调限制人民权利的手段，后者则强调限制人民权利须有法律可依。由此判断，《临时约法》较之《鄂州约法》对人民权利的限制有所改进。

其他不同则主要体现在参议院的组成、权限的加大、对临时大总统限制的加强及法院的组织任命上。议会议员由人民选举产生变为每个行省、内蒙古、外蒙古、西藏各选派五名参议员、青海一名，选派方法流程地方自定。临时大总统任命国务员及外交大使公使、宣战媾和及缔结条约、宣告大赦、特赦、减刑、复权加入了须经参议院同意的条件。临时大总统权限除上述内容受参议院限制外，另增设副总统，并加入由参议院选举临时大总统，以总员 3/4 以上出席、得票满投票总数 2/3 以上者为当选的要求。不仅参议院对临时大总统有相当钳制作用，国务员即内阁成员也通过行政副署权对总统加以制约。《鄂州约法》中政务委员由都督任命，对都督负责。《临时约法》

规定国务总理及各部总长均称为国务员；国务员的职责是辅佐临时大总统负其责任；国务员于临时大总统提出法律案公布法律及发布命令时须副署；国务员受参议院弹劾后，临时大总统应免其职，但须交参议院复议一次。在法院法官的任命上，《鄂州约法》规定法官由都督任命，而《临时约法》则规定法院以临时大总统及司法总长分别任命的法官组织。这样临时大总统不仅在行政权力上受到参议院和国务员的制约，对法官也失去完全任命权。宋教仁曾对胡汉民说："改总统制为内阁制，总统政治上权力至微，虽有野心，亦不得不就范。"①

（二）《临时约法》中的内阁组织与三权关系

《临时约法》赋予参议院强大的立法权，赋予国务员对行政的附署权，将总统任命法官权与司法总长分担，又对临时大总统任命国务员及外交大使公使、宣战媾和及缔结条约、宣告大赦、特赦、减刑、复权的权力附加参议院的同意权，宪法对临时大总统的限制意图可谓一目了然。参议院除立法权外，对大总统及国务员有弹劾的权力，对政府及内阁均有较大的约束作用，却没有政府、内阁对其的制衡机制。所以约法形成了立法独大、行政、内阁受制、司法相对独立的权力关系，虽然出于防范袁世凯，但从宪法角度却存在着因时、因事、因人制宪的缺陷。

从实际运行效果上讲，这种对临时大总统袁世凯极端不利的设计导致立法与行政之间的矛盾升级，使袁世凯突破法律框架，运用宪法之外的权力，包括盘根错节的人事安排、加大动用军事力量、极端手段，去解决立法及内阁日益紧张的对立和矛盾冲突。宋教仁遇难、南北破裂、二次革命、内阁的频繁更迭、"天坛宪法草案"、《中华民国约法》的颁布乃至袁世凯复辟便是最好的证明。

不过并不能说袁世凯的复辟是单纯立宪设计的结果，立宪设计的背后还反映出除袁世凯等北洋军阀一派外，革命党本身亦存在法律意识淡薄、对现代政治运用得不熟练，以及使用理想化或极端手段解决甚难调和的矛盾的问

---

① 《胡汉民自传》，《近代史资料》总 45 号，中国社会科学出版社，1981。

题。对博弈一方极端不利的制度设计，加速了革命派在经济、军事实力尚未稳固时与北洋派的决裂而最终使得宪政尝试归于失败。

（三）日本明治宪法

明治宪法由"天皇""臣民权利义务""帝国议会""国务大臣及枢密顾问""司法""会计""补则"几部分构成。

第一条明确规定日本国体的性质，"大日本帝国由万世一系之天皇统治之"，"天皇神圣而不可侵犯"，它肯定日本为世袭君主制国家，将天皇的统治权神格化，奠定了天皇万世不可颠覆的永久统治地位。

在行政、立法、司法三权上，天皇拥有至高无上的权力，宪法规定天皇为国家元首，依宪法总揽统治权，以帝国议会之协赞行使立法权；天皇可裁可法律，并命其公布及执行，但不可更改法律，但为公共安全亦可在议会闭会期颁布法律敕令；议会的召开、闭会、停会包括众议院解散等由天皇召集；天皇定行政各部官吏俸给，任命文武官员。同时，天皇是全国陆海军统帅，由其确定陆海军编制及常备兵额。天皇拥有外交权，可与外国宣战、讲和、缔结各种条约。此外，天皇可授勋予爵加封，可大赦、特赦、减刑及复权。

宪法对日本人民以"日本臣民"相称，决定了"钦定宪法"及人民权利"恩赐"的性质。宪法保障"日本臣民"的自由居住迁徙权、所有权；在充任文武官员及就其他公务上以法律命令加以资格的限定；臣民信教的自由，言论、著作、刊行、集会及结社之自由，要不妨害安宁秩序、不违背臣民义务，要在法律许可范围之内。宪法还规定，"日本臣民"有依法服兵役、纳税的义务。同时，宪法规定的臣民之权利义务，在战时或国家事变之际，须不妨碍天皇大权之行使，限于抵触海陆军之法令或纪律者，准行于军人。

宪法规定日本由内阁、陆海军、帝国议会、裁判所和枢密院五大机构组成。在三权之内以"行政优先"为原则，内阁为行政执行机构，但并不全由内阁掌控，贵族院、陆海军、枢密院均可影响内阁决策。裁判所行使司法权，但行政诉讼属于行政机关，无违宪审查权，所以无法干涉内阁。帝国议会由贵族院与众议院两院构成，两院议员不可兼任，权力平等，可互相制衡。贵族院依贵族院令所定，以皇族、贵族及敕任议员组织，众议院依法选举生成，主要由上流民选议员组成。内阁与贵族院更为亲近，众议院在国家机构构架中则显得较为孤立，根本不具备制衡内阁的实力。

帝国议会拥有"立法权"与"财政预算案审议权"，但在"立法权"上，帝国议会为立法协赞，但天皇同样可以立法协赞身份行使立法权。在议员闭会期间，可通过天皇的"敕令"暂时颁行法律；在财政权上，预算案虽首先提交众议院审议，但皇室经费不受帝国议会管辖，宪法已定之岁出非经政府同意不得废除或削减，为保持公共安全，政府不能召集议会时可依敕令处置，帝国议会未议定预算时（众议院未通过时）可按上年施行等，简单地说，政府的财权在不开议会时可以经天皇的"敕令"行使，即便开议会众议院不通过也可以按照上年度来执行，显然众议院的财政权形同虚设。

另外，在明治宪法的构造下，内阁设有陆军、海军两省，而现役军人可以成为内阁之要员，现役武官制在山县有朋的一手炮制下于 1900 年获得立法通过，所以内阁无法制衡军队但军队可以挟制内阁。陆海军大臣通过辞职并拒绝提供继任者便可以使内阁陷于瘫痪并迫其就范，它通过军事力量不断吞噬全国资源并不断膨胀，日本内阁在明治元老的势力消退后便被军队掌控，致使军国主义的彻底化和侵略战争的爆发。

宪法规定各国务大臣辅弼天皇、负其责任，内阁总理大臣同样是辅弼天皇之一员，他无权任免各省大臣，所以只能协调各大臣共同辅佐天皇，对于各省大臣不具备制约的工具。对于各大臣而言，他们各自代表各自集团的利益，在利益无法协调时内阁便分裂甚至倒台，日本内阁更迭的频繁由此而生。

（四）日本明治宪法与《临时约法》

日本明治宪法与《临时约法》在本质上前者为君权宪法，后者为民权宪法。后者的制定虽与前者没有直接联系，但赴日本留学潮中培养的法律人才、日本大学特别是法政大学对民初首部宪法性质文本《鄂州约法》产生的影响，① 以及宋教仁在日本积累的法律素养、同日本政界的渊源均是二者之间间接的关联。

日本明治宪法将天皇规制于权力的中心，国家"由万世一系之天皇统治"，"天皇神圣不可侵犯"，"总揽统治权"；规定天皇可以敕令形式随意立法，"天皇统率陆海军"，他在行政、立法、司法上拥有至高无上的权力，并非真正的君主立宪，且军部拥有独立于内阁之外的军权：这些都是令日本日后走向军国主义的根本机制。明治宪法确立了以天皇为首的集权制度，其初心在集国权之力加快本国近现代化进程，实现脱亚入欧、对外扩张的"宏图大业"，同时也主导着日本大正以及昭和时期对内转向法西斯化、对华积极侵略的大陆政策。虽然它曾使日本一度成为亚洲现代化的典范，但最终耗尽百年来几代人胼肩茧足积累起来的社会财富，让国家和人民蒙受战争荼毒。

较之明治宪法，《临时约法》具有鲜明的民权色彩和更为突出的权力制约意图，但其对人民权利"得依法律限制"与明治宪法"在法律范围之内"有着共通性，1919 年 11 月李剑农便指出《临时约法》的这条限制抄袭自明治宪法第二十九条，这与南京政府参议院的议员大多从日本留学归来有着深厚的渊源。②

由于《临时约法》设计理念与内容本身的缺陷和不利于其实施的外部环境，虽然它在民权宪法上具有开创性与进步意义，但最后亦难逃夭折的命运。

二 宪法框架下的宪政困局

（一）民初宪政的困局与《临时约法》的废除

1914 年 5 月 1 日《临时约法》被袁世凯的《中国民国约法》取代，1916 年

---

① 冯天瑜：《法政大学中国留学生与〈鄂州约法〉的制订》，《江汉大学学报》（人文科学版）2011 年第 5 期。

② 李剑农：《宪法上的言论出版自由权》，《太平洋》第 2 卷第 1 号，1919 年 11 月。

6 月 29 日，黎元洪重新恢复了《临时约法》，1917 年 7 月 1 日再遭张勋复辟破坏，后再未恢复。《临时约法》的反复受挫既有约法制定理念与宪法基本法理理念本身的背离、设计本身的缺陷，同时还受制于实施过程中社会民主政治文化氛围的缺失、对强权政治的依赖、以暴易暴的政治文化传统、政党政治的不成熟等。①

《临时约法》的设计缺陷有二。一是理念上以根本法为工具牵制袁世凯为目的，缺少以将国家纳入宪政轨道、尊重及妥协各方利益和倾向的境界。二是立法、行政、司法权力架构的非合理性，表现在总统制与内阁制的冲突；参议院可对行政院提出不信任案，但总统无权对国会提出不信任案或解散国会，造成立法权与行政权的失衡；司法孱弱；人民自由权利的保障机制缺失。最终造成各种权力纷争，为宪政失败种下了制度的祸根。

1913 年宋教仁被刺杀后，革命派亦未能在法律程序下解决问题。孙中山发起二次革命，烽火辗转讨袁之役、癸丑之役、赣宁之役最终以失败告终，使得袁世凯继而统一全国，获得广泛支持。在各派不择手段争权夺利的角逐中，缺乏权力制约的袁世凯最终滑向宪政的反面——专制。

（二）辛亥革命对日本大正护宪运动的影响

以往研究已指出辛亥革命是日本大正初年的护宪运动和 "大正政变" 爆发的外部引擎。② 1913 年 1 月 15 日《日本及日本人》杂志刊登的稻垣伸太郎《中国革命和我们的阀族政治》一文指出，"在天正新时代的新政治之一，就是要去除藩阀官僚这些明治时代留下的弊害，进行政治上的一大革命也就是说，大正维新意味着第二个中国革命"，③ 指出了大正民主运动与辛

---

① 从约法的内外因素分析其实施不利的研究，有陈晓枫《〈中华民国临时约法〉的文化透析》，《武汉大学学报》（哲学社会科学版）1999 年第 6 期；音正权《〈中华民国临时约法〉的主要缺陷》，《政法论坛》2000 年第 12 期；袁伟时《袁世凯与国民党：两极合力摧毁民初宪政》，《江淮文史》2011 年第 5 期；李剑农《中国近百年政治史》，商务印书馆，1948；卞修全《近代中国宪法文本的历史解读》，知识产权出版社，2006；周叶中、江国华《从工具选择到价值认同——民国立宪评论》，武汉大学出版社，2010；等等。
② 王晓秋：《辛亥革命对日本的影响》，《中州学刊》1985 年第 3 期。
③ 转引自王晓秋《辛亥革命对日本的影响》，《中州学刊》1985 年第 3 期。

亥革命之间的直接联系。

也是在同年，民众参与的"大正政变"推翻了"桂太郎"内阁，新内阁总理大臣山本权兵卫废除陆海军大臣现役武官制，标志政党政治摆脱伊藤博文的宪法体制设计，迎来内阁政治时代，亦可以说大正民主主义运动是日本政党政治的直接推动力。

（三）明治帝国宪法下大正民主主义运动的终焉

大正民主主义运动的主要成果除开启政党政治以外，以 1923 年为反对清浦奎吾特权内阁，宪政会、革新俱乐部联合第一大党政友会组成护宪三派形成联合对抗势力的第二次护宪运动，护宪三派大胜组建内阁，内阁政治模式逐渐成熟，以及政党内阁时代（1924～1932 年）议会民主制度在大正民主主义的浪潮下颁布《普选法大纲》，规定 25 周岁以上的男子享有无须纳税的选举权为典型。这一阶段也成为日本民主发展的顶峰，但随着日本资本主义进入帝国主义阶段，以及随后的经济大萧条，民主政治阵营很快便瓦解了。

经过大正民主主义运动洗礼的"明治宪法体制"下的民主化改革未能成功，枢密院、贵族院、军部等非政党势力严重制约着政党政治。政党自身也存在放弃民众和政党运作、积极利用宪法构架中天皇特权机关进行政权争夺的缺陷。军事专制主义的统治形式通过一系列血腥的暴力行动固若覆盂。对外的标志性事件为 1931 年日本少壮派悍然发动九一八事变占领中国东北三省，使日本政府转变 1930 年在伦敦海军代表大会上的裁军立场。在国内，1932 年右翼极端分子刺杀犬养毅拉开半军事化独裁统治的序幕，1936 年军部的"皇道派"青年军官发动二二六事变使原本存在分歧的"皇道派"与"统制派"最终融合，通过恢复军部大臣现役武官制走上法西斯道路。

在空前的经济危机和尖锐的社会矛盾面前，社会右翼和下层军士完全接受了法西斯主义和扩军备战的立场，犬养毅、斋藤实、高桥是清、井上准之助、渡边锭太郎、团琢磨等首相、大臣、财阀纷纷遭到暗杀，法西斯势力一度猖獗并压倒资产阶级政党、财阀和社会一切民主力量，大正民主主义未能给日本带来黎明前的曙光，体制的不健全、民主意识的缺乏，不仅是日本最终走向战争的原因，而且也成为中国宪政失败的一个直接外部因素。

（四）日本侵华战争与国民党宪政建设的搁浅

1923年1月29日，孙中山在《申报》五十周年纪念专刊上发表《中国革命史》，提出："从事革命者，于破坏敌人势力之外，不能不兼注意于国民建设能力之养成，此革命方略之所以必要也。余之革命方略，规定革命进行之时期为三：第一为军政时期，第二为训政时期，第三为宪政时期。"1924年，他发表《中华民国建国大纲》，集中阐述了他的"军政、训政、宪政"三阶段实现宪政的国家建设次序。1928年，张学良改旗易帜，国民党中央常委会通过并公布了《中国国民党训政纲领》，宣布中华民国由"军政"期进入"训政"期。训政期间，国民党代表大会代表国民大会领导国民行使政权；国民党训练国民逐渐行使选举、罢免、创制、复决四种代议制大权；治权有行政、立法、司法、考试、监察五项，由国民政府总揽执行。训政受到党内高层反对者及社会关于一党专政的批评，要求制定约法的呼声异常强烈。1929年3月，国民党第三次全国代表大会及三届二中全会，决议训政期限为6年。1931年6月，国民政府颁布《中华民国训政时期约法》，宣称"国民政府本革命之三民主义五权宪法以建设中华民国，既由军政时期入于训政时期，允宜公布约法共同遵守，以期促成宪政，授政于民选之政府"。约法规定"国民无男女种族宗教阶级之区别在法律上一律平等"，肯定了国民诸如宗教、结社、请愿、言论的权利，同时明确了以党代政的基本原则，国民党最高权力机关即是国家权力最高机关，政府组织、立法决定权、行政决策均由国民党掌握，确立了以党治国的宗旨。

1931年九一八事变爆发后，为了团结全国力量抗日，尽快实现宪政被提上日程，1932年立法院院长孙科发表《抗日救国纲领》，提出"于最近期间，筹备宪政之开始"，将结束训政开始宪政作为抗日救国的要义。1936年5月5日，国民政府颁布《中华民国宪法（草案）》，又称《五五宪草》。5月14日，公布《国民大会组织法》和《国民大会代表选举法》，后经修改，确立了选举原则、资格和办法。1937年，华北大部分地区被日军占领，抗日战争全面爆发，国民大会无法正常召开，中国的宪政之路因日本对华侵略再次搁浅。

三 《临时约法》与明治宪法的终局

《临时约法》被《中华民国约法》取代，随着军事、经济各方利益集团博弈的胶着，袁世凯的立宪帝制被逐渐推上台前，而最终成为一部历史闹剧，也使自己蒙上终身骂名。明治宪法在其实行的早期，集中明治元老的威望和凝聚力使日本在现代化上走上一条腾飞之路。但从历史的长河及国民的视角审视这段腾飞发展的路程，它又显得极其短命，并给自身、国民及周边国家带来巨大伤痛，而战争历史遗留问题至今仍是影响日本国家走向、地缘政治的一个重要问题。

中日两国在近现代转型期关于宪政的激烈论争及宪政尝试，体现了社会不同集团、阶层关于在新的国家中自身利益与国家构建、阶层定位的关键性思考。它的存在反映了不同团体的经济、政治诉求与利益，落实在宪法文本中的条文也不无清晰地反映了强势集团或阶层在国家构建中的主导地位。宪法在赋予统治阶层以合法性基础的同时，也为维护其统治发挥了巨大作用，因而才会出现非统治阶层通过追求积极的宪法解释而抵抗主流政治势力的变通。民初《临时约法》的废除，说明民权宪政的理想固然美好，但需以社会经济、民主意识为契机，以社会各阶层博弈、妥协、共赢为基础。反法西斯的胜利及日本明治宪法的废止则亦说明国家权威主义虽能够集结集体之力量短期内使国家走向富国强兵，但并不是一条符合人类和平发展的长远之路。

论唐纳德·基恩的明治天皇印象

刘玥扬*

一 《明治天皇》写作动机

唐纳德·基恩的评传《明治天皇》构思于 1998 年，当时基恩完成毕生大作《日本文学史》不久，正在着手考虑首次撰写日本人的传记。基恩在其自传中写到当时的心境："我的脑海中突然浮现，尽管明治天皇常常被誉为日本天皇中最伟大的天皇，却没有关于他的英文传记，也几乎没有关于他的日文传记①。我认为，明治天皇的一生非常值得被写成传记。"②

基恩认为，明治天皇与明治时代存在着一种关联性的空白。由于明治时代是日本历史上变革最大的时代，因此关于明治时期的文化历史研究非常多，但是通常这样的研究却不会涉及明治天皇。虽然由日本一流学者撰写的"明治天皇传"有多部，但是在基恩撰写《明治天皇》以前，并不存在由英语或其他欧洲语言写成的天皇传记。③ 明治时期的政治家、文化名流、军人等在欧美均有充分的相关研究，但是为何与当时的政治、社会、文化最为相关，同时也是日本近代史上最为重要的人物——明治天皇在当今欧美学术界

---

* 刘玥扬，北京外国语大学日本学研究中心博士生，研究方向为日美文化关系、比较文化学。

① 实在上用日语写成的明治天皇传记数量繁多。基恩这样说可能是想表达没有符合他标准的传记。

② 别册太阳『ドナルド・キーン日本の伝統文化を思う254』、平凡社、2017、122～123 頁。

③ ドナルド・キーン『明治天皇を語る』、新潮社、2003、5 頁。

却无人关心?① 这是基恩的另一个写作动机。

关于基恩的《明治天皇》还有一个有名的轶事,当基恩决定将明治天皇作为写作对象时,安部公房警告基恩"可能会遭到右翼的恐吓"。结果写成之后,右翼没有进行任何恐吓报复,反而让基恩很失落。那么,被认为大概率会受到右翼批判的《明治天皇》到底塑造了什么样的天皇形象?本文将重点分析唐纳德・基恩的明治天皇印象。

二 明治天皇的大众印象

明治天皇给予大众的印象非常模糊。无论是在日本还是在海外,很多人都认为明治天皇是日本历史上最伟大的统治者。不过通常那只是个模糊的印象,多数人可能无法回想起天皇的任何一件具体功绩。现状是:以《明治天皇纪》为首的官方资料非常齐全,但大众对天皇的具体认识却非常匮乏。

实际上,明治天皇印象是"解构—重构"的连续循环。当人们听到"明治天皇"这个名字的时候,联想到的可能是天皇的军服照片、《五条誓文》《教育敕语》等碎片化的印象,并且通过这些印象组成了关于明治天皇的集体记忆。从哈布瓦赫(M. Halbwachs)的集体记忆理论(collective memory)的立场来看,明治天皇作为一种集体记忆,在解构与重构的过程中不断变化,因此当下印象与真实的明治天皇形象可能相去甚远。

历史中真实的天皇与作为集体记忆的天皇之间,的确存在明显的偏差。例如,提到明治天皇,可能会马上联想到明治维新,似乎明治天皇是日本近代开端之明治维新的重要人物,但事实上当时(1868)明治天皇只有15岁,不大可能独自领导维新以及随后的一系列重大改革。② 组成明治天皇集体记忆的关键词还有《教育敕语》与《军人敕谕》等诏敕,然而实际上天皇并没有参与诏敕内容的构思,其内容也就无法体现天皇

① ドナルド・キーン『明治天皇を語る』、5~6頁。
② 〔美〕唐纳德・基恩:《明治天皇》,曾小楚、伍秋玉译,上海三联书店,2018,第2页。

个人的思想，因此并不能成为构筑天皇印象的关键。明治天皇还常作为促进战争的胜利、日英同盟的缔结以及引导日本近代化成功的英雄形象出现，但实际上明治天皇在此类事物上发挥的作用并不明显，与其说是战略、政策的立案者，不如说只是个旁观者。[①] 由此可见，大众通常将天皇作为一个模糊的集体记忆来认识，却忽略了明治天皇作为一个"个体"的人生思想轨迹。

三　历史中的明治天皇印象

明治元年（1868）至今，天皇形象不断被重构，天皇印象在不断变化，本节从日本与西方两个角度分析天皇印象的变迁。

（一）日本人眼中的明治天皇

日本有关明治天皇的资料丰富，主要有官方记录、回忆录、传记、评论等。其中，宫内省编撰的《明治天皇纪》完整记录了天皇身边发生的所有事情，是研究明治天皇或者明治时代的最佳资料。但是《明治天皇纪》完全是事务性的记录，从中并不能了解明治天皇的真情实感。天皇死后，《太阳》杂志出版了以"明治圣天子"为题的临时增刊，天皇身边的人称赞了其克己、俭朴、富有同情心等优秀品德，但是由于此类文章只有赞扬，没有批评，不够全面，并不能给出明治天皇这一人物的具体轮廓。

由于宫中禁令不允许公开谈论已故天皇的生活细节，因此多数侍者并没有留下有关明治天皇的生活记录。[②] 多年以后，侍者坊城俊良与日野西资博二人出版了回忆录，详细描绘了明治天皇在宫中的生活。不过，二人的回忆录总体来说内容太过于琐碎，而且在细节处相互矛盾。例如，坊城俊良在回忆录《宫中五十年》中写道："（天皇）每日都要认真阅读多种报纸。"而

---

① 〔美〕唐纳德·基恩：《明治天皇》，第2页。
② ドナルド·キーン『明治天皇を語る』、17頁。

日野西资博却在《明治天皇的日常》中写道:"(天皇)从前非常认真阅读报纸,但在某个时间点以后,便对报纸彻底失去了兴趣。"并且此类说辞不一的地方在两本回忆录中存在多处。① 关于明治天皇的幼年时期,也是信息交错,表达不一。有人说体弱多病;有人说健康活泼;有人说热爱体育,擅长相扑。因此,仅通过回忆录来判断明治天皇的形象非常困难。②

关于明治天皇有数量众多的评传,但是这类作品或是通过野史轶事来证明天皇"人性"的一面;或是将天皇塑造成"无用"的存在,认为明治天皇不值得被人提及;或是通过寻找对人民的生活漠不关心的史料证据,试图证明天皇的冷酷。基恩认为,尽管现有的天皇评传数量庞大,但是并没有"成功绘制出明治天皇的可靠肖像"。③

(二)西方人眼中的明治天皇

作为第一次接见西方人的日本天皇,明治天皇常出现在访日外交官的日记中。与日本人出于敬畏之心而委婉含蓄的表达相比,西方人的叙述较为直接,更具有参考价值。西方人首先对明治天皇的外形感到了惊讶。英国公使巴夏礼(H. Parkes)的翻译官米特福德(A. B. Mitford)在回忆录中写道,明治天皇"涂白粉、胭脂,还有金色与红色的口红,并把牙齿染黑。他的眉毛被剃掉了,然后重新画在高高的额头上"。④ 尽管在这样一种滑稽而扭曲的形象下保持威严与庄重非常困难,但是米特福德依然能感觉到天皇的高贵。关于天皇外貌,还有以下描述:面部轮廓端正,但嘴巴形状不好;走路方式独特,仿佛脚独立于身体;接见外国来宾时,像雕塑一样静止不动;等等。这凸显了"怪异"的日本传统宫廷文化。⑤

继位初期的天皇,胆小害羞,神经敏感。米特福德写道,天皇"由于非常年轻,而且刚刚脱离宫闱,没有经历过这样的情形,因此有点害羞。他

---

① ドナルド・キーン『明治天皇を語る』、17 頁。
② ドナルド・キーン『明治天皇を語る』、17 ~ 18 頁。
③ 〔美〕唐纳德·基恩:《明治天皇》,第 3 页。
④ 〔美〕唐纳德·基恩:《明治天皇》,第 159 页。
⑤ ドナルド・キーン『明治天皇を語る』、19 ~ 20 頁。

的声音低得几乎听不见。因此要由在他右手边的亲王把话重复一遍之后再由伊藤俊辅翻译成英语"。① 《明治维新亲历记》中，萨道义（E. Satow）也记录了明治天皇的胆怯，"哈里·巴夏礼爵士向前一步，将女王的国书交给天皇，天皇显然太过害羞或者难为情，不得不由山阶宫帮忙。……接着陛下忘了该说什么，但是经左边那位大人提醒，勉强说完了第一句话，伊藤（博文）随即念了事先准备好的整段话的翻译稿"。② 不过，这种状态随着天皇的成长而改善，美国前总统格兰特（U. Grant）将军来访之时，继位 12 年的天皇已经可以轻车熟路地与这位外国来访者进行交流。根据格兰特的随行杨（J. Young）的记录，天皇对格兰特印象很好，不仅会谈非常成功，两人还在私下里交流将军在各国的所见所闻、世界局势。在格兰特离别之时，天皇用简短的话语感谢了格兰特。根据杨的记载，此时"天皇朗读时嗓音清晰悦耳，跟他第一次见外国人的嗫嚅含糊形成鲜明对比"。③

明治天皇对自身职责的觉悟颇高，因此西方人对天皇抱有好感，经常将欧洲君主与明治天皇进行比较。西方人尤其赞扬明治天皇的敬业精神，莱曼（C. Lanman）在明治 15 年写道："跟许多欧洲王子和公主不一样，明治并不耽于享受，而是以提高自己的修养为乐；为了获取知识，他不辞辛劳也不怕麻烦。……他热切地希望，几乎毫无偏见地从其他国家吸取一切他认为有利于国计民生的东西……因此几乎可以肯定，本世纪日本的皇冠戴在了一个最配此最高荣誉的人的头上。"④ 莱曼还给予明治天皇最高评价，认为他与彼得大帝惊人地相似。

通过西方人对明治天皇的描述、态度的变化，可以清晰了解到明治天皇——从一个无法表达意见的少年，逐步成长为一位敬业的君主——的成长轨迹。其他外国访客，如夏威夷的卡拉卡瓦国王、沙俄皇太子等也都高度评价了明治天皇。天皇死后，各国报纸都发布了悼文，并且各国舆论对明治天皇充满了赞美之声——有的媒体将天皇与古希腊英雄进行比较；有的媒体将

---

① 〔美〕唐纳德·基恩：《明治天皇》，第 159 页。
② 〔美〕唐纳德·基恩：《明治天皇》，第 169 页。
③ 〔美〕唐纳德·基恩：《明治天皇》，第 365 页。
④ 〔美〕唐纳德·基恩：《明治天皇》，第 204 页。

天皇与彼得大帝进行比较；有的媒体则认为天皇"仿佛用一根魔杖将日本民众从长久的沉睡中唤醒"。①

四 唐纳德·基恩的明治天皇印象

《明治天皇》实际上是以明治天皇的事迹为中心的明治时代史。基恩解读了整个明治时代，试图"发现"这样一个明治天皇："生于一个几百年来一直拒绝与西方接触的国家，却目睹了日本变成一个世界强国，并成为国际社会的一员。"② 本文将从三个层次——作为"人"的明治天皇、作为"大帝"的明治天皇、作为"神"的明治天皇，对《明治天皇》进行解读，探讨基恩对明治天皇印象的重塑。

（一）作为"人"的明治天皇

传记作者的第一要务是还原写作对象的具体形象，然而还原明治天皇的形象却是一个艰巨的任务。为了接近明治天皇，基恩做出了最大限度的努力，遍读 300 多册各类传记、回忆录、历史书等，试图还原明治天皇的性格、思想以及心理状态。全书采用编年史结构，通过梳理天皇的每一年、每一月、每一天的行为，试图描绘出天皇完整而具体的形象。基恩认为，还原作为"人"的明治天皇是绘制天皇形象的第一步。

为了能够让人物形象饱满，基恩首先关注了明治天皇"人格化"的一面，考证天皇的性格、生活方式、说话方式、声音语调等，然而收效甚微。③ 明治天皇没有写日记的习惯，书信也仅限于行政往来，甚至除了文件的署名外，几乎没有留下亲笔真迹。主要是关于天皇个人的信息实在太少，因此看似非常简单的问题，包括天皇的声音、语调、措辞等，实际上都已无法考证。④

---

① 〔美〕唐纳德·基恩：《明治天皇》，第 820 页。
② 〔美〕唐纳德·基恩：《明治天皇》，第 6 页。
③ ドナルド・キーン『明治天皇を語る』、18 頁。
④ ドナルド・キーン『明治天皇を語る』、18 頁。

另一方面，关于天皇的无数传说轶事，例如，一方面俭朴克己，另一方面又喜欢收集钻石、香水等奢侈品；饮酒成性，一直喝到餐桌上再也没有酒；完全不在意自己的健康，拒绝医师诊断等。各种谣言虽然都在一定程度上提供了了解明治天皇的线索，但是基恩认为，这些故事只是证明了天皇与其他日本人一样喜欢喝酒、不喜欢医生等无聊事实，并不能成为重构天皇印象的突破点。①

基恩认为了解明治天皇最为有效的方式是阅读天皇自写的和歌。有记录显示，天皇在一生中创作了超过十万首的短歌，可以说短歌几乎是天皇唯一的情感发泄口。基恩评论天皇的短歌"尽管大都是一些传统的语言和意向，但包含了少量跟他生平有关的内容，其中透露出他在各种场合的情感"。②或许因为基恩是美国人的缘故，更注重"人性"，《明治天皇》与以往的评传相比更注重天皇的个人情感，其中一个最大的创新点就是全篇都以短歌作为线索来挖掘天皇的真情实感。

但是，从仅有的资料中了解明治天皇的人格极为困难，基恩也未能把明治天皇还原成一个活生生的"人"。基恩写道："我们确切地知道他何时第一次踏足御所外面，但是我们真正想知道的并非这个具体的时间，而是当他从曾是他的整个世界的高墙之内走出来时，（就像释迦牟尼一样）第一次看到贫穷、疾病和死亡时，内心有什么样的感受。"③ 在无法考证天皇内心思想的情况下，传记作者只能用"猜测"的手段进行弥补。因此，通过大量的"可能""或许"等词，对于天皇身边的大小事件，基恩写下了自己的推测。

（二）作为"大帝"的明治天皇

"大帝"对应英语中的"the Great"，是给予成就伟业的皇帝的称号。明治天皇死讯传开后，《大阪每日新闻》效仿彼得大帝将已故的明治天皇称

---

① ドナルド・キーン『明治天皇を語る』、116 頁。
② 〔美〕唐纳德·基恩：《明治天皇》，第 4 页。
③ 〔美〕唐纳德·基恩：《明治天皇》，第 5 页。

为"the Great"，日本战败后，这个"大帝"的称号被广泛应用。① 飞鸟井雅道曾提及将书名定为《明治大帝》的理由："因为在近代史中，不，在日本史中除了这位天皇以外再没有大帝了。明治天皇确实留下了符合大帝的足迹。"② 基恩也说明了将明治天皇作为"大帝"的理由："刚开始写明治天皇的时候，我并没有特别多的想法。但随着研究的深入，我开始越来越佩服明治天皇，最后得出了当时所有在位皇帝中，明治天皇最佳，因此应该被称为'大帝'的结论。"③

基恩将明治天皇称为大帝的第一个理由在于，天皇的在位时间很长④。基恩反复强调。如果明治天皇年幼去世，或者与其父孝明天皇一样35岁就去世，可能就没有机会履行作为天皇的职责，只是被当作明治维新时代的一个短命君主。正是长达45年的在位时间，使得明治天皇从一个胆小害羞的孩子，成长为近代国家的君主，最后升格为"大帝"。

基恩指出了明治天皇得以被称作"大帝"的最大的原因：尽管权力无限，但天皇从未使用过他手中的权力。⑤ 从沙皇尼古拉二世令没有任何军事才能的亲信当上远东总司令这个例子也可以看出，欧洲君主滥用权力非常普遍。基恩欣赏明治天皇虽为三军总司令、大元帅，但是他从未参加过任何作战会议，也从未滥用手中权力干预行政。

虽然同认为明治天皇是"大帝"，但是基恩认同明治天皇的具体作用，而飞鸟井雅道却认为天皇的"实像"与"虚像"逐渐分离，无论是作为政治机关还是超越一切的天皇都只是"虚像"，最终明治天皇的"虚像"使得他获得了"大帝"的称号。相比之下，基恩将天皇的品德概括为"刚毅、木讷、近仁"，认为他一贯冷静，不管环境多么恶劣和悲惨，也从不抱怨或自怨自艾。基恩说道：长寿和使命感，最终使这名年轻人成为所有天皇中最为著名的一位。⑥

---

① 〔日〕飞鸟井雅道：《明治大帝》，王仲涛译，人民出版社，2011，第11页。
② 〔日〕飞鸟井雅道：《明治大帝》，第12页。
③ ドナルド・キーン『明治天皇を語る』、184页。
④ ドナルド・キーン『明治天皇を語る』、179页。
⑤ ドナルド・キーン『明治天皇を語る』、182页。
⑥ ドナルド・キーン『明治天皇を語る』、184页。

（三）作为"神"的明治天皇

或许明治这个时代与天皇联系太过紧密，导致二者无法分割，使明治天皇打破了前例，谥号与其年号保持一致。明治天皇死后，并没有像以往的天皇一样，只是变成家谱上的一个名字，而是变成"神"，继续活在民众的记忆中。

实际上，明治天皇经历了从"神"到"人"再到"神"的转化。明治初期，为了近代化国家建设的需要，天皇必须从宗教性存在变成政治性存在，即从看不见的"神"变成看得见的"人"。为了成为近代国家的君主，衣着改变是"近代化"的第一步，天皇从传统装束改穿西式军服，宫中起居也从自平安时代延续的传统变为西式生活。通过向全国各机关学校分发天皇身穿军服的写真照片，把明治天皇从"神的后代"彻底变成民众"可见"的角色，这也代表着天皇"人格化"的完成。明治天皇死后，战前的天皇史观、右翼的造神运动、东京的明治天皇纪念运动等多方势力的作用导致明治天皇并没有作为睦仁"个人"被记忆，也不是以引导日本走向工业化的"君主"形象被记忆，而是改变了存在形式，作为神格化的明治神宫"主神"活在了民众的记忆中。

对于明治天皇以及明治时代，基恩指出了以下三点。第一，随着真正生活在明治时代的民众减少，明治天皇以及明治时代已经变成了一个模糊的概念名称。第二，明治天皇的功绩已经与明治时代其他官员、军人的功绩混为一谈，能说出明治天皇具体功绩的人也很少。第三，尽管明治神宫参拜者很多，但多数只是凑热闹，并不关心明治天皇的存在。基恩用"雪落，而明治渐远"来形容明治天皇与明治时代已经远去，作为"神"的天皇依然是一个非常模糊的存在。[1]

（四）思考评传《明治天皇》

唐纳德·基恩的评传《明治天皇》同时关注了明治天皇个人与当时的

---

[1] 〔美〕唐纳德·基恩：《明治天皇》，第823页。

日本及世界，描绘了明治天皇与明治社会的互动。每个人心中的明治天皇印象都不尽相同，然而基恩《明治天皇》最大的特色在于统合了明治天皇作为"人""大帝""神"的三个曾经互不交叉的角色，强调天皇既不是英雄也不是反派，而是目睹历史的推动下日本走向强国过程的平凡普通的君主。

这样的形象与日本右翼将天皇当作"神"或者"英雄"的形象严重不符，因此基恩自己也认为可能存在遭到右翼的威胁恐吓的危险。但是实际上，右翼并没有对《明治天皇》做出任何批判。或许基恩把明治天皇拉下神坛，从"神"变成"人"的举动恰好迎合日本右翼在21世纪重塑日本形象的一种时代要求。作为集体记忆、想象共同体的明治天皇是日本"毅然时代"的象征与寄托，理解明治天皇印象也有助于理解近期日本首相安倍晋三不再强调以明治时期为蓝图的"新しい国づくり"的含义。

五 中国的明治天皇印象

中国的明治天皇印象分为两种。一种认为明治天皇主导了甲午战争，是日本军国主义的元凶，是侵略者。另一种则是将明治天皇与明治维新的成功与日本的近代化联系在一起。如《光绪皇帝 vs 明治天皇》一书所示，中国学者常将戊戌变法与明治维新进行对比，进而对比两位领导者——光绪皇帝与明治天皇在类似历史背景下的作用，突出光绪皇帝的"瀛台之囚"与明治天皇的"民族之父"[1]。再如，哀悼明治天皇去世的《国光新闻》写道，"呜呼，富士山头，云阴黯帝王之气，琵琶湖畔，波生泣考妣之丧，而此一世之雄手、携三岛国家于世界第一等舞台之日本天皇，竟舍蜻蜓般的国土、龙湖般的国运，并五千万大和民族，脱然撒手而去"，高度评价了天皇。[2]

这两种"中国式"明治天皇形象与日本明治维新的成功，中国甲午战争的失败，近代中国改良运动的失败与清朝灭亡、中国分崩离析的悲惨处境

---

[1] 王日根：《光绪皇帝 vs 明治天皇》，新星出版社，2006，第135页。
[2] 《国光新闻》（北京版）1912年8月2日。

联系在一起，互为表里。同时，这也显示了中国的明治天皇印象的局限性——只站在作为"中国人"的立场上，通过思考中国的政治地位、政治改革、国家分崩离析的现实去勾勒出明治天皇形象。借用镜像理论（looking-glass self），中国学者在认识明治天皇时只关注了明治天皇一个侧面，如近代化的成功、对战争的推动作用等，而忽略了其他因素，导致中国的明治天皇印象过于单一、脸谱化，即只有"贤明君主"与"侵略者"两种刻板印象。

相比之下，唐纳德·基恩所构筑的明治天皇印象打开了新视野，即将天皇作为"人""大帝""神"的三个方面联系起来，使得其形象更为饱满、综合和立体。基恩在一种对历史与当下的思考中，成功地在当代日本社会语境下重新认识了明治天皇。在全球化时代，中国需要把更多外部的明治天皇认识拉入视野，来改变过去固有的、局限的明治天皇印象，尝试提炼出多样化的明治天皇新形象。由此，基恩的综合立体的明治天皇印象可以丰富我们对日本历史和现实的认识。

日本"妖征型"妖怪与中国古代思想

王　鑫[*]

范玉庭在《明清的妖怪观——从〈古今图书集成·妖怪部〉谈起》一文中将中国的妖怪分为了"异兽型"、"妖征型"与"精怪型"三种。其中"妖征型"妖怪定义如下："发生不同于经验界常规法则的异常现象，能够征兆预示即将发生的灾祸者属之。现象本身不会直接造成经验现象者伤害，但亦不会因为经验者对现象本身的行为而驱避现象之后的灾祸。"[①] "妖征型"妖怪是我国最早出现的妖怪类型。"妖怪"一词由中国儒家创出，凡属于不符合自然规律、不能理解的反常现象均归为"妖怪"。它在"天命思想"下产生，到了汉朝与董仲舒提出的"天人感应""天人合一""灾异说"的理论相融合，"妖怪"成为君主"失德"的象征，成为臣下约束君主行为，谏言之时所使用的工具。其后融合了阴阳五行、五事思想，要求君主在言、行、貌、视、听等各个方面均要符合"礼"，否则将会出现各种不祥征兆的"妖怪"。两汉时期这种"妖怪"思想达到高峰期，成为改朝换代、群臣争斗、属下篡权时使用的"工具"。

"妖征型"妖怪也传入日本，出现在日本的文献中，然而其背后的思想并未被日本全盘接受。日本究竟如何接受与改造了中国的思想？背后隐藏着怎样的中日思想交流史？这些问题尚有待考察。

---

* 王鑫，北京大学医学人文研究院讲师，主要研究方向为日本思想史、文化史。

① 范玉庭：《明清的妖怪观——从〈古今图书集成·妖怪部〉谈起》，《有凤初鸣年刊》第 8 期，2012 年，第 303 ~ 304 页。

一 日本关于"妖征型"妖怪之记录

"妖征型"妖怪最早出现在《日本书纪》中，卷五崇神天皇卷中有关于"歌怪"的记录。

> 时有少女，歌之曰……于是天皇姑倭迹迹日百袭姬命，聪明睿智，能识未然，乃知其歌怪。[①]

天皇姑倭迹迹日百袭姬命通过此歌怪得知此乃武埴安彦谋反的预言之歌，最终天皇派遣将领平定了武埴安彦的叛乱。

此歌怪可以说受到中国"诗妖"的影响。如前所述，中国在五行五事思想的影响下，出现了"诗妖"说，即诗歌、童谣的妖怪，此妖怪的产生与君之言行有密切关系，即君主之言语不能令人顺从就会出现诗妖。臣下不听从君主之言，换言之可以理解为以下犯上，即僭越行为的出现。然而，究其原因，还是由于"君炕阳而暴虐，臣畏刑而柑口，则怨谤之气发于歌谣，故有诗妖"[②]，其罪责在于君而非臣。《史记》中记载晋惠公之时世上流传一首童谣，预示晋国灭亡，最终惠公被秦俘获，死去。而其原因便是晋惠公的失德。

然而，日本此处的记载却将之与君主的"德"相分离，仅取其政治预示含义，即臣子的叛乱，并以此为借口，派兵一举歼灭了武埴安彦及其叛军。

崇神天皇一统全国的决心在其颁发的诏书中已昭然可见：

> 十年秋七月丙戌朔己酉昭群卿曰：导民之本，在于教化也。今既

[①] 伴信友校『本朝六国史』卷五、岸田吟香等出版、1883、2~3页。

[②] 班固：《前汉书》卷27中之上，《景印文渊阁四库全书》第249册，台湾商务印书馆，1986，第23页。

礼神祇，灾害皆耗。……因以昭之曰："若有不受教者，乃举兵伐之。"①

可见，此时崇神天皇已然下令对边远地区严加管制，并可随时派兵讨伐不顺从之民。"歌怪"就出现在崇神天皇颁诏之后，可以说这不过是使讨伐武埴安彦师出有名而已。

崇神天皇不仅对中国的"诗妖"在利用时有所取舍，而且为了确保自己的皇位，对中国的天命思想也进行了篡改。

崇神天皇即位之后，疫病流行不绝。在中国出现这样的"天灾地妖"，则会归咎于君主之失德，臣下会进谏君主反省自己的德行。

而崇神天皇业已因为这样的"妖灾"去反省自己的政治。他颁布诏书："昔我皇祖，大启鸿基。其后，圣业逾高，王风转盛。不意今当朕世数有灾害，恐朝无善政。"② 可见，他把灾害的原因归结为朝廷没有实施善政，却没有把灾害实施者归为"天"，而是将其归为"神祇"，认为是"取咎于神祇"所致。通过占卜得知这些灾难为大国主神所致，"以大田田根子命为祭大物主大神之主，亦以市矶长尾市为祭倭大国魂神主，必天下太平矣"。③ 最终通过对大国主神的祭祀，平息了灾祸。

由此可见，此处虽有中国天命思想的影响，却也融合了日本本土的神祇观念，对中国的灾异说进行了日本式的改造。

关于天命思想在日本的接受，不少先行研究都有过分析，关晃就曾指出天命思想被日本本土的基于神统思想的天皇观取代，在律令制完成之时，已经被有意识地排除。同时，关晃指出，在天武系皇统的奈良时代，被否定的天命思想在天智系天皇光仁天皇即位之时复活；其依据有三：首先，天智天皇的和风谥号是"天命别开天皇"；其次，孝德天皇即位前纪大化元年六月乙卯条"皇天假手于我，诛殄暴虐"；最后，天智天皇纪七年七月条"天

---

① 伴信友校『本朝六国史』卷五、2 頁。
② 伴信友校『本朝六国史』卷五、1 頁。
③ 伴信友校『本朝六国史』卷五、2 頁。

皇，天命将及乎"。①

然而，小林茂之则认为关晃的证据都建立在假设的基础上，并不具有说服力。小林指出天皇制初创期，"即位"所依据的思想史料中的"天"虽然包含了儒教、佛教、道教等的表达与内容，但仍然是以"神祇"为第一，佛教也没有成为国家第一的宗教。②

如小林指出的那样，日本的天皇在即位之时所依据的理论比起中国的天命思想，更多是以神祇为依据，然而，天命思想以及在其影响下产生的"妖怪"思想，确实传入了日本，并被日本的统治者依据自己的需要进行了修改与利用。

关晃指出孝德天皇卷中有如下记载："告天神地祇曰'天覆地载。帝道唯一。而末代浇薄，君臣失序。皇天假手于我，诛殄暴逆。今共沥心血。而自今以后，君无二政，臣无二朝。若二此盟，天灾地妖，鬼诛人伐。皎如日月也'。"③ 这里强调君之权威，要求"君无二政"，也要求臣不能"二朝"，若有人违背此誓约，出现君臣失序的情况，作为惩罚则会出现"天灾地妖"的妖怪现象。中国"妖怪"就有预示君主失德或君臣失序的作用，可见这一思想已经传入日本，并被日本天皇利用。

《日本书纪》天武天皇卷中也有关于妖怪现象的记载："将及横河有黑云，广十余丈经天。时、天皇异之，则举烛亲秉式占曰'天下两分之祥也。然朕遂得天下欤'。"④ 天武天皇看到黑云从天上经过这一怪异现象，经过占卜，认为这是天下将一分为二的征兆。此时正值天武天皇即当时的大海人皇子与大友皇子为争夺皇位而发生内乱即"壬申之乱"之际。大海人皇子通过对这一"妖怪"现象进行占卜，认为这是战乱的征兆，并且最终自己会取胜。

然而，天武天皇也并非把所有的"妖怪"现象都与政治关联在一起。

---

① 详细请参照关晃「律令国家と天命思想」『日本文化研究所研究報告』通号13、1977、1～18頁。
② 小林茂之「藤原京の造営思想と天皇制」『史学』第七七卷第二・三号、186頁。
③ 伴信友校『本朝六国史』卷二十五、2頁。
④ 伴信友校『本朝六国史』卷二十五、2頁。

诸如"雌鸡化雄"这一"妖怪"现象,在中国《搜神记》中记载是王朝倾覆的象征,是凶兆。而天武天皇这一卷中虽有"雌鸡化雄"的记载,却并未对其有过多评价。

> 夏四月戊戌朔辛丑,祭龙田风神、广濑大忌神。倭国添下郡鳄积吉事,贡瑞鸡。其冠似海石榴华。是日,倭国饱波郡言雌鸡化雄。[1]

这里虽然记录了雌鸡化雄这一"妖怪"现象,却没有对其进行任何评价。同样的记录在贞观十一年十一月十三日条中也有。"镇魂祭如常,隐岐国言,雌鸡化为雄。"[2] 这里同样记录了雌鸡化雄事件,但未对其进行任何评价。

松本卓哉曾经对日本律令国家的灾异思想进行了分析,他以《六国史》为考察对象,对其中记录的灾异的起因以及应对方法进行了总结,共分为 6 种。[3] 考察《六国史》中有关"妖怪"的记载,与之有诸多重合之处,这是因为"妖怪"思想本起源于"天命思想"与"灾异思想"。

不过松本的考察仅局限于《六国史》,并以灾异诏敕为主要考察对象,分析了日本的灾害观以及对政治批判起到的作用。

本文将在先行研究的基础上,以江户以前的文献资料为依据,对日本的"妖征型"妖怪进行分析整理,分析日本对"妖征型"妖怪的认识以及应对方法,并与中国进行比较。

二 日本"妖征型"妖怪的征兆功能

日本对"妖征型"妖怪的认定虽然受中国影响,却并非全盘接受。诸

---

① 伴信友校『本朝六国史』卷二十五、4 頁。
② 経済雑誌社編『国史大系(第 4 卷) 日本三代実録』、経済雑誌社、1897、294 頁。
③ 黛弘道編、松本卓哉「律令国家における災異思想——その政治批判の要素の分析」『古代王権と祭儀』、吉川弘文館、1990、145~164 頁。

如前述的"雌鸡化雄"这一妖怪现象，日本就并未将其认定为"妖怪"。日本的此种妖怪多为自然灾害型，常使用"灾异""天灾地妖""妖征""妖祥""咎征"等词，这与我国古代的记述相类似。

诸如延历元年出现的自然灾害在《续日本纪》中就记载为"顷者灾异荐臻。妖征并见"。① 延历十五年时出现的干旱现象，也被称为"妖"。"其名曰神灵池。水旱经年。未尝增减。而今无故涸减二十余丈……消妖拯民。"②

此外，使用"怪""怪异"等字词来指代此种妖怪也很常见。天长二年，神灵池再度出现干涸现象，而此时的记载将延历年间的"妖"称为"怪"。

> 诸国往往、疫疠不止。又大宰府言上。在肥后国阿苏郡神灵池遭旱不增减。

> 而无故涸渴二十余丈者。去延历年中，有此怪。③

承和三年出现的"云竟天，其端涯在艮坤两角，经二克程，稍以消灭"④ 也被称为"怪异"。

承和四年出现了"玉造塞温泉石神。雷响振动。昼夜不止。温泉流河。其色如浆。加以山烧谷塞。石崩折木。更作新沼。沸声如雷"。⑤ 被称为"如此奇怪不可胜计"⑥。

天安元年出现的"藻壁门自然颓落"的现象也被称为"怪异"。"时人以为怪异也。"⑦ 同年出现的"持行漏刻鼓又自鸣三度"，⑧ 被称为

---

① 経済雑誌社編『国史大系（第2巻） 続日本紀』卷三十七、680頁。
② 経済雑誌社編『国史大系（第3巻） 日本後紀』卷五、2頁。
③ 佐伯有義編『増補六国史卷6日本後紀』、朝日新聞社、1940～1941、190頁。
④ 経済雑誌社編『国史大系（第3巻） 続日本後紀』、228頁。
⑤ 経済雑誌社編『国史大系（第3巻） 続日本後紀』、234～235頁。
⑥ 経済雑誌社編『国史大系（第3巻） 続日本後紀』、234～235頁。
⑦ 経済雑誌社編『国史大系（第3巻） 日本文徳天皇実録』、557頁。
⑧ 経済雑誌社編『国史大系（第3巻） 日本文徳天皇実録』、561頁。

"怪"。

由此可见，在日本古代将自然灾害等对人有危害的"妖怪"称为"妖""妖灾""妖祥"等，而对于那些反常的怪异现象，常常将之称为"怪""怪异"，并且不对它的预示、征兆作用做任何评价或记录。

同时，自承和三年起，日本出现了"物怪"的说法，"缘内里有物怪也"。① 而对于什么是物怪却没有详细的描述。承和年间，有关物怪的记录颇多，且同时存在"怪异"与"物怪"的记载。承和年间 14 年中就有 10 次关于"物怪"的记载，自承和三年起出现"物怪"，此后几乎每年都有关于"物怪"的记载。

中国的"妖征型"妖怪都有一定的征兆、预示作用，并均与政权相关联，出现此种妖怪时，君主要反思自己的政治与德行，实施善政，则能化灾为祥，否则会出现灭国或被篡权的可能。此种"妖怪"与"天遣说"相关联的思想也传入了日本，日本的不少记录可以反映出发生"天灾地妖"之时，天皇会将其与自己的"德"联系在一起，对自己的"德行"进行反思。松本卓哉通过对"灾异"思想的考察也指出了这一点。

"妖征型"妖怪出现之时，天皇如何进行反思，采取了哪些手段？

首先，天皇反省自己的德行将其归罪为自己的记录出现在养老五年二月条中：

> 诏曰：世谚云……咎征屡见，水旱并臻。平……今亦去年灾异之余，延及今岁，亦犹风云气色，有违于常。朕心恐惧，日夜不休。然闻之旧典，王者政令不便事，天地谴责以示咎征。或有不善，则致之异乎。②

针对发生的自然灾害，天皇认为这是"天地谴责"，因此反省自己的德行，并要求大臣对自己政令不足之处如实上奏，陈述自己的意见。但是，正

---

① 佐伯有義編『増補六国史卷 7 続日本後紀』、94 頁。
② 経済雑誌社編『国史大系（第 2 卷） 続日本紀』卷八、129 頁。

如松本卓哉指出的那样，"由于对于直谏的内容几乎没有记录，因此它是否起到了政治批判的作用则不得而知"。①

然而，天皇对于民间的巫觋等有关祸福之说的言论却管制得十分严格。天平元年圣武天皇之际，便下诏书严厉惩戒学习异端、宣扬佛法之徒，常常处以斩首或发配之刑，足见其对于此种言论之警戒。

> 敕。内外文武百官及天下百姓，有学习异端、蓄积幻术，压魅咒诅、害伤百物者，首斩，从流。②

可见，当时的朝廷对巫蛊厌魅诅咒之术的管制相当严苛，甚至对佛教的传播也严格禁止。但是，即使颁发了这样的诏书，在天平二年还是出现了聚众妄说祸福之人，圣武天皇再次颁诏指出这是违反宪法的行为，要求官员对其严惩。

> 庚辰，诏曰：京及诸国多有盗贼。……又安艺、周防国人等妄说祸福，多集人众，妖祠死魂，云有所祈。又近京左侧山原，聚集多人，妖言惑众。多则万人，少乃数千。如此之徒，深违宪法。③

可见，当时朝廷虽然颁布了诏书，可巫蛊之风甚重，特别是在安艺（现在的广岛）、周防（现在的山口县）这样较偏远的地区此种风气更为严重。此宪法在光仁天皇时仍在实施，光仁天皇对于此种行为也是严加制止，特别是对于大臣有此种行为者，五位以上要直接上奏给天皇，六位以下由所司来审理判决。宝龟十一年，光仁天皇颁诏如下：

> 甲辰，越前国丹生郡大虫神，越中国射水郡二上神，砺波郡高濑神

---

① 黛弘道编、松本卓哉「律令国家における災異思想——その政治批判の要素の分析」『古王権と祭儀』、吉川弘文館、1990、153頁。
② 経済雑誌社編『国史大系（第2巻） 続日本紀』巻十、170頁。
③ 経済雑誌社編『国史大系（第2巻） 続日本紀』巻十、180～181頁。

并叙从五位下，敕左右京，如闻。比来无知百姓，媾合巫觋，妄崇淫祀，蓊狗之设，符书之类，百方作怪，填溢街路，托事求福，还涉厌魅，非唯不畏朝宪，诚亦长养妖妄。自今以后，宜严禁断。如有违犯者，五位已上录名奏闻。六位已下所司科决。但有患祷祀者，非在京内者，许之。①

虽然，天皇一再颁布诏书禁止各种巫蛊、符书、作法的行为，但仍然屡禁不止。不仅在百姓中流行，在官员之中也甚为流行，因此，天皇颁布了对官员的法令，五位以上的官员如有涉及此违法行为直接上奏天皇，六位以下的则由其上司直接处置。同时，也可以看出对道术也有所放宽，即因为生病而行的祈祷仪式只要不在京城之内是被允许的。

从巫蛊之术在日本的流行可以看出民间道教很早便传入了日本。这一诏书一方面显示出朝廷对民间道教的戒备，另一方面也可以看出巫蛊等民间道教之术在日本的流行程度。此法令到了平安时代的平城天皇、嵯峨天皇时仍然严格执行。大同二年，嵯峨天皇下诏严格禁止巫觋之事：

　　敕。巫觋之徒，好说祸福；庸愚之辈，深信妖言。淫祀斯繁。自今以后，一切禁断。②

五年之后，嵯峨天皇再次颁布诏书，严厉打击有关祸福之说。弘仁三年（812）九月天皇颁诏：

　　敕。怪异之事，圣人不语；妖言之罪，法制非轻；而诸国信民狂言，言上寔繁。或言及国家，或妄陈祸福。败法乱纪，莫甚于斯。自今以后，有百姓辄称托宣者，不论男女，随事科决。③

---

① 経済雑誌社編『国史大系（第 2 巻） 続日本紀』巻三十六、649～650 頁。
② 佐伯有義編『増補六国史巻 6 日本後紀』、78 頁。
③ 佐伯有義編『増補六国史巻 5 日本後紀』、188 頁。

可见，嵯峨天皇之际，百姓有关祥瑞灾异等的言论被严格控制，并指出当时百姓的言论已然涉及国家的政治，属于严重的违法乱纪行为，一旦发现严惩不贷。不过，国司可以负责观测祸福之征兆，并加以检查验定之后，上奏于天皇。

由此可见，虽然日本吸收了中国"天命思想"下产生的"妖怪"思想，并把妖怪的出现与天皇的"不德"相联系，但却严格控制大臣特别是百姓的此种言论，并把禁止妄说祸福写入宪法，一旦发现严惩不贷，以此来确保天皇的统治地位。将"妖灾"与君主失德联系起来的记录到室町时期仍有记载。

负责观察天象、进行占卜的日本的阴阳师吸收了中国的阴阳五行、五事等思想，对宫廷之人以及百姓的言行产生了极大影响。作为阴阳道的基本资料之一的《历林问答集》中便记录了妖怪与君主德行之间的关联。该书由贺茂正方于1414年编纂，将贺茂家有关历数的秘说以问答的形式记录下来。其中有关于星辰运行与政治预兆的记录：

> 故配于五方，异于政，或有福德助，或祸罚威刑，顺轨而常，错乱以显异……其于五常仁也……以进退顺逆，定天下之理也，岁星其明如常，则五谷滋盛，国家安宁，民间有福庆……荧惑星，火之精……于五常礼也，于人主心，又主岁之成败，察妖孽祸乱，所行有兵乱疫丧饥旱灾火也。但其君修德，则不为咎而加福，出入无常，故名荧惑也。填星，土之精……其于五常信也……其于五常义也……此五星在天者，主木火土金水之五行，在地者主五方五岳，居人者主五藏五根，于五常主仁义礼智信，于五事貌也，视也，言也，听也，思也。此五者不阙，行之者终久，保之者德显，故动于天地令感鬼神……日月五星谓之七曜，众星并光谓之辰，各晨昏正，寒暑生，岁时成也。六合之间，无不照明，皆知天下之损益，定人伦之祸福耳。[①]

---

① 贺茂在方『暦林問答集』、释七耀吉凶第六十。

由此可见，在室町时期中国的天命思想，特别是阴阳五行、五事、五常思想被日本接受，并以此对君主以及百姓的言行加以规制。

日本在最初引入中国"妖怪"思想之际，虽然将"天灾地妖"等自然灾害的出现与君主失德相联系，但是，对于"雌鸡化雄"等反常现象却仅仅加以记录，而不用"天命思想"对它预示的含义加以解释。

此外，如松本卓哉指出的那样，天皇一方面承认灾异与自己的失德有关；另一方面却又将降灾的主体由"天"转换为"神祇"，将灾异出现的原因归为神祇作祟。松本指出此种转换出现在桓武天皇之际，然而，从妖怪记录来看，在崇神天皇（前97~前30）之际就已然出现了此种转换。当然，此记录有可能是《日本书纪》的编纂者进行的阐释，《古事记》中同样记录了崇神天皇时疫病流行，却并未以"天命思想"对此加以解释。可见，《日本书纪》的编纂者在辑录此事件时利用了中国的天命思想，但并非全盘采纳中国的思想，一方面陈述天皇对灾害的出现反思自己的行为，而另一方面通过梦得知降灾的主体乃"大国主神"，并通过祭拜大国主神化解了灾难。

桓武天皇之际再次出现了把"妖怪"的起因归结为"神祇"作祟的记载。延历元年出现了一系列"灾异、妖征"，七月天皇已颁布诏书，表明自己的不德，并实施了一系列善政，如减免罪犯的罪行、抚恤老幼病残之人等，然而这些妖灾并未消除。同月，右大臣以下与参议以上的群臣上奏天皇称经过神祇官与阴阳寮的共同占卜，发现此妖怪乃伊势大神及诸神社作祟的结果：

> 右大臣已下，参议已上，共奏称：顷者灾异荐臻，妖征并见，仍命龟筮，占求其由。神祇官阴阳寮并言，虽国家恒祀依例奠币，而天下缟素，吉凶混杂，因兹伊势大神及诸神社，皆为祟。如不除凶就吉。恐致圣体不豫欤。而陛下因心至性。尚终孝期。今乃医药在御。延引旬日。神道难诬。抑有由焉。伏乞。忍曾闵之小孝。以社稷为重任。仍除凶服以充神祇。诏报曰：朕以霜露未变，荼毒如昨，方递谅暗，以申罔极。而群卿再三执奏，以宗庙社稷为喻，事不获已。一依来

奏。其诸国释服者，侍秇使到，秇洁国内，然后乃释。不得饮酒作乐，并着杂彩。①

此时，桓武天皇正在服丧，此月天皇已就日本灾异现象下了罪己诏，反省自己的德行，然而妖怪现象并未得到遏制。于是，同月大臣们一起上书天皇，请求其停止守孝行为，并认为这些妖征出现的原因在于"吉凶混杂"，即由祭祀神祇的吉事与天皇为先皇守孝的凶事共同进行导致，如此下去会对天皇身体有害，请求天皇以社稷为重，"除凶服以充神祇"。通过天皇的回复可以看出，天皇对此说十分不满，并且大臣们曾不止一次上奏，并以国家社稷来干预天皇的行为。可见，日本也利用"妖征型"妖怪约束天皇的行为。"妖征型"妖怪的占卜由神祇官或阴阳寮进行，不过大臣依据占卜对天皇的行为虽然有所劝诫，却并未与其执政相关联，并把妖怪的主体由"天地"转换为"神祇"。

此后，既有将妖怪的主体认定为"天"的记载，也有将其认定为"神祇作祟"的记录。

三 日本"妖征型"妖怪的应对方法

"妖征型"妖怪出现之时日本是如何应对的呢？如前所述，崇神天皇之际，首先对自己的德行进行反省，此后通过祭祀神祇达到祛除妖灾的效果。

到了光仁天皇之际，首次记载了以"大秇"来驱除"妖怪"。宝龟八年（777）三月辛未"大秇。为宫中频有妖怪也"。② 此处并未详细描述"妖怪"，仅记录了通过举行大秇仪式来驱除妖怪。此后，大秇成为驱除妖怪必不可少的仪式。贞观四年（862）十一月出现了"鼠啮内印盘褥"的妖怪事，"神祇官卜云。触秽之人供神事。仍成祟。由是大秇于建礼门成，以攘

---

① 経済雑誌社編『国史大系（第2巻） 続日本紀』巻三十七、680頁。
② 経済雑誌社編『国史大系（第2巻） 続日本紀』巻三十四、603頁。

妖祥焉”。①

“大祓”在《国史大辞典》中这样记录：“为了除去百官以下万民的罪秽，使之清洁而举行的神道仪礼。每年六月、十二月晦日举行。”② 也有临时举行的仪式，宝龟八年举行的大祓就是临时举行的仪式。

除举行大祓仪式外，天皇也会反思自己的德行，实施善政。贞观十一年十月十三日丁酉清和天皇下诏称：

> 诏曰：羲农异代，未隔于忧劳；尧舜殊时，犹均于爱育，岂唯地震周日？姬文于是责躬，旱流殷年，汤帝以之罪己。朕以寡昧，钦若鸿图，修德以奉灵心。……至诚不感，上玄降谴，厚载亏方。……责深在予，今遣使者，就布恩煦，使与国司，不论民夷，勤自临抚，既死者尽加收殡；其存者详崇振恤；其被害太甚者，勿输租调；鳏寡孤、穷不能自立者，在所斟量。厚宜支济。务尽矜恤之旨。俾若朕亲规焉。③

清和天皇以中国的伏羲、尧舜、周文王等明君为例，称自己也和这些明君一样时常修德反省，希望能顺从民意，然而还未感动上天，上天便降谴，日本出现了一系列如地震、海啸、房屋倒塌等灾害。天皇把这些灾害出现的原因归结为自己的失德，于是派人赈灾抚恤，并颁布罪己诏于天下。

除了举行大祓仪式、天皇颁诏反省自己的德行并实施善政之外，也有动用佛教手段，命令寺院读经来驱除妖怪的记录。如延历十五年（796）七月天皇的诏书中就有此记载。

> 诏曰：朕以眇身，忝承司牧，日旰忘食。……方欲修德施惠消妖拯民。其天下鳏寡茕独不能自存者，量加赈给，兼令每寺三日斋戒读经悔

---

① 経済雑誌社編『国史大系（第4巻） 日本三代実録』、113頁。
② 国史大辞典編纂委員会『国史大辞典』第二巻、吉川弘文館、1987、680頁。
③ 経済雑誌社編『国史大系（第4巻） 日本三代実録』、293頁。

过。庶恤隐之感，格于上天。灵应之征，被于率土焉。①

此处，天皇指出欲通过修德、施惠来消除妖灾，并对鳏寡茕独者实施救济。在此基础之上，还要求寺院僧人斋戒、读经悔过，希望以此使上天得到感应，消除灾害。

此政策在天长二年（825）、五年（828）的记录中也可见。天长二年发生了严重的疫情。淳和天皇颁布诏书，称此妖灾与政术有关，并引用了中国的周公与宋景帝之例，指出"德必胜妖"，同时指出"欲攘兹殃，唯资法力"，要求"每寺斋戒以修仁祠"，同时对"鳏寡孤独、不能自存者量加振赡。其卧病之徒，无人救养，多致死亡。凡国郡司，为民父母，弃而不顾，岂称子育。宜一一到门，给谷与药，令得存济。又免除去弘仁十三、四两年调庸未进"。②

对于天长五年出现的妖灾，淳和天皇颁诏时依然将其与自己的失德联系在一起，采取的措施同样是施仁政。

可见，在妖灾发生之时，天皇多反省自己的德行，并通过实施仁政来消除灾异，同时采取佛教消灾的方法，通过诵读经书，与仁政并施，共同消灾。

这里并未明确指出所诵经书的名称，而对于延历十六年（797）出现的怪异，则明确指出要诵读《金刚般若经》，并且并非由寺庙僧人诵读，而是在禁中与东宫转读。"甲辰。于禁中并东宫转读金刚般若经。以有怪异也。"③

承和年间出现的"妖怪"是通过书写、诵读《大般若经》或《仁王经》等经书来消除，这恐怕与寺庙僧人试图借此扩大佛教势力、参与政权有关。

承和四年（837），寺庙僧人上奏天皇请求通过诵经来攘灾致祥：

---

① 経済雑誌社編『国史大系（第 3 巻）　日本後紀』、2 頁。
② 佐伯有義編『増補六国史巻 6 日本後紀』、192 頁。
③ 佐伯有義編『増補六国史巻 6 日本後紀』、32 頁。

　　僧纲奏言：出家入道，为保护国家；设寺供僧，为灭祸致福。……
昼读大般若经，夜赞药师宝号，以此奉答国恩。敕报曰：佛旨冲奥，大
悲为先；攘灾致祥，谅在妙典。[①]

　　这里指出，出家入道是为了保护国家，而寺庙与僧人的职责则在于除灾
得福。对于当时出现的灾异情况，僧纲奏请天皇，允许僧人通过读《大般
若经》以及颂赞药师宝号来消除，并由二十个主要寺庙轮流进行。此后，
承德年间出现"妖怪"之时多采取佛教诵经的手段。如承和五年（838）十
一月出现妖祥，天皇下诏令京畿七道书写供养《般若心经》[②]。承和七年出
现的"妖怪"是通过讲《仁王经》来消除。"辛亥，设百高座于宫中，令讲
仁王经，为攘中外妖祥也。"[③]

　　平安中期圆融天皇时，首次出现了因为"妖怪"而改元的事例（974）。
在圆融天皇之前，已经有因为灾害而改元的记录，最早出现在昌泰四年
（901）醍醐天皇在位之际，这一年由于是辛酉年，依照中国的《易经》，这
一年是容易出现革命的一年，同时还有天变等现象出现，因此改元。此后，
醍醐天皇在923年再次因为水灾、疾病等而改元，开了日本因为灾害而改元
的先例。在此之前的改元，多是祥瑞所致。

　　圆融天皇之际四次改元，均是因为自然灾害。天禄年间的改元是第一次
因为灾害进行的改元。此次改元诏书中，天皇将这些自然灾害称为"妖
怪"，认为出现妖怪是天的惩戒，与自己的"德薄"有关。因此，施仁政，
对有罪之人减轻处罚，对老人与僧尼进行救济。其诏书在《本朝文粹》中
有所记录，原文如下：

　　改元诏　　庆保胤诏。唐尧之驭民也，敬虽授时而未号，汉武之抚
俗也，初以建元而为名，自尔以来，或遇休祥以开元，或依灾变以革
历。朕以庸虚，猥守神器，慎日是几多日，计年唯十五年，天之未忘，

---

①　佐伯有義編『増補六国史巻 6 日本後紀』、235 頁。
②　详见経済雑誌社編『国史大系（第 3 巻）　続日本後紀』、248 頁。
③　佐伯有義編『増補六国史巻 6 日本後紀』、277～278 頁。

屡呈妖怪而相诫，德之是薄，虽致兢惕而不消。……方今上玄之谴便如是，中丹之谢欲奈何，宜下改正朔以易率土之听，施德政以解中圉扉之冤上，其改天元六年为永观元年，大赦天下。[①]

由此可见，圆融天皇将旱灾与宫室的火灾称为"妖怪"，并认为这是天、上玄对他的告诫，与他的失德有关，因此希望通过改元兼施德政来消除灾害。

关晃曾指出在律令体制完成之际，天命思想就已经被排除在外了，通过松本卓哉对六国史的整理可以看出，直到平安前期，天命思想依然被日本接受，当然，它是否构成对天皇政治的批判则另当别论。刘晓峰也指出，"对天命思想加以完全的排除至少应当是延历以后的事情"。[②]

通过上述事例不难看出，直到 185 年之后的永观年间，依然有天皇采用中国天命思想下的"妖怪"观，将灾异与自己的德行联系在一起的事例。

"妖怪"思想随着末法思想的发展与浇季思想的出现又出现了新的变化。

末法思想是佛教中的一种思想，据中国史书记载："然佛所说，我灭度后，正法五百年，像法一千年，末法三千年，其义如此。"[③]

末法思想在中国的隋唐时期最为流行，平安时期传入日本，被日本所接受。最澄的思想中已然可见末法思想。1052 年被认为是日本的末法元年。

随着末法思想的出现，中国也出现了浇季思想。至于"浇季"何时出现，并未有先行研究考察，据笔者调查，应该与末法思想出现的时代大致相同，均诞生于南北朝时期。中国的末法思想最早见于中国天台宗第二代祖师慧思（515~577）撰写的《立誓愿文》中。而对"渐浇"一词较早的记录

---

① 柿村重松註『本朝文粋註釈（上册）』卷第二、内外出版、1922、135 页。
② 刘晓峰：《日本冬至考——兼论中国古代天命思想对日本的影响》，《清华大学学报》（哲学社会科学版）2007 年第 3 期，第 109 页。
③ 马端临：《文献通考》卷 226，《景印文渊阁四库全书》第 614 册，台湾商务印书馆，1986，第 3 页。

也出现在梁皇侃疏（488～545）的《论语集解义疏》中，"哀公问于有若曰，年饥，用不足，如之何"，皇侃对此注疏曰："夏民犹淳，少于欺诈，故云贡也。殷人渐浇，不复所可信。"①

所谓"渐浇""浇季"，是指道德风俗没落、浮薄的末世、末代。唐朝欧阳询编纂的《艺文类聚》中记述梁朝任昉上书梁公，请求修改律令，认为当时已然"运距浇季"。

> 梁任昉《为梁公请刊改律令表》曰：……及淳德下衰，运距浇季，汤刑禹政，不足禁奸。②

由此可见，浇季思想与末法思想大约产生于同一时代，即中国的南北朝时期。两种思想均认为世风日下与末世、末代有关。这两种思想均传入了日本，平安时代日本天台宗始祖最澄接受了末法思想。同时，浇季思想在平安朝的不少文书中也有记载。

在这两种思想的影响下，日本平安中期对"妖怪"起因的解释也有了新的变化，即把"妖怪"的出现逐渐与君主的"德"相剥离，而以浇季思想来阐释"妖怪"的起因。

藤原行成（972～1027）撰写的《权记》之中就记载了一条天皇之时疫病流行，灾异不断，并列举了崇神天皇时的例子，指出这些"天灾地妖"的出现并非天皇的无德，而是世逢末法、浇季之世，因此会出现大量灾异。

> 近日疫疠渐以延蔓，此灾年来连连无绝。昔崇神天皇御宇七年，有疫，天下之人大半亡没。于时天皇知其祟，忽以解谢，治驭天下百余年也。而今，世路之人皆云，代及像末，灾是理运也。……皆是怪异之极，有识者定应有所见。主上宽仁之君，天历以后好文贤

---

① 王云五编纂，何晏注，皇侃疏《论语集解义疏》，商务印书馆，1937，第167页。
② 欧阳询：《艺文类聚》卷54，《景印文渊阁四库全书》第888册，台湾商务印书馆，1986，第16页。

皇也。万机余闲，只回睿虑，所期澄清也。所庶几者，汉文帝唐太宗之旧迹也。今当斯时，灾异蜂起。愚暗之人不知理运之灾，尧水、汤旱难免。[①]

此处，将妖孽出现的原因归结为"像末"之世，指出灾乃"理运"，并认为一条天皇是"天历以后的好文贤皇"，因此，"妖灾"的产生并非天皇无德，而是"理运"之灾。"理运"在《本朝世纪》中这样记载："世及浇季，德是菲薄所致，如此事出……纵理运乃灾厄，纵可致不祥。"[②] 理运即灾厄，世界到了浇季之世导致理运的出现，导致"不祥"事件的出现。在日本的摄关院政时期，此种末法思想与浇季思想支配着贵族的灾异观，这一点森新之介有过详细论述。[③]

四　结语

通过考察日本"妖征型"妖怪，我们可以看出中日两国之间的两点异同：首先，中日两国都有将自然灾害称为"妖怪"的记录；其次，都有将"妖怪"的起因与君主的德行联系起来的记录。由此可见，日本接受了中国天命思想。

然而，中日的"妖征型"妖怪又有一些不同点。

第一，日本的"妖征型"妖怪涵盖的范围要比中国小得多，中国不仅将某些自然灾害称为"妖怪"，更把一些违反自然规律的事件，诸如"雌鸡化雄""蛇斗""马生角"等民间出现的各种怪异现象称为妖怪，均赋予它们政治上的象征意义。与此相比，日本的"妖征型"妖怪则少得多，并且天皇严格控制大臣以及百姓对祸福征兆的评论，特别是与政治相关的评论，将其写入法律之中，一旦发现重者就处以极刑。

---

① 笹川種郎編『史料大成　続編第35』、内外書籍、1939、132頁。
② 経済雑誌社編『国史大系（第8巻）　本朝世紀』、経済雑誌社、1898、669頁。
③ 森新之介「摂関院政期貴族社会における末代観——災異思想や運命論との関連から」『日本思想史研究』四十号別刷、2008、18～39頁。

第二，日本虽然把"妖怪"与"天遣"联系在一起，却不涉及其在政治上的征兆意义，多以天皇自己下诏的形式对自己的德行进行反省，通过实施德政来减轻灾害。但日本不过多地将怪异事件记录为妖怪，不对"妖怪"的征兆意义加以评论，可以看出日本尽量把天命思想中革命的理论排除在外，不使其成为"易姓革命"的理论依据。

第三，日本在接受天命思想的同时，也试图以日本的"神祇"替代中国的"天"，将妖灾的起因归结为神祇作祟是日本"妖征型"妖怪的一大特点。

第四，日本在出现此种妖怪之时，不仅依靠天命思想中君主反省自己德行的方法，更运用佛教以及神道的力量，借助进行神祇祭祀、举行大祓仪式、诵读经书等多重手段来消除妖怪。

第五，在平安中期，日本逐渐淡化妖怪与君主失德之间的联系，而将其转嫁到末法思想与浇季思想上，以此两种理论来阐释妖怪的出现。这些都是中国"妖征型"妖怪所不具有的特点。

试析中日对曜变天目的不同评价

叶晶晶[*]

早在汉代，中国四川省就已有饮茶的习惯。在王褒《僮约》这本记载西汉时期蜀地社会生活的古籍中，出现了"烹茶尽其""武都买茶"，其中的"荼"被认为是"茶"的古体字。[①] 到了唐代，原先在中国南方的饮茶习惯也普及到了北方，并出现了中国第一部系统论述唐代之前有关茶事的综合性著作《茶经》。到了宋代，调制茶水的方法已与唐代大不相同。唐代烹茶将碾细的茶叶投入沸水中，再浇水入汤；而宋代则是首先将茶叶末放在茶盏中，放入少量沸水调成膏状后，再直接加沸水直接点泡已经放入茶盏中的茶膏，然后用茶匙等旋转击拂。中国的天目茶碗等茶具连同宋代点茶法，在镰仓初期一起传入日本。到了镰仓后期，中国"斗茶"的传入使饮茶风潮逐渐扩散至日本各个阶层。这种斗茶会在日本又被称为"茶寄合"。由于斗茶会以及饮茶的盛行，大量的天目茶碗通过中日贸易流入日本，曜变天目就是其中的一种。

一 天目的内涵及其变迁

关于天目一词的由来，中国古代陶瓷文献及其他文献中均没有关于"天目"的记载，中日陶瓷考古界的共识是认为是由日本人命名而来，其中

---

* 叶晶晶，北京外国语大学日本学研究中心在读博士。

① 也有学者对此提出疑问，如周文棠认为"荼"非茶，而是菜，参见中国茶叶博物馆《王褒〈僮约〉中"荼"非茶的考证》，《农业考古》1995 年第 4 期。

以传为日本陶瓷泰斗今泉雄作之说的"宋代求法的禅僧自天目山携归而命名"的说法最为普遍。

饮茶以及点茶使用的器具，现在一般作为总称使用的有茶碗、建盏或天目等。但这些词语在古代乃至中世的日本有着不同的内涵。首先是茶碗，日本平安时代"茶碗"亦写作"茶垸"，不仅有饮茶之碗的意思，还有作为瓷器代称的意思。《君台观左右账记》（成书于1471年前后）① 中提到"茶垸物之事"，这里的茶垸也是瓷器的含义。建盏则可以分为广义和狭义两种。广义上指的是中国福建建窑生产的茶盏，而狭义上特指建窑生产的兔毫盏。

而天目的内涵差异最大，现在一般所说的"天目"是一种广义上的总称，这种用法出现在16世纪中后期，② 指的是以中国建窑烧制的建盏、吉州窑烧制的玳玻盏等为主的茶碗以及与这些茶碗形状相同的茶碗的总称。从中国舶来的茶道具总称为"唐物道具"，或在物品前冠以"唐"以示区分。产自中国茶盏的称为唐物天目，产自日本的称为和物天目。那么，唐物天目何时传入日本？日本考古专家在对中世港口城市博多的中心区一带的遗址群进行考古时曾发现大量12世纪前期的天目瓷，推测至少在12世纪前期，也就是平安末期，日本就已经进口了唐物天目。③ 唐物天目种类很多，在日本有曜变天目、油滴天目、禾目天目、灰被天目、黄天目、玳玻天目等。

二 中日对曜变天目的评价

在日本现存的曜变天目有四件，淀藩主稻叶家传世的拥有"稻叶"之铭的稻叶天目（现收藏于静嘉堂文库美术馆），水户德川家传世的曜变天目

---

① 《君台观左右账记》是足利义教、义政两位将军执政时期，同朋众能阿弥以及能阿弥之孙相阿弥整理编写的一本关于书院内部的装饰方法以及"唐物"鉴定的书籍。

② "天目"作为总称的用法始于16世纪中后期，如茶会记录《天王寺屋会记》1549年（天文十八年）出现"天目ようへん（曜变）"等，1568年（永禄十二年）出现了"曜变天目"的称呼等。

③ 森本朝子「福岡博多遺址群出土的天目瓷」『唐物天目—福建省建窯出土天目と日本伝世の天目—』、茶道資料館、1994、313~318頁。

（现收藏于藤田美术馆），天王寺屋津田宗及所藏的曜变天目（现收藏于大德寺龙光院），均是日本国宝，另一件是重要文化财，现存于滋贺美穗。对于曜变天目的尊崇，早在室町时代能阿弥等人编撰的《君台观左右账记》中就可以看到。从表 1 中可得知，曜变天目排在首位，被认为是建盏之最。

表 1 　《君台观左右账记》中的天目茶碗

排名	名称	主要评价	笔者备注
1	曜变	建盏之最。世上罕见。质地极黑，整体有许多浓淡不同的琉璃状的星斑。另外，黄色、白色以及极淡的琉璃色等色泽相互交织，形成美如织锦的釉,相当于价值万匹之物也	—
2	油滴	第二重宝。其质地也很黑，盏内外有许多淡紫泛白的星斑。存世量比曜变多，价值等同于五千匹之物也	—
3	建盏	并不比油滴差。地釉黑，带有金子般的色泽。也有一些和油滴一样是带星斑的。价值等同于三千匹之物也	指兔毫盏,日本又称禾目天目
4	乌盏*	形似兔盏。釉与建盏相同，形状有大小之分。廉价	没有纹样的黑釉盏
5	鳖盏	土与天目相同。釉色泛黄且发黑，有花鸟等各种纹样。价值等同于千匹之物也	有纹样的玳玻盏，包含梅花天目、鸾天目、文字天目等
6	能皮盏	土与天目相同。釉色黄中带橘，盏内外布满淡紫色星斑。廉价	无纹样仅上鳖甲釉的玳玻盏，又称玳皮盏
7	天目	很常见。以灰被为上。非将军家御用之物，谈不上价格	

　　*江西省赣州博物馆薛翘、江西省宁都博物馆刘劲峰等认为"乌盏"同"胡盏"，是供喝汤用的汤盏的谐音，可参考《宋元黑釉茶具考》，《农业考古》1984 年第 1 期。

　　资料来源：根据村井康彦校訂訳注『茶の湯の古典Ⅰ君台観左右帳記　御飾書』（世界文化社、1983）中翻刻的日本东北大学所藏版本整理而成。

　　但是，在曜变天目的原产地中国，中国茶人并不像日本茶人那般将其视若珍宝，而曜变天目本身甚至都未见有留存至今的完整之物。迄今中国国内唯一相对完整的曜变天目（见图 1）是 2009 年在杭州市上城区原杭州东南化工厂遗址中发现的，同时发现的还有越窑、定窑、吉州窑、汝窑等多个窑址的陶瓷残片。该曜变天目的详细情况最早在 2012 年 5 月由浙江省南宋官窑博物馆馆长邓禾颖正式对外公开。[1] 该盏经过拼接后还原了约 2/3 的盏体，对于其特征的描述是："盏口径 12.5、高 6.8、底径 4.2 厘米，口沿外移，圆唇，碗壁束口处有一道明显的折棱""胎体呈色乌黑，胎骨紧密，口沿釉层较薄，釉色稍浅，接近底部釉层加厚，有聚釉、流釉现象，釉不及底""碗内壁布满光彩夺目的曜变星斑纹，蓝紫色的光晕包围着形成圆点状的大小黑釉，恍若黑夜中的朵朵霓虹，闪闪发亮"。与日本静嘉堂文库所藏曜变天目相比，该盏未见使用的痕迹，同时"光泽度强，从断面看胎质结构也更为密致，手感更轻"。[2]

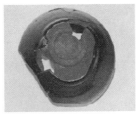

图 1　杭州发现的曜变天目（现藏于古越会馆）

资料来源：邓禾颖《南宋早期宫廷用瓷及相关问题探析——从原杭州东南化工厂出土瓷器谈起》，《东方博物》第 42 辑，2012，第 22 页。

在此之前，在建窑遗址中只发现过零星的、个别类似曜变天目的极小碎片，无论在质量上还是在完整程度上均不能和杭州出土的天目相比。就严格意义上而言，这可以算是在中国国内首次发现曜变天目，在日本引起了很大的轰动。[3]

---

[1]　可参见邓禾颖《南宋早期宫廷用瓷及相关问题探析——从原杭州东南化工厂出土瓷器谈起》，《东方博物》第 42 辑，2012。日本方面的介绍可参见『聚美』5 号、2012 年 10 月；『陶説』716 号、2012 年 11 月。

[2]　邓禾颖：《南宋早期宫廷用瓷及相关问题探析——从原杭州东南化工厂出土瓷器谈起》，《东方博物》第 42 辑，2012，第 23 页。

[3]　由于该茶碗最初因建筑施工而被挖出，并非考古调查过程中所得，因而也有日本学者对该碗具有的史料价值提出质疑。如水上和则「杭州出土の曜変天目」『人文科学年報 43』、2013。

那么，中日之间产生这种巨大差异现象的原因是什么呢？首先可以从中日茶文化发展过程中对茶具要求不同的角度进行探讨。

三 "宜茶"与"意不在茶"

关于中国的吃茶法，根据茶叶的摄取内容，可以分为"食叶法"和"饮汁法"，而根据茶叶的摄取方法，又可进一步分为"煎茶法（煮茶法）"、"点茶法"和"瀹茶法"。① 煎茶法指的是唐代陆羽在《茶经》里记载的一种主要使用饼茶②的烹煎方法。点茶法指的是宋代流行的饮茶法，将茶碾磨成粉末状，筛出最细腻的茶粉后投入茶盏中，加沸水后用茶匙或茶筅等搅拌。瀹茶法又称泡茶法或撮泡法，是明代流行的一种用沸水直接冲泡散茶的饮法。

在唐代出现了中国第一部茶书《茶经》，其中记载了 28 种茶器，对茶碗的评价文字有 200 余字，从记述篇幅来看仅次于风炉。具体记载如下：

> 碗：碗，越州上，鼎州次，婺州次，岳州次，寿州、洪州次。或者以邢州处越州上，殊为不然。若邢瓷类银，越瓷类玉，邢不如越一也；若邢瓷类雪，则越瓷类冰，邢不如越二也；邢瓷白而茶色丹，越瓷青而茶色绿，邢不如越三也。晋·杜毓《荈赋》所谓："器择陶拣，出自东瓯"。瓯，越也。瓯，越州上，口唇不卷，底卷而浅，受半升已下。越州瓷、岳瓷皆青，青则益茶。茶作白红之色。邢州瓷白，茶色红；寿州瓷黄，茶色紫；洪州瓷褐，茶色黑；悉不宜茶。③

---

① 参考《中日吃茶法比较》，载于《2003 年上海国际茶文化节学术论坛论文选编》，后收入《艺道与日本国民性——以茶道与将棋为例》（中国社会科学出版社，2013，第 120～130 页）。此外，丁以寿曾对中国饮茶法加以细分，认为共有两大类四小类，两大类是煮茶法和泡茶法；四小类是煮、煎、点、泡。其中，汉魏六朝推崇煮茶法，隋唐推崇煎茶法，五代宋推崇点茶法，元明清推崇泡茶法。参见《中国饮茶法源流考》，《农业考古》1999 年第 2 期。
② 将采来的茶叶经蒸、捣碎后拍打成饼状，再烤干保存，是唐代流行的一种制茶形式，又称"团茶"或"片茶"。
③ 朱自振、郑培凯主编《中国历代茶书汇编》，商务印书馆，2014，第 11～12 页。

在这里，陆羽按照产地对茶碗进行了排名，文中提到的鼎州、婺州、岳州、寿州、洪州均是唐代著名的青瓷产地，并认为在众多青瓷产地中，越州（现浙江绍兴）产的茶碗品质最为上乘。他还重点对邢窑白瓷茶碗与越窑青瓷茶碗进行了比较，提出了“邢不如越”的观点。就越窑和邢窑的发展历史以及烧制技术而言，白瓷并不逊色于青瓷。陆羽在《茶经》中认为“越瓷类玉”“越瓷类冰”“越瓷青而茶色绿”是优于邢瓷之处，可见这种评判的标准更多是基于越瓷外观“如冰似玉”、茶与碗相得益彰的审美角度。

宋代品茶之风大盛，唐代中期流行的“茗战”入宋之后达到高峰，宋代斗茶最初兴起于福建建安地区。关于建安斗茶，北宋蔡襄（1012～1067）写的《茶录》（1064）中记载：“茶色贵白，而饼茶多以珍膏油其面，故有青黄紫黑之异。……既已末之，黄白者受水昏重，青白者受水鲜明，故建安人斗试，以青白胜黄白。……汤上盏，可四分则止，视其面色鲜白，着盏无水痕为绝佳。建安斗试以水痕先者为负，耐久者为胜。”① 这里的斗试指的就是斗茶。从上述《茶录》中也可看出宋代茶以白色为尊，而黑釉茶盏最能衬托白色茶沫以便观察茶色，因而最受茶人喜爱。

这一点可以在《茶录》下篇中的“茶盏”一项中得到证实：“茶色白，宜黑盏，建安所造者，绀黑，纹如兔毫，其坯微厚，熁之久热难冷，最为要用。出他处者，或薄，或色紫，皆不及也。其青白盏，斗试家自不用。”② 蔡襄认为因茶色白而适宜黑色茶盏，尤其是建窑生产的带兔毫纹的黑瓷最好，并且提到其“坯微厚，熁之久热难冷”，而其他地方的茶盏或太薄，或色紫，均不如建窑制造的黑盏，青瓷和白瓷则不为斗茶之人所用。宋徽宗在《大观茶论》中写道：“盏：盏色贵青黑，玉毫条达者为上，取其燠发茶采色也。底必差深而微宽，底深则茶直立，易以取乳；宽则运筅旋彻，不碍击拂。然须度茶之多少，用盏之小大。盏高茶少，则掩蔽茶色；茶多盏小，则受汤不尽。盏惟热，则茶发立耐久。”③ 也就是说，为了凸显茶色，茶盏的颜色最好是青黑色，可见也是力推兔毫盏的。

---

① 朱自振、郑培凯主编《中国历代茶书汇编》，第77～78页。

② 朱自振、郑培凯主编《中国历代茶书汇编》，第78页。

③ 朱自振、郑培凯主编《中国历代茶书汇编》，第105页。

　　到了明清时代，人们开始追求以景德镇等为代表生产的白瓷茶碗，而舍弃黑瓷。而这也是从"宜茶"这种功能性出发。明代最早的茶书《茶谱》中写道："茶瓯，古人多用建安所出者，取其松纹兔毫为奇。今淦窑所出者，与建盏同，但注茶色不清亮，莫若饶瓷为上，注茶则清白可爱。"① 屠隆《茶说》中也有类似的观点："宣庙时有茶盏，料精式雅，质厚难冷，莹如白玉，可试茶色，最为要用。蔡君谟取建盏，其色绀黑，似不宜用。"② 此外，张源、许次纾则认为纯白茶盏最好，其次为青花瓷。张源《茶录》说："盏以雪白者为上，蓝白者不损茶色，次之。"③ 许次纾《茶疏》说："茶瓯，古取建窑兔毛花者，亦斗碾茶用之宜耳。其在今日，纯白为佳，兼贵于小。定窑最贵，不易得矣。宣、成、嘉靖，俱有名窑。近日仿造，间亦可用。次用真正回青，必拣圆整，勿用呰窳。"④ 之所以选择白瓷碗，是为了"不损茶色"，是为了便于观察茶水色泽以及茶芽在水中的舒展变化。许次纾还指出了对茶碗外形的要求，即"兼贵于小"，可以是青花瓷，但"必拣圆整，勿用呰窳"，即形状端正品质好才行。而以小为贵的理由是利于香气聚拢，"茶注宜小，不宜甚大。小则香气氤氲，大则易于散漫。大约及半升，是为适可。独自斟酌，愈小愈佳。容水半升者，最茶五分，其余以是增减"。⑤

　　从上述中国流行的茶碗变化，可以看出中国人饮茶时对色香味的重视。虽然饮茶法几经变迁，但不同时代对茶碗的选择，目的都是让茶喝起来更加美味。虽然对茶碗也有外形或色彩的要求，但基本都是为了衬托茶的存在。唐代看重青瓷是因为"越瓷青而茶色绿"，宋代斗茶推崇黑瓷是为了"取其燠发茶采色也"，明清追求白瓷或青花源于"注茶则清白可爱"。从"宜茶"的功能性出发，宋元时期的斗茶最推崇兔毫盏。

---

① 朱自振、郑培凯主编《中国历代茶书汇编》，第 176 页。
② 朱自振、郑培凯主编《中国历代茶书汇编》，第 240 页。
③ 朱自振、郑培凯主编《中国历代茶书汇编》，第 254 页。
④ 朱自振、郑培凯主编《中国历代茶书汇编》，第 272 页。
⑤ 朱自振、郑培凯主编《中国历代茶书汇编》，第 272 页。

　　而从日本茶文化的发展来看，无论是镰仓初期盛行的"茶寄合"，还是此后形成的日本茶道，"意不在茶"这个特点都表现得十分突出。如在日本南北朝时代的著作《太平记》《吃茶往来》中看到的那样，在斗茶会中，唐物道具不仅作为装饰会所的装饰用品，还作为斗茶会中的赌资。大名们一边享受美食，一边赏玩唐物道具，一边饮茶，最后以酒宴结束。茶作为消遣助兴之物，并不是茶会的核心所在，受到重视的是会所里的舶来之物。这些来自中国的物品被随意罗列堆积在墙角或桌子上，作为彰显主人财力和地位的象征。从某种意义上而言，茶会不过是一个向周围人炫耀自身藏品的展示会而已。

　　在室町后期茶道初具雏形，这种雏形就是书院茶。书院茶摒弃了斗茶中的杂乱喧闹，精化了房间的设置，出现了壁龛的前身即押板，以及被称为"违棚"的多宝格式橱架，对唐物的摆设制定了一系列规则，即所谓的"室礼"。前面提到的《君台观左右账记》正是这些唐物道具摆设装饰的集大成之作。书院茶是一边赏玩珍奇高价的舶来艺术品，一边静心品味茶香，在风雅的天地中游玩消遣的饮茶形式，是风流人之心及态度，是一种风雅的趣味，注重格式法仪，极具艺术性。[1] 此后随着禅宗等宗教的影响，逐渐形成了集日常生活行为与宗教、哲学于一体的综合艺术——茶道。

　　在早期茶道中，茶人们最为看重的是曜变天目作为舶来品的价值与稀有性，而并非它与茶之间的搭配是否能够映衬出茶色。同时，曜变天目自身的观赏性也受到人们的喜爱。如从上述表 1 中可以看到对天目茶碗外观的详细描述，其中对曜变天目外观的描述如下："整体有许多浓淡不同的琉璃状的星斑。另外，黄色、白色以及极淡的琉璃色等色泽相互交织，形成美如织锦的釉。"这些都体现了中日两国茶文化发展中的不同特点而对曜变天目评价的影响。

---

① 芳賀幸四郎「茶と禅—茶禅融合にいたるまでの過程」『茶道文化研究 3』、茶道綜合資料館、1988、44 頁。

四 曜变天目与灾异谴告说

那么，在日本茶道中曾频繁使用，现在仍被视为瑰宝的曜变天目，为何在原产地中国几乎没有存世，甚至出土的也很少呢？除了在上一节中提到的中日茶文化的特点不同而产生对茶具要求不同之外，笔者认为产生这种中日之间差别的还有更深的思想原因。

日本陶瓷学家小山富士夫在《天目》中，曾探讨了日本古文献中有关"曜变"的相关记录（见表2）。

表 2 日本古文献中的"曜变"记载

文献	成书时期	记录
《仏日庵公物目录》	1363 年	汤盏窑变
《新札往来》《尺素往来》	1380 年	容变（疑为形讹）
《桂川地藏记》	15 世纪前期	容变
《禅林小歌》	15 世纪前期	曜卞
《能阿弥相传集》	15 世纪后期	曜变
《君台观左右账记》	15 世纪后期	曜变

资料来源：根据小山富士夫『陶器全集26 天目』（平凡社，1974）、12 頁中的文献记录整理而成。

从古文献中的记录来看，可以认为"曜变"是由"窑变"一词演化而来，转变成"曜变"是因为其与"窑变"发音相同且更能够体现这种茶碗的外形特点，这也是目前日本陶瓷界的普遍说法。

那么，中国古代对"窑变"是一种什么样的看法呢？窑变指的是在烧制瓷器的过程中，因窑内温度变化或其他非人力原因瓷器品种或品相发生超乎预期的变化。由于古人对窑变的成因无法理解，因此对窑变多抱有敬畏之心、神秘之感，对此也有诸多记载。如宋代周辉在著名笔记《清波杂志》中写道："饶州景德镇陶器，陶器所自出，于大观间窑变，色红如朱砂。谓荧惑缠度临照而然，物反常为妖，窑户亟碎之。时有玉牒防御史，年八十余，居于饶，得数种，出以相示，云比之定州红瓷器色尤鲜明。"①

这种对窑变的恐惧在明代文献中依旧可以看到。明代谢肇淛在《五杂组》中写道："景德镇所造常有窑变云。不依造式，忽为变成，或现鱼形，或浮果影。传闻初开窑时，必用童男女各一人，活取其血祭之，故精气所结，凝为怪耳。近来禁不用人祭，故无复窑变。"② 直到清代人们才对窑变有了比较正确的认识，如蓝浦在《景德镇陶录》中认为："窑变之器有三，二为天工，一为人巧。其由天工者，火性幻化，天然而成，如昔传屏风变为床、舟、冰缸冻为花卉、村景，宋碗经暑不腐腥物，乃世不多觏者也；又如均、哥，本色泑，经烧忽退变他色及成诸物，然是所时有者也。其由人巧者，则工故以泑作幻色物态，直名之曰'窑变'，殊数见不鲜耳。"③ 从这些记载中可以看出，在古代中国普遍认为窑变是异变，认为"物反常为妖"，避之唯恐不及，窑变现象要制止，而窑变之物需要及时破除或毁坏。

这种观念的背后的思想根源可以认为是基于天人感应论的灾异谴告说。在古代中国，"天"是主宰万物的至高存在，并确立人与人之间的秩序。早在虞夏之时就已经出现了天命思想，《尚书·虞书》记载："天叙有典，敕我五典五惇哉。天秩有礼，自我五礼有庸哉。同寅协恭和衷哉。天命有德，五服五章哉。天讨有罪，五刑五用哉。政事懋哉懋哉。"④ 又道："天聪明，自我民聪明。天明畏，自我民明威。达于上下，敬哉有土。"⑤ 西周时确立天命思想作为君主统治天下的依据，认为商灭夏、周灭商均是受命于天，顺天命而诛之，并对君主的"德"提出要求，认为"天意"与"民意"相通，君主只有广施德政、仁政才能得到天的庇佑，必须时刻检讨自己的德行。到了战国时期，儒者强调"德"的重要性，并制定了一系列礼仪典章

① 周煇：《清波杂志》卷5《定器》，刘永翔校注本，中华书局，1994，第213页。
② 谢肇淛：《五杂组》卷12《物部四》，上海书店出版社，2001，第246页。
③ 蓝浦等：《景德镇陶录》卷10《陶录余论》，《中国陶瓷名著汇编》影印清同治刻本，中国书店，1991，第82页。
④ 《尚书注疏》卷2，《景印文渊阁四库全书》第54册，台湾商务印书馆，1986，第4页。
⑤ 《尚书注疏》卷3，《景印文渊阁四库全书》第54册，第31页。

约束君主行为。为了衡量君主是否有德，儒家又提出了"妖""妖怪"的概念，将其解释成天灾地妖是来自上天的警告。孔子曾道："天灾地妖，所以儆人主者也；寤梦征怪，所以儆人臣者也；灾妖不胜善政，寤梦不胜善行，能知此者，至治之极也，唯明王达此。"①

这种思想在汉代进一步发展，汉代董仲舒通过天道的阴阳五行来阐释人事的行为规范，以为现实的政治伦常生活服务。他这样解释灾异："其大略之类，天地之物又不常之变者谓之异，小者谓之灾。灾常先至而异乃随之，灾者，天之谴也，异者，天之威也。谴之而不知，乃畏之以威。《诗》云：'畏天之威。'殆此谓也。凡灾异之本，尽生于国家之失。国家之失乃始萌芽，而天出灾害以谴告之；谴告之而不知变，乃见怪异以惊骇之，惊骇之尚不知畏恐，其殃咎乃至。"② 他把自然和社会的一切变化都说成是天意的表现，目的是宣扬君权神授，对君主的权威加以限制。"帝王之将兴也，其美祥亦先见，其将亡也，妖孽亦先见。"这就使灾异谴告说有了独特的政治批判功能。

在点茶法盛行的两宋时期，对外面对北方部族侵扰，对内社会动荡，农民起义不断，自然灾害频繁，灾异说不但盛行，其影响也超乎寻常。《宋史·五行》曰："和气致祥，乖气致异，莫不于五行见之。……人君以天地万物为体，祯祥妖孽之致，岂无所本乎？故由汉以来，作史者皆志五行，所以示人君之戒深矣。"③ 将天命与人事相联系，通过阴阳五行的变化推测天意，判断吉凶，这种基于天人感应论的灾异谴告说在古代中国影响十分深远。因而在古代中国，类似曜变天目等窑变之物常被视为灾异之兆，是需要立即损毁之物。这在某种程度上也解释了为何在中国此前多年未曾出土或发现曜变天目。

那么，日本是如何看待中国古代的天命思想的？这些曜变天目又是如何传入日本的呢？

隋唐时期，伴随着遣隋使、遣唐使的密切往来，中日两国之间的交往比

---

① 李昉：《太平御览》卷847，《景印文渊阁四库全书》第900册，第4页。
② 董仲舒：《春秋繁露》卷8，《景印文渊阁四库全书》第181册，第15页。
③ 脱脱等：《宋史》卷61《五行一上》，中华书局，1978，第1317~1318页。

之前任何一个时代都更加深入。从文学艺术到宗教习俗，从语言文字到律令制度，中国文化对当时奈良、平安时代的日本的影响涉及方方面面。天命思想也随之传入日本，从 8 世纪中后期出现的祈天祭天仪式，如桓武天皇的郊天之仪等，可以看到中国祭天文化的影响。从文献来看，《日本三代实录序》中曾提到"祥瑞天之所祚于人主，灾异天之所诫"。① 《日本书纪》《续日本纪》中也频繁引用中国古代天地异变的例子，以此劝告要施仁政。日本学者松本卓哉认为包括《日本书纪》《续日本纪》等在内的"六国史"中有关灾异的诏书可分为如下几种情况：天皇因灾异而反省自己不德，要求臣下直谏；天皇因灾异反省自身不德，同时追寻灾异原因，详细指出责任所在；天皇因灾异反省自身不德，同时采取大赦等政策；天皇因灾异反省自身不德，降低自己的待遇，削减公卿俸禄，更加自律以应对；将灾异起因归于特定的神灵作祟；在把灾异归结于特定神灵作祟的同时，将其看作某种预兆，提出应对手段。② 从中也都可以看到与天命思想相关的灾异谴告说的影响。

然而，这种思想却并没有在日本扎根下来。丸山真男在《历史意识的"古层"》中曾对古代日本天皇统治正统性问题进行探讨，认为这种正统性的根源在于神性血缘。③ 具体而言，天皇是神的后裔，是神之子，具有不可替代的神性，代代统治着日本的"大八州"。在这种统治思想体系中，体现的是从太阳到天照大神再到天皇的纵向结构，遵循的是万世一系的绝对"血缘"的继承，既没有以"德"衡量天子正统性的德治因素，也没有民众有权推翻无德君主的革命因素。对于日本统治者而言，自带"将革命合理化"因素的天命思想无疑是危险的。至于天命思想在日本的影响力开始弱化的时期，有学者认为日本在完成律令制度的时候，就已经有意识地排除了天命思想的影响。④ 此外，也有学者认为："8 世纪日本的统治思想存在着日

---

① 国史大系编集会『国史大系 4 日本三代実録』、吉川弘文館、1965、2 頁。
② 松本卓哉「律令国家における災異思想—その政治批判の要素の分析」『古代王権と祭祀』、吉川弘文館、1990、145～164 頁。
③ 丸山眞男「歴史認識の古層」『丸山眞男集』10 卷、岩波書店、1996、26 頁。
④ 関晃「中国的君主観と天皇観」『季刊日本思想史 4』、1977、1～13 頁。

本因素与中国因素构成的二重构造……对天命思想加以完全的排除至少应当是延历以后的事情。"①

而从曜变天目最初在日本被标记为"窑变"来看，可见是直接套用中国的说法而成，至少可以看出在当时日本人并不理解"窑变"背后隐含的上述思想。中日之间的这种文化上的差异也是曜变天目能够进入日本并用于茶道的重要原因之一。

虽然这些窑变之物在中国被排斥，但不可否认的是它们具有稀有性、可观赏性以及这些特点带来的高价性。明代高濂在《遵生八笺》中记载："二窑烧出器皿，时有窑变，状类蝴蝶、禽鱼、麟豹等象，布于本色釉外，变色或黄黑或红紫，形肖可爱。是皆火之文明幻化，否则理不可晓，似更难得。"② 明代文人何孟春《余冬序录摘抄》中记载："（窑变器）盖数十窑中，千万品而一遇焉。然监窑官见则必毁之。窑变宝珍奇，而不敢以进御，以非可岁供物也。故供上之瓷器，惟取其端正合制，莹无疵瑕，色泽如一者耳……民间烧瓷，旧闻有一二变者，大者毁之。盏罂小者藏去，鬻诸富室，价与金玉等。窑变虽珍奇，上之不得用于宗庙朝廷，而下之使人不敢用，不免毁裂，竟同瓦砾。"③ 可见，窑变之物异常难得，并且价值千金。在中国不受欢迎或被视为禁忌之物的曜变天目随着中日之间商贸往来进入日本，成了纯粹的"物"，因外形亮丽和稀有性受到早期茶人的喜爱。

通过上述考察可以看到，中日两国围绕曜变天目的评价可以说是截然不同的。在原产地中国几乎很少出土曜变天目，甚至少有文献记载。而它传入日本之后，受到了极大的推崇，甚至到现在成为日本的国宝。而其中的原因，笔者认为主要可以归纳为两点。首先，受到中日两国茶文化发展各自的特点的影响。具体而言，中国茶文化中对茶碗的要求重点在于是否"宜

---

① 刘晓峰：《日本冬至考——兼论中国古代天命思想对日本的影响》，《清华大学学报》（哲学社会科学版）2007 年第 3 期，第 108 页。

② 高濂：《遵生八笺》卷 14《燕闲清赏笺·论官哥窑器》，《景印文渊阁四库全书》第 871 册，台湾商务印书馆，1985，第 711 页。

③ 何孟春：《余冬序录摘抄内外篇》卷 4，中华书局，1985，第 47 页。

茶"，即是否能够突出茶色是茶人关注的重点，注重功能性的选择。在宋元时代的斗茶中，兔毫盏被认为是最佳的茶碗。而在日本茶文化的发展中，"意不在茶"的特点十分明显。茶人看重的是曜变天目作为舶来品的价值和稀有性，以及突出的外形特征带来的观赏性。其次，受到中日两国文化中对窑变与灾异谴告说之间关联的不同接受程度的影响。就这一点而言，可以认为是中日文化之间的异质性使曜变天目在两国得到了不同的评价。

特邀日本学者论坛

如其所是的实在：西田和
田边论现象与中介[*]

〔日〕田口茂　谢　恒^{**}译

引　言

什么是"实在"？这依然是一个远未得到回答的古老问题。更糟糕的是，我们倾向于忘记这一点，导致我们经常相信我们了解实在为何，并且它是"很明显地"被了解的。相比之下，哲学家们倾向于认为这些表面上"明显的"能够和"真的"知识形成对比，并被后者代替。"明显的"知识乃是那些我们朴素地相信我们了解，但是实际上并不真正知晓的知识。结果哲学家们假设必定存在着"真正的"且提供了一个对实在的真正的理解之知识。这样，人们或许会将"现象"分离于"实在"。这一分离的结果是什么？一个人或许会倾向主张，"现象"是欺骗性的，并且"实在"乃是在"现象"之后/上/下之基础，但是这种思考方式会招致一些人的强烈反应，他们主张，在现象之后没有真正的实在，反之，现象就是实在。

然而，西田几多郎和田边元对这两种进路都不接受。几乎在和胡塞尔努力去克服现象和实在的二分的同时，西田和田边同样都在以各自独特的方式来处理这个哲学思考的基础方面。在本文中，我将指出西田和田边的尝试中

---

　* 本文原出处为：Taguchi Shigeru, "Reality as it is: Nishida and Tanabe on Appearance and Mediation," in Ching-yuen Cheung & Wing-keung Lam, eds., *Globalizing Japanese Philosophy as an Academic Discipline* (Goettingen: V&R University Press, 2017), pp. 229 –239.

　** 田口茂，日本北海道大学大学院文学研究科教授；谢恒，四川大学哲学系本科生。

的几个特征。由于篇幅有限，我将会通过强调这两位哲学家的区别，尤其是通过讨论田边对于作为一种"流溢说"的西田哲学的批判和西田对这一批判的回应来做到这一点。

一 "流溢说"：田边对西田的批判

众所周知的是，田边批判性地将西田直到"场所"时期的思想都刻画为一种"流溢说"（発出論）。① 根据田边的观点，它使一切个体性原则和存在者，都从那应该成为唯一最终的实在之本原者那里派生出来。田边认为，这将意味着哲学的终结，如果西田独断地假定，存在一个未知的一般者，而每一现实存在都可被理解为它的"自我限定"。

相比之下，田边强调哲学思考的最终维度被设想为这样的绝对者，它一步一步地限定自身，而无须借助任何自身之外的东西。对田边来说，在它被限定并且以一种特定形式显现之前，并没有一个终极实在。仅仅通过这些具体的规定，终极者才在它的各种特定的现象状态下显现为终极的。② 所谓包摄一切个体的绝对者将仅仅通过个体的中介才显现为绝对的。这意味着，只有中介才是真正地绝对的东西。田边评论道："显现为［实在的］一个环节的绝对者仅能够是一个差异性的，并且绝对者完全是仅仅通过那有差异性的东西的中介才被设定的。"③

断言田边将现象等同于实在而西田主张存在者现象"背后"的实在，这是否合适？这样来理解他们的争论太过于简化了。田边并没有否认存在者不成为现象的实在。西田并没有贬低我们直接经验的现象并且沉溺于关于超越的绝对者的抽象思辨。接下来，我将会从检查西田的"纯粹经验"开始，来追溯他们对立的源头。

---

① 最为著名的文本是《仰求于西田先生的教诲》［『西田先生の教を仰ぐ』（1930）『田辺元全集第4巻』、305～328頁］。『田辺元全集』、筑摩書房、1963～1964（T4.421 = Vol.4, p.421）。

② T4.311.

③ T4.311.

二　西田的"纯粹经验"观念

似乎被呈现在西田的第一本书《善的研究》（『善の研究』、1911）中的思想，部分上有着一种"流溢说"的特点。然而，作品的关键很明显与那种关于流溢的形而上学理论大不相同，它使一切存在者都从那个位于经验之上的绝对实在中派生出来。然而，西田强调，"如其所是"的实在实际上在我们经验的这里和那里显现自身。他将书的第二部分命名为"意识现象乃是唯一的实在"。这不意味着实在等同于与物质相分离的心灵。西田明确阐明了这点："我的论证的要旨乃是真正的实在既不是意识现象也不是物质现象。"西田将这种意义上的实在称作"纯粹经验"。以"纯粹"，他正"意指经验的状态，如其毫无待审的差异一样"。结果，我们恰如它在我们的"纯粹经验"之中那样"了解"实在，但是我们不能像它是被我们的分析性语言描述那样描述它。如果我们从一个逻辑的、分析性的视角描述它，作为唯一实在的"纯粹经验"就已经"被某种思想玷污了"，换句话说，为反思性的思想所玷污。因此，纯粹经验常常被描述为终止这些二分的有效性，比如"主体和客体""个别和一般""精神和自然"等。西田解释道："当一个人直接地经验一个人自身的意识状态时，还未存在一个主体或者一个客体，并且经验和它的对象是完全统一的。"①

因此，人们应该说，根据西田的观点，"实在"并不是一种超越经验和现象的形而上学性实体，而是它等价于如其在我们直接的、纯粹的经验中的现象。然而，我们不能以我们的分析性语言描述它。一切都在"当下与此处"，但是我们不能用我们通常的描述方式解释它们是什么。这就是为什么西田被迫去解释纯粹经验作为真正的实在被模态化为实在的样式，在其中多样的存在者分离地并立。因此，他强调，"因为多样的有差异性的知识从对这个实在的反思中派生出来，让我们设想那种构成性的模态，在其中它建立

---

① Nishida Kitaro, *An Inquiry into the Good*, trans. by Abe Masao/Christopher Ives（New Haven and London：Yale University Press, 1990）；西田幾多郎『善の研究』、岩波文庫、1950、3～13、44～68頁。

自身，并且阐明各种多样性是如何从其中产生的"。①

这似乎成为一种为西田哲学的基础主张所要求的天然任务。然而，很明显这个任务导致了对那种实在的描述，它引起了田边后来将西田的立场批判为"流溢说"的批评。的确，西田使用了一种或许暗示"流溢说"的进路。打个比方："自身完成的独立的真实实在在一切事物中都被以同样的方式建立起来：整体首先隐含性地出现，然后内容从其中通过差异化发展出来，当这个发展结束的时候，实在之整体被现实化并且完成——一个存在者已经发展和完成了自身"。②

然而，应被强调的是，西田并没有从一个关于流溢的形而上学假定开始。他的出发点乃是"纯粹经验"，在其中一切事物"当下和此处"地显现自身。然而，他不能在与我们对实在的常识理解的关联中发展出一种可信的描述他的基本立场的方式。这就是为什么他不能完全消除关于他认可一种流溢说的误解。

三　田边元的早期思索：从流溢到矛盾

值得强调的是，田边自己曾认可一种强烈地暗示一种流溢的观念的立场。众所周知的是，田边元在西田早期哲学的实质性影响下开始他自己的事业。然而，在他早期的主要著作中，③ 田边元并没有把"纯粹经验"强调为哲学的基础。相反，他运用了一种系统性地以一个无所不包的"直观的统一"为基础来解释差异和关系的产生的方法。结果，田边元的早期哲学似乎比西田更加靠近流溢说。举个例子，田边在其早期著作《科学概论》中这样写道："实在本来是非心非物的，它直接地显现自身为超个人的直观，它根据它的内在性的关系被设定和系统化，结果物体和个人精神就显现为对

---

① Nishida Kitaro, *An Inquiry into the Good*；西田幾多郎『善の研究』、51、79 頁。
② Nishida Kitaro, *An Inquiry into the Good*；西田幾多郎『善の研究』、52、79～80 頁。
③ 田边元《最近的自然科学》（『最近の自然科学』、1915），《科学概论》（『科学概論』、1918）和《数理哲学研究》（『数理哲学研究』、1925）。

象了。"① 这篇文章中所假定的基本观点的确起源于西田，但是它们缺乏西田对纯粹经验的描述所具有的令人印象深刻的丰富性，因此，田边的描述更加接近一种流溢说。这暗示着，田边对西田的批判暗含着自我批判，即对那种他刚刚克服的思考方式的批判。

在赫尔曼·科恩的关于无限性和连续性的解释中，田边找到了一个更好地理解现象和实在的线索。通过科恩的理论的中介，田边达到了差异性的现在作为一个无限小的"生产点"（Erzeugungspunkt）② 的观念，并且渐渐地找到了一种告别流溢说的方法。每一个活生生的经验的现在都是一个对无限的无限小的实现，而那种无限在自身内只能假定为观念性的东西。当下时刻之点仅仅是实在的一个小角，然而它表象，包含并且甚至产生了实在的全部范围。

这样一种关于实在的动力性的观点，与田边将道德理解为一个"二元矛盾"（二元矛盾）③ 的冲突性的强度的理解相重合。尽管我们感到我们应该做出良好的行为，我们实际上并不能永远如此。如果存在着一个能够永远无困难地做正确的事的人，他或她将会像一个神那样自由，道德义务将会是无关紧要的。相比之下，如果一个人对于道德的应当没有任何概念（正如或许在野生动物那里一样），那么，这一点便没有特殊的意义了，即一个人不能做应该是"好的"的特定种类的行为。这意味着，仅当存在者关于"我们是什么"和"我们应该是什么"④ 冲突的时候，道德才会存在。田边元通过和理解实在的无限小实现的同样的原则来理解这个张力［尤其在他的早期著作《康德的目的论》（『カントの目的論』，1924）中］。

在这个基础上，田边开始和黑格尔的辩证法进行斗争。在他的重要著作《黑格尔哲学与辩证法》（『ヘーゲル哲学と弁証法』、1932）中，他实现了

① 「実在は本来非心非物、超個人的なる直観として直接に自己を発現し、此が其内面的の関係に由つて定立組織せられる結果、対象として個人精神、物体が現れるのである」（T2.254）。
② 参见 T2.466，472 – 4（『数理哲学研究』、1925）。
③ 参见两篇写于 1917 年关于道德自由的文章「道徳的自由」（《道德的自由》）、「再び道徳の自由に就いて」（《再论道德的自由》），T1.121 – 129, 133 – 139）。
④ T1.136.

一个重要的突破。他达到了这样一个立场，根据它，当下事实的现实性现象再也不是以背后或超越的实在为基础而得到解释；相反，实在只不过是事实性的现实环节和潜在的、观念的存在者之无限总体之间的冲突性强度。这个矛盾的关键点乃是我们的身体。恰恰是身体性行为在主体性和客体性之间起中介作用，通过同时结合和分离它们。① 通过这个突破，田边元最终达到了这一立场，从其出发他发现并且批判任意种类的"流溢说"，甚至在黑格尔的哲学中，而正是它让他能够进行这一突破。对西田哲学的批判同样基于这些突破性的观点。

四 不存在统一性的实在：西田对田边的回应？

在本文中，我不能详细描述西田是如何回应田边的批判的。② 相反，为了强调西田思想在田边的批判之后的重要转变，我将会指出这一事实，即在西田的后期哲学中，一个旧的观点完全消失了。在早期著作《善的研究》，他提出如下主张："就像任何生物体一样，一个意识体系通过'统一性的实在'有序的、有差异的发展而显展示其总体性。"③

后期西田再也不谈及这样一种"统一性的实在"，似乎会造成这样一种印象，即在一切实际现象背后存在着一个统一性的绝对实体。相反，他明确拒绝这样一种想法。他在他的后期著作《哲学的根本问题续编（辩证法的世界）》[『哲学の根本問題続編（弁証法的世界）』、1934]的序言中如下写道："这是不可设想的，即现实世界是真正地主观或者客观的，即行为的直观的世界，在一般的限定的方向上有着一个一般的统一，同样不可设想的是，在其个物的限定方向上有着一个个物的统一。在其底部，不可能存在任何意义上的统一或者连续。如此这般描述的世界仅仅能被设

① T3. 114.

② 这个问题被新近的研究更彻底地处理了，比如，板橋勇仁『歴史的現実と西田哲学——絶対的論理主義とは何か』、法政大学出版局、2008；嶺秀樹『西田哲学と田辺哲学の対決』、ミネルヴァ書房、2012。

③ Nishida Kitaro, *An Inquiry into the Good*, p. 7；西田幾多郎『善の研究』、18頁。

想为一个绝对的否定即肯定、绝对的肯定即否定的辩证法的统一。这就是为什么我把它叫作非连续的连续的世界和绝对无的限定的世界。如果一个人在任何程度上在世界的底部思考潜在的东西，那么他将已经持有了一个主观的立场。"①

因此，西田已经明确否认存在着一个统一性的因素作为实在的基础。这样思考将意味着接受一种"主观的"或者"心理学性的"立场，正如他自己在写于 1936 年的第三个前言中批判性地刻画他自己的早期著作《善的研究》一样。② 这意味着，根据西田后期的哲学，我们不能通过不断地寻求一个终极性的统一要素来接近真正的实在。实在之统一不能通过将一切现象还原至统一性的绝对并且取消它们之间的矛盾来赢获。在矛盾背后，并不存在统一性的实在，反之，恰恰是矛盾形成了统一自身。仅仅在这个矛盾即统一中我们就能够发现真正的实在。这个想法在西田的后期哲学中被概念化为"绝对矛盾的自我统一（绝对矛盾的自己同一）"。③

我们仅仅能够思索，在何种程度上这一我刚回顾过的西田思想中的这一转变是由田边的批判而产生的。重要的是，西田哲学自身的历史发展确证了田边反对"流溢说"的论证的哲学有效性。的确，我们的首要关切应是尝试去将上面所描述的发展理解为对西田的自我理解的一种深化。然而，我们不能否认田边元的批判或许促发了这一过程。

---

① 「真に主観的・客観的なる現実の世界、行為的直観の世界はその一般的限定の方向に一般的統一を考へることもできなければ、その個物的限定の方向に個物的統一を考へられるものでもない。その底に何等の意味に於ても統一とか連続とかいふものを考へることはできない。唯絶対の否定即肯定、絶対の肯定即否定の弁証法的統一としてかかる世界が考へられるのである。此故に私はかかる世界を非連続の連続の世界とか絶対無の限定の世界とかいふのである。世界の底に何等かの意味に於て潜在的なるものを考へるといふことは既に主観的立場に立つことである」（N7. 206 - 207）。『西田幾多郎全集』、岩波文庫、1965 ~ 1966（N3. 55 = Vol. 3, p. 55）。

② Nishida Kitaro, *An Inquiry into the Good*, p. xxxi；西田幾多郎『善の研究』、6 頁。

③ 参见如下的评论："矛盾的自我同一的世界"乃是"现象即实在"（現象即実在）的世界。（N9. 148）"我们既不能设想一个总体性的一，也不能设想一个个体性的多，作为在世界底部的基底。"（N9. 148）

五　西田和田边论相对的绝对者

另外，西田和田边的哲学似乎在这一立场上有着极大的分歧，即一种断然拒绝任何一种关于将现实性地被经验到的现象的解释为一个背景性实体的派生物的立场。[①]

田边批判刻画了传统哲学的"同一的逻辑"，并且反而支持一种"绝对媒介的逻辑"。在他的理解中，"辩证法的逻辑"不是"在其同一中表达存在的逻辑，而是［反过来］通过绝对否定和存在相统一，同时它是否定地对立于存在的逻辑"。[②] 田边元希冀澄清实在的逻辑性、哲学性的规定能够成为一种实在自身的实现。在这个意义上，"绝对在其对相对的自觉中实现自身，而相对有其自身必然的独特性（个体性）"。[③] 田边因此宣称，"哲学的终极原则并不是在相对的概念之外搜寻什么，而是在其内深化它们；这样一个原则不会是一个超越的东西，它会是一个遥远的终点，能够被概念接近，却绝不会被达到；反之，哲学的终极原则可被理解为相对的实在之核心，而后者位于这个世界最深处的核心，并且无处不在，将自己现实化于相对者之中"。[④]

西田同样强调，并不存在超越于相对的绝对者。这恰恰是西田和田边在其一切争论中所分享的东西。他在他的后期著作中表达了这一点，《场所的逻辑和宗教的世界观》（「場所的論理と宗教的世界観」），以这样的方式加以呈现："绝对者并不在相对者之上。真正的绝对必须拥有其自身的否定。结果，相对者不单单是绝对者的抽象形式，还是绝对者的自我否定。一直存在着这个一与多的矛盾的同一。……正是通过这一自我否定，世界才存在并

[①] 西谷啓治「西田哲学と田辺哲学」西谷他編『田辺哲学とは』、灯影舎、1991；上田閑照「田辺哲学と西田哲学」『田辺元　思想と回想』、筑摩書房、1991。西田和田边试着去从不同的视角来表达对实在的同样的理解。

[②] T6.457.

[③] T3.398.

[④] T3.399.

且通过自身而运动，并且它是绝对地现实的。"①

这样，后期西田拒斥任何种类的解释，它将现实现象理解为一个线性的和层级性的实在之发展。相对者并不是派生于绝对的东西，而是在某一意义上，通过其自我否定包含了绝对自身的东西。实在的全部范围于此时此地显现，同时差异化和中介化自身为相对者。这个思想通过这些西田后期哲学中的众所周知的关键概念表达为"绝对矛盾的自我同一"、"逆对应"（逆对应）和"平常的"（平常底）。

六　西田对田边论中介和矛盾之反对

现在，人们或许会问，西田和田边是否达到了相同的思想，其变种乃是他们各自的哲学？答案明显是否定的。我只会指出其中的一个方面。

对田边而言，他称作"辩证法"或者"媒介的逻辑"的东西提供了一个哲学原则，根据它去达到一个实在在本质上是矛盾性的。他说道："辩证法乃是实在的逻辑。"② 中介并没有抛弃矛盾；相反，恰恰是中介表明了矛盾的存在。如果在事物之间根本没有中介，它们甚至不能互相对立来实现一个矛盾，因为它们没有能并列于其中的共同的背景。并且如果不存在多样性以便一切东西形成一个完成的统一体，同样不会存在中介，因为将不会有有待于中介的东西。但凡存在着中介的地方，必定存在着对立于对方的多样的环节。这意味着还存在着矛盾，而它抗拒一个完成了的统一体的形成。因此，凡有中介的地方，也有矛盾存在。这就是为什么中介提供了对对如其所是的实在的哲学理解的一个明确的线索，而这一如其所是的实在乃是矛盾性的。

如果我们从所谓的直接性（或者非 – 中介的环节）开始去将多样的现象性的实在解释为派生物，在矛盾中持存着的实在的全部丰富性将会被削减为一个片面的抽象性。相比之下，绝对中介指的是那种实在的状态，"在其中甚至中介自身也是被中介了的，所以没有东西是被直接给予和假

---

① Nishida Kitaro, *Last Writings*: *Nothingness and the Religious Worldview*, trans. by D. A. Dilworth (Honolulu: University of Hawaii Press, 1987), pp. 117 – 8.; N11. 457f。另参见 N11. 447f; N9. 153。

② T6. 457, 510.

定了的"。① 绝对中介并不是那种可以被应用在任何地方作为固定的形式原则的意义上的绝对；相反，它乃是在这种意义上的绝对，即 "绝对否定是否定自我的媒介"。② 因此，田边的绝对中介乃是一种哲学逻辑，它绝不绝对化自身，而是将自身中介于那否定逻辑自身的超越的实在。

相比之下，对西田而言，实在同样是矛盾的，但同时也是超越中介的。让我们看看来自他的文章《逻辑与生命》（『論理と生命』、1936） 中的一段话，在其中他回应了田边元的批判。他说道："历史的实在的世界永远是自我矛盾的。"③ 然而，"历史性生活的逻辑" 乃是从本质上与 "客观认识的逻辑" 不同，并且 "不是工具性的中介的逻辑"，④ 被设想为 "否定逻辑" 的 "直接的" 东西将会最终意味着 "一种思想建构"，⑤ 并且不是 "行为直观的实在" 或者 "生命的真正直接性"。⑥ 相反，"实在仅仅在于一步一步地触及绝对者（或者在于成为创造性的），并没有谈及绝对否定的真正中介的其他方式"。⑦

西田所诉诸的 "直观" 不仅仅在非中介的意义上是直接的；然而，它乃是实在的创造性，而且正是它使得中介得以可能。他主张："去统一矛盾并不意味着去取消它。相反，越是自我矛盾，它就越是直观性的。"⑧ 他还简洁地主张道："直观在于它是自相矛盾的。"⑨ 恰恰是在这样的直观中我们面临 "如其所是的实在"，而它促使我们为了我们自己的生活而斗争。⑩ 但凡在有实在的矛盾的地方，就存在着行为直观，在其中我们面临逼迫我们去生活的世界。⑪ "世界总是自我矛盾的。因为这一自我矛盾，它是直观的和

---

① T6.473.
② T6.473.
③ N8.366.
④ N8.355.
⑤ N8.381.
⑥ N8.381.
⑦ 这篇文章发表在《思想》上，并且明显是作为对田边元批判的回应的原始版本，在收录进书中的时候被部分地删节。参见 N8.381。
⑧ N8.358.
⑨ N8.358.
⑩ N9.180f，188，201.
⑪ N9.181.

现实的。"①

因此，根据西田的观点，并不是缘乎中介而实在是矛盾性的。相反，即使没有任何中介，实在也是矛盾。这样的无中介的矛盾被后期西田称作"绝对矛盾的自我同一"，即同时矛盾和统一。他将会主张，如果一个人依赖于中介的逻辑，那么它仍然持一种歧视性的立场，而这意味着他尚未达到"绝对矛盾的自我同一"的观点。西田强调，"在绝对矛盾的自我同一的世界中，主体性和客体性既不是单纯对立的，也不是单纯为对方所中介；相反，它们为了生存和死亡而斗争"，② 它可被理解为无中介的矛盾。

七　结论：与实在的哲学遭遇的两个方面

在本文中，我并不试图去判断谁，如果有的话，乃是这场争论的赢家。反之，我将会主张，这个争论自身帮助我们去更基础性地权衡实在的本质。西田和田边鼓励我们去寻找通往实在的不同进路，而后者对应于实在和哲学思考之关系的多样维度。

两者都试图通过哲学找到具体的实在。西田渴望去将先于逻辑的实在形诸言辞，然而田边为了思考和谈论实在而追寻着逻辑自身的具体性。哲学具体性的这两个方面都不应该被低估。

矛盾性的哲学表述的强度，促使我们更加深入地思考实在，并且西田不停地以它来启迪我们。因为它使我们遭遇一个非概念性的实在，后者从不能被我们的思想吸收。

另外，如果它们被重复地使用并且变得稀松平常的话，矛盾性的表述将会非常轻易地失去它们的强度。我们很可能会去运用这样的表述，好像我们在没有检验它们时对它们的意义有着一个真正的直观。然而，如果我们没有恰当的直观，这样的表述将会是无意义的。为了去保持这些哲学表述的强度，我们需要以逻辑－分析性的思想为中介。田边元从不会想去忘记正在哲

① 　N8. 378.
② 　N9. 201.

学地思考的具体的"我"。他因此试着去从这个"我"的特定视角出发来谈论，即使这个具体性可能被证明是创造性的生命的副作用，因为仅仅以这种方式我们能够意识到，这样的立场已经是被中介了的。通过这样的自我限制着的自我否定，哲学思考必须证明自身是一个中介，通过它，它能够成为一个对绝对的中介即实在的证明。

或许这些关于"实在"的哲学思考的方式代表着最基础的从事哲学的差异之一？这个问题太过于意义深厚，以致无法在这里得到回答。以以上讨论为基础，我们或许至少能推断到西田和田边的哲学事业帮助对方来整顿我们，并且使我们对如其所是的实在保持清醒。这些刺激仍然是必需的，鉴于我们陷入"独断论的迷梦"中的趋势依然存在，而它意味着我们倾向于去把我们熟知于实在视作理所当然的；事实上，我们从来不是。

石桥湛山的"对华和平构想" *

〔日〕早川诚　李源源**译

一　前言

当我们从历史的角度思考中国和日本的关系时，石桥湛山在其中占据了一个独特的位置。首先，在 20 世纪前半期日本不断推行对外侵略政策之时，石桥与众不同，提出了"小日本主义"这一殖民地放弃论。这样的和平主义论调，即使是在当时已经实行普选的"大正民主"时代的日本，也是凤毛麟角。其次，在 20 世纪后半期以美国为中心的自由主义阵营和以苏联为中心的社会主义阵营的对立中，他作为前首相，提出了"日中美苏和平同盟"构想，意在将日本和中国作为一体，在亚洲和平的基础上实现世界和平。本文将从石桥的生平和思想背景出发，着重探讨其 20 世纪前半期的中国论。①

---

* 本文根据 2018 年 10 月 17 日在中国人民大学日本人文社会科学中心主办的学术报告会"近代日本的思想和历史"上的演讲稿修改而成。

** 早川诚，东京大学法学博士，立正大学法学部教授、立正大学石桥湛山研究中心副主任，主要研究方向为西方政治思想；李源源，中国人民大学日语系硕士研究生。

① 石桥的大部分著作和其自传、年表一起收录于『石橋湛山全集』（東洋経済新報社、1970 ~ 1972、全 16 卷）中。最新出版的评传有增田弘『石橋湛山—思想は人間活動の根本・動力なり—』、ミネルヴァ書房、2017。最新的综合性研究有上田美和『石橋湛山論—言論と行動—』、吉川弘文館、2012。本文关注石桥的中日关系观，聚焦于其 20 世纪前半期的议论，而在日本学界，谈及石桥时多会关注其贯穿于战争前后的民主、和平主义主张。在日本，石桥的民主主义以及和平主义的态度多被评价为"自由主义"或者"开明"（liberal）。最近的研究中，船橋洋一『湛山読本—今こそ、自由主義、再興せよ—』（東洋経済新報社、2015）一书超越了学界致力于向更广大的一般读者传播上述意义上的自由主义者石桥像。

二 石桥湛山的经历

石桥湛山 1884 年出生于东京。[①] 父亲是日莲宗（始于 13 世纪，日本佛教宗派之一）的僧人杉田日布。[②] 石桥诞生之时，杉田还是日莲宗僧侣教育机构的一名教员，他后来在 1914～1916 年担任日莲宗大学（现为立正大学）的校长。石桥不满一岁就随父亲的工作调动而移居山梨县，在那里接受了小学、高等小学和寻常中学[③]的教育。石桥在中学时代受到了大岛正健校长的感化，而大岛校长作为札幌农学校（现北海道大学）的第一届毕业生曾受教于威廉·克拉克。因此可以认为，克拉克经由大岛对石桥的基督教思想形成产生了一定的影响。1903 年，石桥返回东京入早稻田大学，师从曾留美学习威廉·詹姆斯实用主义（pragmatism）的田中王堂。下文我们会看到石桥思想中现实主义的一面，这与实用主义的影响是分不开的。

大学毕业之后，石桥在报社打过短工，后作为记者正式入职东洋经济新报社。他最初担任社会评论，约两年后成为经济杂志《东洋经济新报》的负责人。在这期间，他通过在金本位制、外交、反对军备扩张和推进普选等方面的言论崭露头角，而后更是担任报社总编，乃至社长。

石桥在战争结束前就已经预见了日本的战败，一直致力于研究战后经济的重建。1946 年，他就任第一次吉田茂内阁的大藏大臣。但由于其战时撰写的论文被占领军认为带有军国主义色彩而被开除了公职。石桥研究者的主

---

① 下文所述石桥湛山的经历，参见石橋湛山「湛山回想」（1951）『石橋湛山全集』第 15 卷、東洋経済新報社、1972、1～273 頁；前田潔巳「石橋湛山年譜」『石橋湛山全集』第 15 卷、339～418 頁；早川誠「公職追放解除後の石橋湛山—教育者としての軌跡を中心に—（上）」『立正大学紀要』1 号、立正大学史料編纂室、2016、5～23 頁；早川誠・芹澤寬隆「公職追放解除後の石橋湛山—教育者としての軌跡を中心に—（中）」『立正大学紀要』3号、立正大学史料編纂室、2018、3～19 頁。
② 关于石桥所受日莲宗影响的研究尚未充分展开，先驱性研究参见望月詩史「石橋湛山の日蓮論」『同志社法学』61 卷 3 号、同志社法学会、2009、93～136 頁；戸田教敏「石橋湛山にみる近代仏教の特質—在家仏教と日蓮主義—」『石橋湛山研究』創刊号、立正大学石橋湛山研究センター、2018、61～78 頁。
③ 日本旧制中学的一个阶段，相当于现在的初中二年级到高中三年级。——译者注

流意见认为，石桥被开除并无充分的理由，占领军意在排除想要推行自主政策的石桥。开除公职令被解除后，石桥历经通商产业省大臣而官至首相，但因病很快就辞任了。辞任首相后的他独自访问了中国和苏联，并没有放弃世界和平的构想。此外，包括担任首相期间在内，他还连续 16 年担任立正大学的校长，今后应该会有更多关于教育者石桥的研究。①

三　石桥所处的历史文脉

近年来，包括对石桥的教育思想研究，石桥研究呈现出多样化的特点。但即便是作为一个教育者，和平思想也是石桥的核心之一。现在的立正大学校训中有一条是"祈愿和平，造福人类"，这也是石桥校长时代制定的。20世纪前半期他心系朝鲜半岛和中国，提倡殖民地放弃论，不管研究潮流如何变化，这一点在历来的石桥思想研究中都是一贯被肯定的。

我们先来回顾一下与 20 世纪前半期石桥的论述相关的当时日本的社会状况。他最为有名同时也是明确主张放弃殖民地的两篇文章《做好放弃一切的思想准备》② 和《大日本主义的幻想》③ 都发表于 1921 年。当时的日本正处于大正天皇统治之下的大正时代，史称"大正民主"的民主主义运动盛行一时。④ 概而言之，那是一个民众运动和社会运动活跃，政党政治从形式到实质都确立起来的时代。例如，1913 年，陆军军阀、首相桂太郎领

---

① 立正大学于 2017 年设立了石桥湛山研究中心，其与立正大学史料编纂室共同整理时任校长石桥的资料，开展石桥思想研究。

② 石橋湛山「一切を棄つるの覚悟—太平洋会議に対する我態度—」（1921）『石橋湛山全集』第 4 卷、東洋経済新報社、1971、10～14 頁。

③ 石橋湛山「大日本主義の幻想」（1921）『石橋湛山全集』第 4 卷、東洋経済新報社、1971、14～29 頁。

④ 三谷太一郎认为，"大正民主"这一用语有两种用法：一是指包含政治、经济、学术、教育等诸多领域，贯穿整个时代的普遍性倾向；二是指社会运动、政党内阁制的确立等象征该时代的政治现象。在时代划分上也有两种意见：一种认为是从 1905 年日俄战争后反对讲和条约运动开始到 1925 年普通选举制和合法无产政党的成立；另一种认为是从 1918 年政友会原敬内阁成立开始到 1932 年五一五事件，即政党内阁时期。三谷将 1905～1926 年政治民主化即政治体制政党化的过程作为大正民主的总括性定义加以使用。参见三谷太一郎『大正民主論　第三版』、東京大学出版会、2013、1～4 頁。

导的内阁由于民众的示威运动被迫辞职（"第一次护宪运动" "大正政变"）；1918 年，为反抗由于出兵西伯利亚而带来的米价上涨，日本全国范围内掀起了一场民众运动（"米骚动"）；也同样是在 1918 年，第一个真正意义上的政党内阁原敬内阁成立；1925 年，普选制度确立，这一制度取消了纳税条件的限制，承认了满 25 周岁的男性的选举权。

这个时代是日本的民主主义迅速发展的时代。石桥也身处这场民主主义运动的潮流当中。他强烈呼吁实现普选，实际上也担任了 1919 年普选示威运动的副指挥官。但上述日本国内的民主运动与他国的民主运动未必具有连带性。护宪运动一方面是反对军人执政和军备扩张的和平之举，但另一方面也带有以充实民权为基础谋求国家发展的帝国主义色彩。① 而石桥的独特性正在于此。在"大正民主"的时代潮流中，民主主义的支持者未必是和平主义的倡导者。在这一背景下，石桥却在论及民主主义的同时提倡和平主义的殖民地放弃论。他这种和平主义的态度，比被认为对中国较有好意的民主主义者吉野作造也更为彻底。②

四　石桥的殖民地放弃论的特色

那么，为什么石桥能提出在当时的日本还较为少见的殖民地放弃论呢？其主要理由是放弃殖民地日本更能获益这一经济合理主义的思考方法。③ 前面提及的《做好放弃一切的思想准备》和《大日本主义的幻想》这两篇文章典型地反映了其经济合理主义的思想特征。

在《做好放弃一切的思想准备》中，石桥批判了日本政府和国民对

---

① 所谓"民本主义"与国权主义结合为一体，共同构成了帝国主义的一个侧面，相关论述参见成田龍一『シリーズ日本近現代史④　大正デモクラシー』、岩波書店、2007、36 頁；另外，筒井清忠『戦前日本のポピュリズム―日米開戦への道―』（中央公論社、2018、62~63 頁）也将大正时期的民众运动作为"民粹主义"（populism）来理解，认为其中包含了平等主义和民族主义两个方向。

② 松尾尊兊『近代日本と石橋湛山―「東洋経済新報社」の人々―』、東洋経済新報社、2013、172~196 頁。

③ 上田美和『石橋湛山論』一书中以"自立主义"和"经济合理主义"两个概念为中心分析了石桥的思想。

1921 年华盛顿会议的反应。他认为，日本原本可以主动提出召开军缩会议而掌握会议的主导权，但却丧失了这一机会。因此，目前最为妥善的应对就是放弃一切，这样反而有助于提升国际地位。

> 假如放弃满洲、放弃山东、放弃所能想到的中国被我国压迫的一切，结果会如何？再假如给予朝鲜自由，给予台湾自由，结果又会如何？这样一来，英国也好、美国也好，都会陷入非常苦恼的境地吧！若只让日本采取这样的自由主义，他们就不能在世界上占据道德的高地。①

但是针对上述主张，有一种反对的声音认为，放弃殖民地无论在经济上还是在国防上都将使日本无立足之地。对此，石桥在《大日本主义的幻想》一文中进行了详细的批驳。他认为，在经济上，通过干涉他国获得的利益远比不上与英美等国家开展自由贸易获得的利益。以棉纱为例，石桥有如下论述：

> 毋庸置疑，从经济上来看，对中国及西伯利亚的干涉政策于我国有害无益。中国国民及俄国国民对我国之反感已然成为我经济发展的一大障碍。且只要我国一日不停止干涉政策，此种反感就一日不会停止。干涉政策，或许能为我国带来部分利益。若能阻止中国提高棉纱进口关税，我国棉纱出口就会容易得多。但种种干涉政策从整体上看又何益之有？过去十年我国对中国贸易的增幅只约相当于对美贸易增幅的三分之一罢了。②

在军备上，既然日本已经公开表示无意侵略他国，那么为了侵略而军备这一理由也就无从谈起。针对日本有可能被侵略这一理由，石桥认为，有可能被侵略的均是海外殖民地，而并非日本本土，因此放弃殖民地才是

---

① 石橋湛山「一切を棄つるの覚悟—太平洋会議に対する我態度—」『石橋湛山全集』第 4 卷、13 頁。
② 石橋湛山「大日本主義の幻想」『石橋湛山全集』第 4 卷、17 頁。

解决这一后顾之忧的上佳之策。另外，针对只有欧美列强拥有殖民地而日本没有的话不公平这一观点，石桥认为，第一，领土的扩张只会带来周围国家的仇视；第二，列强让步于殖民地独立运动的时代即将来临；第三，既然列强都将不得不承认殖民地独立，那么日本率先放弃殖民地符合国家利益。

> 正因如此，我可以断言，我国放弃大日本主义于我国无任何害处，不，并不仅仅无任何害处，而且大有裨益。放弃朝鲜、台湾、库页岛和满洲的数寸土地，就可以促使广阔的中国全境以我为友，进而全东亚，不，全世界所有弱小国家都将在道义上与我国站在一边，其获益不可限量。若那时美国粗暴，英国傲慢，将魔爪伸向东亚各民族乃至世界弱小国家，我国应成为被压迫者的盟主，严厉地惩治英美。①

正如上述引文所示，在石桥的论述中确实能看到很多道德的、道义的观点。但是，其所谓道义的最终根据都在于日本可以获得国际信用，确立在亚洲的领导地位这一"巨大的利益"，以及从其中派生出的日本的经济发展。出于以上理由，石桥的主张被认为是一种经济合理主义的观点。

五　两种类型的和平主义

石桥以经济合理主义为根据的殖民地放弃论有着道义上的殖民地放弃论所没有的优势。大正民主时代的帝国主义，由民众参与发展国力是其主题之一。对此主张道义的放弃论会被认为违背国家利益。石桥的观点恰好利用了"国家利益"这一概念，认为放弃殖民地才"符合国家利益"。因此，他能在当时的日本独树一帜地主张与亚洲各国友好协作。

---

① 石橋湛山「大日本主義の幻想」『石橋湛山全集』第 4 巻、29 頁。

但是，他的和平论也有缺点，即若是放弃殖民地不符合国家利益的事实已经显而易见，这种经济合理主义就不再能够作为促进和平的理由使用了。如果石桥主张的是道义的和平论，那么即便不能增进国家利益，也应该将放弃殖民地的主张坚持到底。但是，石桥自诩为一个爱国者，从未否定国家利益来谈论和平。

为了理解石桥的立场，我们需要区分两种类型的和平主义。[①] 在和平主义研究中，常将其分为绝对和平主义（pacifism）和和平优先主义（pacificism）。绝对和平主义以基督教为思想渊源，视和平为绝对的信条，不承认有例外。其与政策、制度等因素无关，而是与人们的内心和良知相关。与其相对，和平优先主义是将和平作为一种政治选择的思想，因此根据政治状况的变化，也会有放弃和平的例外情况。和平优先主义的思想源泉包括重视市民自由权和自由贸易的自由主义、詹姆斯·密尔和边沁等人所秉持的功利主义以及立志于消除贫困和贫富差距等社会问题的社会主义。[②]

按照上述分类，石桥的经济合理主义可以说属于和平优先主义。究其原因，是因为若将经济合理性作为自身主张的根据的话，当放弃殖民地不符合国家利益时，在信条上无论个人如何自处，在政策及政治判断的维度上，殖民地放弃论的根据都会随之瓦解。这一局限在 20 世纪 20 年代后半期的石桥身上逐渐显露出来。

六 殖民地放弃论的偏离与民族主义

石桥在 1928 年发表的《中国应将培养实力作为首要之策》[③] 和《被

---

① 下文的整理，参见松元雅和『平和主義とは何か—政治哲学で考える戦争と平和—』、中央公論社、2013。石桥湛山纪念财团每年会为在石桥思想的继承和发展上做出贡献的著作颁发"石桥湛山奖"。这本书是 2014 年第 35 次"石桥湛山奖"的获奖作品，因其在石桥"小日本主义"的思想系谱分析上的意义获得高度评价。

② 松元雅和『平和主義とは何か—政治哲学で考える戦争と平和—』、中央公論社、2013、24～31頁。

③ 石橋湛山「支那はまず其実力を養うべし」（1928）『石橋湛山全集』第 6 巻、1971、223～226頁。

惯坏的孩子中国》① 两篇文章中认为，如今中国之所以被置于不平等条约之下，除了列强的压迫之外，"中国国民自身的怠慢"② 也是原因之一。既需要列强反省，日本也必须放弃本国的利益，但中国国民也需要铭记不应该依靠他国的力量，而是培养自己本国的实力。这里所说"实力"，并非指军事力量，而是"使他人承认其确有实行自己主张的能力"。③

石桥的殖民地放弃论，也是一种民族主义（nationalism）的思想。之所以说放弃殖民地在经济上是合理的，那是因为不论用多么强有力的手腕统治他国的领土，最终也无法避免民族主义情绪高涨，爆发抵抗运动。在《大日本主义的幻想》一文中，石桥就表明了对中国国民自觉的认识。

> 以往英国等国家频频向海外扩张领土，那时被侵略地的人民还未曾生出国民独立之心，因此才会轻而易举地将土地拱手让人。而这种情况以后会越来越行不通了。伴随着世界交通和通信技术的发展，无论多么僻远之地也都吹进了文明之风，教会了他们要懂得伸张权利。……在这样的时代，我们又怎能奢望一直占有朝鲜、台湾，妨碍中国、俄国行使其自主权呢。④

但是，正因为殖民地放弃论是以民族主义为根据的，反过来若是民族主义的发展被认为超过了适当的"度"，就会出现为了避免混乱日本必须介入的主张，从殖民地放弃论转变成拥护日本殖民地政策的立场。以下所引用的文章出自石桥1935年撰写的《中国对日政策》，其论调与1921年大相径庭。

① 石橋湛山「駄々っ子支那—軽薄なる列強の態度、我国は特別利益を棄てよ—」（1928）『石橋湛山全集』第 6 卷、227～230 頁。
② 石橋湛山「駄々っ子支那—軽薄なる列強の態度、我国は特別利益を棄てよ—」『石橋湛山全集』第 6 卷、227 頁。
③ 石橋湛山「支那はまず其実力を養うべし」『石橋湛山全集』第 6 卷、224 頁。
④ 石橋湛山「大日本主義の幻想」『石橋湛山全集』第 4 卷、23 頁。

阻止列强分割之势，中国领土得以保全至今的理由在于日本势力在远东地区的抬头，使欧洲各国不得任性妄为。公平所见，此说法恐怕毫不为过。但是，日本决不能将此归于对中国的侠义和慈悲之心。日本不过是从自身的立场出发，认为欧洲对中国的分割对己不利，所以才尽力阻止罢了。因此，若这样的政策出于某种理由又对日本不利了，日本当然必须改变这一方针。日本也有可能带头对中国进行分割。这样说来日本似乎是个唯利是图的冷血国家，但这难道不是除去粉饰之后的整个世界的现状么，日本也无可奈何。不能只有日本，除了本国利益之外，还对中国存侠义之心，起慈悲之怀。①

此时，虽然日本国内已经实行了言论统制，但还没有针对东洋经济新报社直接实施打击行动。

言论自由一直受到压制。按照政府言论统制的要求，决定各个出版社用纸比例的日本出版文化协会在 1941 年也曾劝说石桥从东洋经济新报社总编的位置上退下来。② 鉴于这一背景，石桥的研究者中也有人认为，石桥观点的变化不过是为了躲避言论统制所采用的战术而已，并非其本意。③ 我们很难从字面上究其本意，但不容否认的是，石桥以前所主张的经济合理主义的殖民地放弃论中，其逻辑构成本身也包含了接受论调变化的可能。大正民主时代最鲜明地描绘出与中国和平共存路线的石桥的殖民地放弃论和经济合理

---

① 石橋湛山「支那の対日政策—徒なる排日は志那を危くす—」(1935)『石橋湛山全集』第 9 巻、1971、90~91 頁。

② 参见上田和美「自由主義は戦争を止められるか—芦田均・清沢洌・石橋湛山—」、吉川弘文館、2016、193 頁。

③ 关于石桥的各篇著作究竟有无受到国内言论统制的影响，研究尚不充分。目前，立正大学石桥湛山研究中心研究课题以及池尾愛子「英文雑誌『オリエンタル・エコノミスト』の経済記事について—1934–1960 年—」(『石橋湛山研究』創刊号、立正大学石橋湛山研究センター、2018、79~96 頁)；鈴村裕輔「英語版『東洋経済新報』の創刊と石橋湛山の役割」(『国際日本学』14 号、法政大学国際日本学研究所、2017、65~75 頁)；望月詩史「The Oriental Economist 研究序説—創刊初期を中心に—」(『同志社法学』69 巻 3 号、同志社法学会同志社大学、2017、105~202 頁) 等研究正在探讨日本国内的石桥论调与受到言论统制影响较小的英文杂志上石桥的论调之间的异同情况。

主义，也终于在日本军国主义高歌猛进的昭和时代，不可避免地变成了海外侵略的主张。

七　石桥的和平构想与现代

正如前文所述，我们并不能否认石桥的观点发生了变化。但这并不会改变石桥的"小日本主义"在当时的日本是最为和平主义的主张这一事实。战后，石桥作为自由党以及自由民主党议员活跃在政坛，并于 1956 ~ 1957 年担任日本首相。退任之后，在冷战持续的国际环境中，他曾于 1959 年和 1963 年两度访问中国，致力于两国和平友好事业。① 这样的石桥路线之后并没有在自民党内成为主流。但是作为有别于当下自民党主流的重视国际协调以及与国民生活息息相关的经济发展的保守主义路线，石桥的主张和行动至今仍然受到许多关注。设立于 2013 年并于每年 12 月在立正大学召开的石桥湛山研究会年会，都将中日两国和平共存的构想作为重要的议题。②

石桥的和平构想原本是以大正民主时代为背景构筑起来的。石桥认为，在国力伸张的过程中，经济合理主义才是对中日两国和平共存最为有利的。其立场背后是否曾包含追求和平的道义性的期望不得而知。但是，他认为若要实现和平与共存，必须直面现实，提供可能实现的方案，即首先需要考虑的并不是理想的追求，而是对现实冷静透彻的认识。我们也许能够从中汲取一些智慧吧。

实际上，从这一观点出发，石桥的问题在于其没有充分地直视日本的现实。如前所述，石桥对中国国民的民族主义抱有不信任感。但是，相对于审视中国国民的严苛态度，他对日本国民近代化以后的成果抱有极强的自信。

---

① 石桥第一次访问中国时，于 1959 年 9 月 20 日与周恩来总理共同发表了联合声明。虽然并未涉及具体的外交政策，但声明表示"双方均认为两国国民应携手为远东及世界和平做出贡献"［周恩来·石橋湛山「石橋＝周共同コミュニケ」（1959 年 9 月 20 日，北京）、『石橋湛山全集』第 14 卷、東洋経済新報社、1970、434 頁］，这与石桥和平构想的内容相近。

② 2017 年，该学会邀请到了三位中国方面的研究者，介绍了目前中国的石桥研究现状，各篇报告今后均将登载在《石桥湛山研究》杂志上。石桥研究的重要实践意义在于，以其思想为连接点，比较分析各种中日和平论，为维持和发展良好的两国关系做出应有的贡献。

石桥在批判日本政治堕落之时，总是将目光聚集在政治家的利己行为以及报纸等宣传机关言论的幼稚拙劣上，而很少对国民展开直接批判。[①] 他在批判政治家时常会批判帝国议会，但是从未支持实行直接民主制，从未对议会制本身失去信任。这是因为在他看来，议会才是国民中无政治偏向的"中道层"以政党为中心开展论战、维持民主的场所。若失去了议会，军部就会与持有极端政见者直接联手，导致军国主义化。也就是说，对石桥而言，亚洲范围内和平共存的王牌在于日本国民中"中道层"的存在。他认为与中国不同，其在日本是切实存在的。[②]

但是，石桥所设想的这一"中道层"是否真的存在？或者即便存在又是否真的在政治舞台上发挥了作用？就随后的日本政治和外交的进展来看，我们不得不抱有疑问。

例如，坂野润治的研究表明，即便是在已经步入中日全面战争的1937年，日本议会内的民主势力依然存在。在1937年4月30日举行的第20次总选举中，带有军国主义倾向的执政党议席数未能增加，相反，带有社会民主主义倾向的社会大众党议席数大幅增加。坂野认为，即使在日本军国主义化发展迅猛的20世纪30年代后半期，帝国议会当中民主主义势力仍占据基本面，军国主义全面支配政治的印象是错误的。

但是，社会大众党当时的意图是缩小由资本主义经济带来的贫富差距，因而寻求扩大预算，这一点在当时与为了准备战争而要求扩大预算的军部"不谋而合"。当时的舆论普遍赞成为缩小贫富差距扩大预算，反对为了战备而扩大预算。但是，问题的关键在于，反对扩大预算的结果不仅否定了战备，还否定了缩小贫富差距，因而并没有成为选民的选项。实际上，选择暂时保留缩小贫富差距而反对战争的日本无产党的"人民战线"路线，也没

---

① 石桥之所以支持普选运动，是因为他认为日本国民有足够的政治能力使代议制发挥其应有的作用，而这一能力若能发挥出来，就有望改善政治。例如，他曾明确指出："自己的利益自己最为了解，自己的利益自己最能保护，实为代议制依据之原理。"［石橋湛山「普通選挙と民衆の知識」（1919）『石橋湛山全集』第3卷、1971、13頁］这段话就体现了上述信念。

② 参见早川誠「石橋湛山の議会制論とジャーナリズム論」『自由思想』142号、石橋湛山記念財団、2016、25～39頁。

有得到选民的支持。当时日本国民支持的是对内民主、对外持有好战可能性的民主势力。最终在中日战争全面爆发后，认为有必要进行总体战的日本国民接受了战争。[①]

这一时期石桥论述的焦点在于，如何在政府轻视议会走向战争的情况下保护议会和政党政治。至于议会内部的路线对立，以及国民在其中应如何做出正确的选择，却未做任何评论。[②] 如果将信赖"中道国民"这一立场作为前提的话，可能石桥相信只要保护了议会，就会使得国民至少长期内会做出正确的选择。但是，若考虑到石桥对中国国民自觉的严苛审问，既然他认为观察现实才是政治的根本，难道他不应该更加严苛地审问日本国民的自觉吗？在这点上，信赖本国国民的爱国者石桥妨碍了现实主义者石桥冷静地观察日本的现实。

人正视现实是十分困难的，更不用说客观地观察自己国家的现实了。这种认识上的陷阱即便对于在当时的日本最珍视和平的石桥来说，也未能避免。正因为如此，除了石桥追求和平共存的理想主义的一面，我们应该吸取的教训还在于要将作为其根本的合理主义和现实主义的观点坚持得更加彻底。

---

① 上述历史过程，参见坂野潤治『昭和史の決定的瞬間』、筑摩書房、2004、165～214 頁；坂野潤治『日本憲政史』、東京大学出版会、2008、185～213 頁；有馬学『日本の歴史23　帝国の昭和』、講談社、2002、227～229 頁；加藤陽子『それでも、日本人は「戦争」を選んだ』、朝日出版社、2009、4～5 頁。

② 参见石橋湛山「林内閣は国民を愚にするか　総選挙の結果と現内閣の進退」（1937）『石橋湛山全集』第 10 巻、1972、76～79 頁；石橋湛山「林首相の政党観　自ら対抗意識を持つなかれ」（1937）『石橋湛山全集』第 10 巻、79～82 頁。

日本德川时代的"礼"

〔日〕滨野靖一郎　胡　藤[*]译

〔日〕滨野靖一郎　胡　藤[*]译

前　言

儒学认为，人的正确的行为是遵守"礼"的行为。在经书中，对"礼"的定义有各种表述。例如，《礼记·曲礼上》做了如下定义：

> 夫礼者所以定亲疏，决嫌疑，别同异，明是非也。礼，不妄说人，不辞费。礼，不逾节，不侵侮，不好狎。修身践言，谓之善行。行修言道，礼之质也。礼闻取于人，不闻取人。礼闻来学，不闻往教。

"礼"为事物确立等级、制定秩序，为个人制定恰当的行为内容。也就是说，它是个人在社会生活中应当学习的一种"规矩"。如果人人都按照这一"规矩"行动，就可以保持和谐的人际关系和安稳的社会秩序。

具体来说，"礼"包括了哪些内容呢？渡边浩在《近世日本社会与宋学（增补修订版）》（东京大学出版会，2010）中有如下说明。

"礼"是根据本人的立场与其面对的对象之间的关系而确定的恰当的行

---

*　滨野靖一郎，日本法政大学政治学博士，现为日本海阳中等学校教谕、法政大学现代法研究所特别研究员，研究方向为日本、中国政治思想史（日本江户时代到明治时期的儒者和武士思想、中国宋明时期的儒者和《论语》《周礼》等经典）；胡藤，日本东京大学人文社会系研究科博士研究生，研究方向为中国清代到近代思想史。

为模式。它包括了从政治制度、朝廷和民间的各种仪式、节庆活动、与个人的生老病死相对应的通过仪礼（rites of passage，"冠婚葬祭"等）到见面问候、吃饭时的各种礼节等所有方面。

这一定义非常简明扼要。此外，渡边浩还指出，"礼……可能很难被翻译为西方语言"。① 翻译困难的原因，是前述的定义当中并没有提到的"礼"的几个要素。② 也正是这些要素，成为德川时代的儒者认为当时的日本并不存在"礼"的根据。

在儒学的治世下，"礼"是不可或缺的。然而，江户时代的儒者却认为当时的日本并不存在"礼"。因此，他们要求的政治改革便是以确立"礼"为中心的。

一

新井白石是在德川家六代将军家宣和七代将军家继时代主导了政治改革的朱子学者。对于他的历史功绩，评价也相当多样。③ 其中比较重要的一点是他针对《武家诸法度》的改革。

《武家诸法度》被视为德川政权的宪法④，是最基本的"法令"⑤，由侍奉初代将军德川家康的僧侣天海和林罗山起草最初的版本（又被称为"元和令"），基于镰仓幕府的基本法令"御成败式目"和室町幕府的基本法令"建武式目"，并参考了战国时代数个大名的家法后制定的。

初版的"元和令"中，各条之下都附有基于中国古典写成的注释。这当中包括了儒家、兵家、道家的内容。第一条相当简短，为"当勤于修行

---

① 渡辺浩『日本政治思想史：十七～十九世紀』、東京大学出版会、2010。此书第一章第三节"礼与道"中也涉及"礼"的问题。而其英译版 A History of Japanese Political Thought, 1600－1901（trans. by David Noble, Tokyo: International House of Japan, 2012）中将"礼"译作 rites。然而，这一译法并未完全传递"礼"的原意，对此需要注意。

② 渡边浩的书中针对这些要素也有说明。

③ 有关新井白石的改革也可参考渡边浩『日本政治思想史：十七～十九世紀』。

④ 这里的"宪法"与规定国家的组织、统治形态的 constitution 有区别。日语中"宪法"一词自圣德太子"十七条宪法"始见，在德川时代也有将武家诸法度称为"宪法"的例子。

⑤ 掟（おきて），各种集体、社群内部的规则的总称。

文武弓马之道",在此之后有如下注释:

> 文左武右，古之法也。不可不兼备。弓马此是武家之要枢。兵，号
> 之为凶器，不得已而用之。治不忘乱，何不勤于修炼也?

由德川家康实现的这次天下统一，后世因其年号中的"元和"称之为
"元和偃武"（但是由谁自何时开始如此称呼尚不明确，只能确定在德川时
代后期就出现了这一说法）。"元和令"第一条就显示了"虽然从今以后即
将迈入和平的年代，但作为武士必须为了防备战争再度发生而随时修炼武
艺"的态度。但作为武士政权，将自己（武士）视为"凶器"，又规定只能
在"不得已"的时候使用，还是会让人感到奇怪。这只能解释为这段注释
是从《老子》第三十一章，也就是在河上公注中被命名为"偃武"章中选
用了遣词造句的缘故。

> 夫佳兵者，不祥之器，物或恶之，故有道者不处。君子居则贵左，
> 用兵则贵右。兵者不祥之器，非君子之器，不得已而用之，恬淡为上。
> 胜而不美，而美之者，是乐杀人。夫乐杀人者，则不可得志于天下矣。
> 吉事尚左，凶事尚右。偏将军居左，上将军居右。言以丧礼处之。杀人
> 之众，以哀悲莅之，战胜以丧礼处之。

与这段引文相比较，明显可见注释的水平不及原文。如果说是身为僧侣
的天海那也许尚可理解，但起草这一段的实际上是激烈批判佛老学说的朱子
学者林罗山，这一事实不得不说令人震惊。另外，第 3 条"有背法度之辈，
各国不可隐藏包庇"下的注释也是如此:

> 法是礼节之本。不可以法破礼，亦不可以礼破法。违法之类，其科
> 不可轻。

不可以隐藏违反法度之人，从禁止包庇罪犯的角度来看似乎理所当然。

但是《论语·子路》中有如下记载：

> 叶公语孔子曰："吾党有直躬者，其父攘羊，而子证之。"孔子曰："吾党之直者异于是。父为子隐，子为父隐，直在其中矣。"

"法"是"礼节"的根本，这样的说法多少偏离了儒学的本意。"理"和"法"相比，"法"占据优先地位，在朱子学中无论如何都是不可能的。

于是，只能说这些注释并非基于儒学式的思考写成。注释中的"理"是"道理、理由"的意思，并非朱子学式的"理"。这里的"法"（武家诸法度）是一种"法令"，本身就包含了道德意义的规定。但中国尤其是儒家的"法"主要是指伴随着刑罚的刑事法，其中没有道德的内容。道德归属于"礼"的范畴。① 这也是前近代日本的"法"与中国的"法"的相异之处。

如此看来，德川时代最早的法令"元和令"，是规定了武士的行为规范和禁止事项，并在一定程度上确定制度的文件。同时，由于朱子学者林罗山适量地采用诸子的思想为其添加了注释，一般也认为林罗山与其有一定的联系。

每当将军发生变动时《武家诸法度》都会在改订后重新颁行。"元和令"在三代将军家光的时代进行了大幅度的修改。所有的注释都被删除，4条条文被删，又增加了有关参勤交代的规定，合计变为19条，称为"宽永令"。接着在四代将军家纲时加入了禁止基督教的内容，称"宽文令"。而五代将军纲吉发布的"天和令"成为直到幕末各代《武家诸法度》的基础。虽然"天和令"受纲吉热爱儒学的影响，或多或少经过了儒家式的润色，但依然不能称为"礼"，而是"法令"。

然而，新井白石试图对德川政权进行符合"礼"的重组，实施了大规模的改革，这就是他的武家诸法度改革、"宝永令"。首先是将此前用汉文

---

① 有关这一点，希望读者联想到《论语·颜渊》中关于克己复礼的描述："非礼勿视，非礼勿听，非礼勿言，非礼勿动。"

写成的法度文本改为汉文训读体。原来的法度文本作为汉文而言实际上是非常奇怪的形式。新井白石将其改为标准的汉文训读体,这样就可以进一步改写为正确的汉文体。也就是说,白石的这一更改带有让外国理解日本的法的考虑(尽管其对象仅限于中国和朝鲜)。①

宝永令的第 1 条是"当修文武之道,明人伦,正风俗"。可以发现,此前的作为武士生活的要求被改为了非常有士大夫色彩的生活方式。② 第 2 条"国郡家中之政务,各尽其心力,不可致士民之怨苦",也是从重视结果的统治变为开始追问统治者的"心"的政治。

第 5~7 条记录了对武士的道德要求。尤其是第 6 条把通过贿赂谋取权势、采取计谋的做法视为"开邪路,害正道"加以警戒,以及第 7 条指出如果不遵循"礼制"则会"伤风败俗",可见宝永令确实变为了带有儒学色彩的武家诸法度。而最明确地展示这一变化的应该是第 12 条:

> 衣服居室之制、宴飨之供品、答赠之物,或及奢侈,或过节俭,皆非礼文之节。贵贱各守其名分,不可至大过不及。

应当注意"礼文之节""守名分"的规定。过于豪华是不对的,过分节俭也不对。万事万物都存在其恰当的度,人必须正确地行使这个度。只有这样的认识才能称为符合"礼"的思考方式。

白石还进行了其他有关"礼"的改革。但是这些举措几乎全部被八代将军吉宗废止。《武家诸法度》也恢复使用"天和令",德川政权的儒家色彩又变得淡薄。在此之后直到明治维新,都没有再发生儒学式的改革。本文的主题即是在这一时期提倡儒学式的"礼"的改革的主张(以及为何它们未被重视)。

---

① 有关新井白石的对朝鲜外交,请参考拙稿「德川時代に於ける漢学者達の朝鮮觀:朝鮮出兵を軸に」金時德・濱野靖一郎編『海を渡る史書 東アジアの「通鑑」』、勉诚出版・アジア遊学系列、2016。

② 如《近思录・制度》曰:"明道先生言于朝曰:治天下,以正风俗,得贤才为本。"《孟子》中也有"夏曰校,殷曰序,周曰庠,学则三代共之,皆所以明人伦也。人伦明于上,小民亲于下"的记载。

<h1 style="text-align:center">二</h1>

在现代日本社会，文章的写法、应季的礼物问候、根据场合选择相应的服装均属于常识，不能遵守这些常识的人都被视为"无礼之人"。也许这样的"规则"可以被视为一般意义上的"礼"（具体来说贺年卡的写法、求职时穿的正装都属此类）。[①] 同时，德川时代武家的礼仪规范中有"小笠原流礼法"，到今天也依然被采用（某些女子中学的课程中设有"礼法"课，这门课程大多由小笠原流的人来指导）。然而，在儒者看来，这种东西并不是礼。建构了独特的儒学体系的江户时代的荻生徂徕（1666～1728）在《政谈》中说：

> 又今之世并无诚可谓为礼之物，而以小笠原之流为礼也。小笠原之诸礼，无上下之分别，仅立真草之行耳。以丁宁入念为真，以略为草。[②]

小笠原流只是被认为"近似于礼"，而不是"真正的礼"。那么，荻生徂徕认为"礼"到底是什么呢？他如此说明统治的基础：

> 圣人之治之大纲，使上下万民有土，其上立礼法制度之事，是治之大纲也。

前半句是主张让住在城下町的武士回到各自领地内的农村居住的"土著"论，后半句中的"礼法制度"就是本文主题的"礼"。[③] 这里的"礼"

---

① 笔者自身有关礼的说明，可以参考拙稿「新たなる『典型』の誕生：高山大毅『近世日本の「礼楽」と「修辞」荻生徂徕以後の「接人」の制度構想』（東京大学出版会、2016年）書評」『アジア文化研究』43 号、国际基督教大学亜洲文化研究所、2017。

② 平石直昭校注『政談』、平凡社、2011。

③ 包括土著论等在内的荻生徂徕的思想，可参考渡辺浩『日本政治思想史：十七～十九世紀』；濱野靖一郎『頼山陽の思想：日本における政治学の誕生』、東京大学出版会、2014；小島康敬『増補版徂徕学と反徂徕』、ぺりかん社、1994。

是"圣人之治",是由"圣人""制作"的内容。徂徕引用《礼记·乐记》中"作者之谓圣,述者之谓明"一句,将"圣人"视为"制度"的"制作者"。尧、舜、成汤、武王等都是因为制定了新王朝的制度,才被称为"圣人"。其实《论语·季氏》中就有一条有关"礼"的重要论述:

> 孔子曰:"天下有道,则礼乐征伐自天子出;天下无道,则礼乐征伐自诸侯出。自诸侯出,盖十世希不失矣;自大夫出,五世希不失矣;陪臣执国命,三世希不失矣。天下有道,则政不在大夫。天下有道,则庶人不议。"

也就是说,"礼乐"必须出自"天子"。"礼乐"是以君主之名义制定的类似于成文法的存在(当然,"礼"不完全等于成文法,顶多只是"类似"的存在),而不能视为不知道由谁制定的类似于习惯法的存在(《论语》如此,朱子学也是如此)。

进而,《辨名》上卷《礼》说:

> 《书》曰:"天秩有礼。"是尧舜之制礼,奉天道以行之。所以神其教。①

在礼乐的制定过程中,"天"的神秘化是必要的。制定"礼"的过程本身必须是由"王"和"天"进行的仪式。

如此可见,小笠原流的礼仪明显不是"礼"。小笠原流并非"圣人"制定的内容。从传承来看,自小笠原长清在 12 世纪担任源赖朝的"弓马术礼法"的"师范"以来,小笠原流一直在小笠原家族中流传,到了江户时代,其后代小笠原经直受德川家康之邀担任二代将军德川秀忠的"弓马术礼法"老师,之后代代相续。小笠原家虽然继承了源氏的血脉,是武家中的名门,

---

① 引自『日本思想大系 36 荻生徂徕』、岩波書店、1973。

但并未建立政权。而且，这也不是基于儒学的经典制作的礼仪。因此，在徂徕看来小笠原流不能称为"礼"。在江户时代，"礼"只能是由德川家康制定的内容。①

当然，在江户时代也有无数被称为"仪式"的东西。如大名行列、在江户城本丸御殿进行的"御目见得"都是重要的仪式。但是，这些行为自身的"意义"并不明确，或者说原本就没有被赋予意义。参加的人在并未考虑其意义的状态下行动，参加仪式本身就是他们的职务。

"礼"可以是意义不明的内容吗？当然不行。《辨名·礼》认为："盖先王立礼，以为民极。""极"是准则、标准的意思，徂徕又称其为"中"。他又说：

> 礼之为体也，蟠于天地，极乎细微，物为之则，曲为之制，而道莫不在焉。

这句话虽然在不是儒者的人看来难以理解，但对于儒者而言，作为"礼"而确定的一举一动本身就拥有意义。懵懵懂懂地跟着照做的行为不能称为"礼"。②

在《政谈》中，徂徕回顾了自己的经历：

> 此前为三代之前的将军（即德川纲吉，徂徕曾为纲吉身边的重臣柳泽吉保所用，为纲吉讲授学问）讲解易经之时，某登城入座于讲授之席，然而仔细观察四周，诸位老中、若老中、大名、旗本中无论有官无官，其等级于衣服之上全不可分。见此荒唐之事不禁泪流满面，茫然不知所措。

---

① 前面的例子中求职时穿的正装、书信的格式等内容，明显不是由天子制定的（最早在求职时应该穿藏青色正装的做法只是为某一企业所推广），所以这些规则顶多只能算"类似于礼的存在"，而不是真正的"礼"。

② 虽然徂徕对此持否定态度，但在朱子学中，"礼"是基于"性"而制定的，所以也是基于人的本性的行为。

徂徕眼见自老中至旗本各级官员在服饰上没有任何变化，不禁流泪。这正是对无"礼"的德川家的治世深刻的叹息。如果有"礼"的话，上下的"区别"从服装上就能一目了然地表现出来。

> 有衣服之制度时，此为大名，此为重臣、高官，如此之事即于座席之上亦可自明。故人人敬贵，仪式自不乱。

确实只有这样才能称为"礼"。如前面所说，"礼"是根据自己和对方的关系确定的行为的模式。如果不知道对方的地位在自己之上还是之下，就无法迅速地判断如何恰当地行动。不过，"礼"是不需要"判断"的。最理想的状态其实是不经过思考而严整迅速地采取适当的行动。①

那么，徂徕为什么认为"礼"是必要的呢？这是出于经济上的原因。

> 总天地之间万物之生，各有其限。日本国中大米产量如何，杂谷产量如何，材木有多少可用，及数十年后材木是否胜用，一切之物均各有其限也。

也就是说，在分配过程中如果不是把少数的"优质品"给"贵等人"，而把大量的"廉价品"给"贱等人"的话，会导致"物价居高不下"，这并不符合世人的利益。

> 若满足众多贱等人之愿望，使其尽用好物，则其好物亦逐渐粗劣。又上下混乱，故成相争之道，此则无法利于世间众人。

徂徕并没有"把蛋糕做大"之类的想法。他也没想过在社会上推广基于市场原理的自由竞争。他甚至认为货币经济本身都是有问题的。本来稀缺

---

① 参考濱野靖一郎『頼山陽の思想：日本における政治学の誕生』。将"决断"视为政治中的必要内容并将其理论化的人物正是德川后期的赖山阳。

的物品价格会上涨，可以大量生产的物品价格会降低，这是理所当然的（"廉价品"并不是品质有缺陷的产品）。在承认资源和物资有限的情况下进行分配时，需要有一个与物品的质量对应的等级制度。为此制定的"礼"，正是"抑奢丰民之妙术"[1]。

但是，德川政权的制度并非徂徕想象得这么简单。大名、小名、旗本、御家人，他们在本丸内等待和谒见时应处的位置都是被明确指定好的。根据各自所处的位置可以确认自己和将军的关系，进而还可以从中观察到与其他人的实力对比。同时，在仪式中也根据各自地位规定了应该使用的服装。虽然不是根据"三礼"制定的"礼"，但不见得不如徂徕制定的"礼"细致。而且，在仪式的进行过程中，确实存在一定的规则。因此，徂徕的主张实际上是从根本上儒学式地重组制度的改革。[2]

三

以上介绍了徂徕的"礼"。接下来看朱子学者们的意见。以下以中井竹山为例进行考察。就结论而言，竹山和徂徕一样主张由德川政府制定"礼（＝制度）"。竹山在向松平定信进献的政策建议书《草茅危言》中具体阐述了他的观点。[3] 下面来看卷1《国家制度之事》。

首先，竹山指出制度有三种不同的类型混合存在："祖宗之时，深虑远图而可为永远之制之物"，"权宜之制而定当分"之物，以及"旧来之风俗，乃在蒙昧未开之间，难以遽变。不如先仍其旧，而思以待治平之日，其形势若经年月，或可成永制"。

除了第一种之外，在"斟酌时宜"的基础上进行改革也无妨。或者说，

---

① 徂徕的这一想法基于《荀子·荣辱》："夫贵为天子，富有天下，是人情之所同欲也；然则从人之欲，则势不能容，物不能赡也。故先王案为之制礼义以分之，使有贵贱之等，长幼之差，知愚能不能之分，皆使人载其事，而各得其宜。然后使谷禄多少厚薄之称，是夫群居和一之道也。"

② 德川时代的制度，可参考德川黎明会编『徳川礼典録上、中、下』附图、原書房、1962；市岡正一『徳川盛世録』、平凡社、1989。

③ 木活字本，无版本、出版年信息，有宽政元年（1789）自序。

必须如此改革。对于"近二百年升平之世中，假令其虽为中理之事，亦不宜改"之类的反对意见，他仅以"不然也"一句带过。

> 凡蒙昧未开之时，多临时权宜之制，而永制难以遽定。鲁之两生固然拘滞，而叔孙通所云定百年之治而作礼，虽不与之，亦非未有一理。以武王之圣制礼作乐，而其成尚在成王之世，出于周公之手。岂可言其时之迟也？

不仅汉代，周代在王朝成立之后也没能够马上制定好"礼"。但如果据此认为因为德川政权当前并未制"礼"，所以之后也不需要"礼"，是毫无道理的。虽然在逻辑上可能有主次颠倒的问题，但对于自认为儒者的竹山而言，"礼"的制定是理所当然的大前提，所以只需要反驳否定的论据就足够了。或许他认为，至少对儒学有深刻理解的定信大人是能够理解他的用心的。

这样，虽然此前因为"机会未至"而没能实现制定礼仪之事，如今是"受享保中兴之余烈"的"大有为之时"，又是拥有定信这位"大有为之人"的"千载之一时"。竹山设计了从"王室"到"死后继承"的全套制度交给定信。其内容采取了在尽可能的范围内与现实相互折中的基础上实现与"礼"相符的做法（至少竹山自己是这么认为的）。

竹山在卷1一开始的《王室之事》里有以下论述："如今幸得圣天子当朝，治理委任于关东之贤人，而兴中兴隆治之势。"这里他强调了德川政权是接受天皇的委托进行统治。《草茅危言》的进言对象、首席老中松平定信也是持"政权委任论"的人物，所以这种说法本身虽并不危险，但的确是相当大胆的言论。[①] 竹山首先提到天皇即位礼的问题。

此前拜读即位礼之图式记录，仪制多有省易粗疏。后又拜见即位大礼，自日月章旗纛幡等之制至各类仪物，均有简素过甚之感。

---

① 有关定信对于"政权委任论"的态度，请参考滨野靖一郎『賴山陽の思想：日本における政治学の誕生』。

仪式虽然不可过分豪华，但礼之所以能成为礼，必须有一定的气势。竹山据此指出以即位礼为首，当时皇室的各项制度都过于简洁。他认为这是因为皇室在战国时代衰落期间"仅能尽蹈以无法自主之时之前例"，而这一临时的举措却在此后成为"永制"，不能恢复"本制之真"了。

同时，竹山还认为，尽管在费用上可能存在困难，但如果能实现天皇到东京巡幸并且将其宣传为"关东方面的美德"，民众"一定会更加仰慕（德川家统治的）御威光"。可见他并不是反对德川家，只是为了强化德川家的统治而寄希望于确定以天皇家为中心的"礼"而已。

此外，在卷2《衣服制度之事》中针对服装的问题有这样的议论。

> 自古武门未闻有服制之事。而乌帽子、直垂、狩衣、大纹素袍等，虽有此种礼仪，然无高下之差别。制度、深色等亦无变化，素袍、乌帽子等于平民之中皆可通用。自足利之季世，此等制度次第崩坏，今世之前变而为肩衣半袴，武门不论一统尊卑，特别之仪式外皆可用此服饰，且平民亦可通用，成此一向不分阶级之事。

这里讨论的也是"等级"，重点是"阶层"的问题。因为社会上明显地存在"阶层"，所以最好从外表上就能看出其区别。当然，现实中允许带刀的仅限于武士阶层。因而很难想象在街头上会出现武士和町人无法区分的状况。然而，他的想法是要将社会改造为在日常生活中也能一目了然地分辨阶层的状态。的确，如果在一个各自依据各自的地位严整迅速地采取行动的所谓"礼的秩序"之中，这样的要求也许是当然的。然而，当时的武士对此真的有需要吗？这里有个重要的问题，即竹山并不是武家出身，而是大阪的町人。町人认为，应当强调自身处于武士之下的身份。"礼的秩序"在社会效果之上，还是"社会应有的样子"，可以认为这当中包含了作为儒者的竹山的一种憧憬。

竹山提出的这些建议在松平定信的施政中几乎都没有得到反映。尽管松平定信由于昌平坂学问所的官方化和宽政异学之禁等行为而被视为有深厚的儒学（尤其是朱子学）造诣的统治者，然而实际上与其说他的思想不是

"朱子学式的",不如认为他只是采取了对于统治而言最有效的方法。定信并没有将德川的统治变为儒学式的社会的想法。

本来,竹山的进言在多大程度上能称为"儒学式"的,这本身都成为问题。比如所谓确定"一世一元"的建议,这真是"儒学式"的想法吗?卷 1 中有三条都提到了"年号之事"。竹山在论述完年号后指出,"总言之,帝王之元年为即位之初年,无关吉凶之兆。而周季战国之时,为方术機祥之说所惑",因此有了改元之事。同时,改元的名号一旦出现,虽然"元来機祥之事不足为道",但此种方法由于记录年代方便易认,故也"长期以来以此为制"了。

但是,从最初的"不离機祥"到后来凡有"天变地妖、人事之变"必定改元,而"至明清始解此惑,一代定年号为一,是大为简当"。日本自"取李唐之制"至今一直进行改元,然而"上下千余年间,有已改元而未必吉,亦有未改元而无更凶"。也就是说改元并没有实际意义,这一点"虽非识者,亦可明知",因此才主张"是从明清之法,定一代一号之事"。

明代有 17 个年号,而相同的时间内日本有 38 个;清代到当时共 4 个年号,而同时期日本居然使用了 22 个。此外,使用的文字也是"相同的字在不同年号中上下交替出现,更难以记忆"。竹山推测这可能是由于朝廷势力衰微,"翰林学士文业不明,故不得已而设简捷之法"。那么"今日文教兴盛,翰林院不乏其人,而一守旧弊,其何如也"?

竹山在《草茅危言》中的主张,是被称为"礼"的制度全体。但是正如上述"年号"问题中所见,在这背后并非存在"礼应当如何如何"的想法。对于服饰的规定,其出发点也是对社会的稳定运作有益而已。年号应当一世一元,这一主张是基于此前制度的两个问题而发。其一,年号本身虽然有用,但改元的做法本身不能带来任何益处;其二,将大量出现的近似年号归结于朝廷衰落导致人才不足,然而在当今盛世之下人才状况得到改善,因而不必拘泥于此前的制度。两点仅是认为此前的制度("旧弊")不合时宜而提出的解决方案,并不存在对某种制度的尊重的情感。

儒学式的"礼"的制度改革也并不是为复古而复古（当然日本也不存在所谓的应当复归的礼治时代）。徂徕学也好，朱子学也好，"礼"的改革也都是针对当时的环境提出的天下太平之世的理想，而非追求非现实的空想（但是不能否认，竹山身上功利的侧面甚至让人怀疑他的朱子学者的身份）。

四

新井白石主导的"正德之治"正是一次以"礼的秩序"为目标的重大政治改革。而徂徕、竹山之后，太宰春台也写成了非常详细的政策建议书，内容同样是以将德川之世变为"礼的秩序"为目标。[1] 其他的儒者虽然没有写下如这三人一样具体的意见，但他们或多或少都希望推动基于"礼的秩序"的改革。但是除了白石以外，没有人把自己的建议落实为实际的改革。并且还有人提出了和他们不同的统治理论。这就是赖山阳。[2] 从结论来看，赖山阳不认可这样的"礼的秩序"。他也否定学校制、井田制这些儒家的"常识"。

> 儒者之谈治道，动辄曰礼、曰乐、曰学校、曰井田。是可言而不可行者。吾尝历观彼二十二之史，其志礼志乐云者，皆行于丧祭，而不行于平时。行于朝廷，而不行于民间。则恶在其所谓移风易俗者。（《通议·论民政上》）[3]

这是说，即使让儿童在学校学习道德、礼仪之类，也许也会因为无聊而逃课或者偷偷睡觉吧。确实有这种可能。然而，在《论民政上》的最后，他这样说道：

---

[1] 将太宰春台的政策建议书《经济录》中受到《周礼》的影响与徂徕学受到王安石思想的影响进行比较的研究，请参考拙稿「宰相の職掌『周礼』に於ける王安石と太宰春台」『日本思想史学』49 号、ぺりかん社、2017。

[2] 赖山阳的政治理论，参考濱野靖一郎『頼山陽の思想：日本における政治学の誕生』。

[3] 木崎愛吉・頼成一編『頼山陽全書』、国書刊行会、1931。

国计苟赢则上不厉民。民知仁义，先礼后食，鼓腹击壤，不必作学校礼乐，而学校礼乐之实效见矣。盖失效者，必以诚心得之。苟无诚心，虽有善政，亦不可行也。

所谓"衣食足则知礼节"正是如此。赖山阳反对剧烈变化的革命。在《通义·论官制上》中，针对试图将日本的制度（官制）从世袭改为中国式的仅限于一代，即全面引进科举制度的意见，他认为"断不可为，又断不当为"，以强烈的语气否定这一看法。他否定的是儒学将与现状不符合的纸上的理想理所当然地强加于社会现实的态度。既然并未发生动乱，赖山阳就不承认为了某种理想而发动大的改革。也就是说，为了理想而颠覆现实的和平的想法是应当被否定的。从白石到山阳，基于"现实"的政治角度，否定了儒者为了实现"理想"的"礼的秩序"。

当然，赖山阳并不否定当时正在施行的各种仪式的规定。针对竹山主张的针对现行制度的在应用层面的更改和修正，他也认为这些讨论是有意义的（尽管不确定他是否同意）。山阳真正质疑的是如此轻易地将实现礼的秩序与进行良好的统治直接联系起来的想法。

此外，如赖山阳所指出的，实际执行的礼仅限于"丧礼"，这一点也非常重要。目前，有关德川时代"礼"的研究日益增多。尤其是有关朱熹《家礼》接受史的研究非常火热。除吾妻重二、田尻祐一郎之外，年轻学者田世民、高山大毅的研究也值得重视。① 但是，这一系列研究都偏向于"丧礼"的部分。可以说，它们都是有关以江户时代的儒者（尤其是山崎暗斋学派和水户学）有关丧礼和祭礼的记载为中心的研究。针对暗斋学派的若林强斋在《家礼训蒙疏》中省略了冠礼和婚礼的部分，吾妻在此书的《解题》中有如下评论：

---

① 相关的研究动向·可参照田世民『近世日本における儒礼受容の研究』、ぺりかん社、2012；高山大毅「封建の世の『家礼』」『季刊日本思想史』81 号、ぺりかん社、2014。

　　丧礼和祭礼两者才是有关生死的重大问题的这种认识，不仅在江户时代的日本，整个近世东亚地区对《家礼》的关心在这一点上都是一致的。①

　　也就是说，不仅德川时代的日本，在中国等地，一般人理解的"礼"，都是以这两者为中心的。这也许可以从侧面支持赖山阳认为儒者提倡的"礼"并没有改变民间固有风俗的作用而对其持否定态度的观点。

结　语

　　德川时代的日本确实存在着类似于"礼"的制度。然而这并不能称为儒学氏的"礼"，所以儒者希望改变它。至少，这是儒者自身存在的价值所在。但即使没有这样的改革，治世仍然在持续。徂徕、春台等人担心，如果这样继续下去可能招致乱世，于是从这样的危机感出发设计了新的社会制度。无法确认竹山的危机感是否有这么强烈，但至少他真切地相信应当这么做。可是对于目睹欧洲的轮船进出日本的港口而希望整顿日本国内局势的山阳而言，没有讨论"礼"的必要，重要的是如何重新改革官僚机构（尽管由于在《周礼》中也提及了官僚机构，也可以说"礼"里面也包含了这一话题）。

　　德川时代的日本社会到最后也没能变为儒学式的社会。儒学在德川后期作为一种"学问"得到普及，但并不是构成社会结构本身的要素。不过意味深长的是，维新之后建立的明治新政府却实现了《草茅危言》中的某些建议。比如一世一元制、为天皇上谥号等。② 也许可以说，这表明到了明治维新后，日本在某些方面确实"儒学化"了。

---

① 吾妻重二编著『家礼文献集成日本篇1』、関西大学東西学術研究所、2010。
② 《一世一元之诏》当中并没有明确指出进行这项变更的理由，只写了"自今以后，革易旧制，以一世一元为永制"。《草茅危言》在幕末时期有木活字本出版。

长谷川如是闲的政治思想[*]

——"社会"与"日本"的探求

〔日〕织田健志 路雨倩 张昊迪[**]译

一 前言

长谷川如是闲（本名万次郎，1875～1969）是木材商的次子，生于东京的深川木场。他出身的家族世代都是栋梁（木匠的最高级别），曾参与建造江户城，从父亲这代开始从事木材生意。其父山本德治郎还曾是浅草的游乐场"花屋敷"的经营者（万次郎10岁时，成为曾祖母的养子，改姓长谷川）。如是闲幼年时代接触到的以祖父为首的工匠以及市井小民等人物形象如实地反映在了他的思想世界中。他在晚年出版的《凡愚列传》（1950）中，描绘了被"叫作'文明'的高速列车"遗弃却依旧竭尽全力生活着的平民的日常生活，表达了对他们的共鸣。1903年，28岁的如是闲入职《日本》报社，开始他的记者生涯。此后，他历任《大阪朝日新闻》的社会部长。其兄山本松之助（笑月）也在同一时期担任《东京朝日新闻》的社会部长，兄弟二人均为东西《朝日新闻》主力。

如是闲从入职《日本》报社至93岁去世一直身居一线，作为代表近代

---

* 本文根据2018年10月17日在中国人民大学日本人文社会科学中心主办的学术报告会"近代日本的思想和历史"上的演讲稿修改而成。

** 织田健志，国士馆大学政经学部副教授、日本同志社大学政治学博士，主要研究方向为近代日本政治思想。路雨倩，中国人民大学日语系本科生；张昊迪，中国人民大学日语系硕士研究生。

日本的记者而名声远扬。除了时事评论和政治评论之外，他还发表国家论、社会论、文化论、媒体论等各类评论，甚至对小说、戏曲也有涉足，是大家公认的"文明批评家"。擅长人物评论的大宅壮一对如是闲宽广的思想世界做出了以下评价：

> 长谷川如是闲是近代日本孕育的一大智慧的里程碑、思想的金字塔、文化的博物馆。他是一位百科辞典般的思想家、不可多得的文明批评家、伟大的新闻工作者。如果深入他的头脑中，会发现里面没有任何无用之物。这些思想就像是深不见底的沼泽、白昼中依旧昏暗的丛林，其中蕴藏着通往近代之路的独特方法。①

然而，"思想的金字塔"这一溢美之词，对于思想家来说未必称得上是令人高兴的评价。由于关注的问题过多，反而难以理解其思想的全貌也是常有的事。事实上，想要把握如是闲的思想轮廓是相当困难的。因此，本文将关注点放在长达60多年的如是闲的言论活动的两个转折点上，即杂志《我等》的刊行及其后接续的杂志《批判》的停刊。解读他政治思想的关键词是"社会"与"日本"。

二 国家的公共性 vs 社会的共同性

1919年2月12日，因日本报刊史上最大的"笔祸"白虹事件而被迫从《大阪朝日新闻》辞职的如是闲在大山郁夫等人的帮助下，创办杂志《我等》。② 此后，如是闲成为自由撰稿人。白虹事件不仅对于如是闲个人，甚至对于日本的新闻界来说都是重大的转折点。以该事件为开端，报刊的企业化进一步发展，大报社开始向"企业报社"转变。供记者

---

① 大宅壮一「長谷川如是閑論」長谷川如是閑著作目録編集委員会編『長谷川如是閑——人・時代・思想と著作目録』、中央大学、1985、165頁。

② 关于白虹事件的经过，参见朝日新聞百年史編修委員会編『朝日新聞百年史 大正・昭和戦前編』、朝日新聞社、1995、69～115頁。

陈述个人意见的空间已经基本不存在了。代替报刊为自由的言论活动提供舞台的是综合杂志。① 除了既有的《中央公论》《太阳》之外，《改造》（1919 年 4 月）、《解放》（1919 年 6 月）、《经济往来》（1926 年 3 月）等综合杂志相继创刊。在给自己创办的杂志《我等》撰稿的同时，通过给上述这些杂志投稿，如是闲重视被称为"生活事实"的一般民众的日常生活，以内存于国家、社会、习惯中的"看不见的制度"为对象，对阻碍生活的"进化"、企图固化现状的意识形态展开了批判。② 其成果被收录在《现代国家批判》（1921）、《现代社会批判》（1922）等著作中。

作为如是闲论述的一部分，在此介绍《现代国家批判》的卷首论文《斗争本能与国家的产生》。③ 在这篇文章中，如是闲从人类维持生存这一观点出发来论述国家的成立。人类从"种族保存""自我保存"的需要出发经营集团生活，但这种生活并不是基于每个个体"物理力量"的单纯的总和，而是基于通过"共动"而"被组织化的力量"。这一"共动"包括以劳动等协同作业为代表的"互助"和攻击其他集团、抵御外敌侵略的排他性的"互助的斗争"两方面。如是闲对两者的关系做出了以下说明。"互助"是和平的"共动"，是"社会生活的自然"，只有当这种自然因某些原因引起冲突的时候才需要"斗争"。"战争中的互助"即斗争是"和平时期互助的延长"。与由来于"互助本能"的日常社会生活相对，"国家"只不过是立足于非常时期发挥的"斗争本能"的限定性的存在而已。因此，"国家生活绝不包含社会生活的全体，也并没有完全涵盖社会生活最重要的部分"。在收入《现代国家批判》的其他论稿中，他对"国家至上主义"也

---

① 有山輝雄『近代日本ジャーナリズムの構造』、東京出版、1995、第 3 部、第 4 部。

② 关于如是闲的国家批判，参见田中浩『長谷川如是閑研究所説』、未来社、1989、第 2 章；飯田泰三「国家批判の論理とゆくえ」『批判精神の航跡—近代日本精神史の一稜線』、筑摩書房、1997；池田元『長谷川如是閑「国家思想」の研究—「自然」と理性批判』、雄山閣、1981、第〇章；織田健志「国家の現実性と懐疑の精神—長谷川如是閑『現代国家批判』の思想世界—」『社会科学』44 巻 4 号、同志社大学人文科学研究所、2015、95 ~ 123 頁。

③ 長谷川如是閑『現代国家批判』、弘文堂書房、1921；長谷川如是閑『長谷川如是閑選集　第二巻』、栗田出版会、1969、39 ~ 64 頁。

是冷眼看待。

> 像我们的国定教科书那样，认为国家与神一样都是自古以来被盲目信仰的东西，将一切生活的目标都当作"为了国家"便无可非议的想法，与其说是愚弄他人，不如说是愚弄自己。①

如上所述，对于国家在人们生活中实际发挥的作用，如是闲的评价很冷淡。人们各自在彼此对等的关系下"共动"，通过完成自己的工作承担社会职能，在这样的日常生活常态中，国家这一组织既非本质也不重要。由国家进行的"权力与服从的支配"与人的本性是相对立的。他认为这是"人"与"国民"的背离，用讽刺的笔触揭露了这一状况。

> 国家对于所属的人民，比起为人更要求其成为国民。至少，绝对禁止人们不做国民只做人。想要成为"不是国民的人"即"作为人的人"，往往不得不冲破这一禁忌。当他们这样做时，会被宣判为国家的叛贼。……在无论何人都必须属于某个国家的现在，我们只能在某种程度上放弃为人，以摆脱成为谋反者的命运。②

如是闲创刊《我等》的时候，"社会的发现"正成为言论界的口号。作为被与国家明确区分并优先于国家的共同性的领域，"社会"这一观念受到了世人的关注。"社会"并非静态的实体，而是作为各集团、各个人的相互作用与运动不断发展的过程，作为以平等与连带为基础的规范、概念为人们所理解。③ 如是闲是这一思潮的代表人物之一。不是"社会向

---

① 長谷川如是閑『現代国家批判』；長谷川如是閑『長谷川如是閑選集　第二巻』、136 頁。
② 長谷川「闘争本能と国家の進化」『中央公論』1920 年 10 月。該篇文章是本文介绍的《現代国家批判》的卷首论文的原型，但引用处在刊本中被删除。
③ 关于大正知识分子的"社会的发现"，参见飯田泰三『批判精神の航跡』、205～221 頁；有馬学『日本の近代 4「国際化」の中の帝国日本—1905～1924』、中央公論新社、1999、270～320 頁；織田健志「社会」米原謙編『「天皇」から「民主主義」まで—政治概念の歴史的展開　第九巻』、晃洋書房、2016、193～194 頁。

国家这一完全体发展"，而是"国家作为社会这一生活体的手段而存在"
（《现代国家批判》）。并且，"社会"是重复着"化合与分解的动态发展"
的无止境的过程（同），是基于地缘、阶级、利害关系等而形成的各集团
交织而成的"多种多样的生活方向进行生存竞争的舞台"（《现代社会批
判》）。

　　不只如此，如是闲还从以我们的日常生活＝"生活事实"中看到的
以互助与连带为基础的社会共同性中，找出了克服来源于权力关系的国
家秩序的契机。关于这一点，耐人寻味的是《存在于权力外部的世界》
（《东京日日新闻》1925年1月3～6日）这一短文。在关东大地震灾后
重建的工地上，孩子们在开心地玩着沙子。无意中看到这一情景的如是
闲注意到，在这些孩子之间发生了少数的"指导者"与多数的"协同
者"的分化，而引起分化的原因是"堆沙山"这一"协同行动的有机关
系"的确立。并且"指导者"的交替不是由"斗争"引起的，而是由
"有无施工能力"决定的。此外，如是闲还看到，一旦"山上铁路"完
成，不管是"指导者"还是"协同者"，甚至连没有参加堆沙工程的周
围的旁观者也加入"共同享乐"的队伍。"独占"与"排他"等"被称
为成人世界的'社会秩序'"在这群孩子中并见不到。在文章接近结尾
处，如是闲写道："孩子们没有受到外部的强制，也没有受到他们之中任
何一个人的胁迫，却创造出了一个完全的、和平而又牢固的协同社会。"
在没有权力与暴力等强制性手段的情况下，"社会"的协同真的可能吗？
如果是可能的话，以怎样一种形式实现呢？望着玩沙子的孩子们，如是
闲的脑海里闪现的是只通过互助与连带成立的"社会"秩序的理想形
态。

　　在阅读如是闲的评论特别是《我等》《批判》时期的评论时，很容易被
其批判的尖锐性夺走眼球。但是如果能够关注到深藏于这些尖锐批判根柢的
如是闲的秩序观的话，我们会清楚地发现，如是闲把以互助与连带为构成原
理的"社会"与基于权力关系形成的国家相对立起来了。而这样的"社会"
的共同性以"生活事实"这一观念为媒介，与如是闲不断强调的人们的日
常生活紧密相连。

三 "日本的性格"论的展开

如是闲一面尖锐地进行国家批判，一面艰难地躲避政府的言论压制。1933 年 11 月 22 日，如是闲因涉嫌同情共产党，被传唤至中野警察署，接受了特高课警察的调查。该事件还导致《批判》（1930 年 2 月起改名为《我等》）从 1934 年 2 月起无限期停刊。此时，如是闲的言论活动出现了第二次转折。

《批判》停刊不久后的 1934 年 5 月，如是闲在岩波书店的《思想》杂志上发表《国民性格的日本精神》。[①] 在这篇发表于打着"日本精神"旗号特辑的文章中，如是闲针对狂热偏信的"日本精神"论，借此机会描写了日本人的"国民性格"。

如是闲从"文化接触"论的观点出发，主张"文化形态"的形成并非"纯粹"，而是在与不同文化相接触、融合的过程中得以发展的。如是闲将在与不同文化接触、融合的基础上形成自己文化的"一定的态度或倾向"定义为"国民性格"。实际上，日本自古以来便通过聘请大量的学者和技术人员、派遣留学生等方式，与大陆积极进行文化交流，并借此铸就了自己独特的文化。所谓"日本精神"，便是日本人在"摄取""消化"其他文化时所发挥的"国民性格"。因此，"日本精神的原始形态"是无法客观地加以定义的。探寻"日本精神"究竟为何物，并将其规范化，这一设想更接近于古代中国的"道德国家主义"（圣人国家），与《古事记》中体现的偏"现实""实际"的日本传统"政治意识"大不相同。与所谓"日本精神"论的主张不同，"作为国民性格的日本精神"并非万古不变。"若到了古代观念需随着政治形态的变迁而变化的地步，随之产生新的内容，也是日本精神的必然态度。"强调文化的"纯粹"性的排外主义、热衷于"日本精神"规范化的观念主义（idealism）、执着于回到过去的复古主义——这些狂热偏

---

① 長谷川「国民的性格としての日本精神」（『思想』1934 年 5 月）『長谷川如是閑集 第七卷』、岩波書店、1990、40～56 頁。

信的"日本精神"论的要素虽未被明确提及，但如是闲的这篇文章显然有意批判这些要素。

从此之后，如是闲将目标缩小到"日本国民性格，特别是文化形态的问题"，言论活动的轴心由"世界的普遍性"转移到了"国民的特殊性"（《理想与现实》，1941）。他的这一转变轨迹，或被批判为知识分子的"转向"或"日本回归"，或被称赞为时局恶化下的奋力抵抗，评价不一。① 如何评价暂且不论，需要注意的是，如是闲出于对自己的理论根基——"生活事实"这一概念过于抽象的反省，为重新审视这一概念，他在《批判》杂志末期开始着手日本文化论。②

在这方面有一篇旨趣深奥的论文《日本思想的实在主义倾向》（《批判》1932 年 9 月），③ 它是如是闲在最接近马克思主义的时期撰写的。如是闲认为，人类思想的倾向分为"观念的"和"实在的"，但究竟是前者还是后者，取决于其所属文化的性质。人类思想的倾向并不是固定的，而是随着文化的发展而变化的。理论上讲，在"社会的蓬勃发展期"，更偏向于"实在的"倾向；当社会处于"停顿的过程"时，则更偏向于"观念的"倾向。这也是因为在"社会的蓬勃发展期"需要建设新的"社会组织"，"不只是'精神的'作业，军事、政治、经济等'物质的'作业"也不可或缺。因此，如是闲认为"一定的社会在繁荣发展的时期，人们的思维态度必然是'实在的'"。用这种文明史的观点来反观当下，"资产阶级"因资本主义的停滞而陷入"观念主义"（idealism），与其相反，进入蓬勃发展期的"无产

---

① 主张如是闲"转向"的代表性研究参见山領健二「ある自由主義者のジャーナリスト 長谷川如是閑」思想の科学研究会編『共同研究転向 2——戦前篇下』、平凡社東洋文庫、2012（1959 第一版）、221～274 頁。对此，池田元（『日本市民思想と国家論』、論創社、1983、55～61 頁）从国家论的逻辑结构，古川江里子（『大衆社会化と知識人—長谷川如是閑とその時代—』、芙蓉書房、2004、第四章）从与"平准化"这一课题的思想关联出发，分别强调了如是闲的一贯性。

② 关于如是闲对"生活事实"这一概念的再审，参见織田健志「長谷川如是閑—『生活事実』としてのナショナリティ」米原謙・長妻三佐雄編『ナショナリズムの時代精神—幕末から冷戦後まで』、萌書房、2009。

③ 長谷川「日本思想の実在主義的傾向」（『批判』1932 年 9 月）『長谷川如是閑集 第七巻』、22～39 頁。

阶级”则正向“实在主义化”发展。

但是，如是闲并不是在展开“资产阶级和无产阶级的对立”这种马克思主义耳熟能详的阶级意识论。这里的主题是将基于统治阶级（资产阶级）“观念主义”的日本人论和基于庶民阶级（无产阶级）“实在主义倾向”的现实中的日本人的生活相对置，评价庶民现实“生活”中的“实在主义”。这里所说的“观念主义”，指的是轻视历史的动向，依据固有的“观念”来维持现状的立场。另外，“实在主义”指的是重视“知觉的生活”，认识历史变化的态度。“历史总是在变动的，但只把这种变动留在头脑中的即为观念主义。客观认识这种变动的是实在主义。”

那么，在“日本人”的现实生活即“生活事实”中，“观念主义”和“实在主义”哪个倾向性更强呢？针对所谓的“日本精神”论，如是闲做出了如下判断：“且不论日本人从根本上是怎样的，如果日本人自古以来更多地表现出某一种倾向，我们便不难提出与反动主义者完全相反的主张：日本人与其说是观念主义（idealism），不如说是实在主义。”或许持“观念主义”论的人们会说，日本人不信仰宗教、日本人没有创造出高深的哲学，这是日本人的缺点。对此，如是闲表示：“这一点完全不能用来贬低日本人。”正因为日本人是“实在主义的”，“实在主义”倒完全没有创造出宗教、哲学这样的抽象概念，所以日本人才“作为东洋民族，虽然开始接触近代文明较晚，却比其他东洋民族更早地步入了近代化”。

如是闲高度评价日本人在日常生活中所表现出来的“实在主义”，并开始转向检讨日本人的“实在主义倾向”。但在这一过程中如是闲感到自己的立足点发生了动摇，并为此感到困惑。对于重视“生活事实”的如是闲来说，脱离“生活”的思想和观念是“虚伪的规范”，只能是批判的对象，而不能成为根据。于是，如是闲将“日本人的实在主义”的历史作为根据。他高调宣称“日本人的实在主义开始于神话”。具体而言，比如日本神话中造物主的缺乏、将神话中古代的“实在主义”作为“古神道”再生并提供“近代国家观念基础”的本居宣长的国学，以及收录了众多平民歌颂生活情感的歌谣的《万叶集》中的“实在主义”等，这些都被如是闲作为“日本人的实在主义”的历史来研究。

人们往往把如是闲转向日本文化论，归因于他对马克思主义的接近以及脱离。但实际上，此变化发生在围绕"生活事实"——日常生活的现实孕育了人们的思维样式和文化的日常生活的历史——这一概念理解的连续过程中。也就是说，1933 年前后如是闲言论活动的变化并非"转向"一词所表现的那样是急剧的转折，而应该理解成如是闲重新审视"生活事实"概念的一个过程。基于互助和连带的"社会"共同性是如何实现的？这是在日本历史长河中探寻其答案的一种"生活事实"历史化的尝试。

如是闲的日本文化论中最知名的是《日本的性格》（1938）。在这本书中，他批判了"日本主义""日本精神"所阐释的"理应如此"之理，重视现实中"如此"存在的"日本国民的性格"，创造出了构成"日本的性格"的词汇。书中的诸多论点大致可归纳为以下几点。① （1）"生活的文明"：避免在日常生活中产生极端的、克制的现实主义、实证主义的态度。（2）"同化的倾向"：通过文化接触，摄取并完全消化异文化。（3）"全国民的文明"：国民各阶层的文化相互混合，不同阶层之间的文化差异很小。（4）多面性：多样的个性在同时期并存，并不会轻易同一化。如是闲战后的文章也继承了上述主张。特别是"全国民的文明"作为"文化的民主主义"被极力主张（《我的常识哲学》，1955），为战败初期追求激进的政治实践的人们的民主主义理解敲响了警钟。

四　结语

战后，如是闲未再发表批判性的言论。他自 1920 年以来的探寻"社会"共同性的尝试通过"生活事实"的历史化最终导向了"日本的性格"论，从日本文化的传统以及国民性中探寻不受权力、暴力等强制性契机控制的"社会"的共同性。在相比于战争时期言论获得了极大自由的战后日本，如是闲仍然执着于"日本的性格"论的理由正在于此。

---

① 关于以上"日本的性格"论的特征，参见長妻三佐雄「『日本的性格』前後の長谷川如是閑—その伝統観と『日本文化論』を中心に」『公共性のエートス—三宅雪嶺と在野精神の近代』、世界思想社、2002。

　　然而，由于如是闲不喜欢理念指导下的激进改革，重视日常生活的"现实"的保守性，所以他的主张并没有得到追求激进近代化的"战后知识分子"的认同。另外，带着若干尊敬和轻蔑的意味，如是闲被当成是"战前的自由主义者（old liberalist）"①，他也因此失去了发展自己思想的机会。试图在传统文化、国民性等"特殊性的彼岸"寻求文明的普遍性的"日本的性格"论并没有找到通向普遍性的道路，逐渐变得闭塞。②

　　从作为记者的社会生命的观点来看，被誉为言论界泰斗的战后的长谷川如是闲或许已经少有讨论的意义。但是，其战前的友人石桥湛山、吉田茂等战后官至首相，如是闲与这些保守政治家一直都保持着亲密的往来。③ 在讨论"战后日本"的保守思想时，如是闲占据着重要的地位。为使孕育了"复杂的阴翳"（生松敬三）的如是闲思想的轮廓变得更清晰，研究战后如是闲的思想和行动是今后的课题之一。

---

① 大内兵衛「オールド・リベラリストの形成―高野岩三郎の一生」『中央公論』1949 年 7 月、31～37 頁。

② 長谷川如是閑「現代知識階級論」『朝日評論』1946 年 7 月。关于这一点，参见織田健志「『悔恨共同体』の断層―長谷川如是閑と中野重治―」出原政雄編『戦後日本思想と知識人の役割』、法律文化社、2015。

③ 如是闲与石桥在以清泽洌和中央公论社社长嶋中雄为中心成立的媒体人团体"二七会"中交往密切。石桥还在战时招待处于苦境中的如是闲来自己担任社长的东洋经济新报社参加座谈会。战败后如是闲和吉田、东田精一、中谷宇吉郎、小汀利得等人一起在名为"狂人会"的私人社团中有过交流。关于"二七会"，参见望月詩史「二七会とその人々―一九二八～一九四四年―」『同志社法学』68 巻 3 号、2016、172～213 頁。

日本阿伊努民族政策的发展历史[*]

〔日〕辻康夫 张昊迪[**]译

一 前言

很多日本人直到近几年才意识到，日本国内存在拥有自己独特文化的少数民族。这一点和承认众多少数民族存在的中国社会大不相同。与其他国家相比，日本社会在历史和文化方面的同质性较高。明治时代以来，在推进中央集权和不断西化的过程中，这种同质性得到了进一步的发展。特别是第二次世界大战后，日本是"单一民族国家"的认识开始变得根深蒂固。[①] 实际上，虽然阿伊努族、在日朝鲜人、琉球人等少数民族一直存在，但在大多数日本人的意识中，这些少数民族已被"不可视化"。连同他们的固有属性在内，多年来这些少数民族并未得到应有的尊重。对多数日本人来说，"在拥有日本国籍的国民中，存在多个民族"这个概念很难被轻易接受。然而，最近这种状态也出现了转机，原因之一便是对"阿伊努族"政策的转变。本文拟纵观阿伊努族相关政策的发展历史，并探讨近年来政策转变的意义。另外，为了与阿伊努族进行区分，当提到占日本人口大多数的"日本人"

---

[*] 本文根据 2018 年 10 月 17 日中国人民大学日本人文社会科学中心主办的学术报告会"近代日本的思想和历史"上的演讲稿修改而成。

[**] 辻康夫，毕业于东京大学法学部，获得加拿大麦吉尔大学（McGill University）政治学硕士学位，现任北海道大学法学研究科教授，兼任北海道大学公共政策研究生院、北海道大学阿伊努·原住民研究中心教授，主要研究方向为政治思想、政治理论；张昊迪，中国人民大学日语系硕士研究生。

① 此类表述参见小熊英二『単一民族神話の起源』、新曜社、1995。

时，本文将采用"和人"这一称呼。

现在阿伊努族的人口并没有一个准确的统计数据。在北海道，为改善阿伊努族的生活质量，自 1972 年起，每隔数年便会对阿伊努族的生活状况进行调研。根据这一调研数据，2006 年共有 23782 名阿伊努人，2017 年则为13118 人。[①] 这个数据包含拥有阿伊努族血统的人，也包含通过婚姻、领养等方式同阿伊努人结成家庭关系的人口。但该数据仅仅是行政方面掌握的人口数据。拥有阿伊努族血统但并没有接受调研的人口不包含在其中。此外，因求学等原因从北海道搬迁至东京、大阪等都市圈的阿伊努人也不在少数。但北海道之外的地区并没有进行这样的人口统计。有多少阿伊努人居住在北海道之外仍不得而知。[②] 因此，阿伊努族的实际人口，可能是上述数字的几倍。

二 明治之前的历史

阿伊努族是自古至今居住在日本的北部特别是北海道和东北地方北部地区的民族。[③] 传统的阿伊努族以采集渔猎为生，传承着独特的文化。阿伊努族使用的阿伊努语是一种与日语完全不同的语言。江户时代实行交通管制，北海道的大部分地区都曾是阿伊努族的居住地，普通的和人是无法进入的。因此，阿伊努人同和人在日常生活中没有交往，维持着同和人完全不同的、独特的文化。

但是，这并不代表两者之间没有任何交集。阿伊努族自古便与和人有着

① 北海道环境生活部：《2006 年北海道阿伊努民族生活实态调查》，http：//www. pref. hokkaido. lg. jp/ks/ass/grp/H18houkokusyo. pdf；《2017 年北海道阿伊努民族生活实态调查》，http：//www. pref. hokkaido. lg. jp/ks/ass/H29_ ainu_ living_ conditions_ survey. pdf。

② 根据东京都 1988 年的调查，推算出约有 2700 名阿伊努人居住于东京。详见东京都企划审议室《东京在住 UTARI 实态调查报告书》，1988。（UTARI 为阿伊努语，意为人、人民、同胞，现在也被用作阿伊努人对自己民族的称呼——译者注）

③ "关于阿伊努政策的专家恳谈会"于 2009 年发布的《报告书》梳理了阿伊努民族与和人关系变迁的历史。本文中出现的一般常识或共识均出自该《报告书》。下文的历史描述也大多参考该《报告书》。详细分析阿伊努人与和人不平等关系的通史，可参见榎森进『アイヌ民族の歴史』、草風館、2007。

经贸往来，两者也借此建立起了共通的经济体系。阿伊努人与和人在镰仓时代时便有着密切的经贸往来。阿伊努人用鲑鱼、动物皮毛向和人换取米、漆器、纺织品等物品。随着时代的发展，曾经平等的交易关系逐渐变成了不平等的统治关系。到了江户时代，和人社会出现了中央集权的统治组织，开始干涉经济贸易行为。幕府仅给予松前藩与阿伊努族进行贸易的特权，禁止此外所有的和人与阿伊努族进行交易。这对阿伊努族来说，便意味着失去了同和人自由贸易的权利。

和人社会对阿伊努族的统治随着时代发展不断强化。从松前藩获得贸易委托权利的商人，起初是同阿伊努族进行商品交换，但到了18世纪，商人便直接经营渔场，雇佣阿伊努人为其劳动。这种制度被称为"场所请负制度"。同时，为和人统治阿伊努社会服务的居民组织也建立起来。如此一来，阿伊努族便在维持自己独特的生活领域和文化的同时，在政治和经济方面受到和人的统治。在这种体制下，和人压榨阿伊努人劳动的行为也时有发生。

三　明治时期以后的同化政策

到了明治时代，阿伊努族的境遇急剧变化。日本直面西方诸国侵略的威胁，开始了建设西方近代化国家的进程。在这个过程中，阿伊努社会解体，阿伊努人逐渐融入和人社会。①

在划定俄罗斯和日本边境时，日本政府将阿伊努人定义为"日本国民"，确立了阿伊努人与和人一视同仁的统治方针。加之为开发被视为阿伊努族居住地的北海道地区，多年来日本政府将大量和人迁移至北海道。由此北海道地区的和人人口便超过了阿伊努族人口。

日本政府引进西方近代土地所有权制度，确立了土地的所有者。然而其手续却对阿伊努族不利。因此，北海道大部分土地的所有权均归和人所有，

---

① 中村睦男『アイヌ民族法制と憲法』、北海道大学出版会、2018。该专著较全面地考察了明治时期以后的主要立法。

大多数的阿伊努族居民失去了对土地的所有权。日本政府还禁止阿伊努族从事其传统的、赖以为生的捕捞鲑鱼和狩猎野鹿活动，敦促阿伊努族人改以农耕为生。这也是为了防止随着和人移居开拓北海道，乱捕滥猎行为会导致野生动物数目急剧减少。虽然大量阿伊努人转行务农，但政府的援助却是杯水车薪。[①]

日本政府还以"陋习"为由封杀阿伊努族的文化，推行用和人的文化同化阿伊努族的政策。例如，阿伊努族有戴耳环、刺文身的习俗，还有一种仪式，即要烧掉死者的家。这些民俗均被政府禁止。在教育方面，则要求教授日语，而非阿伊努语。[②]

由此，阿伊努族社会在经济、文化上受到了巨大的冲击，随即陷入严峻的贫困。日本政府在 1899 年出台《北海道旧土人保护法》，通过无偿给予耕地等政策来救济阿伊努人，但其效果有限。

四　20世纪后半叶福利政策的推进

第二次世界大战之后，到了 20 世纪 60 年代，福利政策开始提上日程。该时期日本经济实现迅速增长，并以此为基石开始建立"福利国家"，其核心是长期支援贫困人口，直至消除显著的贫富分化，而非短暂的救助。面向受歧视部落的"同和对策"便是一个代表性案例。"受歧视部落"指和人社会中，中世至近世以来便存在的、最底层民众形成的群体。为彻底消除这种社会经济上的贫富分化，日本在 1969 年出台了《同和对策事业特别措施法》。同一时期，为解决阿伊努族贫富分化问题的政策也正式开始实行。

在国家的支援下，北海道于 1961 年启动了提高阿伊努人生活质量的福利计划。1974 年起以"北海道同胞福祉对策"为名，实施了经济援助、教

---

① 山田伸一『近代北海道とアイヌ民族：狩猟規制と土地問題』、北海道大学出版会、2011。该研究深入、详尽地分析了明治时期的狩猎规定以及土地分配政策的实际实施过程。

② 阿伊努民族教育政策的历史部分，参见小川正人『近代アイヌ教育制度史研究』、北海道大学図書刊行会、1997。

育支援、文化振兴等政策。这些举措在经济、教育等层面大幅缩小了阿伊努族与和人之间的差距。

五 民族尊严的恢复与文化的复兴

对阿伊努族来说，贫困并不是唯一的问题。民族尊严的恢复也是一个重要的课题。恢复民族尊严，核心在于文化的复兴。1970 年以后，这一意识在阿伊努民族内部逐渐增强。究其原因，则是国际社会中少数民族政策的变动。1960 年以来，少数团体寻求平等待遇的运动在多个发达国家中展开。美国黑人运动是这些运动的先驱，也极大地影响了原住民运动。阿伊努族也通过与海外原住民的交流，意识到了恢复民族尊严的必要性。

国际人权法的发展也产生了重要影响。日本政府于 1979 年批准了《国际人权公约》，公约规定应对少数民族推行合理的政策。此外，日本在 1995 年批准的《废除种族歧视条约》也规定日本政府必须履行同样的义务。随着这些条约的批准，日本政府逐渐开始接受国际社会的意见，对阿伊努族实行合理的政策。

这些动向同样影响了日本司法。1997 年，札幌地方法院在"二风谷大坝事件判决"中，判定阿伊努族作为原住民，有权享有其固有的文化。该事件围绕建设大坝时政府征用土地的合法性展开。判决援引了《国际人权公约》以及日本宪法第 13 条，指出政府征用土地这一行为没有很好地顾及阿伊努族的文化享有权，判定其违法。[1] 虽然这只是下级法院的判决，对日本司法体系的影响有限，但日本的法院做出这样的判决具有划时代的意义，对国民意识产生了很大的影响。

阿伊努族为谋求作为原住民的正当利益，要求废除《北海道旧土人保护法》，制定新的法律。1997 年的《阿伊努文化振兴法》就是在这样的背景

---

① 中村睦男『アイヌ民族法制と憲法』、160～164 頁。

下问世的。① 《阿伊努文化振兴法》是一部划时代的法律，它是日本政府首次在法律上承认日本国民中除了和人，还存在着少数民族。"单一民族神话"从法律上被否定。此外，该法律在提倡尊重阿伊努文化、明确否定明治以来的"同化政策"这点上也成为阿伊努政策的转折点。

《阿伊努文化振兴法》正如其名，目的是"振兴文化"。随着该法律的实施，阿伊努语的复兴，以及古式舞蹈、雕刻、刺绣等传统的振兴和传承工作相继开展。作为面向国民的宣传教育，日本各地举办了展览和讲座，面向学校的教材也编成出版。明治以来的"同化政策"导致阿伊努文化的形象染上了"后进"落后的色彩，但通过《阿伊努文化振兴法》作用下各种事业的推进，其形象大为改善。② 从另一方面来看，该法律的目的局限于振兴传统文化，政策的实施范围也仅限于北海道地区。

六　近年来的政策演变

2007 年《联合国原住民权利宣言》出台，日本的阿伊努民族政策进入了新的历史发展时期。该项决议激起了日本国内对阿伊努民族政策的关心。2008 年，日本参众两院通过决议，要求日本政府正式承认阿伊努族为"土著人民"（原住民），并参照《联合国原住民权利宣言》推行合理的政策。③

---

① 法律第五十九号（平九·五·一四）《振兴阿伊努文化及普及和开发阿伊努传统等知识的相关法律》，1997 年 5 月 14 日，http：//www. shugiin. go. jp/internet/itdb_ housei. nsf/html/houritsu/14019970514052. htm。

② 2018 年 8 月，日本政府以日本国民为对象开展了"关于阿伊努民族政策的舆论调查"。其中，多数受访者表示知道阿伊努民族是原住民，拥有独自的文化。另外，1/3 的受访者表示对阿伊努文化有兴趣，并希望能够亲身体验。参见日本内阁府政府宣传室《"关于阿伊努民族政策的舆论调查"概要》，2018 年 8 月，https：//survey. gov-online. go. jp/tokubetu/h30/h30 - ainu. pdf。

③ 日本众议院：《认定阿伊努民族为原住民的相关决议》，2008 年 6 月 6 日，http：//www. shugiin. go. jp/internet/itdb_ gian. nsf/html/gian/honbun/ketsugian/g16913001. htm。日本参议院：《认定阿伊努民族为原住民的相关决议》，2008 年 6 月 6 日，http：//www. sangiin. go. jp/japanese/gianjoho/ketsugi/169/080606 - 2. pdf。

对此，日本政府通过官房长官谈话表示接受该项决议，① 并设立了"关于阿伊努民族政策的专家恳谈会"，委托其研究制定阿伊努民族政策。该恳谈会于 2009 年提交了报告。在此基础上，"阿伊努民族政策推进会议"委员会成立，负责阿伊努民族政策的实施。

建设"民族共生象征空间"是目前正在推进的事业中规模最大的一项。该设施作为"复兴阿伊努历史、文化的国家中心"，除进行阿伊努族的相关调查研究外，还旨在继承阿伊努文化，增进日本国民对阿伊努文化的理解。② 该设施由"国立民族博物馆"和与其毗邻的"国立民族共生公园"共同组成，参观者可以在此体验阿伊努文化，增进对阿伊努文化的理解。这些设施目前仍在建设之中，计划在 2020 年 4 月东京奥运会即将举行之际竣工。此项事业有望改善日本国民对阿伊努族的存在及其文化的认知。

有关阿伊努民族政策的基本法的制定，也是重要的一步。该法律旨在表明基本理念，并不规定具体的事业内容。目的在于写明阿伊努族是"原住民"的基础上，通过法律明确实施社会经济等援助政策的方针。这项法律将确立阿伊努族"原住民"的地位，为未来政策的推进提供依据。日本政府计划在 2019 年 1 月召开的国会中提交该法案。

七　结语

如上所述，从历史发展过程来看，日本的政策逐渐向承认阿伊努族的存在、尊重阿伊努文化的方向发展。特别是过去的十年取得了一定的进展，但仍存在很多问题。此前日本政府的阿伊努民族政策均以文化复兴为中心。然而，要解决被社会边缘化的原住民所面临的困难，仅靠文化复兴还远远不够。

实际上，《联合国原住民权利宣言》的规定除了文化上的权利之外，还

① 内阁官房长官：《关于〈认定阿伊努人为原住民的相关决议〉的内阁官房长官谈话》，2008 年 6 月 6 日，https：//www.kantei.go.jp/jp/tyokan/hukuda/2008/0606danwa.html。

② 阿伊努民族政策推进会议：《"民族共生象征空间"基本构想（修订版）》，2016 年 7 月 22 日，https：//www.kantei.go.jp/jp/singi/ainusuishin/pdf/kousou20160726.pdf。

包括政治上的自决权、对其土地以及资源的权利、社会经济状况的改善等广泛的权利。对于这些权利的实现，在日本目前尚未开展真正的讨论。当然，《联合国原住民权利宣言》并没有要求世界上的所有原住民均享有同样的权利。《联合国原住民权利宣言》的序言明确指出，原住民的情况因地区和国家而异，应考虑到历史、文化背景的重要性。因此，我们在探讨阿伊努民族应享有哪些权利时，必须遵守实事求是的原则。

阿伊努族的年轻人有着怎样的意识，是决定阿伊努民族未来的另一个关键要素。受过去同化政策的影响，阿伊努族的传统语言和文化几乎丧失殆尽，如今过着与和人几乎相同的生活。阿伊努族目前也没有专门的居住地，与和人混住在相同的地区。再者，受不断通婚的影响，很多阿伊努人从外表上看难以与和人区分，完全可以隐藏自己的民族身份生活。

阿伊努族年轻的一代中，有人积极致力于恢复振兴阿伊努文化，也有人民族意识并不强烈。① 至于哪一种生活方式才是正确的，并不能交给"主流派国民"来判断。重要的是，我们要创造一个这样的社会，让那些渴望作为阿伊努族生存下去的人们，能够有尊严地生活。事实上，近几年的调查数据显示，七成以上的阿伊努人认为日本社会中存在对阿伊努人的歧视。② 此外，相当一部分阿伊努人对其配偶和子女隐瞒了自己的民族身份。③ 由此看来，目前的社会环境还不能让阿伊努人自由地选择自己的生活方式。日本社会仍需要付出不断的努力。

---

① 以下调查显示，阿伊努族年轻一代中不关心自己民族身份的人的比例有所上升。北海道大学阿伊努·原住民研究中心：《2008 年北海道阿伊努民族生活实态调查报告书（其一）：现代阿伊努民族的生活和意识》，2010 年，第 21～22 页，http：//www. cais. hokudai. ac. jp/wp-content/uploads/2016/09/ainureport01_ all. pdf。

② 内阁官房阿伊努综合政策室：《关于国民对阿伊努理解程度的意识调查、报告书》，2016 年 3 月，https：//www. kantei. go. jp/jp/singi/ainusuishin/pdf/rikaido_ houkoku160322. pdf。

③ 阿伊努民族政策推进会议：《〈北海道之外的阿伊努人生活实态调查〉作业部报告书》，2011 年，第 26 页，http：//www. kantei. go. jp/jp/singi/ainusuishin/dai3/siryou3_ 3. pdf。

经典翻译

我与汝*

（第一、二章）

〔日〕 西田几多郎　黄文宏**译

第一章

　　我不仅可以知道现在的我在思考什么、在思想什么，也可以马上回想起昨日的我在思考什么、在思想什么。昨日的我与今日的我是直接地结合在一起的。反之，我并不能够知道他人在思考什么、在思想什么。他人与我是透过语言或文字等所谓的"表现"而相互理解的。人们认为我与汝并不能够直接结合，只能透过外在而相互结合。我们透过身体而属于物的世界，以声音或形象等物体现象为手段而相互理解。但是，物体世界究竟是什么呢？物体世界也可以思想为我们的经验的内容，这是透过时间、空间与因果等形式所统一的东西。内在世界与外在世界本来就不是相互对立的，不过是一个世界的两个侧面而已。这两个世界是由同样的材料构成的。人们认为一切具实在性的东西都是内存于时间中的东西，时间被认为是实在的根本形式。就内在世界与外在世界都被认为是实在的这一点来说，它们都必须符合时间的形式。这样的话，时间可以从现在限定现在自身来思想。而从现在限定现在自

　　＊　此文首出于『岩波講座哲学第8』（岩波書店、1932），尔后收于『無の自覚的限定』（岩波書店、1932）、『西田幾多郎全集』（岩波書店、2003）。因篇幅关系，译文只揭载了《我与汝》这篇文章的前半部分（第一章和第二章），日后将揭载后半部分。

　　＊＊　西田几多郎，日本近代哲学史上最有代表性的哲学家，京都学派创始人；黄文宏，新竹清华大学哲学研究所教授。

身来限定时间，这必须意味着时间是永远的今的自我限定。时间作为永远的今的自我限定始终是消失的，也始终是重生的（生れる）。因而，在时间的各个瞬间当中，都接触到永远的今。这可以说时间在一瞬间一瞬间中消失，在一瞬间一瞬间中重生。时间可以思想为非连续的连续。如果可以这样来思想时间的话，那么时间在各个瞬间当中都可以在两个意义下接触到永远的今。永远的今一方面必须被思想为绝对地否定时间的死的侧面，另一方面则必须被思想为绝对地肯定时间的生的侧面。倘若我们将永远的死的这一侧面，置于时间的限定的背后来思考的话，那么我们就可以思想到永远的物体的世界；而倘若我们将永远的生的这一侧面，置于时间的限定的背后来思想的话，那么我们就可以思想到永远的精神的世界。内在世界与外在世界不过是在时间的辩证法限定的两个方向当中所思想到的永远的今的两个侧面而已。所有具体的存在物都是以辩证法的方式而自我限定自身，也就是以时间的方式而自我限定自身。在时间中，并无内在与外在的分别，时间本来必须就是一。我认为真正的时间应该说是历史的时间，而具体的实在世界也可以说是历史的。当这样的世界以辩证法的方式而自我限定自身的时候，在它的两个方向上我们可以思想到两个抽象的世界。尽管我们的意识现象从早到晚有着种种不同变化，而不只是保持一种内在的统一而已，昨日之我与今日之我仍然被思想为是直接地结合着，在这里我们可以思想到我们的内在世界。但是，这种内在的统一要成立的话，表现的限定的意义就必须已然存在。我们的意识的统一，在一方面被思想为实在的连续的同时，在另一方面则必须是意义的结合，在意识现象当中，意义即实在。在这种结合当中，每一个点都必须是自我表现自身的点。表现者与被表现者是一，这也可以思想为意识的统一的真正意义。我与我在内心当中对话。能够被称为真正的时间的东西，并不能被思想为单纯的连续，而必须是如上述所说被思想为非连续的连续。而这种时间的连续性，作为无限定者的限定，必须拥有表现的限定的意义。昨日之我与今日之我，就如同我与汝一样，共同地内在于表现的世界当中。

个物要如何来思考呢？要思想个物，首先必须在某种意义下来思想全般者的限定。个物则被思想为这种限定的极限。个物必须始终是被限定的东西。没有不受限定的个物。但是，在这种意义的限定当中是始终不能够达到个物的，而只是在这种意义之下被限定的东西也不是真正的个物。个物必须是自我限定自身的东西。就如同判断是透过个物的自我限定而产生一样，个物也必须拥有限定全般者的意义。在个物与全般者之间，必须有类似辩证法的限定的意义。在这种意义下，个物的受到限定不能思想为"有的全般者"的限定，而必须被思想为是"无限定者的限定"或"无的全般者"的限定。无的全般者的限定，并不意味着单纯地没有限定者。就像存在物都是内存于某处一样，物必须拥有环境。而这种环境必须是无限地广且无限地深。只要物被其环境所限定的话，这就是有的全般者的限定，始终不能是真正的个物。只能是像实例那样的东西而已。只要在物与环境之间存在着人们所谓的合理的关系，那么就无法思想到个物。个物被环境包含，它始终拥有被环境限定的意义，并且同时又始终不为环境所限定，而是反过来拥有限定环境的意义。相对于个物，环境必须拥有只是个物的作动的场所的意义。人们对环境的思考，不论是多大且多深，只要是单单从环境来限定的话，就不能思想到个物。在超越了这种意义下的环境的环境当中，才能思想到自我限定自身的个物。因而个物与环境之间，相互地是非合理性的，相对于个物，环境是偶然的，相对于环境，个物则是偶然的。因而，对于同一的环境，我们就可以思想到自由地自我限定自身的无数的个物。而环境与个物本来就不是没有关系的。倘若没有环境就没有个物，那么没有个物也就没有环境。即使在时间的限定当中，要让瞬间受到限定，那么就必须从在某种意义下受限定的现在出发。瞬间可以被思想为这种现在的限定的极限。而在这种意义的限定当中，我们并不能把握到真正的现在或者瞬间。没有现在的时间并不是真正的时间。时间必须被思想为现在限定现在自身。而要在这种意义下来思想的真正的时间，先前被思想为具环境性的现在，必须拥有永远的今的意义。作为如此拥有超越环境的意义的永远的今的自我限定，在其中有着无数的自我限定自身的现在。这种意义下的环境，并不是死的侧面，而必须是生的侧面。作为无的全般者的限定，并且是个物与环境的相互限定的东西，必须是拥有像生命流那样的东西。所谓环境生出个物、个物改变环境的这种个物与环境间的关系，必须被思想为生命。辩证法作为非合理性者的合理化，在其根柢中必须就是生命。黑格尔的辩证法可以说是所思性的（辩证法）。因而，（黑格尔）辩证法可以说只是过程性的。但是，真正的辩证法不是在这种意义下所思想到的辩证法。倘若是在这种意义下来思想辩证法的话，那么它就始终无法脱离连续性发展的意义。绝对的死而生的真正的辩证法的意义就不会出现。要思想真正的辩证法，就必须从物内存于环境中、环境限定物、物限定环境这样的思想出发，也就是说，必须从场所的限定的立场出发。只要物在某种意义下被包含于环境当中，那么我们就不能思想到辩证法的运动。要思想真正的辩证法的运动，物就必须绝对地从环境中死去。物与环境之间必须不存在着任何的作用关系。环境对物必须拥有单纯的场所的意义。物与环境相互之间必须是偶然的。而在这种死的侧面即是生的侧面的地方，真正的辩证法的运动才可以作为无限定者的限定而被思想。要思想作为绝对的否定即肯定的真正的辩证法，就必须有这种场所的限定的意义。这样的话，我们就可以思想环境限定个物、个物限定环境的辩证法的过程，可以在场所的限定的意义当中，思想偶然的无数的个物。概念的外延关系必须建立于此。当我们将单纯的主词性存在，作为有即无，并以过程的方式来思想的时候，真正的辩证法的运动是不会产生的。要思想真正的辩证法的运动，就必须有"场所的切断"。因而，真正的辩证法的过程是在物与环境之间所思想到的。例如，要主张形成作为已然形成而为定性的存在，就必须拥有我所谓的场所的限定的意义。特别是没有场所的限定的意义，量就不能从质而来。辩证法的运动必须开始于物内存于场所之中。在这个意义之下，我认为或许在主张"存在"必须内存于某处的柏拉图的《巴门尼底斯（巴门尼德）篇》当中，就包含着这种辩证法的运动的开端。

关于我与汝的种种难题，都可以说是基于内在世界与外在世界的对立，并且〔我与汝〕各自皆绝对地在自身之中拥有本有的内在世界这样的想法而产生的。倘若我们从严格意义下的个人的自我意识出发的话，那么终究只能陷入独我论之中。但是，个人并不是被个人自身诞生。倘若个人是"绝—对"的话，那么就没有个人。个人要诞生，就必须有诞生个人的地盘。也就是说，必须拥有其环境。个物始终必须是被环境限定的东西。然而个物也是限定环境的。而如此当环境作为场所的限定，并且个物是被它

（环境）所限定的时候，如上所说在这里我们就可以思想到无数的个物。限定我为我的，也是限定汝为汝的，我与汝是从同样的环境中诞生，可以说拥有作为同样的全般者的外延而内存于其中的意义。即使从发生的角度来思考，我们的自我也不是从个人开始的。就如同我们在大多数的原始民族当中所看到的一样，我们的自我开始于共同意识。个人可以说是从社会诞生的。在什么意义下，社会的意识先在于个人的意识？再者，从物体世界如何产生出意识的世界？一切的存在物皆内存于时间中，所有具体的存在都可以说是历史的，不存在纯然物质的世界。不存在着与主观分离的纯然的客观世界。如果从宇宙进化论的角度来看的话，那么意识或许会被认为是从物质中产生出来的，但是，就如同杜博伊斯－雷蒙德（Du Bois-Reymond）所说，这必须是世界的一个不可思议。物质的世界并不是诞生我们的自我的环境，在我的所谓的"内存在物"与环境之间，必须存在着特殊与全般的关系。纯然物质的世界，对我们的自我来说，并不拥有环境的意义。只是要思想时间的话，我们就必须如上所说，从某种意义下的受限定的现在出发。作为这种现在的自我限定的极限，我们可以思想到瞬间，反过来在瞬间限定瞬间自身的意义下，则可以思想到真正的时间。也就是说，受限定的现在必须始终拥有我所谓的环境的意义。在这个意义下，始终受限定的现在，也就是永远地受限定的今，一切都是透过它（永远的今）而受到限定，从这里可以思想能产的环境（生ずると考へられる環境）。我认为这样的东西可以思想为作为一切物的环境的物体世界。我们将物体世界思想为一切实在的根柢，在这个意义下，它必须是始终受限定的现在的世界。在其中，没有瞬间，可以说是不拥有自身的中心的时间的世界，可以说是空间的时间的世界。也就是说，所谓的物质世界作为无的限定，拥有现在限定现在自身的意义，透过已然拥有历史世界的意义，从这里发展出一切的物。这已然必须拥有辩证法的意义的东西，它必须是生存的东西。当时间被思想为受限定的现在的自我限定，也就是作为有的全般者的自我限定的时候，这样的时间始终是从过去来限定现在的，反之，如果我们基于时间开始于无限定者而自我限定自身的瞬间的自我限定这样的立场来看的话，那么终结可以说就在开始。时间可以思想为是从未来而来的限定，真正的生命一方面也可以思想为是从未来往过去的时间的逆流。唯物论者认为，意识是从脑髓所产生出来的，反之，如柏格森那样，我们可以说，我们的感官是生命冲力（élan vital）贯通了物质世界的轨迹，在视力流动的轨迹当中，可以产生出眼睛。如果不在与视力的生命的关系当中，眼睛是不可理解的，若非如此，它就不外只是单纯的细胞的偶然的结合而已。其实我们的世界可以说是开始于瞬间限定瞬间自身的。瞬间限定瞬间自身，并不是单纯地意味着在没有任何东西的地方，突然之间物就产生了，在这里，毋宁必须存在着环境限定个物、个物限定环境的意义。从一个点往另一个点移动的真正的个物，必须思想为这种辩证法的过程，一方面自我为过去的过去所限定，另一方面自我也必须拥有从未来的未来而限定自我的意义。既没有过去也没有未来，到处都是"今"，可以说世界是作为到处都是时间的开始的永远的今的自我限定而开始的。而这种限定可以思想为是我们的人格的生命，我们的世界也可以思想为是从人格的生命的自我限定而开始的。被思想为我们的个人的自我的环境的社会的意识，在这个意义下也必须拥有永远的今的意义。而被思想为世界的根柢的物质世界，则必须拥有如同社会的意识的身体的意义。

　被思想为无限定者的限定的辩证法的运动，意味着上述的环境限定"内存在物"，并且"内存在物"反过来限定了环境，如果环境在这种限定当中是不可或缺的一面的话，那么我认为可以借此来厘清我们所谓的意识是如何产生的并且拥有什么样的意义？物内在于环境当中，个物必须作为环境的限定的极限来思考。然而，个物并不单单只是这种意义下的个物，而毋宁必须反过来意味着个物限定环境。只要这种逆限定是可以思想的话，那么我们就必须思想一种中和的环境，就可以思想脱离了过程的限定的单纯的场所的限定。如果将辩证法的限定思想为只是以过程的方式来思考的话，那么或许只要单纯的否定即肯定、死即生就足够了。但是，这种意义下的辩证法仍然可以说是建基于主词的有的辩证法，仍然免不了是以连续为基础所思想到的非连续的连续，它还不是建立在真正的绝对否定之上的辩证法。因而，在这种辩证法当中并不能思想分离开来的东西。真正的辩证法并不是意味着从一开始就期待着复活的死，而必须是透过真正的死而生，必须是透过进入绝对的死而来的复活。场所的限定对于"内存在物"，必须拥有对立的意义。

当在这种意义之下始终为环境所限定的个物，在其极限当中超越了它（环境）的时候，场所的限定就可以思想为拥有单纯地映照个物的过程的我们的意识面的意义。当个物超越了环境的时候，场所的限定并不随之而消失，场所的限定始终必须对之拥有逆限定的意义。然而，这已不再意味着限定它，只能说是映照它而已。如此一来，才会有类似脱离实在界的浮泛映像世界。与时间相对的非时间性的世界，就必须是拥有这样的意义的世界。但是，即使是这种世界，也并不是没有完全失去个物限定个物自身的意义的世界，它并不是单纯的全般者的场所的限定的世界。倘若它（这种世界）存在的话，那么它就必须拥有全般限定个物，个物限定全般的辩证法的限定的意义。意识必须是某人的意识，并不存在不是任何人的意识，各人皆拥有各人〔自己〕的意识面。当在环境的限定的极限当中，个物超越了环境的限定的时候，也就是说，当个物对场所拥有自由的时候，那么作为在无的限定的立场当中与之相对的逆限定，也就是在个物限定个物自身的意义之下，就必须思想到无数的个物的限定。但是，当场所彻底地拥有环境的限定的意义的时候，自我限定自身的个物，就只是纯然的映照者，只是纯然拥有各自的意识面的东西而已。在这种情况下，我们的自我被认为是全然受动的，只是映照环境的存在，也就是说，只是感官（的存在）。我们的内部知觉的世界，就是被这样来思想的。离开了环境的限定，而各自拥有各自的内面的世界的东西，这样的东西作为单纯环境的场所的自我限定，被认为是类似我们的感觉的意识的世界。但是，即使是意识的世界，也不能脱离上述所说的实在界而浮游着，即使是被动也必须是一种活动。当我们将个物思想为受限定的全般者的自我限定的时候，它必须是在其限定的极限当中超越了它（这个受限定的全般者的自我限定）。但是，我所谓的环境的限定的意义，并不止于这里，而必须始终拥有它（自己）的意义。如上所说，如果我们设想所有的一切都是从物质世界产生的话，那么这样的物质世界作为时间性的，必须已然拥有无的限定的意义。如此一来，我们才能理解物质的辩证法的运动，也才能够主张意识是从物质而产生的。纯然的物质世界不过只是在环境的限定的极限当中所思想到的抽象面而已。真正的物质世界本来就必须是历史的物质。具体的存在物从一开始就是作为无的限定，也就是作为环境限定个物、个物限定环境的辩证法的运动的存在。由于这种辩证法的运动并不是连续的过程，而必须是透过绝对的否定而被思想为非连续的连续，所以意识就被思想为这种过程的一个侧面。从意识中无法产生物质，从物质中也不能够产生意识。本来产生个人意识的历史物质，作为辩证法性的，从一开始就必须拥有意识面。与其从个物作为环境的限定的极限来思考，不如透过个物限定个物自身并且环境是被限定的立场来说，这样的话，物质的世界在个物的限定的极限当中，可以思想为其（个物的限定的）逆限定。在个物的自我限定的极限中，遇到绝对的否定面，就必须有物质的世界。因而就像在希腊哲学当中，物质被思想为单纯的无，再者也被思想为纯然映照的镜子。意识世界在某个侧面上是物质世界，而物质世界也可以说是某个侧面上的意识世界。就像在个物限定个物自身这种意义下的具体的存在是行为那样，在行为个物地自我限定自身的意义下，自我限定面是其（行为的）意识面，而进一步超越之（意识面）的环境的限定面，则是物质世界。而由于绝对的死的侧面即绝对的生的侧面的缘故，所以我们作为行为的自我而内存于其中的世界，从一方面来看始终是物质性的，从另一方面来看则始终是作为意识性的而可以拥有表现的世界的意义。我们所内存于其中的世界作为环境的限定是物质的世界，可以说是生物的世界，在个物的限定的立场当中，可以思想到历史的世界。如果我们想要从单纯的环境的限定的立场，来限定彻底地超越环境的个物的话，那么环境的限定作为物质性的与生物性的（环境），就必须拥有宇宙的生命的意义，限定透过自我限定自身而拥有限定环境的意义的动态的个物的环境的限定，必须是历史性的。

如上所说，没有环境就没有个物，我们内存于某种环境当中，环境限定我们的同时我们也限定环境。没有环境就没有个物，并且没有个物也没有环境。如果我们在这种过程的限定的根柢当中，彻底地置入单纯的环境的限定来思想的话，那么就可以思想到物质世界的自我限定，我认为在彻底地限定我们的个人的自我的意义之下，它（物质的世界）也可以思想为宇宙的生命。但是，所有内存于时间中的东西，已然就拥有无的限定的意义，而这种辩证法的运动在根本上也可以思想为死即生的绝对无的限定面的限定，具体地来说，这种环境的限定也拥有社会的限定的意义，并且可以说是以历史的方式而自我限定自身。在这个意义之下，纯然的物质世界也可以说拥有历史的世界、表现的世界的一面。不过在这种辩证法的限定的底部当中，有着遭遇到绝对的死而生的这种绝对面的意义，在这里才可以思想到自我限定自身的真正的个人的自己。作为单纯的环境的限定的物质世界，也可以从这里来思想。相对于个人的自我，作为绝对的否定面，我们可以思想到物质世界。在这个意义下，如果物质不意味着人们所说的物质，而是意味着绝对的非合理性的话，那么我认为也可以将物质置于表现的限定的底部。被思想为社会的与历史的限定的极限的我们，在遭遇到死即生的绝对面的时候，在遭遇到可称为绝对的非合理性的物质的同时，我们脱离了受限定的环境的限定，可以说各人皆拥有各人的意识面。而从这里个物限定了环境，我们可以说以历史的方式在改变着我们的社会。我们的个人的自我作为社会—历史的限定的极限，反过来拥有限定历史、改造社会的创造的意义。社会通过被认为是自我限定自身的尖端的个人的自我的自我限定而变动。所谓伟人可以说是社会的意识的焦点。

我在这里必须先来厘清所谓的真正的生命的过程。可以被称为真正的生命的东西，并不是如柏格森所说的"创造的进化"这种单纯的连续的内在的发展，而必须是"非连续的连续"。必须是"死而生"。生命的飞跃必须是断续性的。在柏格森所谓的生命里并没有真正的死。因而在他的哲学当中，并没有解明空间的限定的根据。真正的生命必须只能思想为我所谓的死即生的绝对面的自我限定。只能被思想为真正的无限定者的自我限定。不然的话，就始终不能脱离对象的限定的意义。我们在我们的个人的自我限定的底部中遭遇到绝对的无，作为明日之我而超越了复活，遭遇到无法再次作为自我、只能作为他人而复活者。在这里，我认为也可以思想到作为绝对非合理性，而产生合理性者的真正的物质，我们可以接触到永远的死且没有诞生的也就是只有一次性的东西。如果我们从个物与环境的关系来看这种限定的话，那么它可以思想为包含一切的无限大的环境的自我限定。时间的瞬间也就可以思想为无限大的圆的自我限定的中心。再者，进一步地，我认为限定瞬间往瞬间推移的时间的序列的东西，必须是包含这种无限大的圆的东西，也就是它必须被思想为无外设的圆，它可以说是全般者的全般者。在这种意义之下，在某一方面可以思想为非合理性的物质，在另一方面则可以思想为无限的生命。能限定一次性的东西的东西，每一个步骤都可以思想为创造的永远的生命。但是，这种东西还不能说是真正的绝对无的限定，也不能够说是绝对的死即生的绝对面的限定。真正的绝对无的限定，并不是单纯的无周边的圆，而必须是它的每一个点都是中心的圆。绝对地死而复生并且以辩证法的方式而自我限定自身的东西，以这种全般者的限定的方式而受到限定，我们可以思想到个物限定环境、环境限定个物的东西。作为这种全般者的自我限定，也就是被限定为绝对死而复生的所谓的辩证法地自我限定自身，我们可以思想到个物限定环境、环境限定个物。从这种立场来看的话，以一次性的方式而自我限定自身的永远的生命，仍然脱离不了是以所思的方式而受限定的一个特殊的生命的意义，还不能说是真正的永远的生命。对无周边且到处是中心的圆的自我限定来说，内在于其中可以有无数的自我限定自身的圆受到限定。可以有无数的今受到限定。我们的个人的自我，都可以作为这种绝对无的限定面的限定而在其中而被限定。我认为作为这种圆的周边的限定，在某个侧面上，可以思想为自我限定自身的无数的无限大的圆受到限定。无数的无限大的圆可以被包含其中。而这作为无周边的圆的自我限定，也就是作为无的全般者的限定，必须被思想为个物产生个物，由点到点的推移的一次性的无限的系列。这样的话，我们就可以思想从永远的过去往永远的未来而流动的无限的时间的流动。作为到处是中心的无边际的圆的自我限定，内于其中的我们的个人的自我，只要它（我们个人的自我）可以说是以周边的方式而自我限定自身的话（只要它是以所思的方式而自我限定自身的话），那么在环境的层面上，它就必须始终为这种无限大的环境所限定，必须是为永远的流动的时间所限定。就昨日之我与今日之我直接地结合而是一个个人的自我而言，这必须是内在于这种时间当中的。我们的个人的自我，在能思的限定的底部当中，接触到死即生的绝对面，这必须意味着，是被这种时间以所思的方式所限定的。但是，我们的生命的真正的实在性并不在这种环境的限定当中，而是在绝对地死而生的地方。我们从绝对的底部中诞生。在这种意义下，我们的生命并不是从过去诞生，可以说是从未来诞生，更恰当地说，是作为永远的今的自我限定，在现在限定现在自身的这种意义当中诞生。我们的生命被限定为非连续的连续。在这里，必须存在着我们的生命的社会性，必须意味着子女不是为父母所生，父母与子女必须拥有同位阶的意义。柏格森曾说，只要看到画家调色盘上所装载的颜色，我们大概就可以想象到画家要画什么画，但是画家实际上会画出什么，画家自己也不能够知道。但是，在这种意义下的非合理性，仍然必须是主客合一的非合理性、艺术的非合理性。我们的生命并不是从这里诞生的。这种生命不过是具非实在性的理性的生命而已。在真正的生命中，我们遭遇到绝对的非合理性，也就是遭遇到物质。在这里，作为真正的无限定者的自我限定，不外就是事实限定事实而已。我们只能映照它而已。在对象的层面上，我们失去我们自身，也只能思想到单纯的非合理性的自然。合理与非合理、所谓的形式与质料的对立，是在这种立场当中所思想到的对立。在这里，环境的限定与个物的限定是分裂的。然而在从这种死的底部而复活的地方，有着我们的真正的实在的生命的意义。在这种意义下，柏格森所说的生命并不具有实在性，它是没有身体的生命。在柏格森的思想当中，身体不外是生命的工具而已。我并不像自然科学者所思想的意义那样，将生命的基础置于物质之中，但是，在以非合理性者为基础的意义之下，我毋宁想要将实在的生命思想为身体性的。没有身体，就没有实在的生命。然而，如果我们的真正的生命是从这种绝对的死而复活的话，那么这件事不应该在内在的延续中来寻求，而应该是在实践的行为中来寻找。在行为当中，我们不是为过去所限定而是为未来所限定。更恰当地说，作为无限定者的限定并且现在限定现在自身的东西必须就是行为。在环境限定个物，个物限定环境的意义下，以辩证法的方式而自我限定自身者必须就是行为。柏格森的纯粹持续的生命，也必须以这种限定为基础。我们可以说环境与个物因成为一条流，而失去了辩证法的意义。

我们真正的生命，作为死即生的绝对面的限定，倘若如上述所说的话，那么在将生命视为一个大的流动之前，在它的根柢当中，就必须存在着包含一切的空间的限定。永远的今的限定必须作为无周边且到处是中心的圆的自我限定而被思考。作为到处是中心，并且内在于其中拥有自身的限定面的无数的圆在空间上是受限定的，作为无周边的圆的限定，也就是说，作为全般者的全般者的限定，内存于其中者是为无限的流动所限定的。大的生命的流动在死即生的绝对面当中回转。就如同时间在永远的今当中诞生并且在永远的今中消失一样，历史可以思想为是在永远的今当中回转的东西。我们始终与永远的今接触着。由于我们在各个时代中都接触绝对面的缘故，因而被思想为环境限定个物，个物限定环境的我们的世界，必须始终拥有永远的今的自我限定的意义。我们的世界必须基于现在限定现在自身这个事态来思想。这就是为什么时间在某种意义下，都是从受限定的现在来思想的原因。作为力学的全体的时代，也必须是在包含这种时间的永远的今的自我限定的意义当中来思想。倘若人们只是根据死的侧面来思想这种限定，又或者只是根据生的侧面来思想，那么两者都免不了是以非现实的方式所思想到的世界。我们在各个瞬间当中都接触到永远的未来，接触到永远的过去，更恰当地说，接触到永远的今。我们总是在我们的底部，接触到死即生的绝对面。我们在现实的底部当中，总是接触到绝对的死，也就是接触到绝对的非合理性者。在这里事实限定事实自身，我们作为感官性的存在，可以说只能映照这个事实而已。如果称它为物质的话，那么我们可以说直接地接触到物质。与此同时，我们在现实的底部也总是接触到永远的生命。遭遇到超越时间又内在于时间，并且自我限定自身的内容的东西。在这里，有着我们的个人的生命。而没有个人的生命，就没有实在的生命。但是，这种实在的生命，在瞬间限定瞬间自身这个意义之下不得不是个人的，并且同时又必须作为无周边的圆的所思的限定，也就是作为全般者的全般者的限定，而内在于无限的流动之中。在这个意义下的无限的时间的流动，作为无限定者的限定，没有办法从其内存在物来反复，并且同时倘若我们根据死的这一面来思想它的话，那么它是由过去往未来的无限的流动；倘若我们根据生的这一面来思想它的话，那么它就反过来被思想为由未来往过去的无限的流动。无限的时间的流动，其实既不从过去开始，也不从未来开始。时间作为永远的今的自我限定，可以从现在限定现在自身来思想。这种限定意味着到处是中心且无周边的圆的自我限定，也就是全般者的全般者的限定。被思想为内在于这种圆当中的无限大的圆的我们，可以思想为始终是为现在限定现在自身的全般者的全般者所限定的东西。我们总是内存于某种既予的环境当中，内存于所与的现在当中。而这种现在或者环境，作为绝对无的限定，始终不是固定的东西，不是封闭的圆。环境限定个物，同时个物限定环境。环境自我否定自身的同时，也必须拥有自我肯定自身的意义。现在限定现在自身这件事，必须总是拥有这样的意义。作为这种限定的无限的重叠，我们可以思想无限大的时间的流动。从现在限定现在自身，我们可以思想时间的流动。因而，无限的流动，从永远的今的自我限定的立场来看，在空间的层面上，可以思想为无限大的圆的无限的重叠。在现在限定现在自身的意义下，以圆环的方式而自我限定自身的时间的流动，可以说是永远的今在自身之中映照自身的永远的今的姿态。永远的今在这个意义下是包含时间又赋予时间以基础的，我们在瞬间限定瞬间自身的自我限定的底部当中，始终都可以接触到永远的今的自我限定。真正地以个物的方式而限定我们的东西，必须是包含一切的全般者。因而，我们作为遭遇到死即生的绝对面的存在，可以说一方面遭遇到绝对的非合理性者，遭遇到物质：另一方面也接触到永远的生命，接触到超越时间的存在。而我们作为包含一切的绝对的环境的内存在物，不得不为无限的环境所限定，在现在限定现在自身这个意义下，又为无限的周边所限定。

在彻底地被环境所限定这个意义之下，作为绝对的环境的限定，我们可以思想到从过去而延续到未来的宇宙的发展，这既可以思想为是包含着我们的生命，也可以思想为是限定我们的生命的宇宙的生命，但是，在时间作为绝对无的限定而包含在永远的今当中，并且在永远的今当中回转的这个意义下，在这种限定的背后，必须存在着空间性的东西。而在时间作为自觉的限定的这个意义下，这种空间的限定毋宁可以说是社会性的东西，宇宙的发展也可以说是历史性的。绝对的环境的限定，本来就可以思想为是死即生的绝对无的自我限定中的"死的侧面"，而拥有各自的意识面的我们的个人的自我，则是沿着这种死即生的绝对的限定而被思想到的。因而，在我们的自我限定的底部当中，必须拥有超越时间的意义。必须有着空间的、社会的意义。真正的生命也是这种意义下所思想到的生命。在生命的根柢中，必须存在着流动而不流动的东西（流れて流れざるもの）。绝对的死的这一面是物质世界，我们一方面始终接触到物质世界，并且在死的侧面即生的侧面的意义下，一方面也是意识的，可以接触到表现的世界、历史的世界。我们作为行为者而真正地拥有自己的生命，可以说是真正的生存。我们作为绝对面的限定，必须一方面为绝对的环境所限定，并且必须内在于无限的时间的流动当中。但是，我们并不单单是这种意义下的存在，而是作为绝对无的场所的限定而存在。作为外延的限定而存在。关于这样的想法的基础，我希望读者可以参照本书第三章后面所说的地方。在我们的自觉的限定当中，透过在我们自身的底部中观看到绝对的他者，自我才能成为自我，而我们所内存于其中的世界，如果是透过这种自觉的限定而被限定的话，那么在我们的世界的根柢当中，就必须存在着社会的限定的意义。在作为过程的辩证法的限定，由过去持续到未来的无限的时间的流动的底部当中，如果存在着作为一即多的场所的限定的意义的话，那么透过现在限定现在自身而自我限定自身的瞬间的底部当中，就必须存在着永远的今的空间的限定的意义。

第二章

总结上述所说，那么一切的存在都是内存于某处，而具体的存在则是环境限定个物，个物限定环境这个意义下的存在。时间也是从某种意义下的现在出发来思想的，作为其自我限定，我们可以思想直线的进行，同时在其极限中，我们可以反过来透过瞬间限定瞬间自身来思想〔时间〕。时间被思想为非连续的连续。从这种想法出发，我们在某一侧面上必须完全地为环境所限定。我们可以在环境之上再思想环境，作为全般者的全般者的限定，我们必须内存于无限的时间的流动当中。但是，包含一切的绝对的环境，本来就必须是绝对的无。在无限定者而自我限定自身的瞬间的限定当中，我们遭遇到绝对的无。接触到真正地包含一切的绝对的环境。如果从这样的立场来说的话，那么先前所思想的始终是限定个物的无限的环境，就必须是被这种绝对的无限定的东西。透过自我限定自身而限定个物的现在的自我限定，必须就像是永远的今在自身之中映照自身的永远的今的姿态。从自我限定自身的瞬间的限定的立场来看，我们总是可以反过来思想对环境的限定，从环境的限定的立场来看，相对于时间是被无限的过去限定的看法，时间可以思想为是被未来限定的。时间可以说是在永远的今当中回转。因而，我们在这种瞬间的限定的尖端当中，一方面可以接触到无限的过去，也就是可以接触到永远的时间的开始。换言之，内存于其中者可以说是受到无限的过去所限定的东西。我们总是在瞬间的限定的尖端当中，接触到一次性的东西。我们在这里，可以遭遇到绝对的非合理性者。可以遭遇到以绝对的非合理性的方式而限定我们的东西。而如果我们称这种由无限的过去以非合理性的方式而限定我们的东西为物质的话，那么我认为我们可以在这里遭遇到物质。相对于此，我们是单纯的映照者。但是，瞬间的限定一方面可以这样来思考，同时在透过个物限定个物自身而限定环境的这个意义之下，我们在这里也可以遭遇到从无限的未来而限定我们的东西。在这里，我们可以接触到永远的生命，我们可以说是完全的自由。因而，作为永远的今的自我限定而内存于其中的东西，是被无限的环境限定的东西，它同时是在瞬间的限定的尖端当中，彻底地自我限定自身者，也就是作动者。作为作动者，我们在现实的底部当中，始终受到从永远的过去而限定我们的东西的限定，也就是受到绝对的非合理性者的限定，也就是说，我们拥有身体并且可以说我们也始终在创造着我们的环境。对行为的自我的自我限定来说，环境的限定必须是表现性的。当我们在我们的现实的底部当中观看无限的过去的时候，也就是说，当我们在观看无限的非合理性者的时候，我们始终不得不受到物质世界的限定。但是，当我们在瞬间的尖端当中，被无限的未来所限定的时候，这个世界就必须拥有我们的意志的实现的场所的意义。与自我相对而立的东西，并不是单纯的物质，而必须是拥有质料的意义的东西。再者，围绕着我们、限定着我们，我们内存于其中的环境，并不是单纯的物质世界，它毋宁必须是表现的世界。纯然物质的世界是我们什么事都不能做的世界，单纯的物质世界既没有行为，也没有表现。对于我们的行为的自我来说，非合理性者的意义必须改变，客观的世界的意义必须改变。它必须在某个意义上拥有彻底地否定我们的意义，也就是说，拥有绝对的非合理性者的意义，并且还必须拥有我们诞生于其中、生存于其中的意义。一方面在其背后，作为非合理性者，始终必须有物质世界；另一方面则又必须有永远的生命。作为永远的今在自身之中映照着永远的今的姿态，自我限定自身的现在必须是拥有这样的意义的东西。在这种意义之下，作为永远的今的自我限定而内存于其中的东西，可以说全都必须拥有作动者的意义，并且受到自我限定自我的环境的限定，也就是内存于大的时间的流动当中。因而，在瞬间限定瞬间自身的瞬间的限定的尖端当中，始终都可以接触到死即生的真正的生命，也就是说，可以接触到物质即精神的神。我认为在这种意义下，大的生命的流动则可以根据死的侧面而思想为生物的生命，更进一步地也可以思想为宇宙的生命。而根据生的侧面，则可以思想为社会的、历史的生命。

我与汝在上述所说的意义之下，作为永远的今的自我限定，也就是作为作动者，而一齐内存于永远的今当中。倘若将永远的今的自我限定，思想为全般者的自我限定的话，那么我们可以说是作为它的外延而内存于其中者。我们在各自的内在世界当中，并不是透过所谓的外在世界而相互作动，而是受到同一的全般者的限定，作为同一的全般者的内存在物而相互关系。颜色与颜色可以相互关系，但是，颜色与声音不能相互关系，我与汝相互作为人格而相互作动，必须是内在于同一的全般者这个意义之下。我认为作为永远的今的自我限定，在瞬间限定瞬间自身这个意义之下，内存于其中的我们，始终都是为过去所限定的。我们始终都是从现实的底部透过物质而受到限定，我们透过拥有身体才能是我们。我与汝也可以说是相同的物质，我的声音作为波动直接地作动在汝的耳朵当中。但是，我们并不单单是受到这种环境的限定而已，我们并不单单只是物质而已。我与汝共同作为作动者，拥有在瞬间的限定的尖端当中，受到未来的限定的意义。我们在这里可以说脱离环境的限定，脱离从过去而来的必然的限定而是自由的、创造的。我们各自拥有意识面，这可以在未来的限定的意义之下来思想。当然要说从未来而来的限定，那么就必须存在着创造某种东西。在这里，作为永远的生命的接触，我们也可以思想到柏格森的创造的进化。但是，首先，单纯的映照者必须思想为我们在这里遭遇到的绝对的死即生的绝对无的自我限定面。所谓的映照，必须被思想为绝对的无限定者的限定。我们将环境的限定面或物质面，思想为彻底地从过去而限定我们的东西，但是当在其自我限定的极限当中，失去其自身的限定的时候，它必须拥有单纯地映照着自我超越自身者的内容的意义，物质在这里必须拥有单纯的映照的镜子的意义。出现于其中的东西，并不是物自身，而是物自身的影像。这样的话，被思想为我们的意识面并且透过身体而拥有共同世界的我们的自我，在自身当中拥有唯一的各自的世界。失去环境的限定的意义的环境，是纯然映照的镜子，再者，它作为属于从其背后而自我限定自身的东西，我们可以思想到各自的意识世界。但是，如果反过来思考的话，先前在瞬间的限定的尖端当中，被认为是始终从过去而限定着我们的物质世界，本来就必须作为永远的今的自我限定面而拥有死即生的意义。这样可以说瞬间限定瞬间自身，我们可以说在瞬间的限定的尖端上受到未来的限定。当我们这样来思想物质世界的时候，这已然不能说是单纯的环境的限定面了，内在于其中，必须拥有环境限定个物，个物限定环境的辩证法的限定面的意义。如果在环境的限定的极限当中，反过来个物是受到限定的，也就是说，如果在从过去而来的限定的极限定当中反过来未来是受到限定的，而透过这样的方式，可以思想到各自的意识面的话，那么在这里就必须存在无数的意识面。从绝对否定的辩证法必须有这种量的关系产生出来。在环境的限定的极限当中，当透过个物自我限定自身，并且反过来限定环境的时候，个物拥有各自的自我限定面，而限定这种个物的辩证法的限定面，可以说是限定自我限定自身的无数的限定面。我与汝作为这种限定面的限定而内存于其中。限定我的意识的东西必须就是限定汝的意识的东西。限定汝的意识的东西必须是限定我的意识的东西。我与汝是被同一的原理限定。我先前曾说过，我与汝透过皆拥有身体而共同属于物质世界，我的声音作为空气的波动而到达汝的耳朵，透过这样的方式，将我的意识内容传达给汝，将我的意识内容传达给汝并不是单纯的空气的波动，而必须是作为我的意识内容的表现的空气的波动，必须是语言。我与汝作为从未来而限定现在的存在，也就是说，作为作动者，围绕着我们的环境并不是所谓单纯的物质世界，而必须是表现的世界。物质并不能说只是物质，而必须是拥有社会、历史的实在的意义的东西。一切的存在物，都是在环境限定个物，个物限定环境这个意义之下的存在物。都是过去限定未来，未来限定过去这个意义下的存在。单纯的物质世界不过只是在环境的限定的极限当中所思想到的抽象的限定面而已。我与汝并不是透过空气的波动这样的物质而相互认识，而是通过言语而相互认识。我们的身体本身也不是物质，而是必须被思想为社会、历史的事物。我与汝之间，作为同一的全般者的内存在物，必须有颜色干扰颜色，声音干扰声音的意义。我与汝作为共同为辩证法的限定所限定的东西，我与汝必须是透过绝对的否定为媒介的。这种绝对否定的媒介是我与汝之间的物质世界，但是这种绝对的否定面并不是将我与汝切断的东西，而必须是可以媒介我与汝而被设立的东西。绝对的否定必须是包含肯定的否定。它可以说是彻底地非合理性的，但是它并不属于单纯的物质世界，而必须是属于表现的世界的东西。空气的波动作为纯粹的物理现象，也不过是从绝对的环境的限定的立场来统一我们的直接经验的事实而已。

既然我与汝为同一的全般者所限定，作为内存于其中而限定汝的东西是限定我的东西，限定我的东西也是限定汝的东西的话，那么可称为限定我与汝的限定原理究竟是什么呢？在什么意义之下，我的存在要求着汝的存在，汝的存在要求着我的存在？我如何知道汝的存在，而汝如何知道我的存在呢？再者，我要怎么样才可以说知道汝的意识内容，而汝怎么样才可以说是知道我的意识内容呢？不用说透过我的表现的类推而认知到汝的表现的这种类推说是很难站得住脚的，就如同舍勒所说，透过移情也无法说明我认知到汝个人的存在，而汝认知到我个人的存在这件事。在瞬间的限定的尖端当中，在时间受到未来的限定的意义之下，我们作为作动者而存在的时候，我们可以说是为无限的应然所限定的。最终出现的东西是一开始就在限定着的东西，我们的合目的性的因果，生物学的现象都是这样来思想的。我们作为生物也不得不受到这种法则的支配。但是，我们作为身体的自我，虽然彻底地受到生物学法则的支配，但是我们并不只是单纯的身体的自我而已。根据单纯的生理的法则是无法说明我们的意识现象的。从单纯的物质，无法产生出意识。虽然生物学的观察方式是合目的性的，这也不过是以单纯的环境的限定为基础的生命的观察方式而已。不过是以过去为基础的时间的观察方式而已。它〔这样的观察方式〕始终无法达到瞬间的限定。在这样的时间当中，并没有真正的瞬间。在这种生命当中，并没有真正的生存。真正地限定我们的人格的生命的东西，必须连这种限定也否定的东西，必须是始终包含着从过去而来的限定的东西。就算是从过去而来的限定，过去也不是在无限的彼岸，真正的过去毋宁是在瞬间的限定的底部。过去是从在现实的底部当中的绝对的否定而开始的。从那受到无限的过去的限定的瞬间的限定的底部，反转而限定作为作动者的我们的东西，并不是单纯的合目的性的活动，而必须是拥有应然的意义的东西。只要将我思想为是被外在限定的东西，那么它不论是如何地合目的性，都不是真正的我。跟随着冲动，自我就必须否定自我，在应然包含冲动的地方，存在着真正自由的人格。这么来思想的话，我们被限定为永远的今的自我限定，应然的意义就必须被包含进来。时间透过瞬间限定瞬间自身而受到限定，这必须拥有应然的意义。作为绝对的无而内存于其中的东西，虽然在环境限定个物，个物限定环境的这个意义之下，可以思想为辩证法的，但是这种环境的限定，必须在某个侧面下拥有应然的意义。真正的辩证法的限定必须是透过绝对的死而生。只要存在着任何意义下的对象的限定，就无法思想真正的辩证法的限定。在进入绝对的死的时候，在这里甚至连所谓的内部知觉都必须切断。仍有复活的期待，就不是真正的死。这种从绝对的死而复活，可以说是真正的人格的自我的自由，在这里，可以说是真正的辩证法的存在。在这里，包含我们并且限定我们的环境，一般地可以说拥有全般的自我的意义，可以说拥有社会的、历史的生命的意义。

　　说到人格的自我，人们会将它思想为脱离我们的身体的束缚的纯然的精神的自我。但是，我们的人格必须彻底地是个物的，在人格的底部当中，必须存在着完全无法到达的非合理性，没有身体就没有人格。在我们的身体的底部当中的非合理性的东西，拥有彻底地杀死我们、否定我们的意义，并且也同时必须拥有肯定我们、诞生我们的意义。在瞬间的限定的底部当中，必须拥有死同时就是生的意义。在生物学的生命的底部中，始终存在着物质与死亡，在人格的生命的底部当中，则始终必须存在着生命。即使物质被认为是非合理的，在这里也必须拥有诞生我们的意义。当〔我们〕在瞬间的限定的底部当中，受到未来的限定的时候，与我相对的绝对的非合理性的东西，就不是物质，而是他人。"自然"这样的东西，就如在康德哲学中所说一样，也可以说是透过意识全般的综合统一而被构成的，当我们这么思想的时候，自然也可以思想为是透过我而存在的。但是，他人的人格不得不是彻底地与我对立的东西。当在瞬间的限定的尖端当中，瞬间受到无限的未来限定的时候，并不单单是从无限的过去而来的限定被消除而已。如果这样来想的话，那么就没有瞬间，也就是说，没有现在，只有未来而没有现在，这不过只是空想而已。从未来而来的限定，相对于从过去而来的限定，拥有应然的意义，即使在应然包含冲动的地方也可以思想到人格，但是人格不能说是单纯的应然。在瞬间的限定的底部当中，必须始终存在着反抗从未来而来的限定的东西，必须始终存在着拥有从过去而来的限定的意义的东西。然而，在这里所思想的东西，当然并不是单纯地从过去而来的限定而已，从过去而来的限定应该要彻底地予以推翻。不论是相对于从过去而来的限定，还是相对于从未来而来的限定，它都必须是不可共量的东西（非通约的なもの），而必须是超越了时间的限定的存在。这是柏拉图在《巴门尼底斯篇》当中，处于静止与运动之间，从这里思想运动变成静止、静止变成运动，必须拥有不属于时间的瞬间的意义。它作为包含时间的永远的今的自我限定，必须透过自我限定自身来限定时间。从这里开始，无限的过去可以受到限定，并且无限的未来也可以受到限定。单纯的应然，在这种限定当中，不过就只是拥有超越了从过去而来的限定的意义而已，不过就只是人格的限定的一个侧面而已。它不过只是环境限定个物、个物限定环境这种意义下的"环境的限定"这一面而已。应然必须限定我们，并且我们也必须限定应然。应然的内容是从个人限定个人自身这里而决定的。如上所说，作为环境限定个物、个物限定环境的辩证法的运动，从绝对无的立场来思想的无限的时间的流动以及真正的绝对无，就必须包含着这种时间的流动，时间在永远的今当中回转。时间不仅不能够从无限的过去来思想，也不能从无限的未来来思想，时间要从现在限定现在自身来思想，在其根柢中必须拥有瞬间限定瞬间自身的意义。在这种意义下的自我限定自身的瞬间，只能作为包含时间的永远的今的自我限定来思想。作为在自身之中限定自身的永远的今的自我限定，在这里，就如柏拉图在《巴门尼底斯篇》当中所说一样，瞬间可以受到无数的限定。透过自我限定自身而限定时间的瞬间，必须拥有永远的今的外延的意义。我认为倘若我们只以过程的方式来思想辩证法的限定的话，那么在辩证法的限定的底部当中就不能够思想到这种场所的限定。但是，真正的辩证法必须是以绝对的否定为基础的。它必须是从绝对的死而生。带着复活的期待而死，并不是真正的死，在这里可以说仍然残存着从未来而来的限定的意义。真正的辩证法在所思的层面上是绝对的断绝，而在能思的层面上则必须是直接的结合。以这样的方式，它的每一个步骤才可以说都能够接触到绝对。不过绝对的死即生并不是说在所思的层面上，一个东西的死即生而已，也不是以过程的方式来主张否定即绝对的肯定，而毋宁必须是说自我绝对地与他者是一，也就是在自我之中观看到绝对的他者，在绝对的他者之中观看到自我。绝对的他者是不可思想的，但是它是让我成为我的东西，在这里有着真正的死即生的意义。真正的辩证法必须是以这种场所的限定为基础，而过程的辩证法则是透过它而被思想出来的。在我们的人格的生命的根柢当中，必须有这种外延的关系，必须有小孩不为父母亲所生的意义，必须有绝对地独立的个物的统一。作为这种矛盾的统一，我们可以思想无限的生命的流动。当我们将个物思想为受到无限的过去而来的限定的时候，也就是说，当我们将个物思想为受限定的全般者的限定的时候，它〔个物〕是完全达不到的东西，并且必须始终作为非合理性者而残存着。因而，个物与个物的媒介者，不能在这种全般者当中寻找，在这种全般者当中并没有限定个物的外延的原理。更恰当地，我们可以说，这种全般者否定了个物。在自然当中并没有个物。当个物受到无限的未来的限定的时候，它是透过目的而作动的个物。或者说，它是透过应然而行为的个物。这种情况不同于先前的情况，它并不是否定个物，又将其置于外在，而是始终拥有想要将其限定于内在的意义，从内在来限定个物，目的是个物本身的目的，应然是个物本身的应然。然而只要个物是作动的（因为不存在不作动的个物），那么它就始终是不能单以目的方式来加以限定的存在，它始终是包含在"目的的全般者"即"反省的全般者"当中的东西。只要作为作动者并且被思想为实在的话，那么在其底部当中，就必须存在着现在限定现在自身的意义，必须存在着绝对的非合理性的东西，即使人格也不单单只是应然。在这种意义下的非合理性的东西究竟是什么东西呢？它不是单纯的物质，物质既没有目的也没有应然。相对于以这种非合理性为基础的个物或具有生命的东西（生きたもの），物质不过只是一方面拥有抵抗的意义，另一方面拥有手段的意义的东西而已。这样的话，限定这种个物且媒介个物与个物的全般者，究竟是什么样的东西呢？我认为在从过去而来的限定的极限当中，也就是说，在瞬间的限定的尖端当中，直接反过来将它思想为是从未来的限定的时候，作为我所谓的"有的全般者"以"无的全般者"为内部基础的东西，可以思想到无限的连续。而就有的全般者已然为无的全般者所包含而言，其内存在物作为始终是被未来所限定的东西，这可以思想到合目的的世界。但是，作为这种全般者的限定，真正的个物的生命是无法思想的，能被思想的唯有无限的生命的流动而已。要思想真正的生存的个物，就不能沿着有来限定，而是必须以无来限定有。在这里，存在着作为绝对无的自我限定的辩证法的运动，作为死即生、生即死，我们可以说个物限定个物。在这里，并不是全般者限定个物，而是个物限定全般者，或者更恰当地说，是个物限定全般，全般限定个物。倘若在这种个物的限定的底部，可以思想到作为赋予其基础的非合理性者的话，那么这种东西并不是人们所说的物质，而应该称为"辩证法的物质"。而这种物质必须被思想为绝对的无。

至今辩证法也只是单纯地以过程的方式而被思考，而没有注意到在其根柢当中存在着场所的限定，在绝对的死即生的绝对否定的辩证法当中，我者与他者之间不能有任何的媒介，自己必须在自己之中包含着绝对的他者，自己必须在自己之中包含着绝对的否定，自己并不是以某种他者为媒介而成为他者，他者〔也〕不是〔透过某种媒介〕而成为自己，而是自己通过自己自身的底部而成为他者。因为自己自身的存在的底部存在着他者，在他者的存在的底部存在着自己。我与汝都是绝对的他者。也没有任何包摄我与汝的全般者。但是，我透过认知汝而是我，汝透过认知我而是汝，在我的底部中存在着汝，在汝的底部中存在着我，我通过我的底部而与汝结合，汝通过汝的底部而与我结合，因为是绝对的他者的缘故而有内在的结合。在瞬间的限定尖端中，在被思想为由瞬间往瞬间推移的时间的进行的根柢当中，也必须存在着这种场所的辩证法的意义。瞬间并不是透过某种媒介而往另一个瞬间推移的。即使如此，它也不是从其自身而推移到他者。如果是从其自身而推移到他者的话，那么它就不外只是单纯的内在的连续而已。瞬间透过深深地隐藏在自身的底部的自我否定，而推移到另一个瞬间。从无限的过去而延伸到无限的未来的时间的流动，在这个意义下，不过是在瞬间本身当中所包藏的无限的自我否定的过程而已。因而，我们愈是深入瞬间限定瞬间自身的瞬间的限定的底部，就愈能够在这里遭遇到包含一切的最大的时间的流动，也就是说，遭遇到一次性的绝对的时间。在这里，有着事实限定事实自身的意义，可以遭遇到无周边而到处是中心的圆的周边。要思想时间的话，就必须从某种意义下所与的现在的自我限定出发，而其往无限的深处运动而去的尖端可以思想为瞬间。例如，从圆锥形的基底来看，它的往深处运动而去的顶点可以思想为瞬间。而它的顶点愈深，它的基底就愈广，当它的顶点达到无限深处的极限的时候，它是基底就成为无限大，更恰当地，可以说是成为无周边的圆。但是，当我们从瞬间限定瞬间自身来思想时间的限定的时候，这样的想法就必须颠倒过来。在顶点的自我限定本身当中就必须包含着基底，透过超越时间的东西来限定时间。这并不是单纯的顶点的扩深与基底的扩大，而必须有着基底往基底推移的意义，在这里有着无外设且到处是中心的圆的自我限定的意义，在现在限定现在自身的底部当中，必须存在着这样的意义。

　　我认为在这里，必须在辩证法的限定的根柢中思想直观，并且真正的直观必须包含着辩证法的运动。自古以来，人们认为直观即是在意识对象下的（日语：ノエマ的）的主客合一或观看者与被观看者的合一，其意识作用的（日语ノエシス的）限定之意义，则尚未被涯清。直观意味着一者直接地是他者，一者必须从自身的内部推移到他者。只要其间存在媒介两者的某物的话，这就不是直观。要思想这种限定的话，在一者的底部中必须存在着他者，在自我自身的底部必须存在着绝对的他者。就像亚里士多德说并不存在着包含主观与客观的类概念一样，主与客不能以所思的方式思想为一。主与客的一，是观看者与被观看者的一，在自我自身的底部必须存在着他者，我通过我自身的底部必须就是他者。在直观当中，一切不能以所思的方式而思想为一，毋宁是一应该以能思的方式被思想为一切，也就是说，应该思想为"一即多"。就算是单纯的知觉活动，就它拥有直观的意义而言，就必须包含着这样的意义。它并不是单纯受动性的，而是必须拥有形成活动的意义。

真正的直观并不是以所思的方式停止辩证法的东西，而是必须包含着辩证法的运动，更恰当地说，必须是以赋予其〔辩证法的运动〕以基础的东西。如果将直观单纯地思想为受动的东西，那么就只有对象存在，活动只能思想为单纯的无。即使直观以内在持续的意义来思想，它仍然不能与所谓的对象的连续区别开来，透过这样的方式并不能厘清直观的活动本身的意义。要思想直观的活动的话，我们必须从自己的内部推移到他者。然而，只要自身的内在，在某种意义下，被思想为对象的连续的话，那么我者往他者的推移，就不能够脱离对象的限定的意义。即使说到自发性，只要这个自发的自我，在某种意义下，是以对象的方式来思想的话，那么它就不是真正的直观。倘若直观意味着真正地以自身为媒介而从自我的内部推移到他者的话，那么任何意义下的对象的连续的意义都不存在。诸如活动产生活动，这也不过是已然对象化了的活动的连续而已。虽然似乎是违背理性的样子，但是真正地从自我的内部而推移到他者，必须在一方面拥有无媒介的、飞跃的推移的意义，在这里，每一个步骤都是直觉的。如果存在着某种意义下的对象的限定的话，那么就没有真正的直观。真正的直观必须包含着这种辩证法，并且只要真正的辩证是以绝对的否定为媒介的绝对辩证法的话，那么它就必须是以直观为基础的。只要直观被思想为是单纯的受动性的或单纯的自发性的，而辩证法也是以所思的方式，以连续的方式来思想的话，那么两者〔直观与辩证法〕就只能是完全分离的东西。由于我们在瞬间的限定的尖端当中，以绝对的否定为媒介，从瞬间推移到瞬间的时候是无媒介的〔发生〕，所以这是真正的内在的推移。因而当我们的行为，相对于从过去而来的限定，作为从未来而来的限定而思想的时候，始终都必须遭遇到直观，就是基于此。在行为中，我们总是必须遭遇到某种超越时间的永恒者（永遠なるもの）。在这个意义下，行为拥有永远的今的限定的意义。没有观看，就没有行为。我认为在费德勒关于艺术家的行动中所说的东西，就包含着真正的直观的意义。当我们在瞬间的限定尖端当中，超越了从过去而来的限定的极限的时候，就可以思想到如上所说的单纯地映照过去的意识面。但是，这不能思想为单单只是属于从未来而来的限定而已，在更深的场所限定场所自身的意义之下，它甚至也拥有映照从未来而来的限定的意义。也就是说，在包含时间的意义之下，它拥有直观的意义。我在本论文的开始，就曾经说过，物内存在于某种环境当中，并且在环境限定环境自身的极限当中可以思想到个物，并且反过来环境透过个物限定个物自身而受到限定，作为这种辩证法的运动，我们思想到实在世界。虽然时间也是可以从现在限定现在自身来思想，但是要思想这种意义下的现在限定现在自身或环境限定环境自身的话，就必须有上述所说的直观的意义。我与汝的关系，也必须在这里来寻找。

（待续）

后　记

　　4月的北京，春暖花开，一片生机盎然。在这美好的季节里，在各位同人的大力支持和帮助下，《日本哲学与思想研究（2017）》终于和大家见面了。

　　其实，这期集刊本应是在2018年内出版的，但是由于稿源以及编辑人手不够等问题，拖到现在才得以出版。出版的延迟想必给各位稿件作者带来了诸多不便，作为主编深感过意不去，首先对各位作者表示深深的歉意！

　　在本刊即将出版之际，首先要感谢在百忙之中为本刊提供稿件的所有作者和译者。大家的积极参与和配合是本刊顺利出版的前提保证。

　　其次要感谢王青会长。王青会长不仅自始至终对本期编辑出版工作给予大力指导和精心部署，同时还在百忙之中撰写序言，为本刊的顺利出版做出了巨大贡献。

　　再次要感谢我的学生、北京第二外国语学院日语学院张晓明博士。在我工作繁忙抽不出更多时间处理编辑工作时，张晓明博士主动分担起了与出版社沟通、统稿、校对等繁琐的编务工作，并快速出色地完成了任务。

　　此外，教育部国别与区域研究基地——北京外国语大学日本研究中心为本刊的出版提供了宝贵的赞助；社会科学文献出版社的宋荣欣女士从本刊最初的设想、稿件质量把关、版式封面设计乃至印刷发行等方面都为本刊贡献颇多，在此一并致谢！

　　《日本哲学与思想研究》作为中华日本哲学会会刊，同时也是刚刚步入集刊行列不久的日本研究刊物，我们虽有为我国日本研究领域的发展尽些绵薄之力的强烈愿望和远大志向，但也深感自身能力的不足。殷切希望所有会员以及社会同人继续支持本学会和本刊的工作，共同为推动我国日本研究的发展做出贡献。

郭连友

2019 年 4 月 17 日

图书在版编目（CIP）数据

日本哲学与思想研究. 2017 / 郭连友主编. -- 北京：
社会科学文献出版社，2019.5
　ISBN 978 - 7 - 5201 - 4522 - 0

　Ⅰ.①日…　Ⅱ.①郭…　Ⅲ.①哲学思想 - 日本 - 文集
Ⅳ.①B313 - 53

　中国版本图书馆 CIP 数据核字（2019）第 048568 号

日本哲学与思想研究（2017）

主　　编／郭连友

出 版 人／谢寿光
责任编辑／赵　晨
文稿编辑／肖世伟

出　　版／社会科学文献出版社·历史学分社（010）59367256
　　　　　地址：北京市北三环中路甲 29 号院华龙大厦　邮编：100029
　　　　　网址：www. ssap. com. cn
发　　行／市场营销中心（010）59367081　59367083
印　　装／三河市东方印刷有限公司

规　　格／开　本：787mm × 1092mm　1/16
　　　　　印　张：22.5　字　数：380 千字
版　　次／2019 年 5 月第 1 版　2019 年 5 月第 1 次印刷
书　　号／ISBN 978 - 7 - 5201 - 4522 - 0
定　　价／128.00 元

本书如有印装质量问题，请与读者服务中心（010 - 59367028）联系